Viktor Carl
Pfälzer Sagen

Viktor Carl

# Pfälzer Sagen

Pfälzische Verlagsanstalt

Neuausgabe der „Pfälzer Sagen"
1991
© 1976 und 1977 by Pfälzische Verlagsanstalt GmbH,
Landau/Pfalz
Umschlaggestaltung: Werner Korb, Neustadt/Weinstraße
Gesamtherstellung: Pfälzische Verlagsanstalt GmbH,
Landau/Pfalz
ISBN 3-87629-106-2

# Inhaltsverzeichnis mit Sagennummern

## Die Pfälzische Rheinebene und die Haardt

## Der Pfälzerwald

## Südwestpfälzische Hochfläche und westpfälzische Moorniederung

## Das Nordpfälzische Bergland

# Vorwort zur Neuausgabe „Pfälzer Sagen"

Zur kulturellen Tradition einer Region gehören die Sagen. Glaube, Aberglaube, „sagenhafte" Geschichten ranken sich um fast alle Orte in der Pfalz. Burgruinen, Wegkreuze, Naturdenkmäler und Gestalten aus der Geschichte sind Gegenstand dieser volkstümlichen, in vielen Jahrhunderten überlieferten Erzählungen. Die Sprache der Sage ist kurz, knapp und objektiv. Sie stellt sich uns in verschiedenen Formen dar, die nicht ohne weiteres voneinander abzugrenzen sind. Mythische Sagen, Natursagen, ethische und geschichtliche Sagen greifen ineinander und sind nur schwer oder nie befriedigend einer bestimmten Kategorie zuzuweisen. Deshalb wurden die Sagen in dieser Sammlung nach natürlichen Landschaften geordnet und die stofflichen Gesichtspunkte außer acht gelassen. „Die pfälzische Sage war ohne Zweifel ein herrlich üppigblühendes Reis am Baume germanischer Sage", stellte einst Ludwig Schandein fest. Um so wichtiger ist es, heute die Sage vor Vergessenheit zu bewahren. F. W. Hebel erwarb sich als Sammler und Herausgeber von Heimatsagen mit seinem Buch, das inzwischen längst vergriffen ist, große Verdienste. In seinen Spuren wandelt seit beinahe zwei Jahrzehnten Viktor Carl, dessen pfälzische Sagen-Sammlungen seit den späten sechziger Jahren in verschiedenen Auflagen und Ausgaben erschienen sind. Die vorliegende Neuausgabe bringt die wichtigsten pfälzischen Sagen aus vormals drei Bänden in einem Buch, wobei vor allem auf Balladen und Gedichte weitgehend verzichtet wurde.

„Dem Volke sollen die Sagen erzählen von der Liebe zur Heimat, vom Denken unserer Ahnen. Sie wollen davon überzeugen, wie reich einst unser Volk gewesen; sie wollen das Gefühl von Ehrfurcht vor der Weltanschauung gewesener Generationen wachrufen und fördern", schrieb der Herausgeber dieses Buches bei Erscheinen der Erstauflage der Sagen im Jahre 1967. Dieses Anliegen teilt auch diese neue Edition, die mit beinahe 600 Sagen aus allen pfälzischen Landschaften ein unentbehrliches Haus- und Lesebuch für die Pfalz darstellt.

*Landau, im August 1986*                                    *Pfälzische Verlagsanstalt*

*Hans Fay: Barbarossa*

# Die pfälzische Rheinebene und die Haardt

## 1 Mir hunn, mir hann, mir hänn

Graue Vorzeit. In jenem Gebiet, das wir heute Rheinebene heißen, wogte ein Meer. Darin lebte ein Drachen, ein Riesenvieh, ein Gefangener, denn ringsumher türmten sich Berge auf. Er war so groß, daß sein Kopf dort lag, wo wir heute Bingen finden, und sein letztes Schwanzstück endete bei Basel. Nur alle tausend Jahre legte sich der Drachen auf die andere Seite. Das Wasser schwappte über die Berge ins Land, so, als wenn du dich in eine volle Waschschüssel setztest. In der übrigen Zeit lag er wie tot.

Eines Tages, der Drache regte sich wieder, trafen drei Riesen zusammen. Sie kamen von Mitternacht, von Abend, von Mittag und nannten sich Hunnmann, Hannmann und Hännmann. Sie waren gegenüber der Größe des Riesenviehs wie kleine Spielzeugmännchen, obwohl sie Augen hatten so groß wie ein Stückfaß und Arme so dick wie ein Kelterbaum. Der Hunnmann trat dem Drachen in die Seite und rief: „Du alter Wasserpantscher, höre gut zu! Die Pfütze, in der du da badest, ist doch viel zu klein für dich. Ich weiß gen Mitternacht ein großes Wasser. Darin hättest du mehr Platz." Der Hännmann meinte: „Du brauchst nur zwei Hiebe mit deiner Tatze zu tun, dann bist du bei deinesgleichen." Er lächelte verschmitzt, und es schien eine ausgemachte Sache zu sein, daß die drei den Drachen vertreiben und das Land unter sich aufteilen wollten. Doch zuvor mußte das Meer gegen Norden entweichen.

Der Drachen hatte aufmerksam zugehört. Es gefiel ihm immer mehr, schon bald wieder Gesellschaft zu bekommen. Mit aller Kraft hieb der Drachen zu. Er spaltete die Berge, und die Wasser schossen durch die neugeschaffene Öffnung. Die Riesen sprangen vor Freude in die Luft, doch schon bald erkannten sie, daß zur Freude kein Anlaß bestand. Die Tatze des Drachen war eingeklemmt. Er riß und zerrte, doch die Felsen gaben nicht nach. Drei Tage und Nächte lang mühte sich das Vieh und schrie, daß es greulich von den Bergen widerhallte. Dann trat Ruhe ein; der Drachen war tot.

Nun kam das Schwierigste für die drei Riesen. Sie mußten das Land unter sich aufteilen. Dreimal sieben Tage saßen sie nebeneinander, die Köpfe in die Hände gestützt. Hännmann war der erste, der den Mund aufmachte: „Wir wollen den Drachen zerstückeln, und jeder soll dann werfen vom Sonnenaufgang gegen Abend. Wer weit trifft, hat weit." Die anderen nickten Zustimmung. Drei Pappelstämme dienten als Hölzchen. Der Hunnmann zog den längsten Stamm. Er griff zum Drachenkopf und schleuderte ihn gen Abend. Mit mächtigem Feuerschweif zog er seine Bahn und stürzte in wilder Lohe zu Boden und erkaltete im Nu. Der Donnersberg ward geboren.

Der Hannmann war als nächster dran. Er warf mit Panzerkrusten und Drachenschuppen, und in dem Gebiet, das er traf, wird heute noch nach Kohle und Erz gegraben.

Der Hännmann griff zum Drachenherz, riß es auf und ließ das rauchende Blut laufen von der Haardt und den Vogesen bis zum Rinnsal, das sie später Rhein tauften, von den Alpenriesen bis zur Enge beim heutigen Bingen. Der Hännmann meinte, den besten Teil ergattert zu haben, doch waren auch die beiden anderen mit ihrem Land zufrieden, genau so wie es die Heutigen auch noch sind. Die drei holten sich von irgendwoher ihre Riesenfrauen, und die Familien wuchsen. Die kleinen Erdenwürmer, so nannten die Riesen die Menschen, konnten zunächst gegen die Riesen nichts ausrichten. Doch schon bald siegten Menschenwitz und Mut. Die Riesen starben, einer nach dem anderen, erschlagen, ertränkt.

Diese Erinnerung an die graue Vorzeit lebt heute noch. Die Namen der drei Riesen haben sich erhalten:

„Mir hunn" in der Nordpfalz, „mir hann" im Westrich, „mir hänn" im Gäu.


## 2  Die Rabenmutter

Zur Nachtzeit ist es am *St. Pauliner Schlößchen* bei *Weißenburg* nicht ganz geheuer. Da hört man ein stetes leises Weinen, von tiefen Seufzern hin und da unterbrochen. Da kniet ein Mädchen vor einem Lindenbäumchen und jammert und fleht. Warum?

Die Unglückliche findet im Grabe keine Ruhe, weil sie schwere Schuld damals auf sich lud, als sie noch auf Erden lebte. Ihr eigenes Kind erdrosselte sie und verscharrte es an der Stelle, wo sie nun Nacht für Nacht gesehen wird.

Sie wird erst erlöst werden, wenn das Bäumchen zu einem Baum geworden ist, und man aus seinem Holz ein Särglein für das unglückliche Kind zimmern kann. Doch dazu ist es noch nie gekommen, denn schon unzählige Male wurde die Axt ans Bäumchen gelegt, aber immer wieder schlug der Wurzelstock neu aus, und immer wieder wuchs ein neuer Trieb. Das Mädchen aber muß deswegen heute noch umgehen.


## 3  Die Prophetin

Die Winzer von *Schweigen* kennen sie, die weiße Frau vom *St. Pauliner Schlößchen*. Mit Bangen denken sie an die Dame mit dem langen Schleier, der bis zur Erde reicht, denn wird sie einmal gesehen, entweder am Tage oder in tiefer Nacht, dann kann man aus ihrem Verhalten ablesen, ob es ein gutes oder ein schlechtes Weinjahr geben wird. Ist sie traurig, dann werden sich die Fässer nicht füllen, und der Wein wird eine Säure haben, die einem den Mund zusammenzieht. Geht sie aber durch die Rebzeilen mit freudigem Gesicht, grüßt die Leute und klimpert mit dem Schlüsselbunde, den sie an breitem Gürtel trägt, dann wird es vielen und vortrefflichen Wein geben.

## 4  Der Schatz hinter dem Schlößchen

Gleich hinter dem *Pauliner Schlößchen* befindet sich beim Brunnen ein stets verschlossener Gang. Am Karfreitag liegt dort immer ein schwarzer Hund, der einen goldenen Schlüssel im Maul hält. Wo ein Schlüssel ist, müßte eigentlich auch ein Schloß sein, sagte sich ein zwölfjähriges Mädchen, trat hinzu und entriß dem Hund, ohne dabei ein Wort zu sagen, den Schlüssel. Da öffnete sich ein Tor, das zuvor niemand noch gesehen, und die Neugierige trat in ein großes Zimmer, das vollgepfropft war mit Waffen aller Art und aller Generationen. Mitten im Raum aber stand eine große Kiste, auf der ein großer, schwarzer Hund lag. Weh dem, der nicht mit gutem Gewissen und reinem Lebenswandel sich der Kiste nähert!
Doch das Mädchen hatte sich nichts vorzuwerfen und konnte deshalb auch das Tier verscheuchen. Es öffnete den Deckel und war überrascht von der Fülle der Schätze und war geblendet vom Funkeln des Goldes und der Edelsteine. Es griff zu und schleppte hinweg, soviel es zu tragen vermochte.
Daheim ward über dieses Glück große Freude. Der Vater des Mädchens machte sich sofort auf, um noch einmal, zusammen mit der Tochter, von dem Reichtum zu holen. Doch so lange sie auch suchten, der Hund am Eingang zum Gewölbe war verschwunden, und von einem Tor war nichts mehr zu sehen.

## 5  Die goldenen Porzellanscherben

Einst arbeitete die Frau eines Winzers aus *Schweigen* in einem Weinberg nahe des *Pauliner Schlößchens*. Da fand sie am Fuße des Bergfriedes Scherben aus Porzellan, die wunderschön bemalt waren und einen goldenen Rand besaßen. Sie nahm einige mit und gab sie zu Hause ihrem vierjährigen Kind zum Spielen. Sie glänzten so helle, daß das Kind von dem neuen Spielzeug begeistert war. Es warf sie hin und her, sie zerbrachen aber nicht. Im Gegenteil, die Frau vernahm plötzlich ein metallisches Klingen. Als sie die Scherben auflas, waren sie zu purem Gold geworden. Sie erzählte hiervon ihrem Manne. Beide gingen zur selben Stelle, aber keine einzige war mehr zu finden.

## 6 Die verpaßte Gelegenheit

Es ist gar nicht so leicht, ruhig zu bleiben, wenn einem die Glücksgöttin mit vollen Händen beschenkt. Das merkten jene drei Burschen aus *Schweigen*, die in dunkler Nacht am *Pauliner Schlößchen* vorbeikamen und zu ihrer Überraschung eine weiße Frau im Schloßgarten entdeckten, die eifrig Wäsche auf die Leine hängte. Der könnte man doch einen Streich spielen! Gerade war die Frau hinter den Mauern der Burg verschwunden, da stiegen die drei schon über den Zaun und nahmen die Wäsche ab, jeder einen ganzen Arm voll. Die wollten sie verstecken. Sie schlichen durch den Garten zurück und rückten langsam in Richtung Schweigen ab.

Schon nach ein paar Schritten meinte der eine der Burschen: „Herrschaft noch emol, die Wesch, die werd jo immer schwerer!" Die anderen pflichteten ihm bei. Der Mond sah freundlich zu, wie die Burschen ihre Bündel absetzten, öffneten und vor Staunen sich kaum mehr getrauten, ein Wort zu sagen. Die Wäsche war zu blankem Silber geworden. Ob sie die Schätze auf die Schultern luden und freudig heimwärts gingen? O nein, beim Anblick des Silbers ergriffen sie in panischem Schrecken die Flucht, kamen atemlos zu Hause an und erzählten und erzählten. Die Reue kam aber zu spät, denn in allen folgenden Nächten haben sie nie mehr die Frau im Schloßgarten entdecken können.


## 7 Vier Dörfer werden getauft

Wie *Schweigen, Freckenfeld, Minfeld* und *Schaidt* ihre Namen bekamen, davon erzählt die Sage: Der Vogt des Grafen Guttenberg kam in die Ansiedlung, die heute Schweigen heißt. Damals trug sie noch keinen Namen. Er traf unter der Dorflinde eine Anzahl wild schreiender Bauern mit ihren Frauen. Es ging darum, wie denn das Dorf heißen solle. Vorschläge gab es bald mehr als Einwohner. Jeder bestand darauf, daß gerade sein Vorschlag akzeptiert werden müsse. Sie wären sich beinahe in die Haare gekommen, wenn nicht der Vogt geschrien hätte: „Ich sag's auch: Schweigen!" Er war verblüfft, als plötzlich alle riefen: „Ja, Schweigen!" denn er wollte ja nur Ruhe bieten. So bekam das Dorf seinen Namen.

Zur Herrschaft Guttenberg gehörten auch zwei Dörfer, deren Bewohner sich hauptsächlich durch ihren Fleiß unterschieden. Die Leute des einen Fleckens arbeiteten von morgens bis abends auf dem Felde. Sie wurden deshalb von den Bewohnern des anderen Ortes gefoppt: „Die v'recken noch im Feld!" Freckenfeld hatte seinen Namen.

Die Einwohner der anderen Ortschaft hielten von der Arbeit nicht soviel, so daß der Herr von Guttenberg, als er den schlechten Zustand der Felder sah, sofort beschloß: „So, das ist von nun ab wieder min Feld!" Daher der Name Minfeld.

Auf seinem weiteren Gang durch die Felder kam der Herr von Guttenberg mit seinen Verwaltern an die westliche Gemarkungsgrenze Freckenfelds. „Hier ist die Schääd", sagte einer der Verwalter. (Schääd-Grenze). Schääd sagt heute noch das Volk, nicht Schaidt.

## 8 Unschuldig verurteilt

In der Nähe des Hohen Steines bei *Schaidt* standen einst drei Kreuze. Hier wurde 1715 ein Verurteilter durch den Scharfrichter enthauptet. Gerade als das Beil niedergesaust war, erschien über dem Haupt des Hingerichteten eine weiße Taube. Dies war ein Zeichen dafür, daß ein Justizmord verübt worden war. Lange Zeit ging am Hohen Stein des Nachts einer um, der den späten Wanderer einfing.

## 9 Am Jakobshäuschen tanzen die Hexen

Die Bewohner der Dörfer um den *Bienwald* kennen das Jakobshäuschen, eine Hütte, die einstmals für den Waldhüter aus *Schaidt* und für die Grenzwächter erbaut wurde. Sie steht an einer Wegekreuzung, und von hier aus kann man bis zum „*Weißen Kreuz*" sehen. In Mainächten ist es in der Nähe des Häuschens nicht ganz geheuer. Hexen sollen sich hier zum Tanz versammeln. Als Beweis dafür führt das Volk das Vorhandensein von Hartheu oder Hexenkraut an. Wer in mitternächtlicher Stunde von diesem Gewächs pflückt, der bannt die Hexen.

## 10 Noch einmal davongekommen

An der Straße von *Schaidt* nach *Niederlauterbach* im Elsaß erhebt sich weithin sichtbar das „*Weiße Kreuz*". Von ihm erzählt man sich eine Sage aus jenen Tagen, als durch den Bienwald noch keine Wege und Straßen zogen und es Wild in Hülle und Fülle gab. Die Wilderer beherrschten zu der Zeit die Jagd. Mit ihnen war nicht zu spaßen. Das sollte der Waldaufseher aus Schaidt am eigenen Leibe erfahren.
Ihm waren die Wilddiebe ein Dorn im Auge. Mit allen ihm zur Verfügung stehenden Mitteln wollte er ihnen das Handwerk legen. Was scherten ihn die Drohbriefe, die da auf unbekannten Wegen zu ihm gelangten? Was sollte beispielsweise die Drohung, daß er es büßen müsse, wenn er die Wilderer nicht in Ruhe ließe? Sie wollten, wie sie schrieben, ihm einen Knopf seiner Uniform abschießen, um zu beweisen, daß sie sehr wohl verstanden, mit der Flinte umzugehen. Das war doch pure Angeberei!

Nun, er sollte eines anderen belehrt werden. An einem schönen Tage war er wieder einmal im Walde unterwegs, da krachte ein Schuß, und der obere Knopf seiner Jacke fiel zu Boden. Jetzt wurde es dem Förster doch ein bißchen angst. Doch zu Hause faßte er wieder Mut und stellte künftig weiter den Wildschützen nach.

Der Winter war ins Land gezogen. Tief beugten sich die Äste von schwerem, nassem Schnee. Heute kriege ich sie, sagte sich der Förster, denn ihm war Nachricht über ihr Versteck zugegangen. Behutsam näherte er sich der Stelle. Da packten ihn zwei derbe Fäuste im Genick, und im Nu war er von wilden Gestalten umringt mit rußgeschwärzten Gesichtern. Sie zogen ihm die Kleider vom Leibe und hängten ihn mit den Beinen nach oben an den nächsten Ast einer Eiche. Kalt war's, eiskalt! Das Blut schoß ins Gehirn! Soll ich hier jämmerlich sterben und nie mehr Frau und Kinder sehen? Auf sein Bitten und Betteln hin schnitten ihn die Räuber wieder ab und ließen ihn nackt heimziehen, mit der ausdrücklichen Warnung, sich ja nie mehr im Walde sehen zu lassen, sonst ginge es nicht so glimpflich ab wie dieses Mal. Der Förster kam diesem Wunsche nach und ließ sich versetzen. Er wollte künftig mit Wilderern nichts mehr zu tun haben.

## 11  Die Liebe war schuld daran

Gegen Ende des 18. Jahrhunderts lebte in einer armseligen Hütte in der Nähe *Büchelbergs* ein Köhler, der eine einst hübsche Zigeunerin zur Frau hatte. Karg war der Verdienst, doch die beiden Söhne wußten sich zu helfen. Sie lagen dem amtierenden Förster arg „im Magen", aber erwischen konnte er sie nicht. Sie hielten zusammen wie Pech und Schwefel, und trotzdem ging eines Tages im Dorf das Gerücht um, die beiden Brüder hätten sich entzweit. Wie kam das?

In *Langenkandel* war Kerwe, und die beiden zählten zu den Besuchern. „Trinkt keinen Wein, denn der löst die Zunge", hatte ihnen beim Weggang noch der alte Köhler nachgerufen. Sie tranken keinen einzigen Schluck. Was der Vater aber nicht vorausahnen und auch nicht verbieten konnte, daß sich nämlich beide in ein und dasselbe Mädchen verliebten, das brachte den Untergang der Unzertrennlichen. Vorbei waren die gemeinsamen Streifzüge, vorbei die Freundschaft. Die beiden mieden sich, trotz aller Vorhaltungen der Eltern.

Doch das Schicksal geht oft eigenartige Wege. Im benachbarten Frankreich brach die Revolution aus. Die Heere zogen zum Rhein. Die Ecke zwischen Rhein und Lauter war über Nacht Kriegsgebiet geworden. In Langenkandel war Einquartierung. Büchelberg lag zwischen den Linien. Das Zigeunerblut wurde rege, als die beiden Brüder die Reiter sahen; sie boten Führerdienste an, um wenigstens nach Kandel zu kommen und der Geliebten nahe zu sein. Selbstverständlich taten sie dies ohne gegenseitige Verständigung. Vor dem

Quartier des Obristen mußten sie warten, kein Wort hatten sie bislang miteinander gesprochen, doch plötzlich hörten sie aus dem Haus gegenüber, in dem ihre Angebetete wohnte, die Hilfeschreie eines Mädchens. In diesem Augenblick verstanden sich beide wieder. Sie stürmten über die Straße und drangen in das Haus ein. In einer Kammer fanden sie die Geliebte, die sich verzweifelt gegen zwei betrunkene Soldaten wehrte. In blinder Wut packten die Waldsöhne zu. Sie stießen mit ihren Messern und trafen. Da öffnete sich die Tür, und herein stürzten einige Soldaten, die fürchterlich Rache nahmen. Das Mädchen, um deretwillen sie sich entzweiten, führte sie im Tode wieder zusammen.

## 12   Jeglicher Hilfe gebühret Dank

Wer vom „*zerschnittenen*" Dorf *Scheibenhardt* an der Grenze seinen Weg nimmt hinauf zur *Bienwaldmühle* und die *Salmbacher Passage* hinter sich gelassen hat, entdeckt an der rechten Straßenseite kurz vor der Bienwaldmühle ein einsames Kreuz, das nach dem letzten Krieg wiederum neu gestaltet werden mußte. Wie die meisten derartigen Mahnmale am Wegesrand geht seine Entstehung auf eine Geschichte zurück, die für den Bienwald und seine Bewohner typisch ist.

Ein Bauer hatte am frühen Morgen seine beiden schweren Gäule vor das Langholzfuhrwerk gespannt. Eine Ladung erstklassiger Buchen sollte er aus dem Walde holen und sie zum nächsten Bahnhof nach Berg transportieren. Der Weg war weit und beschwerlich. Die Sonne stand schon hoch, als er an der Passage ankam. Der Fuhrmann mußte sich beeilen, wollte er nicht „in die Nacht kommen". Doch es klappte einfach nicht richtig; die Arbeit ging ihm nicht von den Fingern. Die „Brämme" tobten, dunkle Wolken huschten an der Sonne vorbei. Sollte es ein Gewitter geben?

Richtig, im „Neeweiler Loch" (Südosten *Neewiller,* Dorf im Elsaß) stand eine schwarze Wolkenwand. Der Wettlauf des ach so kleinen Menschen gegen übermächtige Naturgewalten begann. Die ersten Blitze zuckten, Donner rollten, große Regentropfen fielen. Nur noch den einen Stamm! Das mußte noch geschafft werden. Hauptsache, das Fuhrwerk stand draußen auf der Straße, wenn das Unwetter losbrach! Gerade lag der Stamm auf dem Wagen, als ein greller Blitz niedersauste. Die Pferde scheuten, der Fuhrmann konnte sich mit knapper Not vor den Rädern des Wagens retten. Der Wagen saß fest. Genau vor der Vorderachse saß ein „Stumpen" von erstaunlicher Größe. Was tun?

Da war guter Rat teuer. Her mit der Axt und auf das Hindernis losgehauen! Noch einmal probiert! „Hü!" Der Erfolg war gleich Null. Abladen? Warten? Was tun? In seiner Not kniete der Bauer nieder und machte das Gelübde, daß er draußen an der Straße ein Kreuz errichten würde, wenn er nur hier herauskäme. Und siehe da, die Pferde zogen an, der Wagen bewegte sich trotz Baumstumpf. So kam er heil nach Hause, und schon am nächsten Tag ging er an die Erfüllung seines Versprechens.


## 13 Der Geist auf der Stadtmauer

*Hagenbach* war einst Stadt, Festungsstadt sogar mit Soldaten und einem Stadthauptmann. Dieser hatte eine gar hochmütige, etwas zu groß geratene Frau. Man nannte sie die Stadtmadam, weil sie jeden Tag ein anderes Kleid trug. Die Jugend verspottete sie wegen ihrer Größe, arme Leute gingen ihr aus dem Wege, weil sie als sehr jähzornig und hartherzig bekannt war. „Nach meinem Tode muß man mich dreimal in feierlichem Zuge um die Stadtmauer tragen", lautete eine ihrer seltsamen Anordnungen.
Doch als sie starb, kümmerte sich niemand um diesen Befehl. Die Stadtmadam wurde beerdigt wie jede einfache Frau auch. Wegen ihrer Hartherzigkeit, ihrem Hochmut, ihrer Eitelkeit und ihrem Jähzorn mußte sie als Geist auf der Stadtmauer hin- und herwandeln. Nachts um zwölf soll sie schon oft gesehen worden sein.


## 14 Ein ungetreuer Trommler

Ein einfacher Trommler machte es dem Feind möglich, die Festung *Hagenbach* zu nehmen. Das kam so: An beiden Toren standen zwei Trommler bereit, die durch Zeichen das Herannahen eines Feindes kundtaten und durch ein anderes Zeichen dessen Abrücken verkündeten.
Die Bauern zogen heran, der Trommler gab das Zeichen. Kurz danach hieb er wieder auf das Kalbfell, und in der Stadt freute man sich des Zeichens, denn der Feind rückte ja ab. Doch weit gefehlt! Die Mauern wurden gestürmt und genommen. Heute noch muß der Trommler zur Geisterstunde im Festungsgraben hinter der Kirche den falschen Trommelschlag ausführen. Zur Strafe für seine Untreue.


## 15 Ein finsterer Mann mit Stelzbein

Die Grenze zwischen dem Bienwald und dem Gemeindewald von *Hagenbach,* die von den Dachslöchern über den Dümmelwald bis zum Erlich verläuft, war nach Meinung des Gemeindejägers eine widerrechtliche Grenze, denn als man sie zog, soll es nicht mit rechten Dingen zugegangen sein. Vielleicht war das auch nur die Privatansicht des Jägers, auf jeden Fall wurde durch die Neufestsetzung der Grenzlinie das Jagdgebiet des Jägers eingeengt. Und dagegen protestierte er, so lange er dieser Welt angehörte.

Er regt sich heute noch, nachdem er längst gestorben ist, über diese Unge-
rechtigkeit auf und erscheint deshalb jeden Tag um die Mittagszeit: ein großer, finsterer Mann mit einem Stelzbein. Er steckt in einer Jägerkluft und
trägt die Flinte so, als wolle er jeden Augenblick abdrücken. Er wird von einem kleinen Dackel begleitet, der wohl die richtige Grenze aufspüren muß.
Ihm folgt der Jäger bei Tag und in der Nacht. Ohne Rast und Ruhe schreitet
er die Grenze hinauf und hinunter, bis der erste Hahnenschrei zu hören ist.

## 16  „'s werd"

Mit dem Rhein hatten die Anwohner früher ihre liebe Not. Bei starken Re-
genfällen oder zur Zeit der Schneeschmelze trat er über die unbefestigten
Ufer, überschwemmte das Land, drang in die Dörfer ein und riß mit sich,
was ihm in den Weg kam. Schrecklich hausten die Wasser, Seuchen breiteten
sich aus und dezimierten die Bevölkerung. Die Menschen glaubten an ein
Gottesgericht und konnten sich erst gar nicht vorstellen, daß durch die Gera-
delegung des Strombettes endlich diese Plagen zum großen Teil vorbei sein
könnten.
Dabei waren die Schäden, die der Rhein fast jährlich anrichtete, beträchtlich.
Ganze Dörfer verschwanden in den reißenden Fluten, so wie jener Ort *For-
lach*, von dem man heute nur noch den Namen kennt. Die Bewohner der
Nachbardörfer packten in höchster Not ihre Habseligkeiten und strebten
landeinwärts, immer mit der Bitte auf den Lippen, daß der Strom ihr Dorf
schonen möge. Sie bauten nur zögernd neue Häuser, weil sie die Hoffnung
auf ein Nachhausekommen nicht aufgeben wollten. Die von *Jockgrim* standen
ihren leidgeprüften Nachbarn bei und ermunterten sie: „Bau'n nar, 's werd!"
So ging man zügig an den Aufbau, das Dorf wuchs, und sein neuer Name
hieß, eingedenk der Ermunterung durch die Jockgrimer, *Wörth:* „'s werd".

## 17  Meister Klaus hilft

Die Bewohner am Rhein entlang können ein Liedchen singen von großen
Überschwemmungen, von dadurch ausgelöster unaussprechlicher Not und
von schwerer Obdachlosigkeit. Im Jahre 1629, es war im Spätsommer, da
stieg der Wasserspiegel des Flusses von Stunde zu Stunde. Die Deiche brachen. Die Menschen in den Ortschaften *Hagenbach, Pfortz, Wörth, Jockgrim*
und *Rheinzabern* stürmten hinaus, um auszubessern, zu flicken, wiederher-
zustellen. Doch das Wasser stieg und stieg und nahm schließlich das Dorf
*Roslach* mit sich. Es konnte trotz zäher Arbeit nicht mehr genügend geschützt werden.
Zwei Menschen riß es fort, die anderen sahen es mit Entsetzen. Doch am
Bruchköpfel, da blieben die beiden im Geäst einer Eiche hängen. Sie schrien

um Hilfe, wurden auch gehört, doch niemand traute sich, in den Nachen zu steigen und die Ertrinkenden zu retten. Da trat aus dem nahen Wald Meister Klaus, das Erdmännlein, mit langem Bart und klein von Gestalt. „Fort! Das Erdmännlein aus dem Erdleutsbergel!" schrien die Leute und eilten davon, die beiden an der Eiche ihrem Schicksal überlassend. Es war umsonst, daß Meister Klaus einen Beutel Geldes bot, jenem, der ihm bei der Rettung behilflich wäre. Er flehte vergebens.

So löste das Erdmännlein allein den Kahn, griff nach den Rudern und wollte gerade abstoßen, als ein junger Mann zu ihm ins Boot sprang. Mit vereinten Kräften erreichten sie mit knapper Not das Bruchköpfel, befreiten die beiden aus ihrer lebensgefährlichen Lage und ruderten zurück an Land. Retter und Gerettete verschwanden im Wald.

## 18   Auf dem Wasser ruht der Segen — auch der Fluch

Tags darauf machten sich die Überlebenden der Katastrophe auf den Weg zu den Erdmännlein, um ihnen zu danken und sie anzuflehen, daß sie der Not der Obdachlosen steuern mögen. Meister Klaus hörte ihr Rufen, und sein Herz ward gerührt. Er verließ den Hügel und sah, wie sich die Armen vor ihm auf die Knie warfen. „Steht auf!" rief das Erdmännlein. „Steht auf! Man beugt sein Knie nur vor dem Allerhöchsten, nicht vor Menschen. Wir Erdmännlein sind wie ihr, Geschöpfe Gottes. Erhebet euch deshalb und teilt mir mit, warum ihr den Weg hierher gewählt habt! Einer unter euch möge sprechen!"

Da trat einer der Bittenden vor und klagte die allgemeine Not. Er sprach davon, daß der Verlust der Heimat sie alle sehr schmerze. Einhundertfünfzig Menschen seien ohne Dach über dem Kopf auf die Mildtätigkeiten anderer angewiesen. Nachdem der Sprecher geendet, verschwand Meister Klaus im Erdhügel, um mit seinen Genossen zu beratschlagen, was getan und wie geholfen werden könne. Die zurückgebliebenen Bittsteller schwankten zwischen Hoffnung und Niedergeschlagenheit.

Nach einer Weile erschien das Erdmännlein und hub zu folgender Rede an: „Wir erkennen die Not, in die ihr unverschuldet geraten seid. Wir sind bereit euch zu helfen, doch ihr müßt unseren Befehlen nachkommen. Nehmt das Gut, das ihr noch retten konntet und siedelt euch im nahen *Wörth* an! Die Fischer des Dorfes werden euch gerne aufnehmen, weil auch sie vom Segen und Fluch, der auf dem Wasser ruht, wissen. Damit ihr einen guten Anfang habt, geben wir Erdmännlein euch hier einen Beutel voller Goldgulden. Teilt sie ehrlich, dann werden sie euch allen Glück bringen. Geschieht die Verteilung aber in ungerechter Weise, so werden euch die Gulden zum Fluch gereichen. Baut um euer neues Heimatdorf einen schützenden Damm, damit euch die Fluten des Rheines nicht noch einmal überrennen! Haltet zusammen!"

Meister Klaus legte den Beutel nieder und verschwand in seiner Behausung. „Gott segne die Erdmännlein!" riefen die Heimatlosen und gingen hin nach Wörth und taten, was ihnen Meister Klaus befahl.

## 19 Er war ein kleines, altes Männlein

Wie Meister Klaus, das Erdmännlein aussah? Ein Fischer aus *Wörth,* der ihn schon mehr als einmal sah, schildert den Zwerg: „Er war ein kleines, altes Männlein, bekleidet mit einem Samtrock. Auf dem großen Kopf trug er einen ebenso großen Hut mit einem Damenhandschuh." Ihm unterstanden viele hilfreiche Gesellen, die alle gleich gekleidet waren. Sie wohnten in den Erdleutsbergeln, in den Sandhügeln des Bienwaldes in der Nähe der alten Römerstraße. Wen das Schicksal geschlagen hatte, der näherte sich vertrauensvoll den Wohnungen der Erdmännlein und klagte dort sein Leid. Am nächsten Tage fand er entweder einen Zettel, auf dem ein guter Rat verzeichnet war oder aber einen Beutel Geldes, der ihn aller Schwierigkeiten enthob.
Auch den armen Fischern von Wörth haben die Männlein mehr als einmal geholfen. Nach dem Fischfang trugen die Fischer die übrigen Fische in Körben hinaus zu den Hügeln. Am Tage darauf waren die Körbe von Fischen leer, und in jedem lag reichlicher Lohn.

## 20 Es blieb beim Versuch

Südwestlich von *Wörth* liegt das Affolterloch. Es soll seinen Namen von der einst auf einem kleinen Hügel in der Nähe gelegenen Burg erhalten haben. Auch ein Dorf gleichen Namens breitete sich früher dort aus. Wo einst die Burg stand, gähnte eine tiefe Höhle.
Ein Knabe wollte zusammen mit einigen Kameraden das Geheimnis dieser Öffnung aufdecken. Die Buben brachten ein langes Seil mit und ließen daran den Neugierigen hinunter. Es war ausgemacht, daß, sobald der kleine Höhlenforscher ein Zeichen gäbe, er sofort wieder heraufgezogen werden mußte. Er kam nie ganz bis zur Sohle hinunter, denn auf dem Boden des Schachtes entdeckte der Junge eine Riesenschlange, mindestens so groß wie ein Wiesbaum, mit einem goldenen Schlüssel um den Hals. Da war's vorbei mit der Neugier. Die Angst griff nach der Kehle, und befreit atmete der Knabe erst, als er wieder auf festem Boden stand.

## 21 Der mißglückte Raub

In der Nähe des „Kirchleins zu unserer lieben Frau in Schweinheim" bei *Jockgrim* wurden schon des öfteren Erdmännlein gesehen mit Riesenhüten, auf denen rote Federn lustig im Winde sich bewegten. Sie trugen lange Schwerter und warfen bei Unwetter rote Mäntel um. Auch hier hat man sie stets gerne gesehen, denn im Volk erzählte man sich von mancher Wohltat der Männlein.

Einmal gingen Knechte aus *Hagenbach* in dunkler Nacht auf Raub aus. Sie kannten jeden Weg und jeden Steg, doch in dieser verflixten Nacht kam ihnen alles neu und fremd vor. Sie gingen in die Irre, einige büßten ihr schändliches Vorhaben mit dem Tode im Sumpf, die anderen erkannten sich gegenseitig nicht wieder, so mitgenommen waren sie. Die Erdmännlein hatten das Eigentum anderer vor dem Zugriff der Räuber beschützt.

## 22 Ein Toter im Schelmenwald

Kinder fürchten sich vor dem dunklen Wald, erst recht, wenn gar gruselige Dinge von ihm erzählt werden. Unsere Waldreviere tragen oft merkwürdige Namen, und ihre Deutung läßt der Phantasie großen Spielraum. Kein Wunder, daß die Kleinen — die Erwachsenen etwa nicht? — den nachtdunklen Wald scheuen, wie etwa jenes Waldstück bei *Jockgrim,* das man Schelmenwald nennt.

Unheimlich ist es dort! Vor Zeiten fanden Waldarbeiter bei der dicken Eiche einen Toten, ein blutiger Dolch an seiner Seite. Die Schelme erdolchten den Wanderer, meinten die einen. Die anderen glaubten es besser zu wissen. Sie sprachen von einem heimlichen Gericht, dessen Urteil der Henker vollstreckte. Gleichgültig, wie der Wanderer um sein Leben kam. Auf jeden Fall war es im Schelmenwald seit der Zeit nicht mehr geheuer. Man bekreuzte sich, wenn man ihn betrat, eilte hindurch und vergaß auch beim Verlassen nicht das Kreuzzeichen. Wochen danach noch schlug das Herz schneller, wenn man sich der Irrlichter erinnerte, die auf den Baumstümpfen tanzten.

## 23 Strafe für den Holzfrevel

Am Heldenweg bei *Jockgrim* mußte einst ein Ritter sterben. Ein Schweinehirt mordete ihn meuchlings. Zur Strafe fand der Mörder nach seinem Tode keine Ruhe. In nebeligen Nächten geistert er am Tatort und stößt fürchterliche Schreie aus, die einem durch Mark und Bein gehen.

Einmal waren zwei Burschen mit ihrem Schubkarren unterwegs in den Bienwald. Sie wollten Leseholz holen, doch weil gerade eine junge Buche „im Wege stand", legten sie an ihr die Äxte an. Waldfrevel nennt man dieses Vergehen, das war den beiden wohl bewußt. Sie hofften, daß der Förster in einem anderen Revier zu tun haben wird. Es war ein hartes Stück Arbeit, und es dämmerte bereits, als sie endlich die meterlangen Stücke auf den Schubkarren verladen konnten. Schnell noch zwei Hände voll Leseholz aufgepackt, den Strick festgebunden, und los ging die Fahrt hinaus zur Landstraße.

Unterwegs wurde die Karre plötzlich bleischwer. Den beiden war sofort bewußt, daß der Sauhirt auf dem Holz saß, und daß sie nun für ihren Frevel bestraft werden sollten. Jeder packte einen Holm der Schubkarre, doch nur mit äußerster Kraftanstrengung konnten sie die Last heben und schrittweise vorwärts bewegen. Noch zehn Meter waren es bis zur Landstraße. Dort hatte, das war bekannt, der Sauhirt seine Gewalt verloren. Den beiden kam diese kurze Entfernung wie eine Ewigkeit vor. Völlig erschöpft erreichten sie die Straße und waren doch glücklich, dem Schweinehirten noch einmal entronnen zu sein. Sie gelobten, nie mehr den Wald zu schädigen, und diesen Schwur hielten sie auch.

## 24   Drei-Schmitte-Buckel

Zwischen *Jockgrim* und *Hatzenbühl* liegt der „Drei-Schmitte-Buckel". Dort soll vor langer Zeit eine Schmiede gestanden haben, die drei Brüdern gehörte. Anfangs war man voll des Lobes über ihre Arbeit, über ihre Tüchtigkeit und Menschenfreundlichkeit. Das änderte sich aber, als die drei auf Abwege gerieten, weil sie meinten, dadurch schneller und müheloser zu Reichtum gelangen zu können. Im Unterholz des Waldes versteckten sie sich und überfielen vorbeireitende Kaufleute und ganze Wagenkolonnen, raubten sie aus und waren dann wie vom Erdboden verschluckt. Niemals unterlagen sie im Kampfe, keine Blessur zeugte von vergangenem Streit. Ob das mit rechten Dingen zuging? Keineswegs! Die drei haben sich dem Teufel verschrieben, so flüsterte man sich zu. Und so muß es wohl auch gewesen sein, denn nach ihrem Tode ging des Nachts die Arbeit in der Schmiede weiter, obwohl man keine Menschenseele entdecken konnte. Doch der Klang der Hämmer war weithin zu hören. Die Bewohner der beiden Dörfer waren sich einig, daß die drei Brüder sich nun durch ehrliche Arbeit einen Platz im Himmel erwerben wollten.

## 25   Der Kreuzstürzer

Am Morgen fühlte er sich noch stark und unüberwindbar. Er wollte zeigen, daß es für ihn keinen Herrgott gibt, deshalb stürzte er das Kreuz bei der Kirche von seinem Sockel. Die Leute bekreuzigten sich ob solcher Untat.

Es verging kein Tag. Die Kaiserlichen rückten heran. Sie vertrieben die Republikaner aus *Leimersheim* und stellten sie zum Kampfe, Reiter gegen Reiter. Der Kreuzstürzer stand auf der Seite der Republikaner. Er wehrte sich ganz trefflich seiner Haut, doch konnte er nicht verhindern, daß der Pallasch eines Gegners ihm den Arm vom Rumpf trennte. So starb er, der Starke, der Unüberwindbare.

Heute kannst du die Schlacht noch verfolgen, wenn du in einer Nebelnacht zum Wolfsberg wanderst. Du kannst dort auch den Kreuzstürzer sehen, wie er nach dem Kampfe ziellos umherirrt, stets den Blick zum Boden gerichtet als suche er etwas.

## 26 Die Höhle in der Teufelskehl

In der Teufelskehl bei *Neupotz* grub sich einst der Satan eine Höhle, in der er alle Schätze, die er auf Erden zusammengerafft, in großen Truhen aufbewahrte. Es ist ein leichtes dort einzudringen, denn die Tür, die wie der Spannbogen einer Mausefalle geöffnet ist, gibt den Eingang frei. Es lohnt sich der Besuch natürlich nur in der Geisterstunde, denn dann liegen die Reichtümer offen, und jeder kann davon mitnehmen soviel er will. Schlägt es aber ein Uhr und der Besucher hat die Höhle nicht verlassen, so ist er ein Gefangener des Teufels, denn mit dem ersten Glockenschlag fällt die Tür ins Schloß. Schon mancher, der sich nicht mäßigen konnte, kam nie mehr zurück.

## 27 Und die Glocken läuten wie ehedem

Die Wasser des Rheines haben schon mehr als einmal Unheil angerichtet. In *Neupotz* erzählt man sich die Sage vom untergegangenen alten Dorfe, das die Fluten in stürmischer Nacht mitrissen. Kein Stein blieb mehr auf dem anderen. Doch schon bald erstanden neue Häuser und Plätze und Straßen, ein neues Dorf.

Fährt aber heute an einem ruhigen Sonntagmorgen ein Fischer über jene Stelle, an der einst Potz stand, so sieht er bei klarem Wasser die Kirche und die Häuschen unten auf dem Boden des Flußbettes. Und die Glocken läuten wie ehedem vom Turm des untergegangenen Kirchleins.

## 28 Die nächtliche Schlacht

Der Seelhof bei *Leimersheim* birgt die Gefallenen, die einst auf dem Niederhorst ihr Leben aushauchten. In keiner Feierstunde wird mehr ihrer gedacht, auch damals, als ihr Tod gerade 100 Jahre alt war, blieben sie vergessen. Doch die Magd Theresia mußte in einer Nacht, als sie den Weg von ihrer *Kuhardter* Base daherkam, von den Geistern der Toten erfahren. Die Therese war ein Menschenkind, dem man nicht leicht ein X für ein U vormachen

konnte, und trotzdem war es ihr nicht einerlei, als da vorne auf dem Wege-
stein ein gar unheimlicher Mensch saß. Eine Uniform hatte der an, wie die
Magd sie nur von Bildern her kannte. Kaum war sie an ihm vorbei, als er sich
erhob und hinter ihr herkam. Fürchterlich war das! Doch siehe, dort drüben
— sind das nicht auch Soldaten? Und da hinten — da vorne — rechts —
links — überall Krieger, die wild aufeinander losstürzen, sich gegenseitig
umbringen, ohne einen Laut von sich zu geben.
So wogte der Kampf der Geister, mal hin, mal her, und einer nach dem anderen verschwand wieder in seinem Grab. Und das alles mußte die Therese
erleben. Brutaler Kampf Mann gegen Mann! Das war zuviel für ein Frauen-
herz; eine Ohnmacht zog den Vorhang vor dieses gräßliche Geschehen. Als
sie wieder zu sich kam, kroch die Sonne im Osten über den Horizont.

## 29   Wie das Kloster Hördt zu Wald kam

Vom Rheingrafen auf dem Rheingrafenstein erzählt man sich den „Trunk
aus dem Stiefel", verbunden mit einer Wette. Ähnliches wird von dem Ritter
Dimar von *Leimersheim* berichtet, dem der Schutz der bischöflichen Untertanen anvertraut war. Er kümmerte sich aber wenig um seine Aufgabe, die Jagd
und der Humpen waren sein Lebensinhalt. Es ist deshalb auch verständlich,
daß der jähzornige Ritter in Wut geriet, als die Weinfuhren von der Haardt
ausblieben, länger ausblieben als vorgesehen. Den Bauern war es nicht besonders wohl zumute, denn sie kamen um einige Tage zu spät und sahen schon
von weitem Dimar im Burghof stehen mit hochrotem Kopf und die Reitpeit-
sche in der Hand. Doch sie setzten auf den guten Tropfen, den ihre Fässer
bargen. Man reichte den ersten Becher dem Burgherrn, der kostete, und siehe da, seine Gesichtszüge hellten sich auf.
Faß um Faß im Keller füllte sich. Der Ritter besaß sogar zu wenig Faßraum.
In guter Laune gebot er den Bauern, daß sie den Rest trinken sollten. Die
ließen sich das nicht zweimal sagen. Auf Treppen, am Brunnenrand, auf dem
Boden, überall saßen sie, und die „Stütze" kreiste. Einer nach dem anderen
legte sich um! Nur einer stand am Ende noch aufrecht. Den sah der Ritter.
„Jost", rief er ihm zu, „wir wollen einen trinken! Wenn du länger sitzest als
ich, soll dir mein Wald gehören!" „Nicht mir sollt Ihr den Forst schenken,
schenkt ihn, wenn ich gewinne, dem nahen Kloster!" Auch das war dem Ritter recht. So erprobten die beiden ihre Trinkfestigkeit.
Der Burgherr lag längst unter dem Tisch, der Jost aber trank in aller Gemütsruhe den letzten Humpen leer. Er hatte für das Kloster *Hördt* einen
Wald gewonnen.

# 30 Sie starb wie die beiden Männer

Die Pest hatte auch den Flecken *Luitmarsheim* geschlagen. Nur zwei Menschen waren übriggeblieben, das junge Mädchen Ludwiga und Egbert, ein Fischer in vorgerücktem Alter. Sie fanden zusammen, obwohl sie völlig gegensätzliche Charaktere waren. Sie fristeten ihr Dasein recht und schlecht mit Fischfang und durch die Jagd.

Da kam eines Tages ein junger, kräftig gebauter Mann das Ufer herauf und bat, aufgenommen zu werden. Der Fischer gab seine Zustimmung, obwohl er es besser nicht getan hätte, denn schon bald bemerkte er ein heimliches Einverständnis zwischen den beiden jungen Leuten. Er erwischte sie sogar einmal, wie sie hinter der Hütte eng umschlungen saßen. Rache wollte er nehmen. Er bohrte den Kahn an, in dem am nächsten Morgen der Rivale ausfahren wollte, die Fischreusen zu heben. Egbert stand dabei, als der junge Mann seine letzte Fahrt antrat. Einige Tage später wurde die Leiche angespült. Nun sann Ludwiga auf Rache, und Egbert starb denselben Tod wie der Fremdling Benno. Doch die Toten ließen Ludwiga nicht mehr zur Ruhe kommen. Immer wieder zog es sie hinunter zum Ufer, und an einem stürmischen Abend glaubte sie den langgezogenen Ruf Lud-wi-ga vernommen zu haben. Halb irrsinnig rannte sie mit dem letzten Ruf auf den Lippen: „Ich komme", hinein in die Flut und starb wie die beiden Männer.

Und heute noch glauben Fischer, in der Mitte des Fischmals tief unten auf dem Bett des Flusses den Kahn mit den dreien gesehen zu haben.


# 31 „Die Nacht ist stumm, der Rhein ist tief"

Am *Rhein* ist es in Vollmondnächten nie ganz geheuer. Da zieht draußen in der Mitte des Stromes ein Kahn dahin, ein Fischer beugt sich über sein Netz, das eine sehr sonderbare Beute bringt: Menschengebein und kahle, ausgelaugte Schädel füllen das Netz bis oben hin. Und ein unheimlicher Schrei dringt durch die Stille der Nacht: „Die Nacht ist stumm, der Rhein ist tief!" Was hat das zu bedeuten? Warum muß der Fischer sein Boot steuern, obwohl er doch längst begraben liegt? Was hat er einst zu Lebzeiten verbrochen? Er lud schwere Schuld auf seine schmalen Schultern, er mordete um Geldes willen. Das war so: Er steuerte zu seinem und seiner Familie Broterwerb täglich unzählige Male die Fähre von Ufer zu Ufer, treu und redlich. Doch eines Abends, als er längst Feierabend gemacht hatte und gerade beim Abendessen saß, da öffnete ein Fremder die Tür und bat, noch zu solch später Zeit übergesetzt zu werden. Es war ihm anzumerken, daß irgend etwas mit ihm nicht stimmte, denn abgehetzt und völlig entkräftigt sank er auf die wackelige Bank. Er werde nicht mehr fahren, entschied der Ferge. Doch da brach es aus dem Fremden hervor. Er erzählte von dem Überfall der Raubritter, die ihm drei Wagen samt seinen Knechten und Waren geraubt hätten, er erzählte auch von den gefüllten Beuteln, die er gerade noch retten konnte und die er bei sich trüge.

Doch davon hätte er besser kein Wort verlauten lassen, denn der Fährmann konnte derlei Dinge gebrauchen. Der Mammon zog besser, als alle Grundsätze, die bislang sein Leben bestimmten. Mit einem Male waren sie über den Haufen geworfen. Der Fährmann griff zum Ruder und erschlug den Kaufmann mitten auf dem Rhein. Nur ein kurzes Aufplatschen ward gehört, dann wendete der Ferge den Kahn und steuerte zurück. Der Fremde hatte ihm sein Pferd angeboten als Lohn für die Überfahrt, ein wahrhaft fürstlicher Lohn, doch der Fährmann sah die Chance seines Lebens. Er unterlag der Versuchung, mit einem Schlage reich zu werden, selbst wenn es ein Menschenleben kosten sollte.

Reue und Buße kamen spät. Zwar verfolgte ihn der Tote auf Schritt und Tritt und ließ ihm auch in der Nacht keine Ruhe, doch der Geldsack wog alles auf. Für seinen himmelschreienden Frevel büßt er nun, indem er als gespenstischer Schiffer des Nachts den Strom befährt.

## 32  Ein erfülltes Vermächtnis

„Wenn ich gestorben bin, soll man meinen Leichnam auf einen Leiterwagen bringen, den Sarg darauf festbinden und zwei ungelernte Ochsen einspannen. Nach der Einsegnung lasse man die Tiere laufen. Da, wo sie halten, will ich begraben sein; und an dem Orte soll ein Kirchlein erstehen, das meinen Namen trägt!" Das war der letzte Wille eines Mannes, der weit, weit hinter dem Wald bei *Rülzheim* und *Rheinzabern* wohnte. Man willfahrte seinem Wunsche. Die Ochsen zogen das seltsame Gefährt kreuz und quer durch die Fluren über Herxheim, durch den Wald und brachen schließlich oberhalb des Rottenbaches zwischen Rheinzabern und Rülzheim zusammen.

Niemand getraute sich, an den Wagen Hand anzulegen, bis nach einigen Tagen durch einen Boten das Vermächtnis des Toten bekanntgegeben wurde. Der Leichnam wurde der Erde übergeben, und schon bald wuchsen die Mauern des Kirchleins, das den Namen Dieterskirchel erhielt. Dorthin ziehen heute noch die Wallfahrer. Den Weg aber, den die Ochsen nahmen, nannte man „Ochsenweg".

## 33  Ein Mord um irdischen Reichtums willen

Einst kehrte in einer Wirtschaft in *Erlenbach* bei *Kandel* ein reicher Geldverleiher und Grundstücksmakler ein, der mit dem Spitznamen Holzmännel überall bekannt war. Er trug eine Tasche bei sich, die prall mit Geldscheinen gefüllt war. In einer Kutsche fuhr er vor und begab sich gleich, nachdem er sich gestärkt hatte, zur Ruhe. Am nächsten Morgen fand man die Kutsche nicht weit vom Dorf entfernt, vom Holzmännel aber keine Spur. Er war samt seinen Banknoten verschwunden.

Seit der Zeit war es in der Wirtschaft nicht mehr ganz geheuer. Das Öllämpchen im Hausflur konnte einfach nicht mehr zum Brennen gebracht werden; unter der Treppe lag ein großer schwarzer Hund, der vordem nicht zum Hause gehörte. Der Wirt starb schon bald danach. Er mußte umgehen und ist seinen Enkelkindern mehr als einmal erschienen. Die Leute trauten sich nicht mehr in die Nähe des Hauses, keiner wollte es auch kaufen oder pachten, nachdem die Nachkommenschaft des Wirtes Erlenbach verlassen hatte. Die Wirtschaft wurde auf Abriß versteigert und kam an einen Liebhaber aus *Winden*. Der ließ den letzten Balken zurück, um den Geist zu bannen.

Der Hausplatz wurde erst einige Jahre später als Garten angelegt, doch die Stelle, an der einst der Keller lag, blieb stets öde. Einige Leute behaupteten, daß das Holzmännel am frühen Morgen unter einer Wagenladung Mist hinausgefahren wurde in die hinteren Hellgärten und dort sein Grab gefunden hätte.

Der spätere Eigentümer des Ackers, auf dem das Holzmännel verscharrt worden sein soll, erhielt einmal um die Mittagszeit eine dermaßen derbe Ohrfeige, daß er alle Engel im Himmel singen hörte.

## 34  „Hinaus aus meinem Tabak!"

„Der Tabak ist ein Teufelskraut", das hört man überall. Wer ihm verfallen ist, kommt nicht mehr von ihm los. Ja, das Volk hat recht, denn der Teufel war es, der dieses Gewächs in die Pfalz brachte. Nach dem Dreißigjährigen Krieg sah es sehr schlecht auch in unserer Pfalz aus. Dörfer waren zerstört, der Boden fand keine pflegenden Hände mehr. Er lag brach, verwildert, verlassen. Das machte sich der Teufel zunutze. Er bepflanzte mit seinen Helfershelfern einen Acker mit dem bis dahin unbekannten Kraut.

Ein Bauer kam gerade des Weges; auf dem Viehmarkt in *Kandel* hatte er eine Kuh gut an den Mann gebracht, und wollte nun freudig bewegt in sein Heimatdorf *Erlenbach* heimkehren. Da sah er einen, der die Sandblätter an den Tabakstauden abbrach. „Sachen Se emol, wie häßt dann des Kraut, des wu Ihr do gepflanzt hänn?" redete das Bäuerlein den Fremden an. Statt einer Antwort auf die Frage entgegnete der Teufel: „Wenn du bis morgen den Namen weißt, soll der ganze Acker dir gehören, und du wirst im Nu ein reicher Mann sein!" „Was soll ich dann mit dem Kraut afange. Kammer dess esse?" Wiederum gab der Teufel keine Antwort, nahm einige Grumpenblätter, rollte sie zu einer Zigarre zusammen und rauchte fröhlich darauf los. „Du sollst das Kraut rauchen, und was du nicht brauchst, kannst du teuer verkaufen."

Nachdenklich schlich der Bauer nach Hause. Wie sollte er den Namen herausbringen? Es half nur eine List. Pfiffig wie er war, stellte er des Morgens eine Kanne voll Pech auf den Herd, ließ es gut warm werden und wälzte sich dann darin. Gänsefedern waren genügend vorhanden. Im Nu war aus dem Bauern eine Art Vogelscheuche geworden. So fand ihn der Teufel zwischen den Tabakzeilen, und weil er ihn für einen großen Vogel hielt, rief er: „Hinaus aus meinem Tabak, du Federvieh!"

Da stand der Bauer auf. Glückstrahlend bewies er dem Teufel, daß ihn ein Pfälzer Bauer überlistet hatte. Zornbebend verschwand der Satan. Das Teufelskraut aber bringt heute noch vielen Bauern lohnenden Verdienst.

## 35    Der geheimnisvolle Beißring

Beim Bauern Hüls in *Niederhorbach* verdienten zwei Knechte ihr Brot, ein junger, kräftiger Mann und einer, dem man schon von weitem ansah, daß er manches Abenteuer hinter sich gebracht hatte. Der Bauer war besonders stolz auf den jungen Knecht Helm Dickhoff, denn der verfügte über sagenhafte Kräfte. Schon manchen Stier zwang er in die Knie. Doch über Nacht verließen ihn seine Stärke und sein Mut. Müde war er den ganzen Tag. Was war geschehen?

Der alte Knecht Hans Lepmann, der im Dreißigjährigen Krieg von den Schweden verschleppt und erst vor kurzem aus dem Lande des Nordens zurückgekehrt war, dieser Hans Lepmann brachte ein Geschenk einer Lappin mit: einen Beißring, wie er bei Pferden gebräuchlich ist. Das wäre nun nichts Besonderes gewesen, wenn diesem Ring nicht geheimnisvolle Kräfte innegewohnt hätten. Wer das Zauberstück einem Menschen in den Mund schob, der konnte sich gleich auf ein junges, feuriges Pferd schwingen und mit ihm in Windeseile jeden beliebigen Punkt auf der Erde erreichen.

Dieser Ring kam in den Besitz einer Bäuerin, die jede Nacht auf dem Rücken des Knechtes Helm, der zum Pferd geworden war, hinaufritt ins Land der Lappen. Daher also die Müdigkeit des Knechtes. Der kam aber erst dahinter, als er sich des Nachts einmal Gedanken darüber machte, was aus ihm wohl werde, wenn der Zerfall seiner Kräfte andauern würde. Da öffnete sich plötzlich die Tür seiner Kammer, und herein schlich die Bäuerin. Sie setzte ihm den Ring zwischen die Zähne, er wurde zum Pferd, wie er es gewiß schon mehrere Male in vorhergegangenen Nächten geworden war, ohne daß er es bemerkte, und los ging der wilde Ritt.

Im Lande der Schweden gelang es dem Knecht den Beißring aus seinem Munde zu nehmen und ihn der Bäuerin beizubringen. Im Nu stand eine weiße Stute vor ihm, er schwang sich hinauf und heimwärts gings, schneller als die Wolken ziehen. Daheim aber band der Knecht die Stute zu den anderen Pferden und erzählte dem Bauern, was sich ereignete. Im Beisein des Bauern nahm er der Stute den Ring ab, und siehe da — der Bauer glaubte zu träumen — da stand seine Frau vor ihm.

Helm drängte darauf, daß die Hexe schleunigst vor Gericht gestellt werden müsse, doch ließ er sich auf Drängen des Bauern herbei, noch einige Tage mit der Anzeige zu warten. Hans Lepmann erfuhr von der Sache und erklärte sich sofort bereit, die Bäuerin aus dieser gefährlichen Lage zu befreien. Er wollte ja schon lange wieder zurück zu dem Lande, nach dem er eine stille Sehnsucht im Herzen trug. Doch bislang konnte er es nicht übers Herz bringen, irgendeinen Menschen zu seinem Reittier zu bestimmen. Doch nun lagen die Dinge ja anders. So gab er in der kommenden Nacht seinem Mitknecht ein Schlafmittel in den Abendtrunk und probierte zum letzten Mal den Beißring der Lappin aus. Die beiden Knechte verschwanden so auf geheimnisvolle Weise über Nacht vom Bauernhof Hüls in Niederhorbach.

## 36 Das dreibeinige Pferd

Einst lag zwischen *Oberhofen* und *Niederhorbach* bei *Bergzabern* das Dorf *Weier*. Am Beginn des Dreißigjährigen Krieges kam die Pest und forderte ihre Opfer. Brand tat ein übriges. So versank ein blühendes Gemeinwesen.
Man weiß nur noch, daß auf dem Spitzacker einst die Kirche stand, inmitten des Friedhofes. In bestimmten Nächten kommt aus der schluchtartigen „Bubenstube" ein dreibeiniges Pferd herausgesprengt. Es macht an der Stelle, an der sich einmal die Weierer Kirche erhob, kehrt und eilt wieder zurück, dorthin, wo es hergekommen. Es wurde schon oft gesehen und sein Hufschlag vernommen.

## 37 Prinzessin Petronella

Einst stand auf dem Berg Petronell oder Peternell hinter *Bergzabern* eine stolze Burg, die von der römischen Prinzessin Petronella bewohnt war. Sie soll eine sehr mildtätige, barmherzige Frau gewesen sein. Sie schenkte Bergzabern einen großen, schönen Wald und wird deshalb auch die Wohltäterin der Stadt genannt. In einem elsässischen Städtchen ist ihr Sarg zu sehen. Heute noch soll Petronella ihre einstige Wohnstatt als weiße Frau umschweben.

## 38 Ein vogelgroßer Schmetterling

Fürchterliche Krankheiten suchten im Laufe der Jahrhunderte die Menschheit heim. Denken wir nur einmal an die Pest, derer man sich lange Zeit nicht erwehren konnte. Ist es heute mit dem Krebs, dieser neuen Geißel der Menschen, anders? Unsere Forscher arbeiten unermüdlich, den Ursprung dieser Krankheit zu finden und über sie Herr zu werden. Eines Tages wird es wohl so weit sein, so wie man auch damals die Pest besiegen konnte.

Doch zunächst traf sie arm und reich, alt und jung, Mann und Frau und Kind. Wehrlos waren die Menschen ausgeliefert, weil sie nicht jenen wunderschönen Schmetterling sahen, wie einst die Kinder auf einem Anger bei *Bergzabern*. Sie hüteten die Gänse an einem schwülen Sommernachmittag. Da sahen sie den fast vogelgroßen Schmetterling in seinen leuchtenden Farben. Er zog seine Kreise um die fröhliche Schar und ließ sich dann am Halse der kleinen Pirmina nieder, nur ganz kurz, doch das Kind war nun von der Pest gezeichnet, und noch ehe die Abendglocke läutete, hatte es sein junges Leben ausgehaucht.

Die Pest war in Bergzabern eingekehrt! „Pestkräuter" wurden an die Tür gesteckt, Zimmer um Zimmer ausgeräuchert, und die Bittprozessionen rissen nicht mehr ab. Einen nach dem anderen erwischte es, selbst den Totengräber. Und dann sahen sie ihn, den Todbringer. Bei einer Prozession steuerte er die Hälse der Flehenden an. Sie starben wie die Fliegen, schnell, und ohne Hilfe erwarten zu können.

Die Angst saß ihnen im Nacken, und weil das so war, sahen sie nun überall, bei Tag und Nacht ihren Todfeind. Sie verließen in Scharen Bergzabern, doch was nützte es, der Schmetterling mit den leuchtenden Farben folgte ihnen, und auch sie mußten den Weg der vielen vor ihnen gehen. Sie lockten aber mit ihrer Flucht den Schmetterling aus Bergzabern heraus. Draußen, irgendwo, soll er schon bald eingegangen sein, so wußte es das Volk zu berichten.


# 39   Eine weiße Gestalt

In *Niederotterbach* stand früher ein Wirtshaus, in dem allerlei geschah, wofür niemals Zeugen aufzutreiben waren. Es lag an der Heerstraße, und der Besitzer konnte sich über mangelnden Besuch nicht beklagen. Er trat das Geschäft als armer Schlucker an. Doch schon bald schaute er wie ein Krösus auf die Dorfbewohner herab. Das kann unmöglich mit rechten Dingen zugehen, meinten die Niederotterbacher, und der Neid stand ihnen im Gesicht geschrieben. Doch langsam; es stand fest, daß des Nachts oft ein schreckliches Stöhnen aus dem Wirtshaus zu hören war. Sollten die Anwohner recht behalten, daß schon mancher Reisender die Wirtschaft betreten, aber nie mehr verlassen hatte? War so das Stöhnen zu erklären? Niemand wußte es. Die Gaststätte wurde genauer beobachtet. An einem Abend betrat ein junger Franzose die Herberge. Man sah ihn nie wieder ... Dafür aber huschte von dem Tage an eine weiße Gestalt durch's Haus, von vielen gesehen und bezeugt.

Der Besitzer starb. Sein Sohn riß einen Teil des alten Hauses ab und baute dorthin Stallungen und Wirtschaftsgebäude. Das Glück aber blieb dem Hause fern. Das ganze Vieh verendete, und niemand wußte, woran. Leute sahen öfter eine weiße Gestalt unter der Stalltür stehen, gegen die der Hofhund bellend ansprang.

Auf den Rat einer alten Frau hin untersuchte der Hofbesitzer mit der Schaufel diese Stelle und beförderte ein Skelett zu Tage. Man begrub es auf dem Friedhof, und seitdem zeigte sich der weiße Mann nicht mehr.


## 40 Rechtzeitige Umkehr

Von der Entstehung von *Klingenmünster* berichtet die Sage: König Dagobert von der *Landeck* war in seinen Jugendjahren bekannt dafür, daß er ein recht zügelloses Leben führte. Er achtete nicht der Armut seiner Untertanen, brach in Kirchen und Klöster ein und eignete sich die Schätze an.

Einst setzte er sich müde von der Jagd im Tal von Klingenmünster auf einen Felsblock nieder. Er hatte sich hoffnungslos verirrt, fand nicht mehr ein noch aus und wollte nur ein bißchen ruhen, um gleich wieder auf die Suche nach dem richtigen Weg zu gehen. Doch die Müdigkeit übermannte ihn. Im Traum sah er sich vor dem Richterstuhl Gottes stehen und hörte die Anklagen der Heiligen, die seinen Tod forderten. Der Erzengel Michael hatte schon das Schwert gezückt zur Vergeltung für die begangenen Missetaten. Ihm fiel jedoch der heilige Dionys in die Arme. Er rief: „König Dagobert! Willst du zu Ehren der gekränkten Heiligen Kirchen erbauen lassen, so sei dir die angedrohte Strafe erlassen!" Der König versprach dies und wurde entlassen.

Als er erwachte, war er ein anderer Mensch geworden, ein Mensch, der bereit war, sein Versprechen einzulösen. Er ließ Klöster errichten, darunter die Abtei *Blidenfeld,* die später den Namen Klinga oder Klingenmünster annahm.


## 41 „Der Maulus kommt"

Auf dem Schloßköpfel hinter der Nervenklinik Landeck bei *Klingenmünster* geht die weiße Frau um, so erzählt das Volk. Es weiß auch zu berichten von jenem blutrünstigen Ritter Maulus, der einstmals dort oben wohnte und die ganze Gegend unsicher machte, der nie vor einem Mord zurückscheute und auch sonst nicht einer der Harmlosen war. An bestimmten Tagen im Jahr steigt er herunter vom Schloßköpfel, sein blutiges Schwert in der Hand. Drunten am Mühltalbächlein reinigt er es und geht dann wieder bergan. Weil seine Freveltaten so zahlreich und so fürchterlich waren, kann er nie erlöst werden. Er muß sich zeigen bis an das Ende der Zeiten.

„Der Maulus kommt", heißt es im Dorf heute noch, wenn ein Raubvogel sein heiseres Krächzen hören läßt, und die Kinder gehen recht ungern zum Mühltal, weil sie Angst haben, der Maulus könnte ihnen begegnen.

## 42   Das graue Männchen vom Schloßberg

Auch am Schloßberg bei *Klingenmünster* gibt es ein graues Männchen. Besonders im Advent, wenn abends die Betglocke läutet, sieht man es auf der Schloßmauer umhertanzen. Es vollführt die groteskesten Tänze, daß man meint, es würde jeden Augenblick herabstürzen. Zum Frühling trägt es ein grünes Röcklein, vor dem sich der lange weiße Bart gar wunderlich abhebt. Ein graues Wams hat es im Herbst an. Den Blick seiner feurigen Augen kann man nie vergessen. Sobald die Betglocke verstummt, verschwindet das Männlein von der Mauer und ist dann zwischen den Bäumen zu sehen. Dort macht es dem Wanderer eine lange Nase, schneidet Grimassen, daß es selbst dem Mutigsten nicht einerlei ist. Wenn die verängstigten Leute das Weite suchen, dann hält sich das Männlein den Bauch vor Lachen.

Es ist der Hüter großer Schätze, die es denjenigen zugute kommen läßt, die das Sparen gelernt haben und auch sonst einen ehrbaren Lebenswandel aufzuweisen haben.

Schon oft wurde am Schloßberg ein Feuerlein entdeckt. Wer sich nichts vorzuwerfen hat und auf die Glut sein Taschentuch wirft, der kann schon gleich, anstatt der Kohlen, pures Gold sein eigen nennen. Vom Feuerlein aus hat sich das Männlein einen tiefen, langen Gang hinüber ins Dorf gegraben. Er endigt unter der Kirche. Weitere Gänge führen zur Maria-Magdalena-Kapelle und zur St.-Niklas-Kapelle. An den Seiten dieser unterirdischen Stollen sind die Reichtümer aufgestapelt. Wer aber meint, daß Menschen, die nicht verstehen mit Geld umzugehen, und Leute, die oft einen über den Durst trinken, je einmal nur einen Edelstein bekämen, der hat sich getäuscht. Das Gegenteil ist der Fall. Ihre Kleider, die sie in der Hoffnung auf Gold auf die glühenden Kohlen geworfen haben, verbrennen und sie selbst verspüren heftige Schläge, und eine schwere Last im Genick drückt sie nieder. Das graue Männlein läßt sich von ihnen eine ganze Strecke tragen.

## 43   In der Bubenstube ist es nicht geheuer

Zwischen *Klingenmünster* und *Oberhofen* liegt „Die Bubenstube", in der alle diejenigen sich aufhalten, die zu Lebzeiten nicht viel von ehrlichem Gelderwerb hielten, die Wucherer, die „Halsabschneider", wie man sie landläufig nennt. Grenzsteinverrücker und Geizhälse leisten ihnen Gesellschaft.

Ein reicher Bauer aus Oberhofen hatte einst auf unrechte Art und Weise das gesamte Gut einer jungen Witwe aus *Gleiszellen* an sich gebracht. Die Frau machte ihm deshalb berechtigte Vorwürfe, stieß aber bei dem Bauern zunächst nur auf kalte, höhnische Ablehnung, auf Ausreden. Doch so schnell ließ sich die Witwe nicht abspeisen. Als sie schließlich „den Mund etwas voll nahm", und gerade heraus sagte, was sie längst dachte, da geriet der Bauer in solchen Zorn, daß er nach der armen Frau trat. Sie fiel dabei so unglücklich, daß sie den Hals brach. Beide, der Wucherer und die Betrogene, wurden nach ihrem Tode schon oft in der „Bubenstube" gesehen.


## 44  Ganz nahe war das Licht

Woher die Sternbubenwiese oder Dreikönigswiese nahe der Erlenmühle bei *Klingenmünster* ihren Namen hat, erzählt folgende Sage: Im Gossersweiler Tal lag der Schnee knietief. Die Bewohner von *Lug,* die sich nur mühsam mit Holzschnitzen und Besenbinden durchs Leben schlugen, waren in arger Not. Es fehlte in den armseligen Hütten am Nötigsten. Ein armer Besenbinder kam da auf den Gedanken, seine Buben auszuschicken hinaus an den Gebirgsrand, in die reichen Dörfer an der Haardt. Sternbuben sollten sie sein, die ihr Sprüchelchen hersagten und dafür beschenkt wurden!
Der Vater wollte mit seinen Besen hinterherziehen und zusehen, daß er sie an den Mann brächte. Die Buben trugen Hüte aus Papier und hatten, der Überlieferung gemäß, bunte Kleider angezogen. Der Kaspar trug an einer langen Stange einen Stern, der Melchior hatte einen Sack über die Schultern geworfen, und der Balthasar hatte das Geldkäßchen in Händen. Das war etwas für Buben, die noch nie weiter gekommen waren, als das Tal auf und ab! In Klingenmünster schon ließ sich die Sache ganz gut an. Sack und Kasse füllten sich, und auch die Besen fanden Liebhaber. Der Vater wollte nun, nachdem das ganze Dorf „abgegrast" war, mit seinen Jungen heimkehren, doch denen gefiel es auf der Wanderschaft. Sie baten den Vater, daß er sie weiterziehen lasse. Er aber sollte das bis jetzt Gesammelte heimbringen zur Mutter. Sie würden dann schon eines Tages wiederkommen, und alle Not sollte ein Ende gefunden haben. Dem Vater fiel zwar der Entschluß schwer, doch erlaubte er seinen Buben das Weiterziehen.
Die machten sich dann auch auf und kamen bis in die Dörfer, die den Rhein entlang liegen. Und in jedem Hof sangen sie einen der zahlreichen Verse, die sie zu diesem Zweck auswendig gelernt hatten, wie zum Beispiel diesen: „Wir kommen daher aus weiter Fern', die Heiligen Drei König' mit ihrem Stern, aus fremdem Land ohn' allen Spott, ein' schön gut' Abend, den gebe euch Gott! Ein' schön' gut' Abend, eine fröhliche Zeit, die uns der Herr Christus auf Erden bereit'!"
In den Tagen zwischen Neujahr und Dreikönigstag brach eine Kälte ein, wie sie die Buben bis dahin noch nie erlebt. Heimwärts wollten sie deswegen wandern, heimkommen zur Mutter an den wärmenden Herd. Doch die Nacht brach schon frühzeitig herein, so daß sie gezwungen waren, in der Er-

lenmühle zu übernachten. Der nächste Tag war der Tag der drei Weisen aus dem Morgenlande. Da wollten sie nochmals in den Dörfern in der Umgegend singen. Es war ein herrlicher Wintertag. Von Haus zu Haus, von Dorf zu Dorf zogen sie und bemerkten nicht, wie die Sonne langsam hinter den Bergen verschwand. Im Nu brach die Dunkelheit herein. Da kamen sie vom Wege ab, standen völlig hilflos in einem dichten Wald und wußten nicht mehr ein noch aus. Da kam ein Mann auf sie zu in grüner Kleidung. Das mußte wohl der Förster sein. Er gab den Buben den richtigen Weg an, warnte sie aber ausdrücklich, sich ja immer rechts zu halten, denn links lägen Sümpfe, aus denen schon mancher nie mehr nach Hause gefunden hätte. Der Weg sei nicht mehr weit; schon bald würde das Licht der nahen Erlenmühle auftauchen.

So gingen die Buben mutig drauf los, stets eingedenk der Warnung des Försters. Bald hörten sie auch die Hunde des Müllers bellen, das Mühlrad klapperte, und das Licht in der Mühle zeigte ihnen den Weg. Doch was war das? Plötzlich war das Licht verschwunden. Dort drüben, weiter links, da tauchte es wieder auf. Also, so sagten sich die Buben, müssen wir uns mehr links halten. Der Wald war längst hinter den Sternbuben zurückgetreten. Ganz nahe war das Licht jetzt ...

Der Müller in der Mühle wartete an diesem Abend vergebens auf die Buben. „Sie hatten doch versprochen, heute abend noch einmal zu kommen!" sagte er zu seiner Frau. „Vielleicht", meinte die Frau, „sind die Buben schon längst zu Hause." Sie kamen auch in der nächsten Nacht nicht und auch nicht in den folgenden Nächten. Wo waren die Sternbuben geblieben? Wo sind unsere Buben? fragten sich ein besorgter Vater und eine bekümmerte Mutter. Niemand konnte ihnen die Antwort geben, auch dort nicht, wo sie zuletzt gesehen wurden. Sie blieben verschwunden.

Erst im nächsten Frühjahr, als der Vater wieder mit Besen unterwegs war, erst da sollte die Ahnung zur Gewißheit werden. Man fand die drei Buben im Sumpf, so wie sie versanken und ihr junges Leben aushauchten. Der Erlenmüller nahm sich um den gebrochenen Vater an, sorgte auch für die übrigen Kinder und bot der Familie in seinem Hause ein Unterkommen an.

Den Sumpf aber legte der Müller trocken und säte Gras und nannte seitdem die junge Wiese die Dreikönigs- oder Sternbubenwiese.

## 45 Strafe für einen herzlosen Vater

Der Herr auf *Landeck* rüstete zum großen Verlobungsmahl. Seine Tochter sollte einem jungen Grafen gehören, obwohl das Herz der künftigen Braut für einen anderen schlug, für einen jungen, gesunden, kräftigen Jägersmann. All ihr Bitten und Betteln war nutzlos, der Vater blieb hartherzig.

Am Abend kamen sie alle zusammen, lauter frohe Menschen, und zwischen ihnen saß eine, die vor Leid und Gram sterben zu müssen glaubte. Wie jauchzten die Geigen, wie ausgelassen waren die Gäste! Weithin drang der Lärm des Festes, auch hin zum Waldesrand, wo ein junger Jäger stand, dem es ähnlich erging wie der da drinnen. Einen Gruß nur wollte er ihr noch senden, einen Gruß, vielleicht den letzten. Und er setzte das Waldhorn an, und die liebliche Melodie ward wie aus weiter Ferne von der Braut gehört. Riesengroß wuchs das Leid und blaß wurden die Wangen. Und die Töne schwollen an, wurden immer lauter und lauter und erfüllten zuletzt den großen Saal. Mäuschenstill wurde es da, selbst die Ausgelassensten wagten kein Wort mehr. Totenbleich saß die Braut. Reue überkam den Vater. Zu spät! Plötzlich verstummten die Klänge, leblos sank der Jäger aufs Moos, und leblos lag die Braut in den Armen ihres Vaters.

## 46  König Dagobert auf Burg Landeck

Zu *Landeck* auf der Feste saß König Dagobert,
auf seinem Haupt die Krone, in seiner Hand das Schwert,
in seinem Aug' die Strenge, in seinem Mund das Recht;
so harret seinem Urteil das fränkische Geschlecht.
Und mitten in der Mannen stolz ritterlichen Kreis
tritt da herein ein Bauer mit Locken silberweiß;
doch stark sind seine Arme und jung ist noch sein Herz
und frisch sind seine Augen und frisch sein Weh und Schmerz. —
„Du hast den Arm erhoben", hub streng der König an,
„gen meiner Ritter einen in Frevelmut und Wahn!
Das sollst du, Alter, büßen, was du dich unterstanden;
die Edeln soll man ehren und in allen meinen Landen!"
„Ich hab' den Arm erhoben, Herr König, das ist wahr,
weil ich des Kindes Ehre gesehen in Gefahr,
weil mir der Herren einer die Tochter wollte rauben,
und daß ich tat ein Übel, das möcht' ich nimmer glauben."
Das sprach der greise Bauer. Die Herren blicken wild,
der König aber neigte sich zu dem Alten mild:
„Und was du nicht willst glauben, das ist auch nimmer gut;
geh' heim, du treuer Vater, du wackres Bauernblut!" —

Zu Landeck auf dem Schlosse saß König Dagobert
auf seinem Haupt der Schlachthelm, in seiner Hand das Schwert;
die Grafen und die Herren, die stürmen wild heran,
den König heut' zu beugen in ihrem stolzen Wahn.
Und um den alten Herrscher steht treu die Bauernschaft,
den König zu beschirmen in alter, deutscher Kraft.
Und mancher stolze Schädel ward da im Nu gespalten,
die Bauern stark und edel, die starben für den Alten.

Das Tor ist eingebrochen, das Dach erglüht in Brand,
es beben alle Mauern, es dröhnte jede Wand.
Da tritt hervor zum König derselbe Bauerngreis:
„Herr König, laßt Euch retten auf Wegen, die ich weiß!"
Er hat ihn wohl geführet durch Wälder hoch und dicht,
und ob man ihm nachspüret, — den König fand man nicht.
Er schlief gar wohl geborgen bei seinen Bauern dort.
Bald kam ein schön'rer Morgen, da zog der König fort.

Zur Landeck auf dem Throne saß der König Dagobert,
auf seinem Haupt die Krone, in seiner Hand das Schwert,
in seinem Blicke Milde, in seinem Mund das Recht,
so harret seinem Urteil das fränkische Geschlecht.
„Ihr lieben treuen Bauern! Ihr seid das beste Blut!
Zu allen meinen Ehren hob mich nur euer Mut.
Drum sollt ihr in mir sehen stets einen güt'gen Herrn,
und was ich euch kann geben, geb' ich als Vater gern!"
Der König sprach's, die Schreiber, die schrieben's treulich auf:
„Vom Donnersberg bis Straßburg im Lande weit hinauf
sei euch von euren Erben für Ewigkeit geschenkt
der Wald, wo ich geborgen, damit ihr mein gedenkt."
Viel Fürsten sind gestorben am Rheine seit der Zeit;
man hat ihr Grab mit Wasser, — mit Tränen nicht geweiht,
ein einz'ger bleibet ewig den Pfälzer Bauern wert:
Das ist der „gute König", der alte Dagobert!

# 47   Geisterbanner Rachmudel

Der Maulus trieb sein Unwesen, mal bei Tage, mal in der Nacht. Ohne jeglichen ersichtlichen Grund blieb plötzlich das Rad stehen, die Mühlsteine zersprangen, die Maltersäcke rissen auf. Ein Müller gab dem anderen auf der Rothmühle die Klinke in die Hand. Der letzte wollte auch schon aufhören, da erfuhr er von einem Wanderburschen von dem Geisterbanner Rachmudel in *Oberhofen*. Der würde es bestimmt schaffen, wenn er entsprechend entlohnt würde, meinte der Bursche.
Der Rachmudel kam. Er war ein schmales, gebrechliches Männchen mit unstetem Blick und einem prahlerischen Gehabe. Gegen 20 Goldgulden wolle er, so meinte der Kleine, den Maulus in ein Glas bannen. Seufzend zahlte der Müller, und das Männlein begann mit seinem Klamauk. Es hüpfte durch die Mühle, das offene Glas in der Linken, den Deckel in der Rechten. Plötzlich summte es im Glas, wie wenn ein Schwarm Bienen schwärmen würde. Schnell schloß Rachmudel das Glas, verließ mit ernstem Gesicht die Mühle und begab sich zum Röcksel, einem Gebirgszug zwischen *Klingenmünster*

und *Münchweiler*. Dort stellte er das Glas in ein Gebüsch und kehrte zum Müller zurück. Mit stolzgeschwellter Brust erklärte er dem Meister, daß der Maulus zwar das Glas wieder verlassen, aber nie mehr in der Mühle auftauchen würde, und daß er nunmehr sein Unwesen in den Wäldern auf dem Röcksel treiben würde. So war es denn auch.

## 48    Er spaltete ihm den Schädel

Die Sage weiß von einem Maulus zu berichten, einem Mühlknecht, der sein Brot in der *Rothmühle,* die einst zwischen *Klingenmünster* und *Münchweiler* lag, verdiente. Er war sehr unansehnlich, weshalb er sich nie unter Leuten blicken ließ. Der Müller rühmte seine Ehrlichkeit und seinen Fleiß. Den Lohn ließ der Maulus beim Müller gutschreiben in der stillen Hoffnung, bald soviel Geld beisammen zu haben, daß er selbst Müller spielen könnte.
Die Jahre vergingen, und eines Tages war eine Mühle in der Nähe feil. Also ging Maulus zum Müller und bat um sein Geld. Der aber redete in einem fort, vertröstete und beschwichtigte. Am nächsten Tag wolle er sein Geld haben, meinte der Maulus.
Böse Gedanken hegte der Müller, und in der Nacht führte er sie aus. Er schlich sich, die Axt in der Hand, von hinten an den Müllerburschen heran und spaltete ihm den Schädel. Er schleppte den Toten hinunter an den Bach und begrub ihn dort.
Beim nächsten Unwetter trat der Bach über die Ufer. Das Wasser buddelte die Leiche aus und stellte sie aufrecht an den Rechen, der allen Unrat vom Mühlrad fernhalten sollte. Dort sah der Müller den Erschlagenen. Ein Schrei des Entsetzens ward bis hinunter ins Dorf gehört. Die ersten Neugierigen fanden den Müller erhängt am Fensterkreuz.
Merkwürdigerweise geht nun aber nicht der Müller um, sondern sein Knecht, der Maulus. Er kann erst erlöst werden, wenn am Rechen ein unschuldiger Mensch vom Tode des Ertrinkens gerettet wird.

## 49    Ein blutroter Feuerball zwischen den Bäumen

Der Röckselgrund war von diesem Tage an unsicher geworden. Der Maulus trieb dort seine Späße. Er ließ riesige Steinlawinen zu Tal rollen und lachte dazu, daß einem bange wurde. Seltsam aber, daß nie jemand von den niederstürzenden Steinbrocken getroffen wurde, und die Wege im Tal stets von Gestein frei blieben.
Da war ein Eichhörnchen zu sehen, dessen Schwanz mit jedem Satz größer und buschiger wurde, bis es schließlich wie ein blutroter Feuerball zwischen den Bäumen dahinsauste. Ein Laubfrosch kletterte die glatten Stämme hinauf, setzte sich auf einen Ast und quakte so fürchterlich, daß es einem die

Stimme verschlug. Dabei blies er sich bis zur Größe eines Ochsen auf und spie Gift und Galle auf die Vorübergehenden.

## 50 Der Traum erfüllte sich

Wenn von Windmühlen die Rede ist, denken wir an Holland. Doch drehte auch bei uns einst eine solche Mühle ihre Flügel. Sie stand auf einem Hügel in der Nähe von *Leinsweiler.* Ein Müllerbursche aus dem Norden hatte sie erbaut, ein fleißiger, aber auch hartherziger Mann. Die Mühle verhalf ihm zu stattlichem Reichtum, doch jagte er jeden Bettler von der Hausschwelle. Seiner Frau, einem Winzermädchen aus *Eschbach,* war der Geiz des Mannes ein schweres Kreuz. Was konnte sie aber ändern? Er bestimmte, was geschehen durfte, und alle mußten sich fügen.

In einer stürmischen Nacht hatte die Müllerin einen merkwürdigen Traum. Sie sah, wie eine riesige Hand die Flügel der Mühle in Gang setzte, und wie die Flügel über den Boden fuhren, schneller, immer schneller. Ein kleines barfüßiges Mädchen trat aus der Dunkelheit, ward von einem Flügel in die Höhe gehoben und sorgsam wieder zurück zum Boden gebracht. Darauf verschwand es wieder, umflutet von strahlendem Licht.

Die Müllerin erwachte, konnte aber mit dem besten Willen nicht den Sinn des Traumes deuten.

Kaum war sie erneut eingeschlafen, da sah sie wieder das Kreuz der Mühle. Die Hand bewegte es immer schneller. Die Flügel berührten abermals den Boden und nahmen von dort den Müller mit sich in die Höhe und ließen ihn, ganz oben, herunterfallen in die Dunkelheit. Mit einem Schrei öffnete die Müllerin die Augen, auch der Müller war neben ihr wach geworden. Er tröstete die Müllerin und sprach davon, daß man auf Träume nichts ausgeben sollte.

Drei Tage danach klopfte ein Mädchen, abgezehrt und zerlumpt, draußen am Tor. Die Müllerin erinnerte sich sofort ihres Traumes und nahm das Kind auf, umsorgte es und gab ihm ein Kämmerlein ganz am Ende des Hauses. Ihr Mann durfte von dem kleinen Gast nichts erfahren. Und erfuhr es doch, denn ein Kindermund bleibt nicht stille stehen. In seiner Wut hätte er beinahe seine Frau erschlagen. Das Kind mußte sofort das Haus verlassen. Schon bald danach war eine Reparatur an einem der Mühlenflügel erforderlich. Der Müller schnappte sich also Hammer und Nägel und kroch hinaus. Lange Zeit hörte man sein Klopfen. Plötzlich setzte es aus, und ein fürchterlicher Schrei ließ das Blut in den Adern stocken. Die Mühlenflügel hatten sich ohne ersichtlichen Grund in Bewegung gesetzt und den Müller von hoch oben in die Tiefe geworfen, wo er mit zerschmettertem Kreuz liegen blieb. Der Traum der Müllerin hatte sich erfüllt.

## 51 Der König bedarf der Ruhe

Wer den steilen Bergpfad hinaufwandert, findet am Fuße der *Madenburg* zungenförmige Versteinerungen, die von den *Eschbachern* Vogelzungen genannt werden. Sie sind einst entstanden, als König Dagobert in seinen jungen Jahren einen schrecklichen Befehl gab. Leichtsinnig war der König, ausschweifend sein Leben. Einmal ärgerte er sich über den herrlichen Gesang der Vögel im Frühling. Er wies seine Knechte und Diener an, sofort alle Sänger einzufangen und ihnen die Zunge auszureißen. Sie taten es nicht gerne, die Untergebenen, doch Befehl war für sie Befehl. Eine Tierquälerei ohne Maßen setzte ein. Des Königs Wunsch, Ruhe vor den gefiederten Sängern zu haben, wurde genauestens befolgt. Kein Vogel sang mehr, und keiner ward auch in Zukunft mehr gesehen. Die Zungen aber verfaulten nicht, nein, sie wurden zu Stein und sind heute noch dort zu sehen.

## 52 Der Weiher des Königs

In *Ilbesheim* in der Geilergasse fließt in einem Haus eine Quelle, die eigentlich im Garten hinter dem Haus entspringt. Hier soll König Dagobert einen Weiher besessen haben, den er lange Zeit hindurch um Mitternacht besuchte, um zu fischen. Sein Wasser bezog der Teich von der Quelle.

## 53 Ein Schäfer — ein Seher

Hirten sind mit der Natur verwachsen. Zu ihnen spricht jeder Baum und Strauch, jegliche Kreatur, jeder Laut und jedes Geräusch. Sie leben in der Zwiesprache mit der Natur. Kein Wunder also, wenn sich das Volk früher von den Hirten die wunderlichsten Dinge erzählen ließ, und nachdem der Geisterglaube ohnedies weit verbreitet war, konnte es vorkommen, daß man dem Hirten seherische Gaben zumaß, wie dies in *Ilbesheim* geschah.
Dort hütete der Schafhirte Kaspar Goch die Herde eines reichen Bauern. Ihm geschah zur Mittagszeit etwas recht Seltsames. Über die Wiese schwebte die Frau des vor kurzem verstorbenen Schuhmachers auf ihn zu. Er schaute nochmals genau hin, doch schon hörte er die Stimme: „Komme mit mir! Du sollst es sehen!" Zuerst widerwillig, aber dann doch von der Neugier angetrieben, folgte er dem gestern noch lahmen Weibe ins Dorf, hin zu ihrer Behausung. Vor der Haustür standen sie im feierlichen Schwarz, der Sarg wurde über die Staffel heruntergetragen, und schon formierte sich der Leichenzug.
Der Schäfer setzte sich an die Spitze des Zuges, und mancher mußte seinen Stab spüren, wenn er nicht eilends zur Seite wich. Die Leute standen und

staunten, sahen sich vielsagend an, lachten vielleicht auch, doch der Blick Kaspars ließ sie ernst werden.

Im Friedhof versammelte sich der Zug um ein frisch ausgeworfenes Grab, der Priester sprach von Schuld und Sühne, aber auch von der Erlösung, dann ward der Sarg in die Grube gesenkt. Kaspar wartete, bis der Totengräber seinen Dienst getan hatte, dann machte er sich auf zu seiner Herde.

Am Abend, als er die Schafe eingepfercht hatte, ging er zum Dorf, um für sein leibliches Wohl zu sorgen. Mittlerweile wußten alle, was sich am Mittag zugetragen hatte. Sie erwarteten den Schäfer und hänselten ihn, denn des Schuhmachers Frau lebte ja noch, also, so schloß man, war es beim Schäfer im Hirnstübchen nicht ganz sauber.

Am folgenden Tage wurden die Spötter doch recht nachdenklich, denn des Schusters Frau verstarb plötzlich und wurde auch genau an jenem Platze beigesetzt, den der Schäfer vorher bezeichnet hatte.

In der Folgezeit schritt Kaspar noch öfter durch die Dorfstraßen, den Stab in der Hand, und jedesmal starb ein Einwohner in dem Haus, von dem aus der Schäfer seinen Weg zum Friedhof genommen hatte. Auch der Platz auf dem Friedhof stimmte immer mit dem angegebenen des Kaspars überein. Auf diese Weise gab der Schäfer so manchem im voraus das Geleit, der überhaupt noch nicht ans Sterben dachte.

Doch auch seine Zeit kam. Bevor er aber die Augen für immer schloß, ging er mit seiner eigenen „Leich", gefolgt von seinem treuen Hund und seiner gesamten Herde. Die das sahen, waren erschüttert, eilten dann hinaus zum Anger und fanden den Schäfer, den Seher, tot im Schäferkarren.

## 54   Ein Gespenst stört die Ruhe der Bürger

Für die Rösselsgasse in *Landau* gab es einmal eine schwere Zeit. Am liebsten wären alle Anwohner der Gasse ausgezogen, und wer einen Mieter hatte, der konnte von Glück reden, wenn er nicht schon nach acht Tagen wieder kündigte und sich irgendwo in der Stadt eine neue Wohnung suchte. In der Rösselsgasse, da war es nämlich nicht ganz geheuer. Wer nachts um zwölf Uhr noch wach im Bette lag, hörte plötzlich ein fürchterliches Lärmen, wie wenn einer durch die Gasse setzte und eine schwere Kette hinter sich herzöge. Dreimal ward dieser Krach hintereinander gehört. Dann war Ruhe. Aber niemand wagte es, einmal hinter dem Vorhang hinauszuspitzen, um zu erfahren, wer denn derjenige sei, der da die Ruhe der Bürger störte.

Nur einer lernte das Kettengespenst kennen. Es war ein Schuster, der nach Mitternacht von fröhlicher Runde in der Wirtschaft „Zum Hirsch" heimkehrte. Zugegeben, er hatte eins über den Durst getrunken, es dauerte aber nicht lange, da war er wieder im Vollbesitz seiner Kräfte, denn das Rasseln kam die Gasse herauf. Scheu und verängstigt drückte sich unser Schuhmacher in einen Hofeingang. Doch es nützte ihm nichts. Das Gespenst kam mit

feurigen Augen auf ihn zu. Am ganzen Leibe zitterte der späte Heimkehrer, das Herz schlug ihm bis zum Halse, und in seiner Not schrie er: „Bürgerhilf! Bürgerhilf!"
Den Ruf hörte der Wächter auf der Stiftskirche. Schnell setzte er das Horn an, um einen Nachtwächter herbeizurufen. Doch der kam zu spät, denn mittlerweile hatte es ein Uhr geschlagen, und der Spuk war verschwunden. Hätte der Schuhmacher anstatt seines Hilferufes ein heiliges Wort ausgesprochen, so wäre die Rösselsgasse von dem Gespenst erlöst gewesen. Weil er es aber nicht tat, kehrte das Kettengespenst noch viele, viele Jahre lang wieder.


## 55  Sünde — Buße — Erlösung

Hart an der Queich in der Altstadt *Landaus* steht ein Haus, das einst ein Nonnenkloster gewesen sein soll. Eine der Insassen brach ihr Gelübde, die Liebe kam über sie wie der Sturmwind. Zur Strafe für ihre zum Himmel schreiende Freveltat mauerte man sie im Keller in die Mauer ein. Seit der Zeit war es in diesem Hause nicht mehr geheuer.
Kriege vertrieben die Nonnen, das Haus wurde zur Wohnstatt eines vornehmen Bürgers. Einmal, da reichte bei einem Fest der Wein nicht aus. So wurde die Magd in den Keller geschickt, um neuen zu holen. Sie tat, wie ihr befohlen, denn Angst kannte die Bedienstete nicht. Gerade schritt sie — ein trübes Unschlittlicht beleuchtete ihren Weg — die Treppen hinab, da holte die Glocke auf der nahen Stiftskirche zum zwölften Schlage aus.
Der letzte Ton war noch nicht verklungen, als plötzlich drüben an der Mauer ein Wimmern und das Weinen einer Mutter zu hören war und gleich darauf auch eine junge Nonne in schneeweißem Kleide auftauchte. Beide, Kind und Mutter, weinten herzerweichend, und ihre Tränen tropften von der nassen Wand herab zu Boden. Da erinnerte sich die Magd — sie war doch über diese Erscheinung erschrocken — daß man in früheren Zeiten Nonnen einmauerte und daß ein Gebet, eine Fürbitte eines frommen Menschen sie erlösen könnte. So kniete sie nieder und sprach zum Himmel hinauf ein inbrünstiges Gebet für die beiden Verfluchten, und siehe da, gerade hatte sie das Amen gesprochen, als das Wimmern und Weinen aufhörte, und die Nonne mit ihrem Kind nicht mehr zu sehen war.


## 56  Einer nur meldete sich freiwillig

Die Bürger *Landaus* konnten sich zur Festungszeit ruhig zu Bett legen, denn draußen auf den Türmen und den Wällen stand der Soldat und wachte für sie. Kein Feind konnte sich ungesehen den Mauern nähern. Was die Wächter in dunkler Nacht einsam und ganz allein auf sich gestellt, die Angst im Herzen, erleiden mußten, war nur ihnen bekannt. Sie taten ihren Dienst, so wie er ihnen aufgetragen wurde, auch jenen vor dem Cornichon auf dem ehemaligen Galgenberg. Dieser Posten aber war mit Recht verrufen, denn ein unheimliches Gespenst ging um, und mancher Soldat, der zur Mitternachtsstunde dort Wache schob, wurde tot aufgefunden, den Kopf gegen den Nacken gedreht. Unruhe herrschte deshalb auf der Wachstube. Der Hauptmann fluchte wie ein Türke, er selber traute sich aber auch nicht hinaus.

In der zweiten Kompanie diente ein älterer Mann, dem das Leben schon oft bitter mitgespielt hatte, und der sich deswegen auch nicht leicht einschüchtern ließ, dem alles egal war und der, wenn es von ihm verlangt worden wäre, auch einen Pakt mit dem Teufel abgeschlossen hätte. Der meldete sich freiwillig zum verrufenen Posten, gerade zur Wachtzeit um Mitternacht. Kalt war die Nacht, der Schnee lag knietief, schwere Wolken wälzten sich von Westen heran. Eine Nacht, die einem jungen Soldaten unheimlich vorkommt, und in der er meint, jeden Augenblick an anderer Stelle ein Geräusch vernommen zu haben. Nerven kosten die Wachstunden, aber nicht bei einem erfahrenen Mann, wie dem, der nun draußen stand und laut Befehl ins Weißenburger Loch starrte, dem die Augen schon schmerzten von fahlem Schneelicht.

Nach einer Weile brummt er vor sich hin: „Was steh ich da und glotz? Wer bei solch einer Saukälte nicht kommt, ist der Franzmann. Gespenstern aber ist nicht zu trauen. Dazu sind sie hinterrücksig und gehen den Menschen feig an. Wie wär's wenn ich linksum kehrt machte?" Sprach's und tat's.

Das war auch sein Glück, denn plötzlich kriecht es aus einer Mulde heran, weiß wie der Schnee, ein Gespenst, das fünf Totenköpfe unter dem Arm hält, die Köpfe der fünf bis dahin tot aufgefundenen Soldaten. Und der Geist hebt den Arm und deutet auf den Kopf des Wächters. Der greift zur Flinte und knallt drauflos. Als der Pulverrauch verzogen war, war auch das Gespenst nicht mehr zu sehen. Gekommen ist es nie wieder, und trotzdem blieb der Posten draußen vor dem Cornichon auf dem Galgenberg verrufen.


## 57   Der barmherzige Verwalter

Nahe der früheren Militärschwimmschule in *Landau* stand einst mitten in der Queich ein gar stolzes Haus. In ihm wohnte der Herr über viele Bauern, ein Geizkragen wie er im Buche steht. Die letzte Kuh holte er aus dem Stall, wenn ein Bauer seinen Verpflichtungen nicht nachkommen konnte. Viel Unglück und viel Leid gingen von ihm aus. Doch sein Verwalter konnte nicht mit ansehen, wie er mit seinen Untergebenen umsprang. Er band manche Kuh wieder los und brachte sie zurück zu ihrem Eigentümer. Der Herr kam dahinter, und das Leben des Verwalters war verspielt. Das hörten die Bauern. In ihrem berechtigten Zorn umgaben sie das Haus mit einer Mauer aus Stein.

Der steinerne Ring füllte sich mit Wasser bis oben hin. Als es eines Tages rapid sank, nahm es Haus und Besitzer mit sich in die Tiefe. Bis heute ist es deswegen an der Stelle nicht geheuer. Wer darüberschwimmt, verspürt plötzlich eine eiskalte Flut, die ihn hinunterzieht zu dem, der ein gar hartherziger, geiziger Mensch war.

## 58  Der Bürgermeister reitet um Mitternacht

Um Mitternacht tauchte vor langer Zeit an der Straßenkreuzung Mörlheim-Queichheim-Herxheim ein gespenstischer Reiter auf einem Schimmel auf. Der Reiter trug einen Dreimaster und hohe, rote Saffianstiefel. Kam ein Wanderer des Weges, so begleitete er ihn ein Stück und verschwand dann wieder. Wer mit seinem Pferdefuhrwerk in die Nähe kam, mußte warten, bis die Geisterstunde vorbei war. Erst dann konnte er weiterfahren. Wer der Reiter war? Es war der Bürgermeister Schantz aus *Mörlheim.* Er hatte „was im Köpfchen" und verstand es, zwar nicht immer, aber doch meistens, seinen Bürgern und der Obrigkeit gerecht zu werden. Und das war nicht einfach. Sein Vermögen vermehrte sich von Jahr zu Jahr. Als die Klostergüter in Mörlheim versteigert wurden, soll er sich viel unrechtes Gut erworben haben. Deshalb muß er umgehen.

## 59  Am Schwarze-Mann-Pfad

Einzelgänger gibt es wohl in jeder Gemeinde. Sie gehen ihren Weg und kümmern sich wenig um die Mitbürger. Sie tragen aber auch ihre Sorgen und Kümmernisse allein; sie kennen niemanden, dem sie ihr Herz ausschütten könnten.
So lebte einmal ein Sonderling in *Herxheim* in der Südpfalz. Die Leute machten einen großen Bogen um ihn, denn in den Stillschweigenden wird allerlei hineingedeutet. Seine Kleidung, ein schwarzer Umhang, dunkle Beinkleider und ein breitkrempiger Hut, unterstrich noch die Haltung dieses Einzelgängers. Wenn er durch die Straßen schritt, verschwand einer nach dem anderen hinterm Hoftor. Niemand konnte ihm etwas vorwerfen, und doch jagte ein Gerücht das andere. Was Wunder, wenn der Einsame eines Tages zunächst spurlos verschwunden war.
Es waren Wochen vergangen, da entdeckte ihn einer tief im Walde, wo das Blätterdach der Bäume nur spärlich Sonnenlicht durchließ. Er hatte sich von den Menschen zurückgezogen und führte das Leben eines Einsiedlers. Wild und Vögel und die Toten unter den Erdhügeln waren fürderhin seine Genossen. Mit den Toten verstand er sich am besten.
Der „Schwarze Mann", wie ihn die Herxheimer nennen, lebt heute noch. Er ist stets unterwegs, gönnt sich keine Ruhe, denn die Natur ist in Gefahr vom

Menschen zerstört zu werden. Seine Aufgabe ist es sie zu schützen. Bei seinen Wanderungen benützt er immer denselben Pfad, den Schwarze-Mann-Pfad. Er bleibt unsichtbar, zeigt sich aber dann leibhaftig, wenn Frevler die Hand an die Natur anlegen wollen.

## 60   Belohnte Ehrlichkeit

„Ehrlich währt am längsten", das war der Wahlspruch des armen Weberleins aus *Zeiskam*. Tag für Tag sah man den braven Handwerker, wie er den Weg nahm nach *Heimbach*, wo er für eine Frau Amtmann arbeitete. Der Weg dorthin und auch die Strecke zurück machten dem Weber ordentlich zu schaffen, denn er war krank, spürte die Stiche in der Lungengegend und wußte, daß seine Tage gezählt waren.
Einmal im November mußte er sich besonders quälen, da dicke Nebel über den Fluren lagen, und so machte er der Frau Amtmann den Vorschlag, ihm doch die Garnknäuel mit nach Hause zu geben, wo er das bestellte Tuch fertigstellen wolle. Doch die Frau war mißtrauisch, sie glaubte, daß der Weber zu Hause mehr Spulen Garn verbrauchen würde, als unter ihrer Aufsicht. Das hatte dem Weberlein noch niemand vorgehalten! Voller Zorn machte er sich auf den Heimweg, erzählte alles „brühwarm" seiner Frau, und die beiden beschlossen, sich für die angetane Schmach zu rächen.
In den nächsten Tagen standen die Webersleute viel früher auf als sonst, denn das Garn, das der Weber jeden Abend unter seiner Zipfelmütze unbemerkt heimtrug, mußte verarbeitet werden. Einen ganzen Ballen Tuch stellten Mann und Frau zu Hause fertig, ohne daß Frau Amtmann Verdacht geschöpft hätte. Auf einem Karren brachte der Weber den Ballen hinüber nach Heimbach und erzählte der Frau, wie er zu ihm gekommen war. Sie sah ihren Fehler ein, und wollte nun gutmachen und tat es auch.
An diesem Tage arbeitete das Weberlein keinen Streich. An der herrlichen Tafel saß es und durfte mitessen und sogar einen Gänseschlegel mitnehmen. Draußen vor der Tür aber ließ Frau Amtmann dem ehrlichen Weberlein aus Zeiskam den Ballen Tuch, der „hinten herum" gewebt wurde, überreichen. In der armen Hütte in Zeiskam war deshalb große Freude.

## 61   Und die Wasser netzten die Fluren

Der Ritter von *Zeiskam*, dessen Schloß in der Nähe der Ansiedlung stand, war nicht immer so aufgeräumt wie damals, als ihm ein altes Mütterlein ein Körbchen voll gelber Rüben brachte, damit der hohe Herr schon beizeiten frisches Gemüse habe, denn es war noch früh im Jahr. Der Herr von Zeiskam freute sich über die bescheidene Gabe und gab die Anweisung, daß die Bauern des Dorfes künftig mehr von diesem wohlschmeckenden Gemüse anbauen sollten. Zum Mütterlein aber sagte er: „Sie darf sich einen Wunsch erlauben. Wenn er nicht über meine Kräfte geht, will ich ihn gerne erfüllen!" Große Herren sollen des öfteren „Spendierlaune" gehabt haben.

Es war schön von dem Mütterlein, daß es nicht gleich und zuerst an sich dachte, sondern für das ganze Dorf einen Wunsch äußerte: „Herr, die Queich fließt zwar durch unsere Gemarkung, doch unsere Felder müssen verdorren. Wenn wir aus unseren Äckern Gärten machen sollen, wie Ihr es wünscht, so gebt uns von der Queich so viel Wasser, wie durch ein Fuchsloch fließt."

„Das sollt ihr haben!" sprach der Ritter. Er gab seinen Knechten den Befehl, in einen Stein ein Loch von der Größe eines Fuchsloches zu hauen und ihn dann im Ufer der Queich anzubringen. So erhielt das Feld das nötige Wasser, und die Zeiskamer kamen dem Wunsche ihres Herrn gerne nach und pflanzten Gemüse, wie sie es heute noch tun. „Gnadenwasser" nannten die Bauern das köstliche Naß, und Fuchsloch heißt heute noch die Öffnung am Queichufer.

## 62 Zwerge arbeiten für die Zeiskamer

Die *Zeiskamer* wollten einmal einen Fischweiher graben. Man einigte sich nach langen Verhandlungen über seine Größe, seine Tiefe und sogar über seine Lage. Nur über den Beginn konnte man nicht einig werden. Die einen wollten am Tage Teuts, die anderen am Tage Donars und die dritten am Tage Freias beginnen. Über 35 Jahre dauerte der Streit. Die Alten starben und die Jungen stritten weiter.

Eines Tages stellten sie zu ihrem großen Erstaunen fest, daß auf irgendeine heimliche Weise gleich drei Weiher gegraben wurden. Man dachte gleich an hilfreiche Zwerge, denen die streitbaren Zeiskamer leid taten. Man ließ sie ungestört, weil man wußte, daß Zwerge nicht gern gesehen werden wollten. Einen aber trieb die Neugierde hinaus in mondheller Nacht. Er sah, wie die Zwerge arbeiteten, wie sie gruben und schaufelten und förderten und transportierten. Eben machten sie eine kleine Pause. Sie rannten einander nach wie kleine Kinder und sangen dabei: „Am Bellbaum hängt ein bunter Specht an einem alten Ast. Er schuftet wie ein Schusterknecht recht ohne Ruh und Rast. Klein Käfer denkt: Wer klopft denn nur so klobig an mein Haus? Von Furcht verspürt er keine Spur. Er guckt geschwind hinaus. Doch kaum sieht er das Sonnenlicht, da hat der Schelm ihn schon. ‚Ach wäre doch die Neugier nicht! Die bringt leicht bösen Lohn.' Doch lustig lacht der Lecker laut: ‚Die Arbeit ist kein Spiel. Wer fleißig hämmert, hackt und haut, der zwingt den Zweck zum Ziel.' "

Der Lauscher konnte sich nicht enthalten, die Zwerglein zu erschrecken. Da stoben sie auseinander in alle Winde. Der Mann aber rannte heim und rückte bald danach mit seiner ganzen Verwandtschaft an. Sie nahmen den Zwergen alle Werkzeuge. Als sie am nächsten Abend wieder mit ihrer Arbeit fortfahren wollten, da fanden sie weder Schaufel noch Pickel, weder Schubkarren noch Spaten. Sie wurden zornig und schleuderten den Fluch gegen die Zeiskamer: „Zur Strafe sollen euch und eueren Nachkommen zu allen Zeiten die Hacken und Spaten an den Händen angewachsen sein, und die Schubkarren müssen euer Fuhrwerk sein in alle Ewigkeit!" Die Zwerge zogen in ein anderes Land, und die Zeiskamer mußten ihren Woog selbst fertig graben.

## 63 „Freya ist meine Mutter"

Der Badeplatz der Bewohner von *Zeiskam* war von jeher die Queich. Der Woog lag viel zu weit vom Dorfe ab. Gertrud, Gerlinde und Lindgard gingen bei Mondschein im Freyawoog baden. Plötzlich kam eine Jungfrau auf sie zugeschwommen, die viel größer und viel schöner war als sie. Sie begann mit den dreien ein lustiges Spielchen; sie spritzten einander, zogen sich an den Beinen und kniffen sich in die Haut. Das was so recht nach dem Geschmack der Mädchen. Aber kaum gedacht, kaum gedacht, ward der Lust ein End gemacht. Vom Ufer her schrie eine helle Männerstimme. Die Fremde tauchte sofort unter und verschwand. Die Freundinnen aber schauten sich nach ihren Kleidern um. Sie lagen nicht mehr unterm Weidenbaum, sondern flatterten hoch oben im Geäst einer Pappel lustig im Winde. Die Mädchen wollten schon beschämt nach Hause schleichen, da kamen ihnen die Kleider nachgeflogen.

Sollten sie noch einmal im Woog baden? Erst folgte ein hartes Nein, dann ein Vielleicht und schließlich ein Ja. Also ging man wieder. Am Ufer fanden sie ihre damalige Gespielin, ein neckisches Liedchen vor sich hinträllernd. In ihren goldenen Haaren glitzerten die Edelsteine, um ihren Hals eine herrliche Perlenkette. Um ihre Arme schmiegten sich wunderbare Reifen aus purem Golde. Ein Kleid aus feinstem Gewebe umhüllte den schlanken Leib. Schüchtern nahmen die Freundinnen Platz. Ob heute abend der garstige Mann wiederkomme, fragten die Mädchen. „Ihr braucht keine Angst zu haben, denn es ist gar kein garstiger Mann. Es ist der Neck aus dem Donarwoog." „Und wer bist du?" Die Freundin offenbarte den Mädchen ihr Geheimnis und forderte Stillschweigen darüber. „Ich heiße Heimtrud. Freya, des Göttervaters lieblichste Tochter, ist meine Mutter. Mich traf die harte Strafe der Verbannung, weil ich ein Versprechen gebrochen hatte. Mein herrlicher Frauenleib wurde mißgestaltet in einen Fischleib. Nun aber müssen wir uns trennen, meine Freundinnen." „Gib uns ein Andenken an dich mit", baten die drei. „Ihr sollt eines haben; und das soll euch immer an euer Versprechen zu schweigen gemahnen und soll zugleich die Strafe in sich tragen, die ihr verdient, wenn ihr mein Geheimnis nicht wahrt!" Sie nahm die Schürzen der Mädchen und tauchte sie in den Woog, fremde Zauberworte murmelnd. Merkwürdigerweise waren die Schürzen nicht naß geworden. Sie steckte jeder noch einen Ring an den Finger und verabschiedete sich von ihnen mit dem Wunsche: „Freya sei mit euch!"

Es dauerte nicht lange, da fiel es den Jungfern schwer, zu schweigen. An einem Festtage gab es ein Pfänderspiel zwischen Buben und Mädchen. Wer verlor, mußte eine selbsterlebte Geschichte zum besten geben. Wer sie am schönsten erzählte, wurde die Königin des Festes. Gertrud brach das Versprechen. Die Strafe folgte schon bald. Plötzlich verwandelte sich der goldene Ring in eine häßliche Raupe, die einfach nicht abzuschütteln war. Sie kroch den Arm hinauf und hinterließ einen penetranten Geruch. Ihre Kleider wurden grau und unansehnlich. Mit Geschrei und Spott und Abscheu mußten die drei, die Königin und ihre Begleiterinnen, den Festplatz verlassen.

Was sie künftig auch anzogen, wurde im Nu zum Bettlerlumpen. Acht Tage nach dem Feste schlichen einige Burschen aus Zeiskam zum Freyawoog. Schon von weitem hörten sie eine recht traurige Melodie, und als sie näher kamen, sahen sie Heimtrud beim Baden. Sie winkte. Einer fand den Mut, ihr zu folgen. Er kam nie wieder.


# 64 „Ich tue Gutes oder Böses an den Menschlein"

Gertrud, Gerlinde und Lindgard bereuten schwer den begangenen Vertrauensbruch. Sie trauten sich nicht mehr auf die Straßen *Zeiskams,* weil man sie allerorten verspottete. Sie sahen aber auch jetzt recht unvorteilhaft aus. Ihre Körper waren schrecklich abgemagert, die Augen vom Weinen gerötet und ihr Haar hatte die Farbe gelben, schmierigen Lehms.

Eine weise Frau gab den dreien den Rat, den Fluch durch Heimtrud wieder zurücknehmen zu lassen. Drei schlechte Gewissen nahmen den Weg zum Freyawoog. So sehr sie auch baten und bettelten und flehten, die Wasserjungfrau ließ sich nicht blicken. Enttäuscht wollten sie heimkehren. Als sie am Teutwoog vorbeikamen, lag da ein Jüngling im Gras, der gar wild aussah und der sie maßlos erschreckte. „Setzt euch zu mir", sprach er sie an, „ich kenne euer Leid und will euch helfen. Heimtrud wohnt nicht mehr hier. Wenn ihr geschwiegen hättet, dann wäre sie erlöst worden und hätte heimkehren dürfen zu ihrer Mutter Freya. Weitere hundert Jahre muß sie nun in der Verbannung leben und durch ihren Gesang Männer anlocken als Opfer für die beleidigten Götter. Ihr tragt allein die Schuld! Auch ich, der Neck, bin verbannt und harre auf meine Erlösung." „Findest du keine Freude an unserer Erde?" wagte eines der Mädchen zu fragen. „O doch. Droben in Asgard war ich nur ein armseliger Götterknecht, hier unten aber bin ich selbst ein Gott und tue Gutes oder Böses an den Menschlein nach Herzenslust. Durch Mahnungen und Drohungen versuchte ich anfangs die Zeiskamer zur Pünktlichkeit und Stetigkeit zu erziehen. Es war umsonst. Euch aber will ich von dem Fluch, der schwer auf euch lastet, wie ich sehe, befreien. Wisset, die

Wasser meines Teutwooges enthalten die Kraft, den Zauber zu lösen, den Heimtrud über euch ausgegossen. Steigt hinein in die schäumende Flut!" Der Neck sprang mit einem Jubelruf kopfüber in den Woog und begann wie wild darin herumzurudern. Aus seinem Munde spie er einen mehrere Meter hohen Strahl in die Luft, der sich zu einem herrlichen, regenbogenfarbenen Thron formte, auf dem der Neck Platz nahm. Wundervolle Töne entlockte er einer Harfe und seine wohlklingende Stimme formte die Worte: „Horch, wie es wispert im wiegelnden Woog! Wigula wei, wigula wei! Wuselig wippen die Wellen sich hoch. Wigula wei, wigula wei! Heimchen hantieren im Hochgezeitskleid. Wigula wei, wigula wei! Frigga, die Frohe, hat freudig gefreit. Wigula wei, wigula wei! Wer heint im Wasser des Wooges verweilt, wigula wei, wigula wei! — Wird von den wehesten Wunden geheilt. Wigula, wigula wei!" Und der Neck hielt sein Wort. Er erlöste die Mädchen von ihren Qualen, indem er sie zu sich nahm. Nach dem Schwabenland wanderte er aus mit den drei Jungfrauen, und dort treibt er es, wie er es hier getrieben. Heimtrud aber wurde bis heute nicht erlöst. Sie heißt Lorelei und betört weiter die Männer durch ihre lockende Weise.

## 65  „Nicht schießen, Lieber!"

Im *Sondernheimer* Wald starb der Jäger durch des Wildschützen Hand. Bei der Sollach war's. Am Morgen fanden sie ihn. Am Tag danach hatte auch für den Mörder das letzte Stündchen geschlagen. Am Mordplatz errichtete man zum steten Gedenken der grausigen Tat ein Steinkreuz. Niemand ging an der Stelle gern vorbei, man mied den Ort lange Jahre hindurch, bis ein anderer Wildschütz freiwillig die Stelle aufsuchte.
Er wollte doch dem Gerede im Dorf auf den Grund gehen, er wollte erfahren, ob es tatsächlich stimmt, daß derjenige, der in der ersten Mainacht die Kugel auf das alte Kreuz abschießt, nie mehr in seinem Leben einen Fehlschuß tut. Der Teufel war hier mit im Bunde. Doch, was scherte das einen Wilddieb? Was scherten ihn die Tränen der eigenen Mutter und das Flehen der Liebsten? Er wollte es wagen.
Und er ging hinaus und bemerkte nicht, daß ihm die Braut folgte. Er wollte Meisterschütze werden, sei es auch mit des Teufels Hilfe. So legte er an, das Herz klopfte wild, es war kein ruhiges Zielen. Zu spät hörte er den bittenden Ruf: „Nicht schießen, Lieber..." Die Flinte krachte, und die Liebste ward ins Herz getroffen. Auch ihn fand man am Morgen am Ast einer Buche hängend...

## 66  Das gelockerte Hufeisen

Zwei Treidlerburschen warben einst um ein Mädchen. Damit es keinen Streit zwischen beiden gäbe, beschloß die Zunft ein Wettrennen zu veranstalten.

Die Pferde, die sonst die Schiffe bergauf zogen, wurden herausgeputzt, die Rennstrecke genau bezeichnet. Eine Eiche war zu umreiten, vor der ein breiter Graben lag.

Die ganze Zunft war versammelt, als die beiden aufstiegen. Wer zuerst das Halstuch des Vormannes Thomas Morgenreich vom Boden nahm, dem sollte das Mädchen gehören. Das Kommando ertönte, und los ging es im gestreckten Galopp. Der Reiter mit dem weißen Hemd lag vorne. Er setzte über den Graben und hielt an und stieg ab. Das Pferd des anderen rannte davon, ohne Reiter. Was war geschehen? Man warf sich auf die Gäule und jagte zur Eiche. Dort stand der im weißen Hemd, ein Hufeisen in der Hand. Der andere aber lag am Boden mit eingeschlagenem Schädel. „Was ist hier los?" fragte alles durcheinander. Der dastand, brachte kaum ein Wort heraus: „Das Hufeisen muß sich vom Hinterhuf meines Pferdes gelöst haben. Der Gaul schleuderte es nach hinten. Es traf ihn mitten in die Stirn."

Sie glaubten ihm, aber nicht alle. Also sprach der Vormann: „Du hast die Meinungen vernommen. Menschen können hier nicht urteilen, wir überlassen es unserem Herrgott. Er soll das Urteil fällen. Wenn du ein Mann von unserer Art bist, wirst du dich diesem Spruch beugen!" Sie schleppten den Toten herbei und banden seine Hände an das Eisen, und auch die des Lebenden.

Draußen auf dem Rhein warf man die beiden wie ein lästiges Bündel über Bord. Der Tote zog den Lebenden hinunter in die Tiefe. Er tauchte aber wieder auf, genau an der Bordwand des Kahnes. Das Mädchen sank in die Knie und stieß einen Schrei aus. Es beugte sich über die Wand und hämmerte mit seinen kleinen Fäusten auf das Eisen los, daß es in der Mitte zersprang. Zwei Hände verschwanden in der Tiefe. Die beiden anderen aber wurden ergriffen und der Schwimmer ins Boot gezogen. Hochzeit wurde gefeiert.

Dem Versunkenen aber setzten die Treidler „Im Willig", südlich von *Germersheim,* einen Stein, der auf seiner Vorderseite ein zerbrochenes Hufeisen zeigt. Er soll jeden Vorübergehenden daran erinnern, daß Gott unnachsichtig den Übeltäter bestraft, auch wenn er nur ein Eisen am Hinterhuf eines Pferdes lockert.


## 67 Über Nacht verschwunden

Das muß doch unheimlich gewesen sein, bedrückend und niederschmetternd! Du warst bis jetzt ein angesehener Bürger, du tatest niemand etwas zuleide, und plötzlich verpfeift dich einer oder eine: Seht hin, da läuft die Hexe! Du hast dieses Wort kaum gehört, da sind auch schon die Schergen hinter dir. Sie bringen dich ins Gefängnis, und wenn du dann keine treuen Freunde hast, die von deiner Unschuld überzeugt sind, kannst du mit dem Leben abschließen! Der Scheiterhaufen ist das Ende.

In *Germersheim* ging es der Jungfer Margarete Bürgel fast genau so. Am Hof des Ratsherren Bürgel war der schwarze Tod vorübergegangen. Das paßte schon einigen nicht in den Kram. Daß aber auch das Vieh prächtig gedieh, und das Mädchen mit niemandem ins Gespräch kam, ja selbst in seinem Alter noch keinem Burschen zugelacht hatte, das war verdächtig! Da stimmte etwas nicht! Sie ist eine — — — Hexe!! Jawohl, sie ist eine Hexe! Von Mund zu Mund ging's: Sie ist eine Hexe! Sie muß sterben, damit wir von der Geisel des schwarzen Todes befreit werden!

Nur der Anlaß, der den Zugriff bringen würde, war noch nicht gegeben. Die Jungfer lieferte ihn. An einem Sonntagmorgen stürzte sie vor dem Tor zum Gotteshaus. Ein Bursche rannte zum Friedhof und holte vom frischen Grab eine Handvoll Erde, ein anderer eilte zur Linde an der Stadtmauer, an deren unterem Ast ein Selbstmörder baumelte, und schnitt einen Zweig. Erde und Zweig, an der Schwelle niedergelegt, bannten die Hexe.

Während des Gottesdienstes ahnte keiner, was später geschah: Das Mädchen wurde von rohen Fäusten brutal niedergeschlagen, und erst die Torwache befreite das armselige Ding und brachte es ins Gefängnis. Der Hexenprozeß mit all seinen schlimmen Folgen drohte. Über Nacht verschwand das Mädchen aus den düsteren Kerkermauern, und die es zu wissen glaubten, behaupteten, der Teufel habe die Hand im Spiele gehabt. Ebenso verschwand die ganze Familie des Ratsherren. Wer forschte im großen Kriege schon nach, wo sie verblieben waren?

## 68 Dreierlei Gruppen

Verrufene Plätze gibt es überall. Ehrliche Leute meiden solche Orte; Gesindel hält sich dort auf.

Eine solche Stelle lag einst an der Brücke, die zwischen *Germersheim* und *Bellheim* die Sollach überspannt, und die man allgemein die „Hexenbrücke" nannte. Hier war also, der Name sagt es ja, der Versammlungsplatz aller Hexen im weiten Umkreis. Im zeitigen Frühjahr übten sie hier ihren Ritt durch die Lüfte in der Walpurgisnacht.

Zwei Männer aus Germersheim, unbescholten, wie die Chronik besagt, schlichen sich des öfteren vor Mitternacht an genannte Stelle, stiegen auf eine dicht belaubte Linde und studierten das Treiben der Hexen. Ihnen fiel auf, daß sich der Hexenhaufen in drei Gruppen gliederte. Dem Anfängerkurs gehörten meist junge Hexen an. Sie durften auf Tischen, Bänken und Schemeln, auf Besen und Ofenkratzern reiten. Das war nicht so einfach, denn vorgenanntes Gerät zeigte oft große Unlust und mußte deshalb von älteren Hexen, die weit mehr Erfahrung hatten, besänftigt werden.

Den Fortgeschrittenen standen Drachen, Schlangen und Fledermäuse, Salamander und Kröten zur Verfügung, aber nicht immer, denn diese Tiere machten sich gerne selbständig. So flogen die Fledermäuse nächtlichen Wanderern in die Haare, und Kröten glotzten mit ihren feurigen Augen in die Gegend. Kein Wunder, daß die Brücke schon bald als Hexenbrücke verschrieen war.

Die dritte Gruppe brauchte keinen Rat mehr. Sie waren sozusagen die Fertigen, die über allem Erhabenen. Sie vertrieben sich die Zeit beim Feuer, das in der Mitte des Platzes brannte, schwebten wie weiße Wölkchen auf und ab, sausten auch einmal kopfvor der Hölle zu oder umstrichen die Wipfel der Bäume. Sie waren von herrlicher Schönheit. Wenn der Morgen dämmerte, erhoben sich die drei Gruppen und verschwanden lautlos.

So gaben es die beiden Germersheimer zu Protokoll.


## 69   Der rücksichtslose Contz Ysendruth

In *Niederlustadt* wohnte ein reicher Bauer mit Namen Contz Ysendruth. Er vermehrte seinen Besitz jedes Jahr um den und jenen Acker. Hartherzig und geizig wurde er, weil er nur an die Mehrung seines Eigentums dachte. Rücksichtslos hieb er auf sein Vieh ein, rücksichtslos zwang er die Knechte und Mägde, ihre letzte Kraft herzugeben. Deswegen hielt es niemanden lange auf seinem Hof. Es eilte ihm immer, und zwar so sehr, daß er nicht etwa über den Weg fuhr, um zu einem Acker zu gelangen, sondern schnurstracks durch die Felder.

Claus Ratgeb fluchte ihm, weil seine Rosse das bißchen Korn zerstampften, das der arme Kerl draußen hatte. Schon einige Tage später ging die Kunde durch das Dorf, daß der Ysendruth von den scheuenden Rossen zu Tode geschleift worden sei. Er hatte keine große „Leich", denn fast niemand weinte ihm eine Träne nach.

In dunklen Nächten fährt er querfeldein. Am Friedhof beginnt die Fahrt, und dort endet sie auch. Der Priester versuchte es ein paarmal, dem Verfluchten durch Gebet und Weihrauch zur Ruhe zu verhelfen. Es half nichts. Dabei war der Lärm des Nachts so groß, daß keiner ein Auge zutun konnte. Viele zogen aus, auch der Pfarrer. So blieb um Kirche und Friedhof ein weiter, leerer Platz, auf den später niemand bauen wollte. Und der Fuhrmann raste durch die Nächte, durch die Fluren von *Niederlustadt*, *Westheim* und *Lingenfeld*. Die Leute kannten den Weg längst auswendig, denn in den Spuren wuchs kaum ein bißchen Grünzeug.

Fährt er auch heute noch? O nein, er wurde erlöst, weil er als schlechter Mensch gegen noch schlechtere vorging und sie mit seiner Peitsche vom Schlachtfeld zwischen Lustadt und Schwegenheim vertrieb. Sie stolperten über die Leichen und suchten nach Gold und Ringen und sonstigen wertvollen Dingen. Leichenfledderer waren es, sie wurden vom ewigen Fuhrmann gesehen. Er raste zwischen sie, wutschnaubend. Am Morgen fanden ihn die Leute unter einer altmodischen Kutsche liegen. Als man ihn aufheben wollte, zerfiel er in Asche. Seine Fahrt hatte ein Ende gefunden.

# 70 Den Streit entschieden drei Würfe

Woher die „Drei Steine" bei *Nußdorf* ihren Namen haben, will ich erzählen: In grauer Vorzeit erstreckten sich die Wälder bis tief hinein in die Ebene. Rauhe Männer rodeten sie und schufen fruchtbaren Ackerboden. Doch die Menschen mehrten sich, der Boden wurde knapp, und der Streit zwischen *Frankweiler, Böchingen* und *Nußdorf* dauerte deshalb lange. Die Ältesten der Dörfer kamen schließlich überein, daß die stärksten Männer die Grenzen der einzelnen Gemarkungen durch fairen Wettkampf bestimmen sollten. Wer den Stein am weitesten stieß, dem sollte der größte Bann zufallen.
Am Sonnwendtag wollte man sich treffen. Der Tag kam und sah alle drei Dörfer auf den Beinen. Der Nußdorfer Werfer fehlte. Er hatte bis tief in die Nacht am Stammtisch ausgehalten und lag nun noch in tiefem Schlaf. Doch bald stand auch er bereit zu entscheidendem Wurf. Er fiel, gemessen an den anderen Würfen, recht bescheiden aus. Droben auf der Kammlinie des Hügels schlugen die Steine tief in den Boden. Man ließ sie fürderhin als Grenzsteine gelten. Die Stelle aber heißt bis heute noch „An den drei Steinen". Daß die Nußdorfer Gemarkung heute viel weiter reicht, sei noch angefügt.

# 71 Des Königs Zufluchtsort

Ein alter Bauer wurde einst von König Dagobert auf der *Landeck* bei *Klingenmünster* empfangen. Der König wollte seinen Ohren nicht trauen, als ihm der alte Mann unter Tränen die Untat eines Edelmannes berichtete, der die Tochter des Bauern entführt hatte. Gerechtigkeit und Weisheit sagte man dem König nach. Und so entschied er auch. Der Edelmann wurde streng bestraft.
Das war den anderen Adligen gar nicht recht. Sie schmiedeten einen Racheplan, überfielen die Stammburg des Königs und steckten den roten Hahn aufs Dach. In höchster Not rettete der Bauer den König. Auf geheimen Wegen führte er ihn durch den Wald gegen *Frankweiler* zu. Dort verbarg er seinen König vor den Nachstellungen der Feinde unter einem Dornbusch, so lange, bis die Bauern den Adeligen heimgezahlt hatten und Dagobert ungeschoren heimziehen konnte.
Zum Dank für die Treue seiner Bauern verfaßte der König auf seiner Burg *Göcklingen* ein Testament, in dem geschrieben steht, daß die Gemeinden längs der Haardt die dem König eigenen Wälder zuerkannt bekommen. Nur *Mörzheim* erhielt keinen einzigen Baum, weil dort einmal des Königs Jagdhunde getötet wurden. Noch heute sind die Dörfer im Besitze der ausgedehnten Wälder, die den Namen „Geraiden" oder „Haingeraiden" führen.
Die Hecke aber, die Dagobert vor seinen Feinden verbarg, wuchs heran zu einem großen Baum. „Dagobertshecke" nannte sie das Volk. Ihr wurde heilende Kraft zugeschrieben. Mancher Kranke und manches Pferd, das man

dreimal um die Hecke führte, wurden gesund. Keiner wagte es, sich mit der Axt der Hecke zu nähern, denn wenn er nur einen Ast abgeschlagen hätte, wäre ihm der Arm abgestorben. Wer aber gar versucht hätte, den Stamm zu verwunden, der wäre tot umgefallen. So stand die Hecke lange Jahre und wurde von jedem Bewohner der umliegenden Ortschaften als heiliger Baum angesehen. 1817 traf der Blitz den Baum — es war ein weißer Hagedorn — und sechs Jahre später war es ein Sturm, der die Dagobertshecke endgültig zerstörte. — Eine neue Hecke wächst an ihrer Stelle.

## 72   Von einer opferbereiten Hirtin

Von einem anstrengenden Jagdzug in den Wäldern nahe seiner Burg *Landeck* kehrte König Dagobert an einem heißen Sommertage zurück zum Schloß. Todmüde war der Fürst, todmüde auch seine Vasallen. Ruhe kehrte auf Landeck ein, allzu sorglose Ruhe. Selbst der Wächter auf dem Turm verließ seinen Standort, um unter der Treppe vor sengenden Sonnenstrahlen geschützt zu sein. Zur gleichen Zeit hütete Liutberga, die Tochter eines Hörigen, die Herde ihres Herrn am Abhang des Treitelberges. Vor einer Stunde erst war der König mit seinem Gefolge nahe ihrem Ruheplatz vorübergekommen. Nicht rechtzeitig genug war es ihr gelungen, die Herde vom Wege des Königs zu verjagen. Darüber war ein Jagdknecht im Gefolge Dagoberts sehr zornig geworden. Schon hatte er die Peitsche erhoben zum Schlage auf das wehrlose Mädchen. Doch ein Blick des Königs genügte, der Bursche hielt inne, mitten im Schlag. Dankbarkeit erfüllte des Mädchens Herz.
Was war das dort drüben am Waldrand auf dem Berg jenseits des Tales? Blitzten dort nicht Waffen? Die Jagd war doch zu Ende! Waren Feinde des Königs unterwegs? Kein Zweifel, die stattliche Anzahl Reisiger hatte einen heimtückischen Überfall vor. Kein Hornruf ertönte vom Bergfried herab. Schliefen denn alle Mannen der Burg? Ich muß sie warnen, sagte sich das Mädchen, koste es, was es wolle.
Sie kannte Weg und Steg, gelangte nach atemberaubendem Laufe mit wunden Füßen und völlig entkräftet an eine kleine Pforte. Drinnen in der Burg tobte bereits der Kampf Mann gegen Mann. Dagobert ergriff das Schwert und wollte sich auf seine Feinde stürzen. Godomar aber, des Königs getreuer Hofmarschall, bat seinen Herrn, doch vom Kampfe zu lassen und sein Leben durch die Flucht zu erhalten, es zu erhalten für das ganze Volk. Über Hintertreppen und abgelegene Gänge führte der treue Diener seinen Herrn hin zur Pforte, hinter der Liutberga harrte. Mit ganzer Kraft stürzte sich Godomar auf die nachdrängenden und schon ihres Sieges sicheren Knechte der Edlen, die den Überfall angezettelt hatten. Für seinen König starb der Diener und rettete so das Leben Dagoberts. Der aber verschwand mit einigen langen Sätzen in dichtem Unterholz, verfolgt von den Blicken der Hirtin. Leise, ganz leise rief sie ihm zu: „Herr König! Herr König, hierher!" Der König

hörte und folgte dem Ruf. „Du kennst mich und weißt auch was geschehen?" fragte Dagobert. Sie nickte nur, weil sie in der Erregung kein Wort herausbringen konnte. „Führe mich ins *Siebeldinger* Tal zu meinen Bauern! Denke daran, daß ich dir mein Leben anvertraue!"

Auf Schleichwegen liefen die beiden um ihr Leben, denn hinter ihnen suchten die Feinde bereits den Wald ab. Der Überfall war zwar gelungen, doch den, dem er galt, konnten sie nicht erwischen. Die beiden Flüchtlinge gelangten in den großen Lutramsforst, durchquerten ihn und machten in einer kleinen Bodensenke halt, um zu beratschlagen, was nun weiter geschehen solle. Die Bauern mußten in aller Heimlichkeit aufgeboten werden. Sie waren die einzigen Helfer in der Not des Königs. Liutberga wollte diese gefährliche Arbeit übernehmen, obwohl sich Dagobert dagegen sträubte. Er beugte sich aber der überzeugenden Rede der Hirtin und kroch unter eine üppige Weißdornhecke. Zuvor hatte er Liutberga seinen Ring als Erkennungszeichen für die Bauern an den Finger gesteckt.

Nach geraumer Zeit, Dagobert war unter der Hecke eingeschlafen, erschienen die ersten Bauern mit ihren Knechten; Liutberga war nicht bei ihnen. Man suchte sie lange, doch vergebens. Erst geraume Zeit danach, als der König längst Rache genommen und sein Schloß wieder bezogen hatte, fand man die Leiche der Retterin Dagoberts in einem Teiche. Wahrscheinlich war sie vor Müdigkeit vom richtigen Pfade abgekommen und in das Gewässer gestürzt. Vielleicht aber auch fand sie den Tod mit Absicht, weil ihre Liebe zum König doch nie erfüllt werden konnte.


## 73  Die Mühle auf dem Teufelsberg

Die Steine, die rund um den *Teufelsberg,* an dessen Abhängen und dessen Fuß liegen, haben ihre Geschichte. In der Mühle im Hainbachtal wohnte einmal ein Müller, der durch seiner Hände Arbeit reich wurde. Er maß dem Bauern sein volles Maß an Mehl und war auch sonst als gerecht denkender Mann bekannt. Doch einmal kam über ihn die Versuchung. Der Teufel hatte sich an ihn herangemacht mit dem Ziel, den Müller zu verderben, da ihm die Rechtschaffenheit des ehrbaren Mannes ein Greuel war. Der Satan setzte an den Anfang seines Planes teuflische List. Im Traum ließ er den Müller eine neue Mühle und ein bequemes Leben schauen. Der Pfeil saß. Der Müller konnte den Gedanken nicht mehr los werden. Das wäre doch eine Sache! Eine neue Mühle und weniger Arbeit und vielleicht größeren Verdienst! Aus dem Gedanken wurde Begierde. Der Teufel lachte sich ins Fäustchen, und wenn ihn der ehrbare Mann vorne hinauswarf, kam er hinten wieder herein. Steter Tropfen höhlt aber den Stein. Geduld führt zum Ziel, das wußte auch der Böse.

Der Müller wurde immer mürber, und eines Tages sah der Teufel seine Zeit gekommen. Er fand einen willigen Menschen, der jedoch auch in dieser gefährlichen Situation nicht den nüchternen Menschenverstand verlor. Der Müller hatte seine Seele dem Satan zu verschreiben, dafür wollte der binnen acht Tagen eine herrliche Mühle auf — den Teufelsberg bauen, eine Mühle, wie sie noch kein Mensch bis dahin gesehen hatte. Der Vertrag war geschlossen, und der Verführer machte sich an die Arbeit. Tatsächlich stand nach der festgesetzten Zeit eine Mühle auf dem Berg. Des Müllers Augen leuchteten, denn ihm war von vornherein klar, daß nur er diese Wette gewinnen konnte. Das Wasser floß doch nie den Berg hinauf, und auf dem Berg nützte die schönste Mühle nichts. Auch der Teufel konnte das Wasser nicht zwingen, bergan zu fließen. Als der Satan das einsah, bekam er eine solche Wut, daß er mit Riesenkräften die Mühle einriß und die Steine hinunterschleuderte ins Tal. Dort liegen sie heute noch.

## 74  Ein mächtiger Beistand

Ein alter Mönch erzählte einst folgende Sage: „Es ist bekannt, daß die Herren von *Buren* in ihrem Wappen ein Horn führten. Warum gerade ein Horn? Nun, ich will davon berichten. In der Nähe des Schlosses der Herren von Buren lag ein Hünengrab, das der junge Besitzer der Burg einmal aus purer Langeweile untersuchen wollte. Er wälzte den Schlußstein hinweg und noch ein paar Steine dazu und fand zu seiner Überraschung ein wunderschönes Hüfthorn. Als er in das Horn stieß, erschollen Töne so schrecklich und furchtbar, daß es dem jungen Mann Angst wurde.
Da trat ungerufen aus der Höhle ein riesengroßer Krieger in schwarzer Rüstung mit einem unheimlich langen Schwert. Mit schrecklicher Stimme stellte er die Frage: ‚Hast du mich zum Kampf gerufen?‘ Kleinlaut antwortete der Ritter: ‚Ich fand dieses Horn und wollte es nur ausprobieren.‘ Darauf sagte der Riese: ‚Du wirst mich jetzt wieder in mein Grab einschließen. Das Horn aber darfst du behalten. Wenn dir je einmal Gefahr drohen sollte, so brauchst du nur das Horn zu blasen, und ich werde dir zu Hilfe eilen.‘ Damit zog sich der schwarze Ritter zurück in sein Grab, der junge Ritter aber schloß es sorgsam ab und hütete fürderhin das Horn wie seinen Augapfel. So kam das Horn in das Wappen derer von Buren.
Erst der Enkel des Ritters setzte das Instrument an, als ein Feindeshaufe heranzog. Da kam der Riese, und der Feind floh, als er ihn sah."

## 75  Woher die Hainfelder ihren Spitznamen haben

In dem Haus gegenüber dem einstigen Schulhaus in *Hainfeld* war das Bürgermeisteramt untergebracht. Im hinteren Teil des Hauses befand sich die Wirtschaft „Zum Löwen". Hier sollen sich die Hainfelder ihren Spitznamen geholt haben. Das war so: Zur Zeit der französischen Raubkriege, als die

Pfalz in Flammen aufging und die Bevölkerung in verständlicher Unruhe dem kommenden Tag entgegensah, bekam das Dorf Einquartierung. Im Saal der Wirtschaft war Tanzmusik, und die Franzosen benahmen sich dabei nicht gerade vorbildlich. Es kam zu Streitereien, die zu Schlägereien ausarteten. Die jungen Burschen von Hainfeld blieben Sieger. Sie stießen die Fremden aus dem Gasthaus und töteten dabei zwei Offiziere mit dem Seselmesser. „Seselmörder" nennt man seitdem die Hainfelder. Zur Strafe für diese Tat mußten drei Männer aus dem Dorf an der Friedenslinde ihr Leben lassen.

## 76  Der Raub der Königin

Der König Wilhelm von Holland weilte auf dem Trifels, den er nach dem Untergang der hohenstaufischen Kaiser gewonnen hatte. Weihnachten war nahe. Die Gemahlin des Königs hielt Hof in Worms. Auf Einladung ihres Gemahls machte sie sich mit ihrem Gefolge auf den Weg durch die winterliche Landschaft. Der Raubritter Hermann von der *Rietburg* hatte von dem Zug erfahren. Hier winkte ein hohes Lösegeld, wenn es gelang, die Königin zu überrumpeln und festzusetzen. Also legte er sich mit seinen Mannen an einem Hohlweg in den Hinterhalt, überfiel die kleine Schar und brachte die Königin zu seiner Burg, beraubte sie des Schmuckes und ließ sie in das Burgverlies einsperren.

Zwei Boten verließen bald darauf das Felsennest. Der eine ritt zum nahen Trifels, der andere nach Worms. König Wilhelm sollte ein phantastisch hohes Lösegeld aufbringen, den Wormsern aber verlangte der Raubritter 1000 Goldgulden. Erst dann sollte der hohe Gast der Stadt freigelassen werden. Mit den Wormsern war aber nicht zu spaßen. Sie warfen den Boten in den Turm, stellten ein Heer zusammen und rückten vor die Rietburg. Furchtbar räumten die Wormser auf der Burg auf. Wer nicht beizeiten floh, der sah zum letzten Male die Sonne aufgehen. Die Königin war frei, und an ihrer Stelle schmachtete nun der Rietburger im Verlies seiner eigenen Burg, die über seinem Kopfe angezündet wurde.

## 77  „Ich liebe die roten Rosen"

„Sie will der Welt entsagen, sie will ins Kloster gahn, im Klostergarten dürfen nur weiße Rosen stahn." Noch klang die Weise im Ohr der künftigen Nonne, als sich hinter ihr die Klosterpforte in *Wazzenhofen*, die Pforte des Klosters *Heilsbruck* schloß. Ein junger, hübscher Bauernbursche ihres Heimatdorfes Altleiningen sang ihr dieses Abschiedslied. Ihre Wege hatten sich getrennt, endgültig getrennt. Oder nicht?

Jahre vergingen. Roswitha, die Nonne aus dem Leininger Tal, erfüllte getreu ihre Pflichten, und die Oberin war mit ihr zufrieden. Da meldete sich die

Gräfin von Leiningen, die Patin von Heilsbruck, zum Besuche an. Drüben im Vogelsang sollte ihr zu Ehren ein Gartenfest veranstaltet werden. Roswitha mußte den Platz schmücken. In dessen Mitte standen zwei Sessel, der eine mit roten Rosen geziert für die Gräfin, der andere mit weißen Rosen für die Äbtissin. Der Abend kam. Er wurde in der Hauptsache gestaltet von dem gräflichen Sänger und einem Chor der Nonnen. Lieblich erklang das Trinklied der Schwestern: „Laßt uns singen und fröhlich sein in den Rosen, mit Jesu und den Freunden sein; wer weiß, wie lang wir hier noch sein in den Rosen." Und der Sänger griff zur Laute und bot das berühmte Palästinalied, das einst Walther von der Vogelweide gesungen. So wechselte ein Vortrag nach dem anderen, bis urplötzlich eine Schar schwerbewaffneter Ritter mit dem Ruf: „Rache dem Leininger! Der Gräfin gilt's!" auf dem Plane erschien. Es waren die Freunde jenes Ritters von der Rietburg, der Jahre zuvor an der Leiselbrücke bei Edesheim die Gemahlin des Königs Wilhelm von Holland geraubt und dafür schwer gebüßt hatte. Der Sänger stellte sich vor seine Herrin und schützte sie, doch die Übermacht war zu groß. Als Gefangene wurden beide abgeführt. Zuvor gab der Sänger seine Laute einer Nonne. Roswitha barg sie in ihrer Zelle wie ein Kleinod, denn der Sänger war niemand anders als Salfred, der Bauernbursche aus ihrem Heimatdorf. Er war in gräfliche Dienste getreten und hatte die Gräfin begleitet, ohne Roswitha zu erkennen.

Am nächsten Morgen fand Roswitha unter zertretenen Rosen das Notenbuch des Sängers. In ihrer Zelle las sie alle die Lieder, die von Minne und Sehnsucht erzählten und eigentlich alle nur ihr allein gewidmet waren. Das Lied an das Sternbild des großen Wagens weckte die Sehnsucht in ihrem Herzen und die Liebe zum Jugendfreund: „Der du seit ewigen Zeiten wandelst in kreisender Bahn, hemme die Ewigkeiten, hör einen Bittenden an: Fahre, du goldner Wagen, vor einer Nonne Tür. Kehre dann goldbeladen mit ihr zurück zu mir. Laß zu ihr mich einsteigen, ruhen an ihrer Seit. Zieh dann den kreisenden Reigen wieder in Ewigkeit."

Kein Tag verging, an dem sie nicht in die Saiten griff und die Lieder des Liebsten sang. Die Äbtissin wurde auf sie aufmerksam. Sie strafte die Nonne für ihren Hang zur Welt da draußen vor den Mauern. Abseits mußte sie stehen beim gemeinsamen Gebet, die härtesten Arbeiten waren für sie gerade recht. Zusehends schwanden ihre Kräfte. Ihre letzten Worte aber bestätigten den Verdacht der Vorsteherin; so glaubte diese wenigstens: „Daß wir Frauen zur gottgewollten Bestimmung reifen, ist höchstes Gesetz. Daß wir dabei rein bleiben, ist unser Kampf. Ich liebe die roten Rosen."

Also traf die Tote das Strafgericht. Draußen vor den Mauern des Klosters wurde sie bestattet, und die Fiedel hing am einfachen Grabkreuz. Tage danach schlich der Sänger um das Kloster. Er war gerade freigelassen worden und hatte von der Gräfin erfahren, daß die Schwester, die ihm die Laute abgenommen hatte, eine Landsmännin gewesen sei. Er fand den Stein und das Instrument und sang sich die ganze Nacht über sein namenloses Weh vom

Herzen. Er sang auch, als Jahrhunderte später die Bauern anstürmten und das Kloster in Brand aufging. Er singt auch heute noch, nur muß man ein empfängliches Ohr dafür haben.

## 78 Ein Hirtenjunge zeigte den Platz

Das Kloster *Heilsbruck* stand ursprünglich in *Harthausen* bei Speyer. Verschiedener widriger Umstände wegen wurde das Kloster aufgehoben und ein Neubau in *Edenkoben* erstellt.

Die Äbtissin Kunigunde machte sich eines Tages auf den Weg, den Platz für das neue Kloster auszusuchen. Sie war davon überzeugt, daß sich ihr Traum bewahrheiten würde, wonach ein Hirtenjunge den genauen Standort des Neubaues angeben sollte. Hinter *Wazzenhofen* ließ sie anhalten. Einige Mönche aus *Eußerthal* waren bereits eingetroffen und standen als Fachleute im Bauwesen der Äbtissin beratend zur Seite. Wo sollten sich die Mauern der Kirche, wo diejenigen des Wohn- und Wirtschaftsgebäudes erheben?

Plötzlich erscholl ganz in der Nähe eine wundersame Melodie, ein Lied, das die Äbtissin jeden Tag zur Verherrlichung Mariens sang. Sie fand im Gestrüpp einen Hirtenjungen mit seiner Weidenpfeife. Damit war der Traum in Erfüllung gegangen, der Platz für das neue Kloster stand fest.

## 79 Der Meerlinsenbrunnen

Wo sich heute der große Parkplatz am *Hüttenbrunnen* im *Edenkobener Tal* befindet, mündet ein kleines Seitental in den Triefenbach, das ein Wanderer in wenigen Minuten durchschreitet. Am Ende desselben entspringt eine Quelle, die den seltsamen Namen „Meerlinsenbrunnen" führt. Nach einem Meer wird man ebenso vergebens Ausschau halten wie nach Linsen. Wie es so oft mit Namen geht: ursprünglich lauteten sie ganz anders, bis späterer Unverstand sie mundgerecht umformte.

Es war in den Zeiten des mächtigen Rotbartsohnes, des Kaisers Heinrich VI., da König Richard von Engelland gefangen auf dem *Trifels* saß. Als ihm mit Hilfe seines getreuen Freundes, des sangesgewaltigen Ritters Blondel, endlich der Ausbruch aus dem Verlies gelungen war, ritten sie nordwärts ihrer Heimat zu. Um Heinrichs Recken die Verfolgung zu erschweren, wählten sie den Weg durch das Waldgebirge, das heute Pfälzerwald genannt wird.

Nachdem sie auf unwegsamen Pfaden zwei Bergrücken überschritten hatten, gelangten sie am ersten Abend an eine verborgene Stelle, wo Wasser aus einem moorigen Tümpel quoll. Kaum war den Pferden Labung verschafft, als sich König Richard müde ins Gras legte, während seine Begleiter weiter abwärts lagerten, um den Zugang zum Tal zu sichern. Sorgen durchfurchten das königliche Antlitz. Nicht etwa, daß ihm die Flucht mißlingen könnte, nein — in seinem Inselreich selbst schielte mancher Adlige gierig nach der Krone, der eigene Bruder nicht ausgenommen, so daß seine Rückkehr vielen nicht willkommen sein konnte. Wie, wenn er an der Küste abgefangen und heimlich ermordet und verscharrt würde? Wie sollte er mit seinem kleinen Häuflein Getreuen Thron und Reich zurückgewinnen?

Während er so in ernste Gedanken um seine Zukunft vertieft dem Plätschern des Wassers lauschte, gewahrte er im bleichen Mondlicht plötzlich zwischen den Schilfgräsern eine Gestalt über dem Gewässer schweben, von deren grünem Haar die Tropfen perlten. Gebannt schaute der Recke auf die Erscheinung und wollte sie gerade nach Art und Name fragen, als die Seejungfrau, der schützende Geist dieses Ortes, mit erhobener Hand ihm Stillschweigen gebot und ihn also anredete: „König Richard, höre mich an und sprich kein Wort, sonst muß ich augenblicklich in mein unterirdisches Reich zurück. Merlin, der große Zauberer deiner Heimat, schickt mich. Merlin, der dem Größten auf Englands Thron, König Artus, stets hilfreich zur Seite stand, kennt deine Sorgen. Hier, dieses gleißende Schwert, ‚Excalibur' geheißen, wird dich als rechtmäßigen Herrscher ausweisen und deine Feinde besiegen. Nach Artus' Tod wurde es in eines Tümpels moorige Tiefe versenkt. Auf Merlins Geheiß soll es in Zeiten der Not dem Würdigsten überreicht werden. Nimm es zu eigen und halte es rein!" Während der König die wundertätige Klinge an sich nahm und sich damit gürtete, hüllte ein Nebelstreifen die Seejungfrau ein und entzog sie seinen Blicken. Sinnend schritt Richard zu seinen Gefährten zurück, ließ frohen Muts die Pferde satteln und brach noch in der gleichen Nacht von Merlins Brunnen auf. Die Kunde, daß König Richard Löwenherz den Artusthron wieder eingenommen hat, eilte wenige Wochen später schon durch die deutschen Lande.

Ein Köhler aber, der unweit davon im einsamen Waldesdickicht seiner rußigen Arbeit nachging, hatte alles mitangehört. Von ihm erfuhr es sein Urenkel, von diesem wieder der Urenkel und so zwölfmal weiter bis zum letzten Köhler in unserem Wald.

Von ihm vernahm meine Großmutter, was sich damals zugetragen hatte, und ich hörte die Geschichte von ihr. Die Seejungfrau aber ward nie mehr gesehen dort, so oft auch ein in Bedrängnis Geratener nach ihr rief — aber wer ein unruhiges Herz und wirre Gedanken hat, wird heute noch auf wundersame Weise mit neuem, frohem Mut erfüllt, wenn er im farnumrankten Moose liegend dem Plätschern dieser Quelle lauscht.

## 80   Im Gruselmannstal

Eine kleine Schlucht im Edenkobener Tal trägt den Namen „Gruselmannstal". Hier lernte eine Gruppe spanischer Landsknechte das Gruseln, und zwar so nachhaltig, daß sie keine Stunde länger mehr in der *Wappenschmie-*

*de*, ihrem Quartier, verblieben. Der Schmied heulte ihnen keine Träne nach, ebensowenig wie sein Geselle.

Den hatten die Spanier gezwungen, die Pferde aus dem Stall zu holen und zu nachtschlafender Zeit die neue Glocke, die in *Edenkoben* auf einem Wagen vor der Kirche stand, zu stehlen. Das Unternehmen gelang. Die Beute stand schon bald in jener Schlucht. Gerade wollten die Soldaten mit schweren Hämmern die Glocke zerschlagen, um ihre Teile später zu verkaufen, als eine fürchterliche Stimme durch das Tälchen schallte: ,,Campana mea! Campana mea! Campana mea!'' was bedeutet: Die Glocke gehört mir! Ein riesengroßer Geist schwebte zwischen den Bäumen. Mit drohend erhobener Rechten kam er auf die Spanier zu, die schleunigst Reißaus nahmen und erst an der Wappenschmiede anhielten und verschnauften.

Am nächsten Morgen entdeckten die Edenkobener den Diebstahl. Weil es in der Nacht geschneit hatte, konnten sie die Spur des Wagens leicht verfolgen, und der Geselle erzählte ihnen, was sich zugetragen hatte.

So bekam das Tälchen seinen Namen. Im Dreißigjährigen Krieg sollen einige Edenkobener Familien dort Schutz gesucht haben, weil sie glaubten, der Geist, der die Glocke vor Zerstörung bewahrte, würde auch sie schützen.

## 81   Die Sage vom Riesen Watze

Wandert heute der Fremde von *Edenkoben* aus dem Haardtrand entgegen, so ist sein Auge entzückt von den unübersehbaren wohlgeordneten Zeilen des Weinstocks, den die milde pfälzische Sonne dort in üppiger Weise gedeihen läßt. Dieses liebliche Bild läßt nicht ahnen, daß einst hier Schrecken und Grausamkeit herrschten, unter welchen die armen Bewohner zu leiden hatten.

Vor Zeiten — als die Menschen unserer Gegend noch Heiden waren — suchte diesen Landstrich ein greulicher Riese, Watze geheißen, heim. Wo heute der fröhliche Wanderer im schattigen Walde sich gerne erquickt, hauste dieser Abkömmling des Riesenkönigs Bergelmir im Waldesdickicht. Wenn er schlief und schnarchte — und das tat er oft — rauschte es über Wipfeln wie ein Sturm. Wehe aber, wenn er ausgeschlafen hatte und Hunger verspürte! Mir nichts, dir nichts stiefelte er den Berg hinunter, packte das erste, beste Stück Vieh und noch zwei, drei weitere als Vorrat, schleppte alles auf einen Berg, riß der armen Kuh oder dem Schaf, oder was er sonst gerade erwischt hatte, den Kopf ab und warf das Fleisch in einen großen Kessel, den er aus Stein gehauen hatte. Dabei entzündete er ein großes Feuer, um die Nahrung zu kochen. Dann wusch er seine bluttriefenden Hände in einem Bache, dessen gerötetes Wasser den erschreckten Hirten Kunde von der Riesenmahlzeit auf dem *Kesselberg*, wie man ihn daher später nannte, gab. Aber nicht genug damit! War das Mahl beendet, zerriß er alles, was er nicht herunterwürgen mochte, Häute, Haare und Gedärme, in Fetzen und schleuderte sie in hohem Bogen ostwärts, so daß sie bis zu den ersten Hütten der verängstigten Bewohner fielen, deren Ansiedlung man daher die „Fetzengasse" nannte. Dann erst legte sich der ungeschlachte Kerl zur Ruhe, wälzte sich vor Behagen irgendwo auf der Erde, bis eine Mulde entstand, wie man sie heute noch zwischen dem *Hochberg* und *Schraußenberg* sehen kann. Wer weiß, vielleicht würde der Riese heute noch hin und wieder den Triefenbach röten, wenn nicht schließlich alle Rinder, Kälber, Schafe — und selbst die Ziegen verschmähte er nicht — von ihm verspeist worden wären, und die armen Bewohner keine mehr anschafften. Vielmehr gaben sie Viehzucht und Weiden ganz auf und widmeten sich nur noch dem Weinbau: aus Hirten wurden Winzer.

Jedenfalls war eines Tages der Riese plötzlich verschwunden. Niemand wußte warum und wohin. Viele hundert Jahre später brachte ein fahrender Geselle die Kunde mit, der Riese Watze sei damals in die Bayrischen Alpen ausgewandert, wo die Viehzucht noch heute im Schwange ist, später allerdings wegen seiner dortigen Freveltaten in einen Felsen verwandelt worden.


## 82   Die erste Rebe an den Hängen der Haardt

„Den Zehnten muß ich abliefern, sonst jagt mich der Herr der *Kropsburg* von Haus und Hof", sprach ein armes Bäuerlein aus *St. Martin* immer wieder vor sich hin. Doch wie sollte es den Zehnten geben, wenn ihm die Äcker verwüstet, das Vieh verjagt und die Scheune angezündet wurden? Was konnte der Bauer dazu, wenn sich die hohen Herren alle fünf Minuten in den Haaren lagen, und nur der Bauer der Leidtragende blieb?

Der Bauer schickte seine Tochter, ein bildhübsches Ding, als Bittstellerin hinauf zum Grafen. Es nützte nichts. Auch die Vorstellungen des Bäuerleins blieben umsonst. Mutlos und völlig verzweifelt stapfte der Überforderte den Hang hinunter und trat, ohne es zu merken, in den Wald ein. Auf einem Stein ließ sich der alte Mann nieder, um ein wenig auszuruhen. Immer noch in Gedanken nahm der Bauer erst gar nicht wahr, daß ihm jemand auf die Schulter schlug. Entsetzt sah er in das Gesicht des Teufels, der ihm einen Beutel Geldes hinhielt und hinterlistig grinste: „Du bist in Not, Bauer. Ich will dir gerne helfen. In diesem Beutel ist so viel Geld, daß du deine Schuld abtragen kannst. Du mußt mir aber deine Seele verschreiben. Wenn das Laub zum siebten Male gelb geworden ist, dann wollen wir uns hier wieder treffen. Gibst du mir das gesamte Geld bis auf den letzten Heller zurück, so magst du frei gehen. Kannst du es aber nicht, so fahren wir miteinander in die Hölle!"

Das muß ich schaffen, sagte sich der Bauer, schlug in die dargebotene Rechte und nahm den Beutel an sich. Der Dalberger auf der Burg war natürlich erstaunt, wie der Hannes so schnell zu soviel Geld kommen konnte. Doch der hielt den Mund, auch seiner Frau gegenüber.

Schon am nächsten Tag griff der Bauer zum Wanderstab, durcheilte das Elsaß, überstieg die Alpen und kam hinunter nach Italien. Bei einem reichen Bauern verdingte er sich, hatte aber schon am ersten Abend ausgerechnet, daß er niemals die vom Teufel geliehene Summe in der vorgeschriebenen Zeit beisammen hätte. Dem Teufel wollte er aber um alles in der Welt entwischen! Ja, da war guter Rat teuer. Doch kommt Zeit, kommt Rat! Ein Pfälzer läßt sich nicht so schnell unterkriegen. Das Bäuerlein arbeitete draußen in den Weinbergen, die es noch nie gesehen, es arbeitete in Kastanienwäldern, die ihm unbekannt waren. Wie wäre es, wenn er von seinem jetzigen Herrn als Lohn ein paar junge Rebstöcke und einige junge Kastanienbäumchen verlangen würde und sie zu Hause an den sonnigen Hängen anpflanzen würde? Die müßten doch dort auch gedeihen!

Gedacht, getan. In der Heimat lachten ihn die Bauern aus, als er die unbekannten Pflanzen setzte. Doch das Lachen verging ihnen, denn herrliche Früchte brachten Rebstock und Kastanie. Der Hannes erntete sie schmunzelnd und brachte sie hinauf zum Grafen. Der versuchte und war begeistert. Hannes verlangte die Summe, die er dem Teufel hinterlegen mußte, erhielt sie auch und freute sich von nun an wieder seines Daseins.

Zur festgesetzten Zeit saß er auf dem Stein wie damals, nur mit ganz anderen Gedanken. Pünktlich erschien auch der Teufel. Als er feststellen mußte, daß das pfiffige Bäuerlein die verlangte Summe zusammengebracht hatte, platzte er bald vor Zorn, raste hinunter an die Kastanienbäume und rüttelte und schüttelte sie und zerstach sich dabei die Finger, daß er noch wütender wurde und in den Boden fuhr gerade dort, wo die ersten Weinstöcke standen. Nie mehr wolle er einen Pfälzer hereinlegen, schwor sich der Satan, denn sie waren ihm über.

## 83   Die bestraften Zuschauer

Die Walpurgisnacht hat es auf sich. Seitdem man nicht mehr an Hexen glaubt, sind die Burschen unterwegs und treiben manchen Schabernack. Es gab aber auch eine Zeit, in der die Bevölkerung im Ernst annahm, daß Hexen ihr Unwesen trieben.

Damals gingen einmal zwei Burschen aus *St. Martin* zur Großen Kalmit, um das Treiben der Hexen zu erleben. Zur Vorsorge nahmen sie gleich zwei stabile Rebenpfähle mit. Man konnte ja nie wissen! Um zwölf Uhr kamen sie auf dem Gipfel an, doch von einem Gelage oder einem Tanz war nichts zu erkennen. Der Marsch, den Berg hinab, scheint ziemlich anstrengend gewesen zu sein, denn schon nach kurzer Zeit schliefen sie hinter einem Felsblock ein. Um ein Uhr bevölkerte sich plötzlich die vor ihnen liegende Fläche. Erst als der Teufel höllische Melodien einem Knochen entlockte, und die Hexen anfingen zu tanzen und laut zu schreien, erst dann wachten die beiden Schläfer auf. Es war ihnen gar nicht wohl zumute, erst recht nicht, als der Satan die beiden entdeckte und den Knochen nach ihnen warf. Gegen den Teufel trauten sie sich trotz der Rebpfähle nicht zu stellen. Sie nahmen Reißaus und purzelten mehr als sie liefen den Abhang hinunter.

Es half ihnen aber nichts, denn die Hexen blieben ihnen auf den Fersen und traktierten sie mit wütenden Schlägen ihrer Besen. Erschöpft brachen die Burschen am Dorfeingang zusammen. Am Morgen fand man sie, völlig zerschlagen und mit weißen Haaren.


## 84   Die versteinerten Jungfrauen

Im ehemaligen Schlosse zu *Altdorf* lebten zwei Edelfräulein, die über die Maßen geizig waren. Sie ließen wochenlang ihre Diener ohne Lohn und waren auch als arge Wucherer bekannt. Einmal brachten sie eine arme Witwe um ihr ganzes Hab und Gut. Die Frau aber fluchte ihnen: „Ihr sollt so lange keine Ruhe finden, bis allen Leuten wieder ihr Geld geworden ist, das ihr ihnen auf ungerechte Art abgenommen habt." Die Edelfräulein hielten von diesem Fluch nicht viel. Sie vergruben ihr Geld im Schloßgarten, in den heutigen Schloßwiesen.

Doch bald nach ihrem Tode ging der Fluch in Erfüllung. Sie sind in Stein verwandelt und stehen am Turm zu Altdorf. Sie schauen auf die Schloßwiesen, wo das unrechte Gut bis heute ruht.


## 85   Der Mörder sucht den Gemordeten

Eines Tages fand man im Lochbusch bei *Geinsheim* in dichtem Gestrüpp einen Toten. Ein Jäger namens Jüllich wurde zwar der Tat bezichtigt, sie konnte ihm aber nicht nachgewiesen werden. Daß er es war, der den wehrlosen Mann niederstreckte, stellt sich erst nach seinem Tode heraus.

Er findet keine Rast und keine Ruhe. Ständig quält ihn das Bild des Getöteten. In der Geisterstunde ist er zu sehen, wie er mit zerfurchtem, düsterem Antlitz durch den Forst wandert und den Toten sucht.


## 86   Die Zwerge gaben den Wink

Ein Bauer war in der Gemarkung *Duttweiler* bei großer Hitze am Pflügen. Öfter mußten die Gäule stille stehen, denn der Schweiß lief nicht nur beim Bauern in Strömen. „Hätte ich mir nur etwas zum Trinken mitgenommen!" stöhnte der Bauer und wischte sich die Schweißperlen von der Stirn. Roch es da nicht nach Wein? Er schaute sich um und sah in der Furche einen silbernen Krug stehen. Zögernd führte er ihn zum Munde. Er tat einen kräftigen

Zug, wischte sich den Mund und war sich darüber klar, noch nie einen solch guten Tropfen getrunken zu haben. Aber so recht wohl fühlte er sich bei der Sache nicht. Woher war der Krug gekommen, und wer holte ihn wieder ab, nachdem er seinen Durst gestillt hatte? Die guten Zwerge waren dem Landmann beigestanden und hatten ihm gleichzeitig den Wink gegeben, es doch auf diesem Acker einmal mit Weinbergen zu probieren. Der Bauer tat's und hatte die schönsten und ertragreichsten Wingerte weit und breit.

## 87  „Nun, spei Er!"

Als die Vorderpfalz noch ein riesiger See war, kam einmal ein großer Fisch angeschwommen. Der hatte heftige Magenschmerzen, weil er einen Menschen verschlungen hatte, den er nicht verdauen konnte. Zwei Pfälzer betrachteten das geplagte Tier, wie es sich krümmte und wand. Und weil sie diesen Zustand schon oft nach übermäßigem Weingenuß am eigenen Leibe erfuhren, konnten sie mit dem Fisch fühlen. Meinte da der eine: „Nun, spei Er!"
Der Fisch befolgte den gutgemeinten Rat, und wer kam da aus dem Rachen des Fisches? Der Prophet Jonas. „Isch der aber naß", meinte der eine Pfälzer, und der andere pflichtete ihm bei: „Der isch jo naß!" So ward der Name des ausgespieenen Menschen kund.
Als später die Wasser zurückgeflutet waren und an der Stelle eine Stadt erstand, erinnerte man sich des Vorfalles und des Rates, den der eine Pfälzer gab, und nannte die Ansiedlung *Speyer.*

## 88  Die Glocken zu Speyer

Zu *Speyer* im letzten Häuselein, da liegt ein Greis in Todespein,
sein Kleid ist schlecht, sein Lager hart, viel Tränen rinnen in seinen Bart.

Es hilft ihm keiner in seiner Not, es hilft ihm nur der bittre Tod!
Und als der Tod ans Herze kam, da tönt's auf einmal wundersam.

Die Kaiserglocke, die lange verstummt, von selber dumpf und langsam summt
und alle Glocken groß und klein mit vollem Klange fallen ein.

Da heißt's in Speyer weit und breit: der Kaiser ist gestorben heut!
Der Kaiser starb, der Kaiser starb! Weiß keiner wo der Kaiser starb?

Zu Speyer, der alten Kaiserstadt, da liegt auf gold'ner Lagerstatt
mit mattem Aug' und matter Hand der Kaiser Heinrich, der Fünfte genannt.

Die Diener laufen hin und her, der Kaiser röchelt tief und schwer: —
Und als der Tod ans Herze kam, da tönt's auf einmal wundersam.

Die kleine Glocke, die lange verstummt, die Armensünderglocke summt
und keine Glocke stimmet ein, die summet fort und fort allein.

Da heißt's in Speyer weit und breit: Wer wird denn wohl gerichtet heut?
Wer mag der arme Sünder sein? Sagt an, wo ist der Rabenstein?

## 89  Kaiser Rudolfs Ritt zum Grabe

Auf der Burg zu *Germersheim*, stark an Geist, am Leibe schwach,
sitzt der greise Kaiser Rudolf, spielend das gewohnte Schach.

Und er spricht: „Ihre guten Meister! Ärzte! sagt mir ohne Zagen,
wann aus dem zerbrochnen Leib wird der Geist zu Gott getragen?"

Und die Meister sprechen: „Herr! wohl noch heut' erscheint die Stunde."
Freundlich lächelnd spricht der Greis: „Meister! Dank für diese Kunde!"

„Auf nach *Speyer!* auf nach Speyer!"ruft er, als das Spiel geendet,
„wo so mancher deutsche Held liegt begraben, sei's vollendet!"

„Blast die Hörner! bringt das Roß, das mich oft zur Schlacht getragen!"
Zaudernd steh'n die Diener all', doch er ruft: „Folgt ohne Zagen!"

Und das Schlachtroß wird gebracht. „Nicht zum Kampf, zum ew'gen Frieden",
spricht er, „trage, teurer Freund, jetzt den Herrn, den Lebensmüden!"

Weinend steht der Diener Schar, als der Greis auf hohem Rosse,
rechts und links ein Kapellan, zieht, halb Leich', aus seinem Schlosse.

Trauernd neigt des Schlosses Lind' vor ihm ihre Äste nieder;
Vögel, die in ihrer Hut, singen wehmutsvolle Lieder.

Mancher eilt des Wegs daher, der gehört die bange Sage,
sieht des Helden sterbend Bild und bricht aus in laute Klage.

Aber nur von Himmelslust spricht der Greis mit jenen Zweien,
lächelnd blickt sein Angesicht, als ritt er zur Lust im Maien.

Von dem hohen Dom zu Speyer hört man dumpf die Glocken schallen.
Ritter, Bürger, zarte Frau'n weinend ihm entgegen wallen.

In den hohen Kaisersaal ist er rasch noch eingetreten,
sitzend dort auf goldnem Stuhl hört man für das Volk ihn beten.

„Reichet mir den heil'gen Leib!" spricht er dann mit bleichem Munde;
drauf verjüngt sich sein Gesicht um die mitternächt'ge Stunde.

Da auf einmal wird der Saal hell von überird'schem Lichte
und verschieden sitzt der Held, Himmelsruh' im Angesichte.

Glocken dürfen's nicht verkünden, Boten nicht zur Leiche bieten,
alle Herzen längs des Rheins fühlen, daß der Held verschieden.

Nach dem Dome strömt das Volk, schwarz, unzähligen Gewimmels.
Der empfing des Helden Leib, seinen Geist — der Dom des Himmels.

## 90   Riesen bauten sich eine enge Wohnstatt

Ein sehenswerter Rest der ehemaligen Stadtmauer um *Speyer* herum ist das
Heidentürmchen, das im Domgarten den Besucher zu kurzer Rast einlädt.
Von ihm erzählt die Sage, daß nicht der Festungsbaumeister diesen Wart-
turm erstellen ließ, sondern daß vor undenklichen Zeiten, da ein Riesenpaar
als einzige Wesen die Gegend am Rhein bewohnte, das Heidentürmchen
schon erbaut wurde. Es war die enge Wohnstatt der beiden.

## 91   „Steuere dein Schiff, Fährmann!"

Des Nachts, als ein Fischer aus *Speyer* am Rhein beschäftigt war, trat ein
Mann auf ihn zu, der eine Kutte trug, wie sie Mönche kleiden. Der Fremde
verlangte, sofort übergesetzt zu werden. Der Fischer tat wie ihm geheißen.
Als er aber zurückkehrte, standen am Ufer fünf weitere Mönche, die von
derselben Absicht sprachen. Was sie ihm für die Fahrt geben würden, wollte
der Fischer wissen. „Jetzt sind wir arm. Wenn es uns wieder besser geht,
sollst du unsere Dankbarkeit schon spüren!" sprach einer von ihnen. Und der
Fischer ergriff erneut die Ruder. Doch mitten auf dem Strom, was war das?
Da erhob sich plötzlich ein Sturm, der die Wellen hochwarf und den Kahn
schier zum Kentern brachte. Wo kam der Sturm nur so schnell her, dachte
der Fischer. Als die Sonne unterging, beschien sie völlig blauen Himmel und
vorhin leuchtete doch noch der Mond! Immer größere Wellen stürzten ins
Boot. Dem Fischer wurde angst und bange. Er ließ die Ruder fallen und
stürzte auf die Knie und flehte zu Gott, daß er ihn glücklich das Ufer erreichen lasse. Da stand einer der Mönche hinter ihm, ergriff das Ruder und
schrie: „Was liegst du Gott mit Beten in den Ohren, steuere dein Schiff!"

Dann hieb er auf den Fischer ein, daß der erst wieder erwachte, als die Sonne schon im Osten aufgegangen war. Die Mönche waren verschwunden. Mit vieler Mühe und zerschlagenen Gliedern erreichte er seine Wohnung.
Am andern Tag sah ein Bote der Stadt dieselben Gestalten. Sie saßen in einem schwarzen Wagen, der nur drei Räder hatte, und der von einem Fuhrmann mit einer langen, spitzen Nase gelenkt wurde. Der Wagen sauste an dem überraschten Mann vorüber und erhob sich bald unter Rauch und Flammen in die Lüfte. Dabei war der Klang vieler Schwerter zu hören, wie wenn zwei Heere aufeinander gestoßen wären. Schnell eilte der Bote zurück zum Rathaus und kündete von seinem Erlebnis. Ein Ratsherr meinte: „Dies war ein Zeichen dafür, daß deutsche Fürsten wiederum gegeneinander aufgestanden sind."

## 92   Kaiser griffen ein

Es war eine stockdunkle Nacht im Oktober 1813. Ein Fährmann saß am Ufer des Rheines bei *Speyer*. Gerade verkündete die Domuhr die zwölfte Stunde, als eine große Gestalt übergesetzt zu werden wünschte. Noch war der Kahn nicht losgebunden, als mehrere gleichaussehende Männer hinzutraten. Wie der Wind so schnell erreichten sie das jenseitige Ufer. Mit einem Dankeswort und dem Versprechen, bei Rückkehr den Schiffer zu entlohnen, verabschiedeten sich die Geister.
Die vierte Nacht nach diesem merkwürdigen Erlebnis war angebrochen. Wieder saß der Schiffer auf seinem alten Platz, als er von drüben in langgezogenem Rufe das bekannte „Hol über" vernahm. Es waren dieselben Gestalten. Schwerter blitzten unter ihren Mänteln und Rüstungen. Wieder ging die Fahrt wie im Sturm dahin. Bevor sie ausstiegen, drückten sie dem Fährmann den Lohn in die Hand und verschwanden dann ebenso lautlos, wie sie gekommen, im Dom.
Welche Bewandtnis hatte es mit dieser Erscheinung? All das Nachdenken des Fährmanns half nichts. Doch schon bald danach wußte er, daß er mitgeholfen hatte, genauso wie die deutschen Kaiser in der Gruft im Dom, Deutschland von fremder Herrschaft zu befreien, dann nämlich, als die flüchtigen Franken, von der Leipziger Schlacht kommend, übergesetzt werden mußten.

## 93   „Lasse den Überbringer töten!"

Kaiser Konrad II., der Gründer des Domes zu *Speyer*, gab während seiner Regierungszeit ein Gesetz heraus, wonach jeder, der den Frieden im Lande brach, den Tod erleiden mußte. Das war ein hartes Gesetz, besonders für jene Fürsten, die stetig in Fehde mit ihren Nachbarn lagen.

Wegen Friedensbruch war Graf Leopold von Calw beim Kaiser angeklagt worden. Er hatte also guten Grund, für sein Leben zu fürchten und floh deshalb in einen dunklen Forst, Schwarzwald genannt, und verbarg sich in der Hütte eines einsam lebenden Mannes. Hier glaubte er sich mit seiner Gattin sicher vor den Nachstellungen des Kaisers.

Bald darauf veranstaltete Konrad in der Nähe eine große Treibjagd und kam zu der Hütte. Der Graf hatte sich schon rechtzeitig aus dem Staube gemacht. Seine Frau war bei der Geburt eines Sohnes gestorben. Das Kind lag auf harter Liegestatt und weinte. Aus dem Weinen glaubte man die Worte zu vernehmen. „O Kaiser, dieses Kind wird dir einst Schwiegersohn und Erbe sein!" Das war dem Kaiser gar nicht recht. Er wollte da schon beizeiten vorbeugen und befahl, daß das Kind auf der Stelle zu töten sei. Doch die Diener konnten es nicht übers Herz bringen. Sie legten ihn unter einen Baum und brachten ihrem Herrn ein Hasenherz. Der Herzog Hermann von Schwaben aber fand den Jungen, nahm ihn mit sich und adoptierte ihn später.

Viele Jahre zogen ins Land. Der Kaiser traf eines Tages den Jüngling und bat den Herzog, daß er ihm den Burschen überlassen möchte. Nach einigen Wochen kam dem Kaiser der Gedanke, daß dieser Jüngling der schreiende Knabe in jener Hütte im Schwarzwald sein müßte. Die Prophezeiung sollte nicht in Erfüllung gehen, das schwor sich Konrad. Er schickte den Jüngling zur Königin mit einem Brief, in dem zu lesen stand: „So lieb Dir Dein Leben ist, so lasse, sobald Du den Brief empfangen hast, den Überbringer heimlich töten!"

Der Jüngling machte sich also auf den Weg, kam nach Speyer und kehrte dort, von schwieriger Reise ermüdet, beim Domdechanten, der auch des Kaisers Kanzler war, ein. Was mag der Kaiser der Kaiserin zu berichten haben? Als Kanzler müßte man das ja schließlich wissen! Also her mit dem Brief! Er öffnete ihn und brachte vor Erstaunen kaum mehr den Mund zu. Was hier befohlen war, durfte niemals geschehen! Wie aber konnte man den beabsichtigten Mord verhindern? Der Kanzler griff nach langem Überlegen zum Federhalter und strich die Worte „Lasse ihn töten" durch und setzte darüber „Gib ihm unsere Tochter zur Ehe!" Die Kaiserin kam dem vermeintlichen Wunsche ihres Herrn Gemahls nach, und in Aachen wurde Hochzeit gefeiert. Der Kaiser erfuhr davon, stutzte zunächst und freute sich dann doch, daß er den Sohn des Grafen von Calw als Schwiegersohn bekommen hatte. Heinrich hieß er. Zum Andenken daran, daß der Kanzler ihn, den Kaiser, vor einem Mord bewahrte, befahl Konrad, daß künftig alle Könige und Kaiser im Dom zu Speyer beigesetzt werden sollten. Er selbst war der erste.

## 94   Der Teufel in der Klosterzelle

Mit den Klöstern erging es einst wie mit den Geschlechtern. Sie blühten auf und vergingen, oft sang- und klanglos. Nur noch die Chroniken berichten vom Untergang, so wie es jene tut, die vom Vergehen des St.-Martins-Klosters in Speyers Altstadt aussagt. Mordbrenner waren im Dreißigjährigen Krieg unterwegs, und sie ließen auch von diesem Kloster in *Speyer* keinen Stein mehr auf dem anderen.

Doch bevor dieses Unglück hereinbrach, erging es den Nonnen nicht schlecht. Sie hatten zu knabbern und zu beißen und erfüllten ihren Dienst so, wie er ihnen vorgeschrieben war. Eines Tages bat eine Frau aus *Landau* um Aufnahme in das Kloster. Sie wollte dieser Welt entsagen, denn der Liebste war ihr durch ein Unglück entrissen worden. Sie glaubte in der Stille des Klosters und mit Hilfe des Gebetes jenen Jüngling vergessen zu können, dem sich ihre Liebe zugewandt, und der ihr zuliebe auf den Dienst am Altare verzichtet hatte. Weit gefehlt! Gewiß war die „Neue" schon bald den Nonnen in allem ein Vorbild geworden, doch in der Zelle kamen ihr Gedanken, die einer Klosterschwester nicht würdig waren. Sehnsüchtig glitten ihre Blicke vom schmalen Zellenfenster über die Gefilde vor des Rheines Ufer. Sie wünschte des Liebhabers Wiederkehr und wußte doch, daß er nie mehr auf dieser Erde sein würde.

Es war an einem herrlichen Frühlingstage. Wiederum stand die Nonne am Fenster, und siehe da, vom Rhein herauf näherte sich ein junger Herr und kam, wie von Flügeln getragen, in die Zelle. Er sprach kein einziges Wort, und doch hatte die Frau ihn erkannt, und wie in einem Film rollte ihr Leben vor ihrem geistigen Auge ab, auch jener Teil, in dem sie schwere Schuld auf sich lud. Als sie wieder in die Wirklichkeit zurückfand, war der Platz vor ihr leer. Der so sehr herbeigewünschte und doch gefürchtete Besucher war verschwunden.

Er kehrte wieder, wann es ihm beliebte, und von Mal zu Mal war er schöner anzusehen. Die Nonne litt Höllenqualen, sie nahm nichts mehr zu sich und war bald nur noch ein Schatten ihrer selbst. Da trat eines Tages ein Pilgrim über die Pforte. Er erkannte sofort, daß die Nonne einer seelischen Belastung ausgesetzt war, die Menschenkräfte überstieg. In einer Zwiesprache erfuhr er von großem Kummer, von schwerem Herzeleid. Doch er wußte Rat.

Als der Jüngling wieder einmal in die Zelle stieg, verführerisch, aber auch gebieterisch, da rief die Nonne in höchster Not den Namen der heiligen Jungfrau aus. Entsetzt wich der Jüngling zurück, seine Schönheit war mit einem Schlage dahin, und der leibhaftige Teufel entschwand, einen gräßlichen Fluch ausstoßend, durch das Fenster. Übler Schwefelgestank erfüllte die Zelle.

Seit der Zeit waren die sehnsüchtigen Gedanken wie weggewischt. Die Frau erinnerte sich des Besuchers nur noch wie in einem schweren Alptraum.

80

## 95 Schönheit und Reichtum brachten Untergang

Sie war eine wunderschöne Frau und kam aus Mauretanien. Im Gefolge eines Grafen war sie nach *Speyer* gekommen. Dort hielt sie Hof wie eine Fürstin. Angesehene Herren stiegen des Nachts vor ihrem Tor vom Pferde. Wertvolle Geschenke zierten ihr Haus. Der Neid schlich sich in die Herzen. Wer den entscheidenden Schritt zum Gerichte tat, wer wollte das heute noch nachweisen? Hexerei warf man der Schönen vor. Zeugen wurden vernommen, es waren ihrer nicht wenige. Sie sagten gar Wunderliches aus: Die Blumen in den Zimmern waren von überirdischer Schönheit. Wenn sie durch ihren Park schritt, begleitete sie der Höllenfürst. Die Bäume begannen auch beim strengsten Frost zu blühen, wenn der Saum ihres Mantels sie berührte. Und sie? Sie beteuerte ihre Unschuld. Sie habe nur das getan, was in ihrem Heimatland üblich wäre, so behauptete sie. Niemals habe sie mit dem Teufel einen Pakt gehabt. Was half's? Sie wurde verurteilt, der Scheiterhaufen aufgetürmt. Noch einmal schrie sie der versammelten Menge entgegen: „Ich bin unschuldig, bin keine Hexe!" Kein Erbarmen! Ihren Tod wollten sie, und sie bekamen ihn.

Hell loderten die Flammen, aber nicht lange, denn ein Wolkenbruch ging hernieder, wie man ihn lange nicht erlebt. Dichte Dampfwolken stiegen auf und verhinderten die Sicht zum Scheiterhaufen. Dem Volk entging das Schauspiel, auf das es so gierig gewartet hatte. Als die Sonne wieder am Firmament stand, war alles vorüber. Nun konnte jeder beruhigt von dannen gehen, denn die Hexe war nicht mehr, und der Teufel hatte Speyer verlassen.

## 96 Geisterschiff in bläulichem Licht

Vom dicken Enderle von *Ketsch* erzählt man sich tolle Sachen. Gleich drei Geschäfte ernährten ihren Mann. Enderle war Fährmann, Schultheiß und Wirt. Hohe Gäste gingen bei ihm ein und aus, so der Pfalzgraf, der stets nach der Jagd beim Enderle einkehrte. Die Frau des Dicken hatte unwahrscheinliches Glück, denn sie war bereits als Hexe angezeigt und sollte schon bald schmoren. Die Beziehungen des Enderle aber retteten seine Frau.

Er starb und muß wohl noch eine ganze Bürde von Schuld mit hinabgenommen haben ins Grab. Er ist mit seinem Schiff unterwegs und versucht das deine zu rammen.

Einige Herren aus der Pfalz fuhren einst nach Schweden, um dort die Vorbereitungen zur Hochzeit einer Prinzessin mit einem schwedischen Fürsten vorzubereiten. Der Wind lag günstig, das Segelschiff machte gute Fahrt. Die Nacht war mondhell, und so mancher genoß diese Reise, als sei es seine letzte. Die Kojen blieben leer, man unterhielt sich an Deck. Da, plötzlich wallte das Meer auf, es wehte aber kein Wind. Ängstlich verdrückten sich die „Landratten". Das Schiff schleuderte, und nur mit äußerster Kraft konnten sich die Passagiere an Tauen festhalten. Eine dichte Nebelwand schob sich vor den Mond, und da sahen sie es! Vor ihnen tauchte ein Geisterschiff in bläulichem Licht auf. Es nahm direkten Kurs auf sie zu. Im letzten Augenblick aber warf eine Riesenwelle das Schiff auf anderen Kurs. Sie waren gerettet. Der Kapitän rief hinüber: „Wohin geht die Fahrt?" Die drüben gaben zur Antwort: „Wir bringen den dicken Enderle von Ketsch!"

## 97 Des Enderles Tochter

Ein Unrecht zieht ein anderes nach. Die Landesherren gebärdeten sich als Herren über ihre Untertanen. Dabei schossen sie oft über das Ziel hinaus. Bei ihren Jagden schonten sie nicht die Früchte der Felder. Darüber waren die Bauern sehr erbost, und sie versuchten, es den überheblichen Herren heimzuzahlen. Was nützten alle Vorstellungen? Mit Hunden wurden die Bauern von den Burgen und Schlössern gejagt, so wie es dem Enderle von *Ketsch* einst passierte.

Er war mit einer Abordnung im *Schwetzinger* Schloß erschienen, wo die Bauern ihren Protest anbringen wollten. Vergebens. Auf dem Heimweg packte sie die Wut. Sie zerstörten die Futterstellen des Wildes und so mancher Rehbock mußte in dieser Nacht sein Leben lassen.

Natürlich kam dieser Vorfall den Herren zu Ohren. Sie sannen auf Rache, und als die Bauern aus Ketsch ihrer Arbeit auf den Feldern nachgingen, überfielen Berittene das Dorf. Enderle, der Bürgermeister, kam gerade vom Felde heim. Sie nahmen ihn gefangen und glaubten, damit den Rädelsführer geschnappt zu haben. Sie freuten sich zu früh, denn die Bauern, durch den Lärm im Dorf aufmerksam geworden, stürmten heran und befreiten ihren Bürgermeister. So mancher sah an diesem Tage das Licht der Sonne zum letzten Male. Enderles Tochter wurde von den Reitern geraubt und zum Schloß nach Schwetzingen gebracht.

Von der Stunde an ward der Schultheiß nicht mehr im Ort gesehen. Ziellos irrte er in den Wäldern umher, knallte das Wild ab und legte Brände. Er ist von einem bösen Geist besessen, meinten die Leute.

Der Tochter erging es recht gut im Schloß. Schon bald durfte sie zurückkehren. Auf der Suche nach ihrem Vater versank sie im Sumpf. Gleich danach fand der Vater die Tote. Die Jagdgesellschaft der Herren näherte sich, und Enderle von Ketsch schrie den Fluch über die Herren in den dunklen Wald. Es war sein letztes Wort ...

## 98 Ein Küfer stillte den Durst

Im Hambacher Wald arbeiteten die Holzfäller. Der Tag war lang und heiß und die Flaschen leer. Noch zwei Stunden bis zum Feierabend zeigte die

Uhr. Eine reichlich lange Durststrecke für Männer, die gewohnt waren, öfter einen kräftigen Schluck zu nehmen. Da meinte einer: „Wenn nur dieses Reisigbündel ein Fäßchen Wein wäre!" Wie aus dem Boden gestampft stand ein junger Küfer am nächsten Baum. „Ich könnte euch schon helfen", meinte er, „nur müßte ich von hier aus auf eine Wirtschaft blicken können." „Das läßt sich machen", sagten die Holzhauer und führten ihren Gast auf eine Lichtung ganz in der Nähe. „Dort unten siehst du ein Haus mit einem roten Dach. Das ist die Wirtschaft ‚Zum Engel' in *Hambach*." Der Küfer holte aus seinem Rucksack einen Bohrer, suchte sich einen glatten Buchenstamm und bohrte ein Loch hinein. Zur Freude der Durstigen floß köstlicher Wein in ihre Krüge. Als sie gefüllt waren, verschloß der Küfer das Loch und ging mit den Worten weiter: „Ich kann dem Engelwirt ja nicht das ganze Faß leerlaufen lassen."

Am nächsten Tag arbeiteten die Männer an derselben Stelle. Sie holten den Pfropfen aus dem Loch im Buchenstamm. Sie wurden enttäuscht . . .

## 99  „B'halt's!"

Woher die Pfalz ihren Namen hat? Der Heiland selbst war es, der unsere Heimat taufte. Und das war so: In grauer Vorzeit war die Pfalz nur ein riesiger See. Langsam, sehr langsam verzog sich das Wasser, die Sonne brannte vom Himmel, und wo einst Wasser war, entstand das Paradies.

Der Heiland wollte sich dieses Land betrachten und kam in die Vorderpfalz. Auf seiner Wanderschaft gesellte sich der Teufel zu ihm. Versuchen wollte ihn der Satan. Er nahm den Herrn bei der Hand und führte ihn hinauf auf die Höhe, auf der heute die *Maxburg* steht. Mit überschwenglichen Worten pries der Böse das Land; ein Pfälzer hätte keine treffenderen Worte finden können. Da tauchte auch schon die Versuchung auf: „Dies alles will ich dir geben, wenn du vor mir niederfällst und mich anbetest!" Doch der Heiland, obwohl er von der Schönheit des Landes tief beeindruckt war, schüttelte den Versucher nur mit einem kleinen Wörtchen ab: „B'halt's!" Daraus wurde Pfalz.

## 100  Die Liebe kennt keine Unterschiede des Standes

Im Jahre 1552 war's. An einem heißen Sommertag gingen zwei Liebende den Weg hinan zur *Kästenburg*. Aussichtslos war diese Liebe, so sehr beide auch ihre Erfüllung erhofften. Sie, ein Mädchen von gar großem Liebreiz, Schön-Elsbeth genannt, er, der Sohn des Burgvogtes von der Kästenburg, sie aber nur eine Magd von vielen. Treue hatten sie sich geschworen. Sie gehörten zusammen für's ganze Leben, und sollte das Schicksal dem einen den Tod bringen, so wollte der andere auch nicht weiterleben. So schwuren sie. Wie bald schon der Schwur sich erfüllen würde, konnten sie nicht ahnen.

Die Tage gingen dahin, einer wie der andere, ohne besondere Aufregungen, ohne besondere Zwischenfälle. An einem Augusttage, frühmorgens, da schnellten sie aus den Betten auf der Kästenburg. Der Wächter auf dem Fried hatte ins Horn gestoßen. Feinde waren im Anzug. War das ein Gerenne und Gelaufe! Der Burgvogt stieg mit seinem Sohne hinauf auf den Turm, Ausschau zu halten. Bei *Kirrweiler* stand die Staubwolke und kündete vom nahenden Feind. „Wir werden keinen leichten Stand haben", sprach der Vater zum Sohn, „der dort drüben heranzieht, ist der wilde Albrecht Alcibiades mit seinen schwarzen Reitern. Du weißt, daß sie kein Pardon geben. Es wird ein blutiger Strauß werden. Beobachte die Streitmacht! Ich gehe hinunter in den Hof und überwache die Vorbereitungen zur Verteidigung."

Drunten arbeiteten Knechte und Mägde wie Besessene. Lagerfeuer brannten im Burghof, die Zugbrücke war hochgezogen, das Fallgatter gesenkt. Die Waffenkammer stand weit auf, die Mauern waren besetzt. Aus dem Keller schleppten die Mägde ganze Kannen voll des edlen Muskatellers hinauf auf die Wälle. Die Stimmung war nicht schlecht. Der eine empfahl sich im Gebet seinem Gott, der andere versuchte mit Flüchen dem Angstgefühl zu begegnen. Das Öl kochte in den Kesseln, als die ersten Reiter den Burgweg heraufgesprengt kamen und die Übergabe der Burg forderten. Es ward ihnen keine Antwort. Wie ausgestorben lag die Feste. Einige Stunden lang schien es so, als hätte der Feind sich zurückgezogen. Doch dies war nur die Ruhe vor dem Sturm. Droben im Turm stand der Sohn des Vogtes, Junker Robert. Seine Gedanken waren bei der Liebsten; sein Herz war von dunklen Ahnungen erfüllt. Im Wald wurde es lebendig. Dort unten bauten sie eine Schleudermaschine zusammen, völlig ungehindert, denn die Geschosse der Arkebusiere erreichten sie nicht. Da kam auch schon der erste Steinbrocken angeflogen, traf den Turm in voller Wucht und stürzte hinab in den Hof. Jetzt wurde es Ernst. Fels auf Fels schleuderte die Maschine gegen die Mauern, Pechkranz auf Pechkranz traf die Dächer. Feuer brach aus. Junker Robert jagte über den Hof, hinauf auf den Speicher und suchte zu löschen. Da schlug ein schweres Steingeschoß durchs Dach, zertrümmerte den Firstbalken und traf den Junker in den Oberschenkel. Knechte trugen den Schwerverwundeten hinunter in den Pallas. Nach seiner Elsbeth rief der Junker. Die war aber längst bei ihm und betete wie der Vater Roberts zu Gott, daß er ihnen den Sohn und den Liebsten belassen möge.

Kurze Zeit danach stand die Burg bereits in Flammen. Die Besatzung verließ auf Anordnung des Vogtes durch einen geheimen Gang die Feste. Es war ein trauriger Zug, der sich da unter der Erde bewegte. Am Ausgang des Stollens erst fiel dem Vogt ein, daß er vergessen hatte, des Bischofs Schmuck an sich zu bringen. All sein Reden und seine Versprechungen halfen nichts, keiner der Landsknechte wollte mehr zurückkehren in die Burg, in der man schon den Feind lärmen hörte. Da erhob sich Schön-Elsbeth und sprach: „Ich gehe,

wenn Ihr gestattet, zurück ins Schloß. Ich will dafür keine goldene Kette und keinen wertvollen Schmuck. Was ich will..." „Ich weiß, was du dir wünschest", hub der Vogt an, „ich sage dir hier im Beisein dieser Zeugen: Wenn du zurückkehrst und den Auftrag ausgeführt hast, sollst du mir eine liebe Schwiegertochter sein. Doch nun gehe, Gott behüte dich!" Elsbeth geht ihren schweren und letzten Gang. Nach geraumer Zeit erst machen sich zwei Knechte auf, gehen den Weg zurück und werden Zeuge eines Gespräches zwischen zwei Landsknechten im Burgkeller. Der eine: „Es ist eigentlich schade, daß das schöne Mädchen sterben mußte. Wenn sie den Mund aufgetan und unserem Hauptmann den Schatz des Bischofes gezeigt hätte, könnte sie jetzt noch leben." Der andere: „Du hast recht. Nun aber schmort sie längst unter dem eingestürzten Dachstuhl."
Den beiden Lauschern lief die Gänsehaut über den Rücken. Sie schämten sich ihrer Feigheit. Sie brachten traurige Kunde den Wartenden. Der Junker hörte es und bat den Vater, daß er ihn allein lasse. Dann riß er die Binden von den Wunden und folgte seiner Liebsten in den Tod, getreu dem Schwur, den er einst getan.

## 101   Bleischuhe trug der Geist

In einem Haus in *Neustadt* ging ein Geist um. Da polterte und lärmte es, da krächzten die Stiegen und klopfte es mal hier mal da, daß einem das Blut stillzustehen drohte. Die Bewohner des Hauses dachten schon ans Ausziehen, als sich ein junger, kräftiger Bursch, den niemand kannte, bereit erklärte, den Geist zu vertreiben. Wie er es anstellte, verriet er niemand, der Geist war jedenfalls ins Gebirge verjagt worden. Ruhig konnten die Leute im Hause schlafen, ohne Furcht und ohne Schrecken. Der Geist, der sie einst belästigte, trug Schuhe aus Blei, das wußten sie, und es war ihnen auch bekannt, daß alle sieben Jahre die Schuhe abgetragen waren, und der Geist ein Paar neue brauchte. Künftig stellte der Geist die abgetragenen Schuhe auf den Bleifelsen, von wo sie abgeholt und durch ein Paar neue ersetzt werden mußten. Das war das Gebot des Geistes. Wer es übertrat, mußte es bitter büßen. Die Bewohner des Hauses versuchten einmal, keine neuen Schuhe zu liefern. Prompt stellte sich in den folgenden Nächten der Geist wieder ein und traktierte die Säumigen.

## 102   „Euch hat der krumme Dallacker geholt"

Im Neustadter Tal soll einst der krumme Dallacker als Raubritter sein Unwesen getrieben haben. Ab und zu läßt er sich noch heute sehen.
Es ist schon lange her, da saßen einmal in einer Wirtschaft in *Neustadt* Musikanten. Ein fremder Herr trat durch die Tür und bat sie, ihm zu folgen, es

solle nicht zu ihrem Schaden sein. Sie stiegen den Königsberg hinan und waren überrascht, dort ein herrliches Schloß zu finden, das hell erleuchtet war. Sie traten mit dem Herrn zusammen in einen weiten, kostbar ausgestatteten Raum, der sich schnell mit Gästen in wertvollsten Kleidern füllte. Zum Tanz sollten sie aufspielen, gebot ihnen der Fremde. Sie setzten die Bogen an, doch siehe, die Geigen spielten von selbst Melodien, wie sie noch von keinem Menschen gehört wurden. Nach dem Tanz reichte ihnen der Fremde köstliche Speisen und hohen Lohn. Befriedigt zogen die Musikanten den Hang hinunter, Richtung Neustadt.

Die Stadt kam ihnen aber merkwürdig fremd vor, und niemand erkannte sie wieder. Was war geschehen? Sie erzählten von ihren Erlebnissen, doch die Zuhörer schüttelten die Köpfe. Nur ein alter Mann von 100 Jahren erinnerte sich noch an jene Spielleute, die in seiner Jugendzeit in jener Wirtschaft saßen. Im Gasthaus seines Großvaters waren sie damals eingekehrt, waren abgeholt worden von einem Fremden und kehrten nie wieder zurück. „Euch hat der krumme Dallacker geholt", rief der Greis. Die Musikanten stürzten mit allen Zeichen des Schreckens zu Boden und waren zu Staub und Asche geworden.

## 103  Dem Todesurteil entkommen

Auf dem *Wolfsberger Schloß* bei *Neustadt* saß einst ein schlimmer Raubritter. Der hatte es besonders auf reiche Kaufleute abgesehen. Auf vorspringender Felsennase stand er und spähte durchs Tal. Heute noch sind seine Fußstapfen, die er dem Stein aufgedrückt hatte, zu sehen. Sie sind unheimlich groß, wie Füße eines Riesen. Nach des Volkes Meinung waren die Menschen zur Ritterzeit halbe Riesen.

Der Wolfsberger konnte nie gefaßt werden. Immer wieder entkam er den Verfolgern. Auch Neustadt hat er gar oft geschädigt. Er nagelte seinem Pferde die Hufeisen verkehrt auf. Doch eines Tages, da wurde der Wolfsberger vor den Freistuhl der heiligen Feme geladen. Ausweichen konnte er nicht. So sattelte er sein Pferd, vergaß aber nicht, einen Sack voller Erbsen mitzunehmen, die er auf seinem Wege zerstreute. Dadurch konnten die später folgenden Knechte die Spur ihres Herrn gut verfolgen. Die Feme erkannte die Schuld des Wolfsbergers und sprach das Todesurteil. Da sprengten gerade im rechten Augenblick dessen Knechte herbei.

Niemand weiß, was später aus dem Raubritter geworden ist. Die Leute meinen, daß der Teufel den Spitzbuben doch einmal geholt habe.

## 104  Die mißglückte Erlösung

Im *Nonnental* bei *Neustadt* geistert die Vorsteherin des Klosters, das einst hier gestanden und dem Tal seinen Namen gegeben haben soll. Sie findet keine Ruhe, weil sie eine über die Maßen strenge Frau war. An jedem siebenten Jahrestag der Zerstörung des Klosters erhebt es sich aus den Trümmern in alter Schönheit. Nur Sonntagskinder können sich über dessen Anblick erfreuen.

Da war einmal ein Schäfer mit seinen Schafen und dem Pferch in der Nähe. Nachts um zwölf Uhr wurde der Hirte plötzlich von einem gar feinen, lieblichen Gesang geweckt. Er sah die Kirche hell erleuchtet und verließ den Karren in der Absicht, die Nonnen zu erlösen und den Schatz des Klosters zu heben. Er trat ein in die Kirche und erblickte vorne im Chor die wächsernen Gesichter der Nonnen. Angst überfiel ihn, und er wußte sich nicht anders zu helfen, als laut und deutlich zu rufen: „Gelobt sei Jesus Christus!"

Doch da gab es ein dumpfes Geräusch, und Kirche und Kloster versanken wieder. Einen enttäuschten, schmerzlichen Ruf vernahm er: „Ach, nun muß ich wieder warten sieben Jahre lang."

## 105   Der Riese Erkenbrecht

In der Nähe von *Neustadt* hauste ein schrecklicher Riese. Er kam von weit her und baute sich hier einen festen Turm, weil ihm die Landschaft ausnehmend gefiel. Erkenbrecht nannte er sich, und sein Haus stand auf der Gewanne gleichen Namens. Von hier aus hatte er einen herrlichen Blick in die Ebene, weshalb er die Stelle „Lug ins Land" oder „Guck ins Land" hieß. Damit jeder sich eine Vorstellung von der Größe des Riesen machen kann, sei gesagt, daß sein Kleid die ganze „Brunnengewanne" bedeckte. Anstatt der Knöpfe waren an seinem Wams große, eiserne Ringe befestigt.

Die Winzer von Neustadt, von *Mußbach, Gimmeldingen, Haardt, Hambach* und *Diedesfeld* und die Bauern aus dem Gäu mußten Wein und Milch liefern zum Anrühren des Mörtels für den Bau des Turmes. Wehe, wenn sich einer der Bauern weigerte! Unbarmherzig griff ihn der Riese und knüpfte ihn am eigenen Halstuch an den nächsten Baum. Die Männer ließ er im großen und ganzen ziemlich ungeschoren. Dafür hatte er es auf die Mädchen und Frauen abgesehen. Es passierte sehr oft, daß er einem Burschen die Liebste und einem Bräutigam die Braut nahm und sie zu sich auf die Burg entführte. Wehrlos mußten sich die Leute alles bieten lassen. Nach dem Raub fand man die Kleider der Entführten in einem Loch. „Lochäcker" heißt die Stelle. Was er verzehrte, mußten die Bauern liefern, und das war nicht wenig. Doch wo die Not am größten ... !

Eines Tages ritt ein stattlicher Ritter durch das Tor der Stadt. Er fand die Bewohner in heller Aufregung, denn erst einige Stunden zuvor war die Braut vom Hochzeitsfest geraubt worden. Der Ritter erkundigte sich eingehend nach dem Riesen, nach seinen Lebensgewohnheiten, seinen Waffen und seinen Schwächen. Dann trat er vor den Rat der Stadt und bat, daß man ihm im städtischen Kästenwalde Gelegenheit gebe, sich im Gebrauch der Streitaxt zu vervollkommnen. Er wolle, wie er mit Bestimmtheit sagte, den Riesen zum Zweikampf fordern. Man ging auf sein Ansinnen ein. Täglich ritt nun der Ritter hinaus und übte in dem Walde, den man „Axtwurf" nennt. Nach fünf Tagen glaubte er sich stark genug, den Kampf zu wagen. In allen Dörfern in der Umgebung erfuhren die Leute, daß am sechsten Tage um die sechste Mittagsstunde der Kampf beginne. Der Riese wurde zum Zweikampf herausgefordert.

Als die Stunde kam, und der Schauplatz von einer riesigen Menschenmenge umlagert war, öffneten sich die Tore des Turmes, und alle geraubten Frauen und Mädchen traten heraus. Sie sollten, nach des Riesen Willen, Zeuge seines Sieges sein. Dann kam er mit entblößtem Kopf, denn er hatte zuvor dem Gimmeldinger Wein ordentlich zugesprochen. Vom Halse bis zu den Füßen stak er in einem Eisenpanzer, in der Faust trug er einen Speer mit einem Schaft, der so dick war wie ein Wiesbaum. Mit lauter Stimme gab er den Versammelten bekannt, daß es ihm ein leichtes sein werde, mit einem Hieb den Kleinen da vor ihm zu Boden zu strecken. Der Kleine aber hatte Zeit und Kampfplatz günstig gewählt. Die Sonne ging nämlich gerade unter, und ihre Strahlen blendeten den Riesen. Der Herold gab das Zeichen zum Beginn des Kampfes. Blitzschnell warf der Ritter seine Keule gegen den Kopf des Gegners. Mit lautem Schrei stürzte der Riese nieder. Die Axt hatte seinen Kopf in der Mitte gespalten. Das Blut floß und füllte den Speyerbach bis zum Rande.

Über den ersehnten und tatsächlich eingetroffenen Sieg des Ritters herrschte eitel Freude. Die Frauen und Mädchen kehrten zurück, und die ganze Gegend war von dem Unhold befreit. Zum Danke für die mutige Tat schenkte Neustadt dem Ritter ein Schloß an den Stadtmauern. Der Riese wurde an Ort und Stelle begraben, „vordere" und „mittlere Ries" genannt. Der Platz, an dem die Frauen greinten, heißt „Im Grain". Auch die „Hohe Mauer" und der „Eisentreiber" erinnern an den Riesen, genauso wie der „Rittergartenbrunnen" und die „Rittergartenstraße" von dem siegreichen Ritter künden.

## 106  Die Sache mit den fetten Hunden

Des Röthmüllers Mühle stand am Rehbach in der Nähe von *Haßloch*. Der Müller war ein gar unternehmungslustiger und immer zu Streichen aufgelegter Mann. Um Allerheiligen herum mußte er alljährlich drei fette Schafe an den Vogt abliefern, erst lebend, später geschlachtet. Es war ihm hinterbracht worden, daß die abgelieferten Tiefe den herrschaftlichen Jagdhunden zum Fraß vorgeworfen wurden. Das ärgerte unseren Müller, und er zerbrach sich den Kopf, wie er es anstellen könnte, den Herren da oben einen Denkzettel zu geben.

Eines Tages brachte der Müller drei Hunde in die Mühle, fütterte sie reichlich, so daß sie dick und fett wurden. Die Müllerin erhielt stets nichtssagende

Antworten, auch dann, als vor Allerheiligen die Hunde wie vom Erdboden verschwunden waren. Der Mühlknecht spannte ein und brachte das Fleisch den hohen Herren. Doch er kehrte nicht wieder. Als andern Tages der Müller nach dem Knecht suchte, widerfuhr ihm dasselbe. Die Müllerin hörte davon, daß beide verhaftet worden seien. Sollte da etwa mit den Hunden etwas gewesen sein?

Bald schon tagte das Oberamtsgericht in *Neustadt*. Die Müllerstochter fuhr hin, denn es ging schließlich um ihren Vater und ihren Geliebten. Ihre Augen wurden immer größer, als die Anklage verlesen wurde. Zu leugnen gab es für die beiden Angeklagten nichts mehr. Sie gestanden. Der Röthmüller, bis dahin unbescholten, hatte das letzte Wort: „Hohes Gericht", so begann er, „ich habe im vergangenen Jahre hören müssen, daß man mein Hammelfleisch kalten Herzens den Hunden vorwirft, und also dachte ich, dafür sei eben auch etwas anderes gut genug. Weil aber das Hundefleisch fast weiß ist, und auf daß der Tausch nicht auffalle, hat mein Knecht jedem Imbs ein Händchen voll gemahlenen Krapp dem Fressen beigemischt, und solches gab eine schöne Rötung. Wie die Herren trotzdem feststellen konnten, daß es kein Hammelfleisch ist, bleibt mir ein Rätsel." Da gab es einen kleinen Tumult bei den Zuhörern. Die Tochter des Müllers kam nach vorne gestürzt und berichtete atemlos: „Niemals hätte einer der Herren bemerkt, daß da Hundefleisch geliefert wurde, wenn ich nicht zufällig in die Futterküche gekommen wäre und bemerkt hätte, daß unser Knecht die Köpfe der Tiere vergessen hätte. Ich legte sie, damit alles seine Ordnung habe, zum Fleisch."

Was der Müller jetzt am liebsten getan hätte, ist nicht schwer zu erraten. Das Gericht verurteilte ihn und den Knecht zu einer Kerkerstrafe, und Neustadt wollte sich halb totlachen über den Streich des Röthmüllers. Am Tage darauf aber ging die Müllerstochter zum Grafen und bat um ihren Vater und den Knecht. Der Fürst hatte ein Einsehen und ließ die beiden auf freien Fuß setzen, allerdings mit der Auflage, daß der Knecht und die Tochter umgehend sechs fette Hämmel lebend nach Neustadt zu bringen hätten.

In Haßloch aber sagt man zu einem, der aus irgendeinem Grunde einen roten Kopf bekommt: „Ei, der verfärbt sich ja wie dem Röthmüller sein Hundefleisch!"


## 107   Der Lilienbrunnen

Wer hinter *Iggelheim* den Wald in Richtung Speyer betritt und links abbiegt zum Revier „Steigersumpf", gewahrt an einer Wegecke ein trichterförmiges Loch, das sich hin und wieder mit Wasser füllt. Lilienbrunnen nennt das Volk diese Stelle. Von ihr berichtet die Sage: Einst stand hier ein herrliches Schloß, das eines Tages im Sumpf versank. Zur Geisterstunde erscheint seitdem die weiße Frau. Mit leichten Füßen geht sie über den Waldboden und liest in der Bibel. Wer ihr folgt, den führt sie hin zum Brunnen. Dort ergreift sie den Menschen und verschwindet mit ihm in der Tiefe.

Ein Waldschütze kann davon ein Liedchen singen. Sein Weg führte ihn an dem Brunnen vorbei. Wie erschrak er, als da ein Arm aus dem Wasser ragte! Schnell griff er zu, aber die weiße Frau zog ihn hinein ins Wasser. Zum Glück hatte der Schütz ein Seil dabei. Das schlang er behende um seinen Leib und um einen Baum in der Nähe und rief in seiner Todesnot die drei heiligen Namen aus. Sofort ließ der Zug in die Tiefe nach und eine Stimme flüsterte: „Du hast mich erlöst!" Die weiße Frau schenkte ihrem Erretter eine Menge Geldes mit der Bedingung, daß der Schütz mit diesem Schatz nur Häuser erstellen dürfte. Zwei Bauernhäuser ließ sich der Schütz bauen, und jedem, der ihn nach dem Herkommen der Mittel fragte, gab er bereitwillig sein Erlebnis mit der weißen Frau bekannt. Treu und brav hielt er sich an die Bedingung der weißen Frau, und die erschien ihm jedes Jahr einmal um Mitternacht und brachte ihm jedesmal einen Beutel voll Gold mit.

Einmal kaufte sich der Schütz von einem Teil des Geldes eine Kuh. Er hatte die Abmachung nicht eingehalten, und seitdem kam die weiße Frau nie wieder.


## 108   Sie haben die Stümpen vertanzt

Es gibt hinreichend Beispiele dafür, daß großzügige Gemeinderäte das Gut der Gemeinde leichtfertig verschleudert haben. Es ging in diesen Fällen ja nicht um den Geldbeutel des einzelnen.

Leichtfertig waren auch die Räte von *Iggelheim*, die zwar mit Grund, aber immerhin leichten Herzens, ein Stück Wald an die Nachbargemeinde *Böhl* verkauften. Auf dem Platze, wo nunmehr der neue Grenzstein saß, sollte bei der Übergabe des Waldes ein großes Fest gefeiert werden. Besonders die Böhler waren dafür, aber auch die Tochter des Schultheißen von Iggelheim. Sie sah die Jägerburschen im kurfürstlichen Jagdschloß in Iggelheim gerne und glaubte, auf diese Weise einen von ihnen „angeln" zu können. Einen, den gutaussehenden Hühnerfauth, hatte sie besonders im Visier. Mit ihm tanzte sie auch die ganze Nacht hindurch auf diesem fröhlichen, ja ausgelassenen Feste. Manch zorniger Blick streifte den Tänzer und die Tänzerin. Plötzlich, wie aus dem Boden gestampft, stand eine weiße Gestalt am Grenzstein. Sie rief mit einer Stimme, die durch Mark und Bein ging: „Wehe! Wehe! Die Iggelheimer haben die Stümpen vertanzt!" Die Stümpen, so hieß der verkaufte Wald. Mit einem Schlage hörten die Musiker auf zu spielen, und die Anwesenden verdrückten sich, um ja nicht noch einmal mit der weißen Gestalt Bekanntschaft machen zu müssen.

Ja, wo war nur des Schultheißen Töchterlein geblieben? Es war verschwunden. Die Zeit verstrich, und als der erste Jahrestag des Waldverkaufes an den Himmel kam, bohrte das schlechte Gewissen bestimmter Personen um so in-

tensiver. Um die Mitternachtsstunde, genauer gesagt mit dem zwölften Glok-
kenschlag, ward die fürchterliche Stimme wiederum gehört: „Wehe! Wehe!"
Und so ging das nun Jahr für Jahr.
Bei dem Fest war ein junger Bauer aus Böhl zugegen, der des Schultheißen
Töchterlein lieb gewonnen hatte. Er traute sich nicht, um das Mädchen zu
werben. Traurig stand er abseits und verfolgte die Tänze seiner Geliebten.
Ihm fiel auf, daß sich beide, der Hühnerfauth und das Mädchen, plötzlich in
ein Nichts auflösten, wie wenn eine dichte Nebelwand zwischen ihm und
dem Tanzpaar aufgezogen wäre. Der Bauernbursche sah die weiße Gestalt
und hörte ihre Stimme; er beteiligte sich auch bei den Suchaktionen. Vergebens ... Nun fiel ihm ein, daß eigentlich des Rätsels Lösung bei dieser weißen Frau zu suchen sein müßte. Also schlich er am Jahrestag hin zum Grenzstein und wartete bis zum zwölften Glockenschlag. Noch bevor die weiße
Gestalt ihre Stimme ertönen lassen konnte, hatte er sie am Arm gefaßt. Und
siehe da, die Gestalt bekam Leben, und vor dem unerschrockenen jungen
Bauern stand des Schultheißen Tochter. Sie fiel ihm um den Hals und dankte
ihm mit überschwenglichen Worten für ihre Erlösung.
Die Hochzeit wurde gerichtet. Es gab nur ein kleines, bescheidenes Fest.
Man wollte nicht neues Unheil heraufbeschwören. Man war froh, daß fortan
die fürchterliche Stimme stumm war.

## 109   Das Krönlein einer Unke

Von der weißen Frau im Walde von *Böhl* erzählt eine andere Sage:
Junge Mädchen träumen oft von Glück und Reichtum, von einem sorgenlo-
sen Leben neben dem Idealgatten. Nun heiratete einst Kurprinz Karl im
Jagdschloß zu *Iggelheim*, und diese Hochzeit war an Glanz kaum zu über-
treffen. Das gemeine Volk stand dabei und kam aus dem Staunen nicht mehr
heraus. Kein Wunder, daß die Mädchen im stillen Kämmerlein von dieser
Märchenhochzeit träumten. Träume aber sind Schäume, so weiß es das Volk.
Nun, bei einem Mädchen erfüllte sich der Traum.
Es war in der Erntezeit. Die Schnitter schufteten den lieben langen Tag, und
die ihnen auf dem Fuß folgenden Frauen hatten mit ihren Sicheln alle Hände
voll zu tun. Die Sonne brannte erbarmungslos vom Himmel. Die Gespräche
bewegten sich um die Hochzeit des Kurprinzen. Zur Mittagspause ruhte sich
ein Mädchen im Schatten des Böhler Waldes aus. Die Augen fielen ihm zu.
Im Traume sah es sich auf einer wunderschönen Wiese die Wunderblume
pflücken. Gleich war es das schönste Mädchen weit und breit, viel schöner
noch als die Braut dort im Jagdschloß. Es trug herrliche Gewänder, und erst
der Schmuck! Kostbare Perlen und wertvolle Diamanten funkelten in der
Sonne. Ganz in der Nähe war ein tiefer Brunnen. Auf seinem Rande saß eine
Unke mit einer silbernen Krone auf dem Kopfe. Sie nahm das Krönlein und
warf es dem Mädchen in den Schoß. Darauf erwachte das Mädchen, und sie-

he da, es war gar lieblich anzusehen, wie eine Prinzessin. Ein Reiter kam herangeprescht, nahm die Maid zu sich auf den Sattel, und schon bald wurde die Hochzeit gefeiert.

Vielen Menschen aber steigen Glück und Reichtum „in den Kopf". Hier war es nicht anders. Die junge Frau konnte das herrliche Leben nicht lange ertragen. Aus dem stillen, arbeitsamen Mädchen wurde eine herrische, stolze, rücksichtslose Dame. Und das Unkenkrönlein, das lange Zeit hindurch einen Ehrenplatz hatte, es wurde zum Ärgernis, weil es neben zwei silbernen Reifen sieben Sicheln trug, wohl zur Erinnerung an frühere, harte Tage auf dem Felde. Das Krönlein mußte also verschwinden, denn wer erinnert sich schon gerne an eine glücklose Vergangenheit?

Eines Tages begleitete die junge Frau ihren Gemahl auf die Jagd im Böhler Wald. In einem unbeobachteten Augenblick warf sie das Krönlein in ein Gebüsch, just an der Stelle, wo sie es empfangen hatte.

Seit der Stunde war die stolze Dame verschwunden, seit der Stunde zeigte sich aber die weiße Frau im Böhler Wald. Zur Nachtzeit traute sich dort am tiefen Brunnen niemand mehr vorüber, und wenn einer vorbei mußte, so war es ihm, als ob eine weiße Hand nach ihm griffe und ihn zum Brunnen zöge. Der Brunnenrand glitzerte von Gold und Silber . . .

Einstmals ging es einem jungen Bauern recht schlecht. Die Geschäfte liefen nicht, und was er anfaßte, mißlang ihm. Er verlor seinen Hof. Er wollte sich schon irgendwo als Tagelöhner verdingen, als ihm das Gerede von der weißen Frau und ihrem Schatze einfiel. Sie mußte ihm helfen! Als die weiße Frau mit ihren Schätzen erschien, stürzte er auf den Brunnen los. Doch kaum hatte er einen Schritt getan, da verschwand die ganze Herrlichkeit, und eine Stimme flüsterte ihm zu: „Ich gebe dir meinen Schatz, wenn du mir das Unkenkrönlein bringst!"

Der Bauer baute schon bald einen stattlichen Hof, so daß anzunehmen ist: Er fand das Krönlein und wurde dafür reich belohnt. Die weiße Frau aber war erlöst, denn nie mehr zeigte sie sich am tiefen Brunnen im Böhler Wald.

## 110  Am Alten Brunnen

Im Wald bei *Böhl* mußte in früheren Zeiten eine weiße Frau umgehen. Weshalb sie keine Ruhe fand, weiß niemand mehr zu sagen. Wenn sich die Nebelschwaden im Frühjahr und Herbst vom Rheine her über die Ebene ausbreiteten, entstieg die Nebelfrau dem Alten Brunnen, einer großen Vertiefung auf der Waldlichtung. Sie legte sich auf die Lauer, um Menschen zu fangen und vielleicht auch einmal demjenigen zu begegnen, der sie erlösen würde. Die Böhler hatten einen Mordsrespekt vor dieser Frau und mieden den Wald an nebligen Tagen. Und wer trotzdem über die Lichtung gehen mußte, schickte ein Stoßgebet nach dem anderen zum Himmel. Es gab genug mutige Männer, die dem Spuk, wie sie sagten, ein Ende bereiten wollten. Sie

schlichen sich des öfteren an den Alten Brunnen heran, doch niemals zeigte sich die weiße Frau. Ob sie sich vor der Übermacht fürchtete?
Einer versuchte ganz allein, das Geheimnis um die Nebelfrau zu lüften. Es war der Böhler Waldhüter, ein kräftiger, unerschrockener Mann, der selbst dem „Teufel vor die Schmiede" gegangen wäre. Er ging aufrechten Schrittes über die Lichtung, und da sah er auch schon einige Meter entfernt die weiße Frau. Als sie ihn entdeckte, sprang sie auf, und ihre langen Arme wollten den Waldhüter ergreifen. Der war aber gefaßt und bekreuzigte sich. Die Nebelfrau war erlöst.

## 111   Mit Spaten und Schaufel auf Glückssuche

Ob man mit Hilfe des Teufels reich werden kann? Zwei Brüder aus *Waldsee* glaubten daran. Sie wollten den Schatz im Affolterloch heben. Heimlich, denn ihre Frauen durften nichts davon merken, schmiedeten sie ihren Plan und lernten eine Beschwörungsformel auswendig, denn so ohne weiteres wollten sie sich nicht in die Hände des Teufels begeben.
Stürmisch war die Nacht im November, Neumond stand im Kalender, als sich die beiden mit den notwendigen Werkzeugen auf den Weg machten. Ihre Frauen lagen im ersten, tiefen Schlaf und bemerkten nicht, wie die beiden Schatzgräber die Hofstätten verließen. Dunkel war's „wie in einer Kuh", und nur mühsam kamen sie vorwärts. Doch zur Mitternachtsstunde hatten sie ihr Ziel erreicht. Mit großem Eifer fingen sie an eine Grube auszuheben. Dabei sprachen sie, so war es ausgemacht, kein Wort. Nur der Wind heulte, und wenn er einmal aussetzte, hätte ein Horcher nur die Geräusche der Werkzeuge und das schnelle Atmen der Arbeitenden vernommen.
Plötzlich stieß der eine mit dem Spaten auf eine Platte, und voll freudiger Überraschung brach er die Vereinbarung, ja keinen Laut von sich zu geben. Der Teufel war von dem Augenblick an mit von der Partie. Der Schreck warf beide um. An den Beschwörungsspruch dachte keiner mehr.
Zu Hause erwachten zur gleichen Zeit die Frauen und stellten mit Überraschung fest, daß ihre Männer verschwunden waren. Gleich machten sie sich auf die Suche. Eine mußte wohl von den geheimen Abmachungen der Männer Wind bekommen haben, denn zielbewußt steuerte sie das Affolterloch an. Sie fanden die Schatzgräber lang ausgestreckt neben der Grube liegen. Sie eilten nach Hause, spannten ein und vergaßen auch nicht einen Bund Stroh mitzunehmen. Darauf betteten sie ihre Männer, und im fahlen Dämmerschein jagten sie die Gäule heim.
Nun, die Männer kamen noch einmal davon. Doch keiner der beiden spielte jemals mehr mit dem Gedanken, mit Spaten und Schaufel das Glück zu suchen.

# 112 Zur Zeit der Apfelblüte

Die weiße Frau, sie kann dir Glück und Unglück bringen. Sie erscheint hier und da auch zur Tageszeit, wie in der „Schleecht" nahe *Waldsee*. Um die Mittagsstunde wurde sie schon des öfteren in jener Gewanne unter drei hohen Pappeln gesehen. Dem Waldschützen von *Neuhofen* setzte sie einst des Nachts dermaßen zu, daß er schon drei Tage danach dieser Welt Lebewohl sagen mußte. Dabei hatte die weiße Frau nur seinen Ärmel berührt.

In einer mondhellen Nacht fuhren einst die Gäste einer Hochzeit über die Straße von Waldsee nach Neuhofen. Plötzlich scheuten die Gäule, und fast wäre der Wagen im Graben in Brüche gegangen. Alle mußten feste zugreifen, bis der Wagen wieder auf der Straße stand. Merkwürdig, die Pferde zogen nicht mehr an. Da half kein gütliches Zureden, auch die Peitsche nützte nichts. Erst als der Kutscher den Pferden die Sicht in die Schleecht nahm, setzte sich das Gefährt wieder in Bewegung. Es war den Gästen klar, daß die Tiere die weiße Frau gesehen hatten. Alle Fröhlichkeit war im Nu verflogen.

Ein Bauer soll einmal in die Schleecht gegangen sein, um nach seinem Getreide zu sehen. „Valtin, ich sehe die weiße Frau!" das waren die letzten Worte, die er noch seinem Knechte zurufen konnte. Schon bald deckte ihn der kühle Rasen.

Woher kam sie eigentlich, diese weiße Frau? Nun, dort wo sie gesehen ward, stand einst die stattliche Burg *Affolterloch*. Bis zur Burg Neuhofen war es nicht weit, weshalb auch die Besitzer beider Burgen stets gemeinsame Sache machten. Sie waren weit und breit als Strauchritter bekannt. Eines Tages wälzte sich ein Heerhaufen von Speyer heran. Die Einnahme beider Burgen war fast ein Kinderspiel. Damals muß wohl Fürchterliches passiert sein, denn von jenem Tage ab geisterte die weiße Frau. Niemand weiß, warum.

So weit war auch unser Valtin informiert. Er wollte der Sache auf den Grund gehen, koste es was es wolle. Ob er des Rätsels Lösung fand? Fragen wir ihn doch! Er erzählt: „Zur Zeit der Apfelblüte schlich ich in der Nacht hinaus in die Schleecht. Hinter einer Brombeerhecke wartete ich auf die weiße Frau. Vom Dorfe her dröhnte dumpf der Glockenschlag um Mitternacht. Da stand plötzlich die Frau ganz nahe bei mir. Sie spähte in die Ferne in Richtung Speyer, und schon bald entschwebte sie, daß ich Mühe hatte, ihr zu folgen. Dabei war ein seltsames Klingeln zu hören. Bei den Kirchenstücken bückte sich die weiße Frau über einen Brunnen, den es bei Tage nicht gab, und füllte einen großen Steinkrug mit frischem Wasser. Schnell wie der Wind flog sie davon. Ich konnt ihren Weg nur erahnen; ich folgte dem Duft der Apfelblüten. Da stand plötzlich die Burg vor mir, und die Frau griff nach einem großen Schlüsselbund, von dem auch dieses merkwürdige Klingeln herrührte. Sie öffnete Zimmer und Zimmer, und erst im letzten stellte sie den Wasserkrug auf eine wunderbar gedeckte Tafel und wartete. Doch niemand nahm am Tische Platz, und mit dem ersten Glockenschlag des neuen Tages war alle Herrlichkeit im Nichts verschwunden. Ich kam unbeschadet davon, weil die weiße Frau mich nicht entdeckt hatte." Der Valtin erzählte sein Erlebnis im Dorfe, aber niemand traute sich mehr, die weiße Frau zu besuchen. So spukte sie weiter, bis Bauern eines Tages den Brunnen fanden, aus dem die weiße Frau schöpfte. Sie stießen auf fünf Skelette, unter denen auch eines einer jungen Frau war. Man setzte sie bei, und seitdem ist die weiße Frau verschwunden.

## 113 Der Geliebte war ein gemeiner Mörder

Das Gutleutehaus in *Mußbach* soll früher auch eine Wirtschaft gewesen sein. Hier verkösteten die wohlhabenden Bürger ihre Gäste und stellten die Betten für die Nacht bereit. Mancher soll aber morgens nicht mehr aufgewacht sein, so berichtet die Sage.

Der Wirtssohn liebte die Tochter einer Bruchsaler Herrschaft, die auf dem Haardter Schloß wohnte. Beide kamen zum jeweiligen Stelldichein gewöhnlich auf halbem Wege zusammen. Das klappte vorzüglich, bis eines Tages der Bursche ausblieb, und das Mädchen ihm entgegenging. Es kam bis zum Gutleutehaus, das leer und offen stand. Über die Stiege gelangte es in ein Zimmer, das ebenso leer war. Da hörte es draußen auf dem Gang Schritte. Schnell versteckte sich das Mädchen.

Es erkannte sofort die Stimme: „So, Mutter, das wäre auch wieder geschafft! Ich hätte nicht gedacht, daß er soviel Geld bei sich tragen würde." „Ja", entgegnete eine weibliche Stimme, „wir sind um etliches reicher geworden. Doch du mußt, wie immer, den Mund halten! Niemand darf auch nur ein Sterbenswörtchen davon erfahren, daß er und wie er sterben mußte!" „Beinahe wäre es schief gegangen, denn er sah meine erhobene Hand mit dem Beil, konnte aber nicht mehr ausweichen." Die Stimmen entfernten sich, die Treppe hinunter.

Das Mädchen war aus allen Wolken gefallen. Der Geliebte — ein Mörder! Als es sich erholt hatte, schlich es aus dem unheimlichen Haus, eilte davon und konnte sich erst einigermaßen beruhigen, als es daheim die schreckliche Neuigkeit losgeworden war. Es war leicht, die Schuldigen festzunehmen und das Urteil zu sprechen, denn Beweisstücke gab es genügend: Gold und Edelsteine und viel Geld, aber auch 20 Schädel in einem tiefen Brunnen!

In Mußbach wurden die beiden enthauptet. Sie gingen nach ihrem Tode um, weshalb man das Gutleutehaus dem Erdboden gleich machte.

## 114 Im Lande müßten die Reben verdorren

„Der Herrgott gibt uns zum Herbst nicht den ganzen Wein. Er hält welchen wegen unserer Sündhaftigkeit zurück", meinte ein Winzer aus *Königsbach*. Das würde der liebe Gott nun schon seit Jahrhunderten tun, und die Berge ringsum seien in ihrem Innern angefüllt von köstlichem Wein, sagte der Königsbacher. Erst wenn alle frei von Sünden seien, erst dann würden sich die Berge öffnen, und der Wein könnte die ganze Ebene überfluten. Das sei wohl dann eine lustige und genußreiche Sündflut. „Doch, wann wird das geschehen?" rätselte der Winzer, „zu meiner Zeit gewiß nicht mehr. Außerdem wäre es gar nicht gut, wenn wir tagaus, tagein nur mit der Stütze zu schöpfen brauchten. Die Arbeit steht stets vor dem Genuß. Der Herrgott hat das weise eingerichtet. Der Wein in den Bergen darf gar nicht alle werden, denn der riesige Zecher trinkt, ohne abzusetzen, aus einer riesigen Kanne, die niemals leer werden darf. Er überwacht die Weinmengen in den Bergen. Wenn seine Kanne jemals leer würde, dann müßten im Lande die Reben verdorren, und die Winzer wären genötigt, sich nach anderer Arbeit umzuschauen."

## 115 Der Winguffsfänger von Forst

Vor langen, langen Zeiten lebte und jagte in der Pfalz Dagobert, der Frankenkönig. Und er liebte das Land und dessen Leute und schenkte ihnen große Gerechtigkeiten und Besitzungen. So stiftete er sich ein dauernd Andenken im Herzen seines Volkes, und dieses ließ keine Feierlichkeit vorübergehen, ohne Dagoberts, des Königs, sich zu erinnern.

Geschlechter kamen und gingen, und die Erinnerung an den König trat zurück, doch der Brauch, zu jedem Ereignis einen Trunk zu nehmen, er blieb erhalten und lebte weiter in Weistümern und Zunftbüchern als Winguff, das ist Weinkauf. Notariell wurde die Mindestsumme des pflichtmäßigen Winguffgeldes im Akte bestimmt, der Verkäufer zahlte, und oft, besonders bei geringen Käufen, ging die ganze Kaufsumme drauf.

Im Laufe der Jahrhunderte fand sich eine stattliche Anzahl pfälzischer Winzer im Himmel ein. Die pfälzische Kolonie war bald überall bekannt, schon allein wegen ihrer enormen Lautstärke. Und gerade das paßte St. Peter und seinen Bediensteten nicht. Allein was konnte dagegen unternommen werden? Ausweisungen gibt es im Himmel genauso wenig wie Strafen.

Doch schon bald gab es unerwartete Hilfe. Vorne an der Pforte bat ein Kellermeister aus *Forst* um Einlaß. Sein Register war nicht ganz hasenrein, weshalb Petrus zu ihm sagte: „Freund, ich gebe dir Gelegenheit, das dir fehlende Verdienst zur Seligkeit zu erwerben. Schaffe mir Ruhe vor deinen Landsleuten!" Verschmitzt lächelnd verlangte der Kellermeister eine Stütze und ging damit zum Quartier der Pfälzer. Er riß die Tür auf und schrie mit aller Kraft: „Winguff! Winguff!" Momentane Stille! Dann aber packt's und reißt's wie mit Feuermacht, das uralte, längst nicht mehr gehörte „Winguff"! Aus allen Ecken strömten sie herbei, und eine unüberschaubare Prozession bildete sich, angeführt vom Winguffsfänger aus Forst. Er führte sie durch die Himmelspforte, und kaum hatte sie der letzte durchschritten, da schloß sie sich krachend und dröhnend. Die Pfälzer Weinseligen waren draußen.

Spät in der Nacht kam der Kellermeister zurück. Niemand weiß, wo die Pfälzer geblieben, doch, wenn die Kerwen kommen, die Weinfeste steigen, und der Neue bitzelt, dann zeigt sich an den Hängen der Haardt ein geheimnisvoll nächtlich Treiben: Die Winguffsgeister suchen und finden Wohnung und Gesellen.

## 116 Deidesheimer Spatzenwein

Wenn in der Pfalz in einem schlechten Jahr der Wein so sauer wird, daß er einem den Mund zusammenzieht, dann sagen die Pfälzer: „Das ist der Deidesheimer Spatzenwein!" Diese Redewendung hat natürlich ihre Geschichte. In *Deidesheim* waren die letzten Weinernten miserabel gewesen. Der Frost hatte gewütet und so ziemlich alles zunichte gemacht. Eines Tages rief der Bürgermeister alle Winzer in der größten Wirtschaft zusammen, um mit ihnen zu beraten, was man tun könne, der kommenden Katastrophe auszuweichen. Da gab es hitzige Köpfe. Keiner beachtete, daß ein Handelsmann, ein Spaßmacher wie er im Buche steht, in der Ecke Platz genommen hatte. Der hörte sich die erregte Diskussion eine Weile an. Dann erhob er sich und machte den Vorschlag, die Deidesheimer sollten doch einfach einen der ihren nach Mannheim in die Hofapotheke entsenden. Dort gäbe es warmen Wind und Tau zu kaufen für hundert Taler.
Am Vinzentiustag machte sich tatsächlich ein Winzer auf den Weg. Der Apotheker verstand Spaß und gab dem Käufer einen kleinen Kasten mit, in dem — ein Spatz saß. Auf dem Heimweg horchte der Abgesandte immer wieder am Kasten, und schließlich wurde die Neugier riesengroß. Er öffnete, und der Spatz freute sich seiner wiedergewonnenen Freiheit. Weil er in falscher Richtung flog, lief der Winzer hinter ihm her, über Stock und Stein, stolperte, stürzte und schlug sich die Knie wund. Oh, wie das schmerzte! In seiner Not rief er dem längst entschwundenen Spatz nach: „Nach Deidesheim! Nach Deidesheim! Nicht nach Mannem zu, nach Deidesheim!" Mit schlechtem Gewissen kam er im Dorf an. Dort standen die Winzer: „Hast du den warmen Wind?" „Ja, er ist mir aber fortgeflogen, und erst als ich ihm nachrief, kehrte er um und flog gegen Deidesheim. Ist er noch nicht eingetroffen?" „Das siehst und merkst du doch", sagten die Weinbauern, „wir wollen auf ihn warten." Tatsächlich schlug das Wetter in der kommenden Nacht um, es wurde zusehends wärmer, und es regnete die ganze Nacht und den folgenden Tag und viele Tage mehr. „Wir haben zuviel warmen Wind gekauft", meinten da die Deidesheimer, „das nächste Mal dürfen wir nur für zehn Taler einholen!"
Der Wein aber wurde wiederum sauer, trotz hundert Talern für warmen Wind.

## 117 Zauberwort „Zufriedenheit"

Am Fuße der *Wachtenburg* bei *Wachenheim* stand ehedem ein halbzerfallenes Häuschen, in dem ein armer Mann namens Peter wohnte. Er war gerade krank und verwundet aus dem Kriege heimgekehrt. Arbeiten konnte er nicht, er wollte auch nicht, denn ihm staken die riesigen Schätze in der Wachtenburg in der Nase, von denen allerorten erzählt wurde.

Eines Nachts stieg er den Hang hinan, ging durch ein altersschwaches Pförtchen hinein in einen halbzerfallenen Gang. Sein Laternchen ließ ihn noch die Blutspuren einstiger Kämpfe erkennen. Ganz unheimlich wurde ihm zumute, und er wünschte, wieder die rauhe Luft der Nacht atmen zu können. Hier roch es nach Moder, nach Verderben. Da, plötzlich wurde es hell um den Peter, und ein kleines Männlein, die Augen reibend, redete ihn an: „Dank dir, daß du mich geweckt hast. Gar lange mußte ich träumen mit all den Rittern drinnen im großen Saale." Das Männlein packte Peter bei der Hand und führte ihn in einen großen Raum, in dem viele Ritter an langen Tischen eingeschlafen waren. Die Schwerter und die Schilde lehnten an der Wand. „Sie müssen alle schlafen", fing das Männlein an, „bis einer durch das rechte Zauberwort den großen Hund bändigt und ihm den goldenen Schatz entreißt. Drei Tore führen zu ihm, ein eisernes, ein silbernes und ein goldenes. Vor dem goldenen Tor liegt der grimmige Hund. Wehe dem, der sich naht, und das Zauberwort nicht mehr weiß. Es heißt: Zufriedenheit. Hier nimm die drei Schlüssel zu den drei Toren! Doch vergiß nicht das Zauberwort, sonst erwachen die Ritter durch das Bellen des Hundes und werden dich töten!"

Das Männlein verschwand, und um den Peter war es dunkel wie zuvor. Gemächlich machte er sich auf den Weg. Das eiserne und das silberne Tor konnte er ohne viel Mühe aufschließen. In der Ferne tauchte schon das goldene Tor in seiner ganzen Pracht auf, und davor der zähnefletschende Hund. Nur noch den Hund sah der Peter, und darüber vergaß er ganz und gar das Zauberwort. Wie von Furien gehetzt eilte Peter den Weg zurück, durch das silberne Tor, durch das eiserne Tor hinein in den Rittersaal, der Hund hinter ihm her mit wütendem Gebell. Die Ritter griffen schon zu den Schwertern und stürzten auf Peter los. Der konnte sich gerade noch durch den Gang und das Treppchen hinauf retten. Ganz außer Atem und zu Tode erschrocken sprang er durch das Pförtchen und blieb dort vor Ermattung liegen.

So fand man ihn am Morgen, kaum mehr zu erkennen, denn aus dem Blondschopf Peter war ein altes Männlein mit schneeweißem Haar geworden. Der weiße Peter hieß er fortan.


## 118 „Würge den Geier!"

Woher *Wachenheim* und die *Geiersburg* ihre Namen haben? Einst weidete der Hirte Wacko auf den Hügeln vor dem Gebirge die Herden seines Herrn.

Einsam war er, weil seine Heimat weit lag und seine Freunde erschlagen wurden, als sie in dieses Land kamen. Hoch oben auf einem Felsen saß er und betrachtete die weidenden Tiere. Ein Lied kam von seinen Lippen, ein Lied, das die Natur verherrlichte.

Da stand plötzlich am Fuß des Felsens eine liebliche Jungfrau. Sie winkte, und er folgte ihr, wie unter einem Banne stehend. Vor ihnen tat sich eine Höhle auf, ein dunkler Gang und eine weite Halle. In ihr stand sonst nichts als ein riesiger Sarg aus Stein, um den ein roter Hund fortwährend seine Runde machte. Auf dem Deckel aber spreizte ein Geier sein Gefieder. Der Raum wimmelte nur so von ekeligen Käfern und Spinnen und anderem Ungeziefer. Wacko, der keinem Tier etwas zuleide tun konnte, räumte sie bedachtsam zur Seite und schritt auf den Sarg zu. Die Jungfrau aber befahl mit herrischer Gebärde: „Würge den Geier!" Der Jüngling trat hinzu, ließ den Hund nicht aus den Augen und griff das Riesentier am Hals. Mit eingezogenem Schwanz schlich der Hund in die Ecke des Saales. Der Geier aber wehrte sich mit aller Kraft, gegen den 24jährigen war er jedoch machtlos. Der Deckel des Sarges öffnete sich und zeigte einen Schatz, wie Wacko noch nie einen gesehen, und er war doch schon in der Welt herumgekommen! „Nimm dir so viele Hände voll davon, wie du Jahre zählst und dann sage mir, was mit dem übrigen Golde geschehen soll!" sprach die Schöne. Wacko tat, wie ihm befohlen. „Das Gold soll hinausfließen in die Ebene, und all denen von Nutzen sein, die sich mit der Scholle herumplagen müssen!" lautete der Wunsch des Hirten. Er nahm die Jungfrau in die Arme und gab ihr einen langen Kuß.

Und siehe da, die Wurzeln, die da wild verzweigt am Boden wuchsen, wurden zu Waffen, zu Speeren und Schwertern und Harnischen. Der Hund war in ein Roß verwandelt, und aus all dem Ungeziefer waren seine Freunde geworden. Wacko legte sich die beste Ritterrüstung an, die zu finden war, schwang sich aufs Pferd und ritt mit seiner Jungfrau zur Höhle hinaus. Mit lautem Krachen schloß sie sich wieder. Sein Herr gab dem Hirten die Freiheit, und der baute sich an jener Stelle ein festes Haus, das er zum Andenken an den Riesenvogel „Geiersburg" nannte. Die Jungfrau aber war niemand anders, als die vom Geier geraubte und gebannte Tochter des Königs. Sie führten zusammen ein glückliches Leben. Die Freunde Wackos aber siedelten sich in der Nähe an und nannten den Ort „Wackoheim".

Wer den Wachenheimer Wein auf der Zunge fühlt, weiß, daß heute noch das Goldbächlein aus der Höhle fließt.

## 119  Hilfsbereite Salzfee

Feen zählen zum Reiche der Märchen. Hin und wieder verirrt sich aber auch eine solch holde Gestalt auf das Gebiet der Sage, so wie jene Salzfee, die einst zwei Bäckermeistern auf ihrem nächtlichen Gange leuchtete.

Den beiden war das Mehl ausgegangen. Am nächsten Tag verlangten die Bürger von *Dürkheim* frische Brötchen zum Frühstück, also machten beide sich auf den Weg zur *Herzogsmühle*. Das Geschäft war schon bald abgeschlossen, aber bevor man den Heimweg antrat, wollte man sich noch einen „genehmigen". In der nahen Wirtschaft gab es einen wohlmundenden Tropfen, und aus einem Schoppen wurden zwei und noch mehr. Als sie aufbrachen, war es schon stockdunkel. Das ficht aber unsere beiden wackeren Zechkumpane nicht an, denn der Weg nach Haus war leicht zu finden. Sie trotteten los, die schweren Säcke auf dem Rücken. Daß sie einen falschen Weg einschlugen, merkten sie erst, als ihnen die Luft auszugehen drohte. Droben auf dem *Peterskopf* ließen die nächtlichen Wanderer die Säcke niederplumpsen und setzten sich keuchend darauf.

Da, plötzlich wurde es hell um sie, eine überirdische Helligkeit umgab sie, und als sie die Augen aufschlugen, erkannten sie eine lichte Gestalt, Schneerosen im leuchtenden Haar und Salzzapfen im weißen Gewand. Ob das wohl die Salzfee war, von der die Omas ihren Enkelkindern erzählten? Gewiß war sie dasselbe, das Salz verriet sie. Die Fee winkte den beiden erschrockenen Meistern zu. Mühsam nahmen sie die Säcke auf und folgten der Gestalt auf schmalem Pfad bergab. Vor Dürkheim entschwand die Salzfee.

Beide fanden am nächsten Morgen im Mehl versteckt einen Salzzapfen mit einem Brief, in dem geschrieben stand, daß sie das Glück gepachtet hätten, wenn sie jedes Jahr zu Maria Himmelfahrt einen großen Korb voller Wickel an die Armen verteilen würden.

Der eine Meister schlug den Wunsch der Salzfee in den Wind, der andere aber buk zum bezeichneten Tag jedes Jahr besonders gute Wickel, viel bessere, als er jeden Morgen den Schulkindern verkaufte. Weil seine Wickel allgemein großes Lob fanden, rissen die Aufträge nicht mehr ab, nicht zuletzt auch deshalb, weil er jedes Jahr die Armen mit Wickeln versorgte. Er wurde ein steinreicher Mann, der andere aber hat es zeitlebens zu nichts gebracht.


## 120 Ein Flammkuchen, gespickt mit Schuhnägeln

Müller waren reiche Leute. Sie brauchten nicht durch die Lande zu ziehen, sie hatten ihren Verdienst zu Hause. Die Geldsäcke füllten sich, und weil es noch keine Banken und Sparkassen gab, mußten sie in den vier Wänden sorgsam aufgehoben werden, denn allerlei lichtscheues Gesindel wagte des Nachts den Griff nach fremdem Eigentum. Wohin aber mit den Schätzen? Nirgends gab es absolute Sicherheit. Der Gedanke lag nahe, einen Pakt mit dem Teufel zu schließen, denn was er einmal in den Krallen hält, läßt er bekanntlich nicht so schnell wieder los.

So dachte auch der Inhaber einer Mühle bei *Bad Dürkheim*. Er traf sich mit dem Satan, vertraute ihm seine Schätze an, und weil nur der Müller mit seiner Frau und der Höllenfürst den Zauberschlüssel kannten, glaubte der Müller, daß sein Geld sicher lagere. So war es auch, was die drei betraf. Allerdings konnte der Mühlenbesitzer nicht ahnen, daß ein Vierter unbeabsichtigt hinter sein Geheimnis kam.

Das war so. Eines Abends bat ein Pilger um Obdach. Die Müllerin setzte ihm ein reichliches Essen vor, und dann durfte der Fremde im warmen Kuhstall auf einer Schütte Stroh übernachten. Da, aus dem nahen Ort schlug gerade die zwölfte Stunde, öffnete sich leise die Tür. Herein trat die Müllerin, eine Kerze in der Hand, gefolgt vom Müller, der einen Geldsack schleppte. Beide traten an den Pilger heran, betrachteten ihn eine Weile und gingen dann in die angrenzende Scheune. Der Fremde konnte genau verfolgen, was nun geschah, denn er hatte sich nur schlafend gestellt. Er sah, wie der Teufel aus der Mauer trat und den Müller anfuhr: ,,Es guckt! Es guckt!" Der aber ließ sich nicht von seinem Vorhaben abbringen, stellte den Sack ab, und beide begannen im trüben Licht der Kerze einen dicken Stein aus der Mauer zu lösen. Dabei murmelte der Müller: ,,Warum bist du heute so zaghaft? Frisch zugepackt, schwarzer Geselle! Niemand außer uns dreien weiß, daß nur ein einfacher Flammkuchen, gespickt mit Schuhnägeln, dir den Schatz entreißen kann. Also kann nichts passieren. Arbeite schneller, denn schon bald ist die Geisterstunde vorüber!"

Gemeinsam hoben sie den schweren Stein heraus. Der Geldsack verschwand, wie manch anderer vor ihm, im Dunkel des Mauerloches. Mit vereinten Kräften schoben sie den Stein wieder an seine Stelle und beseitigten dann die Spuren ihres nächtlichen Tuns. Der Teufel fuhr als Wächter des Schatzes wieder in die Wand, Müller und Müllerin schlichen zurück ins Wohnhaus.

Der Pilger nahm sein Wissen mit und ließ sich lange Zeit nicht mehr in der Mühle sehen. Und als er nach Jahren wieder in die Gegend kam, erfuhr er, daß Müller und Müllerin gestorben waren. Die Kinder der beiden nahmen den Pilger freundlich auf, und beim abendlichen Gespräch erfuhr er, daß es ihnen nicht sonderlich gut ging. Sie hatten auf viel Geld in Kisten und Kasten gehofft — nichts fanden sie nach dem Ableben ihrer Eltern. Nun packte der Pilger aus. Er erzählte von jenem nächtlichen Erlebnis. Sogleich gingen alle ans Werk. Beim zwölften Schlag der Glocke legte der Pilger den mit Schuhnägeln gespickten Flammenkuchen an den Mauerrand. Und siehe da, der Stein fiel heraus, der Teufel aber fuhr mit fürchterlichen Flüchen zum Dach hinaus, einen höllischen Gestank hinterlassend.

Nunmehr ging es den Müllerkindern gut bis an ihre Ende, und auch der Pilger ging nicht leer aus.


# 121   Der Mann im Mond

Es gab schon immer Menschen, die glaubten, daß für sie der Sonntag nicht gelte, daß sie an diesem Tage genauso arbeiten könnten, wie an einem gewöhnlichen Werktag. Auf diesem Standpunkt stand auch ein Mann aus *Gre-*

*then*, der aus Gewinnsucht den Sonntag entheiligte. Einmal schnitt er am Tage des Herrn Schlehdörner draußen am Waldesrand.

Als er nach seinem Tode vor der Himmelstür vom heiligen Petrus gefragt wurde, ob er wegen seiner Missetaten frieren oder brennen wolle, entschied er sich fürs Frieren. So kam er in den Mond, wo er heute noch bei Vollschein mit der Welle auf dem Rücken zu sehen ist. Ähnliches wird auch in der Gegend um *Landau* erzählt mit dem Unterschied, daß es sich dort um „Rebenhäsel" handelt. Man zeigt den Kindern den Mann im Monde und erzählt ihnen, daß der Mann zu Lebzeiten Trauben gestohlen habe und nun zur Strafe auf den Mond verbannt worden sei.

## 122  Heidenmauer und Wursttrapp

In nordwestlicher Richtung hinter *Bad Dürkheim* ist die Heidenmauer. Dort soll der Hunnenkönig Etzel nach seiner Niederlage bei Chalons sein Lager aufgeschlagen haben. Auf der Nordseite der Mauer lagerte einst Hans Trapp vom Berwartstein, die von ihm gestohlenen Würste. Wursttrapp heißt der dortige Graben.

## 123  Der hörnerne Siegfried

In grauer Vorzeit hauste auf dem *Drachenfels* bei *Bad Dürkheim* ein Drachen, der die ganze Gegend unsicher machte, der ganze Herden vernichtete und auch nicht vor Menschenraub zurückschreckte. Die armen Gefangenen brachte er entweder in die Drachenhöhle oder in die Drachenkammer. Viele Versuche stellte man an, dem Drachen beizukommen, doch stets ohne Erfolg. Wehrlos war alles dem Untier ausgeliefert.

Eines Tages kam Hilfe. Da trat in einer Waffenschmiede im Dürkheimer Tale Siegfried, der Sohn des Siegmund, aus Xanten am Rhein kommend, als Geselle ein. Der war so stark, daß er mit einem Schlage den Amboß in den Boden schlug. Da machte der Meister Augen, und gleich faßte er den Plan, daß Siegfried den Drachen beseitigen solle. Er schickte seinen Gesellen in den Wald in der Nähe des Drachenfelsens mit dem Auftrag, Kohlen zu holen. Doch Siegfried traf keine Köhlerhütte, und der Dampf, der vor ihm durch den Wald zog, rührte nicht vom Meiler her, sondern kam aus dem Rachen des gefürchteten Drachen. An der Stelle, an der heute der Siegfriedsbrunnen plätschert, kam es zum Kampfe. Es war ein Kampf auf Leben und Tod. Es gelang dem wackeren Siegfried, den Drachen mit seinem großen Schwert, das er selber geschmiedet hatte, zu töten. Das war fürwahr ein harter Strauß. Die Umgegend war fortan frei von Schrecken und Furcht.

Siegfried fällte Bäume und warf sie über den Lindwurm. Er zündete sie an, daß das Fett des Tieres schmolz und in kleinen Bächlein davonfloß. Im Fett badete sich der Held. Seine Haut wurde wie Horn, und er wäre unverwundbar gewesen, wenn ihm nicht ein Lindenblatt zwischen die Schultern gefallen wäre und das Fett abgehalten hätte. Den hörnernen Siegfried nannten ihn fortan seine Getreuen und alle jene, die von seinen künftigen Ruhmestaten am Hofe der Burgunden zu Worms erfuhren.

## 124  Der Drachentöter

Es geht auch noch eine zweite Sage von Siegfried, dem Drachentöter. Nach ihr soll der Held von Worms über *Dürkheim* zum Drachenstein — so nannte man den Felsen vor etwa 200 Jahren — gekommen sein, begleitet vom Zwergenkönig Egwald. Er kam in der Absicht, die gefangene Königstochter von der Lindenburg bei Lindenberg zu befreien. Schon von weitem sahen die beiden den Drachen mit seinen sieben feurigen Köpfen. Er war ein verwunschener Mensch, der nach sieben Jahren wieder Menschengestalt annehmen sollte. Der Lindwurm besaß eine Sommerwohnung, die Drachenhöhle, und eine Winterwohnung, die Drachenkammer. Wenn er umzog im Frühling oder im Herbst, dann erzitterte der ganze Berg.
Siegfried rüstete sich zum Kampfe. Der Zwergenkönig Egwald stand mit seinem ganzen Heere bereit, Siegfried zu helfen. Mit vereinten Kräften gelang es auch, den Drachen zu töten. Siegfried wusch sich im Drachenfett und war dadurch unverwundbar geworden, bis auf jenes Plätzchen zwischen den Schultern. Die Königstochter war befreit. Sie wurde Siegfrieds Frau. Der Held starb später durch ihre Hand. Sie fand mit dem Dolche das Plätzchen zwischen den Schultern des Drachentöters. Aus Eifersucht soll sie zur Mörderin geworden sein.

## 125  „Ich sah rotes Vaterblut"

Schon so mancher wurde enterbt, weil er ein Mädchen freite, das der eigenen Familie nicht genehm war. Das ist früher noch viel, viel öfter passiert, denn es war unmöglich, daß ein Adeliger eine Bürgertochter freite. Die ganze Familie wandte sich von dem „Abtrünnigen" ab. So erging es einem jungen Grafen von Leiningen, der eine Winzertochter in *Dürkheim* liebte und nicht von ihr lassen wollte, obwohl der eigene Vater ihm die Burg verbieten wollte, wenn er seinen Irrtum nicht einzusehen gedächte. In seiner Not suchte der Ritter eine Zigeunerin auf, die ihm die Zukunft prophezeien sollte. „Statt des Ringes sah ich rotes Vaterblut", lautete die Rede der Zigeunerin. Sie soll nicht recht behalten, schwur sich der junge Graf, sattelte sein Pferd, nahm Abschied von der Geliebten und trat in kaiserliche Dienste.
Viele Jahre gingen ins Land, von dem Ritter fehlte jedes Lebenszeichen. Vor Gram starb die Braut. Doch eines Tages ritt ein fremder Ritter zum Friedhof

in Dürkheim, suchte das Grab auf und sank von Schmerz überwältigt zu Boden. Was hatte er noch zu verlieren? In der kommenden Schlacht wird er keine Schonung kennen, denn nur der Tod befreite ihn von seinem Weh. Die Schlacht kam. Am Hasenbühl bei Göllheim wurde sie geschlagen. Der junge Leininger kämpfte auf der Seite Albrechts von Österreich, und er kämpfte gut, er kämpfte ohne Rücksicht auf seine Person, er suchte den Tod und fand ihn während der heißen Schlacht nicht, so sehr er sich danach sehnte. Doch nach dem Kampf, als die Verfolgung des Feindes einsetzte, da traf er auf einen Ritter, der das Streiten verstand. Hin und her wogte der Kampf, der Junge aber blieb schließlich Sieger. In den Hals hatte er seinen Gegner getroffen. Als der junge Ritter dem Gefallenen das Visier öffnete, da erkannte er — — — seinen Vater. Die Prophezeiung, die er doch nicht wahrhaben wollte, sie war eingetroffen. Nun hatte er Braut und Vater verloren. Ihm blieb nur noch der Dolch.

In der Dürkheimer Johanniskirche liegen Vater und Sohn begraben, in einem Sarg und unter einem Grabstein, der zwei hingestreckte Ritter darstellt, einen Greis und einen Junker.


## 126  Die Glocken läuten heute noch

Der Dreißigjährige Krieg ging auch an *Weisenheim am Berg* nicht vorüber. Bevor aber die räuberischen Horden ins Dorf eindrangen, schafften die Bewohner alles Wertvolle zur Seite. So nahmen sie auch die beiden Glocken vom Turm und brachten sie in stockdunkler Nacht hinaus an den Ungeheuer-See und versenkten sie dort. Der Pfarrherr vermerkte im Kirchenbuch den Tag und den Ort, wo sich von nun an die Glocken befanden. In ruhigeren Zeiten wollte man sie wieder heben und heimbringen.

Doch Pfarrhaus und Kirche wurden zerstört. Der Krieg dauerte lange, und als endlich der Friede ins Land zog, da wußte niemand mehr, wo die Glocken einst versenkt wurden, und die Kirchenbücher konnten nichts mehr aussagen, weil sie ein Raub der Flammen geworden waren.

Doch die Glocken läuten heute noch. Ihr Klang wird besonders an Sonntagabenden im Sommer vernommen. Es gibt Leute, die behaupten, daß das Läuten gar nicht von den Weisenheimer Glocken herrühre, sondern von dem silbernen Glöckchen, das einst die Mönche des Klosters *Höningen* im Ungeheuer-See versenkten.


## 127  Hochzeitsbrunnen und Hochzeitstal

Die Grafen von *Altleiningen* unterstellten einst die Dörfer *Weisenheim am Berg, Bobenheim am Berg* und *Dackenheim* in kirchlichen Dingen dem Augustinerkloster *Höningen*. Wer heiraten wollte, mußte zur Klosterkirche wan-

dern. Auf halbem Wege zwischen Weisenheim am Berg und Höningen floß
ein Brünnchen, an dem das Paar und seine Gäste haltmachten. Die Braut
beugte sich über das Wasser und trank aus dem frischen Quell. Ihr folgte der
Bräutigam. Er besprengte dann die Braut mit dem Wasser, und damit war der
Ehesegen herabgerufen. Weiter ging es durch ein Tal bis hin nach Höningen.
Nach den kirchlichen Zeremonien nahm man denselben Rückweg. Am Brunnen durften dieses Mal die Hochzeitsgäste trinken, damit auch ihnen der Segen des klaren Wassers zuteil wurde. Den Brunnen aber nannten und nennen
die Leute den Hochzeitsbrunnen, und das Tal heißt Hochzeitstal.


## 128  Fladenberg

Ähnlich wie die Lambrechter alljährlich einen Geißbock an Deidesheim zu
liefern hatten und ihn auch heute noch liefern, mußte auch *Herxheim am
Berg* an *Dackenheim* für ein Weiderecht an einem bestimmten Tag und zu
einer bestimmten Stunde dem Pfarrer von Dackenheim einen Eierfladen und
einen Hafen voll Milchsuppe liefern. Die Zeit mußte genauestens eingehalten
werden. Der jüngste Bürger von Herxheim hatte die Gabe zu überbringen.
Da passierte einmal dem Überbringer ein Unglück. Er stolperte, fiel hin, und
Milch und Fladen lagen im Dreck. So sehr er sich auch sputete, er kam mit
dem neuen Geschenk zu spät in Dackenheim an. So verloren die Herxheimer
ihr Weiderecht. „Fladenberg" nennen die Leute den Gemarkungsteil, wo
einst der Bote stolperte. Seitdem haben die Herxheimer auch ihren Spottna-
men: Milchsuppe. Auch die Redewendung „Hin wie die Herxheimer Milchsuppe" stammt von jenem Malheur.


## 129  Hier eine Furche und dort eine

„Wie kann ich möglichst schnell und ohne viel Mühe reich werden?" fragte
sich ein Mann aus *Kirchheim an der Eck*. Der Teufel bot ihm seine Dienste
an, die der Mann gerne annahm. Er riet ihm, in den Stunden, in denen die
Bauern über Mittag und abends nicht im Felde waren, die Grenzsteine zu
versetzen. Hier eine Furche und dort eine, das mußte zu Wohlstand und
Reichtum führen.
Der Mann tat, was ihm der Teufel geraten. Er war stets unterwegs, wenn
andere Mittag oder Feierabend gemacht hatten. Doch auch er mußte sterben
und konnte keinen einzigen Taler seines ungerechten Gutes mitnehmen ins
Grab. Zur Strafe mußte er allnächtlich in den Furchen, die er sich durch Betrug angeeignet hatte, auf- und abgehen. Man sah ihn schon als großen,
schwarzen Mann ohne Füße. Er schwebte über den Äckern. Andere berichte-
ten, daß seine Beine übereinanderschlugen wie die Klingen einer Schere. Es
war stets gewagt, sich dem Riesen zu nähern, denn er war sehr aggressiv.

Es sind schon viele Jahre her. Da versuchte ein beherzter Mann den Geist zu bannen. Auf der Grünstadter Straße wartete er auf ihn. Als er sich näherte, versuchte der Mann es mit uralten Beschwörungsformeln. Die Wirkung blieb aber aus. Wer weiß, was passiert wäre, wenn der Geisterbeschwörer nicht rechtzeitig das Weite gesucht hätte!

## 130  Ein Sohn rächt seine Mutter

In *Freinsheim* hatte das fürstliche Gericht eine junge Mutter zum Tode verurteilt. Sie war der Kindestötung für schuldig befunden worden. Auf einem zweirädrigen Karren zog man sie hinaus zur Richtstätte. Neugierige standen in Mengen umher, die einen bedauerten, die anderen verfluchten. Der Scharfrichter aber waltete seines Amtes. Doch kaum hatte der Beidhänder sicher getroffen, als ein Mann des Weges kam, der einen kleinen Jungen auf der Schulter trug. Verwundert schaute er umher. Man gab bereitwillig die Gasse frei. Und da sah der Mann vor sich den Körper der Gerichteten liegen, er schrie auf und stürzte sich mit schrecklich wehem Schrei über die Leiche. Er verfluchte die Richter, die Schergen und alle, die umherstanden. Er wollte doch die Frau gewiß nehmen, doch zuvor wollte er den Knaben seiner Mutter bringen, daß sie ihn gesehen habe. Das Unglück wollte es, daß der Junge krank wurde und monatelang schwer darniederlag. Deswegen konnte der Mann nicht früher zurückkehren. Mühsam richtete er sich auf und schrie denen, die vor ihm standen ins Gesicht: „Euch soll der Acker verdorren, Feuer und Schwert werden euch strafen, die ihr eine Unschuldige gerichtet habt! Dieser Junge aber wird sich einst bitter rächen für den Tod seiner Mutter, dafür will ich sorgen!" Und er nahm den Kleinen an der Hand und ging seines Weges. Mancher kaufte einen Wachsstock und trug ihn hin zum Altar der heiligen Jungfrau ...
Jahre zogen ins Land. Freinsheim erlebte einen Überfall. Der ihn leitete, trug ein Wams aus rotem Tuch, und vor seinem Schwert ward den Bürgern bange. Er komme, seine Mutter zu rächen, rief er vom Pferd herunter. Da wußten die von Freinsheim, was die Glocke geschlagen hatte. Sie verkrochen sich in ihre Häuser, doch nicht lange, denn bald prasselten die Flammen allüberall. Der aber auf dem Pferd gab Befehl, in einen Stein das Bild seiner Mutter einzuhauen und das Denkmal an der Stelle zu errichten, an der einst die Unschuldige starb. Dann ließ er alle Bewohner zusammentreiben. Einzeln mußten sie am Denkmal vorbeiziehen. Zum Schluß kam ein alter Mann daher, ein Krüppel, der sich nur auf den Knien fortbewegen konnte. Als er vor dem Stein kniete und hinüberschaute zu dem, der als Rächer gekommen war, und der die Reue in den Augen des Armen erkannte, sprang jener vom Pferde und hob den Alten auf. „Wo bist du zu Hause?" fragte der Schnapphahn. „Dort drüben im Stockhaus. Ich bin der Henker von Freinsheim. Ich habe deine Mutter geköpft!" Der Blondschopf schaute ihn an mit einem Blick, den

der Alte nie mehr vergaß. Zwei Soldaten brachten ihn in seine Behausung. Der Rächer aber verließ die Stadt, nicht als Sieger. Er hatte einen Stärkeren gefunden.

## 131 Der Hüttenhammel

Einst war der Fuhrmann Blette unterwegs von *Ruchheim* nach *Oggersheim*, der Mann, der, als man ihm vom umgehenden Hüttenhammel erzählte, prahlend ausrief: „Wenn ich ihn treffe, soll ihm Hören und Sehen vergehen!" Vielleicht dachte er gerade an das Gespenst, als er seinen Pferden die Zügel ließ, und sie in raschem Trab der im Abenddämmerschein liegenden Stadt zustrebten. Erschrocken ist er aber trotzdem, als es hinter ihm einen lauten Krach gab und die Wagendielen wie unter einer schweren Last sich bogen und ächzten. Vorbei war die Prahlerei, vorbei war der angebliche Mut. Blette hieb auf die Gäule ein, wie er es nie tat, denn er war tierliebend. Mit bebenden Flanken standen schließlich die Tiere im Hof und hatten hinter sich einen vom Tode gezeichneten Herrn, der nicht einmal mehr die Kraft aufbrachte, vom Kutschbock zu steigen. Man trug ihn hinein und drinnen gestand er: „Ich habe den Hüttenhammel gesehen!" — Auf dem Wagen wurde sonst nichts gefunden, als ein Stein von der Größe eines Brotlaibes, der aber so schwer war, daß ihn vier kräftige Männer nicht von der Stelle bewegen konnten. Am nächsten Morgen war der Stein nicht mehr auffindbar. Der Fuhrmann lag noch einige Tage darnieder, dann schlug sein letztes Stündchen.

## 132 Unheil lauert am Teich

„Trotzköpfe" jeglichen Alters gab es schon eh und je. Aus Prinzip sind sie dagegen, gleichviel, um was es sich handelt. So lebte auch einst in *Dannstadt* ein Mädchen, dem man den Namen Bettchen gegeben hatte. Es machte immer nur das, was verboten war und kümmerte sich nie um wohlgemeinte Ratschläge.
Im Dorf lag ein Teich, den man Angel nannte. Er war völlig verwachsen und deshalb nicht ungefährlich. Die Mütter warnten fast täglich ihre Kleinen, ja vom Angel wegzubleiben, denn dort treibe der Wassermann sein Wesen. Zum Bleichen ausgelegte Wäsche verschwand auf Nimmerwiedersehen. Der Wassermann wohnte, das war die Meinung der Bewohner, tief unten im Teich in einem herrlichen Schlosse. Er lag im Winter dicht unter der dünnen Eisdecke und wartete nur darauf, daß ein Kind einbrechen würde, und er es in die Tiefe ziehen könnte. Hin und wieder fand er ein leichtsinniges Opfer. Der Herbst war gekommen. In der Schule gab die Lehrerin den Kindern die Warnung vor dem Angel mit auf den Heimweg. Bettchen, trotzig wie immer,

schlug das Verbot in den Wind und eilte schnurstracks zum Teich. Dort saß der Wassermann, und weil ihm das Mädchen so gut gefiel, zog er es in die Tiefe.

Mit langen Stangen suchte man den Angel ab, aber außer einigen Wäschestücken fand man nichts. Bettchen blieb verschwunden. Nur in mondhellen Nächten hört man ein Rufen vom Angel her.

## 133 Irrwische wissen sich zu wehren

Die jungen Mädchen von *Dannstadt* saßen, wie in jeder Woche, in der Spinnstube beisammen. Andreastag war, und deshalb standen die Spinnräder unberührt in der Ecke. Man unterhielt sich, machte auch dieses und jenes Spielchen, und die Zeit flog schnell wie der Wind vorbei. Natürlich war auch von den Burschen des Dorfes die Rede. Das schönste und reichste Mädchen im Ort, dem es noch nie an etwas mangelte, und das deshalb in seinen Ansprüchen maßlos geworden war, gab seinen Wunsch kund: „Ich heirate nur denjenigen, der den Mut aufbringt, einen der Irrwische zu fangen und ihn mir zu bringen!"

Nun muß man wissen, daß am Friedhof von Dannstadt tatsächlich des Nachts die Irrwische tanzten, und daß deshalb jener Ort auch von mutigen Männern gemieden wurde. Die Burschen des Dorfes erfuhren von der Bedingung des Mädchens und mancher, der die hübsche Blandina gerne als seine Frau heimgeführt hätte, begrub seine Hoffnung. Was sie verlangte war unmenschlich, also hatte sie kein Herz und würde deshalb keine gute Ehefrau abgeben, so folgerten die Burschen. Nur einer wollte dem Wunsche des Mädchens nachkommen. In einer Nacht kleidete er sich in einen langen, schwarzen Mantel und machte sich auf den Weg. „Ich muß einen Irrwisch haben", so sagte er sich, „auch wenn ich damit nur beweisen sollte, daß ich der mutigste Mann im ganzen Dorfe bin!"

Er setzte sich dem Gräberfeld gegenüber und betrachtete das Spiel der Irrwische. So ganz einerlei war ihm doch nicht zumute. Immer näher kamen die Irrlichter, und als eines ganz dicht bei dem Wartenden vorbeihuschte, griff er zu. Was dann geschah, daran konnte er sich später nicht mehr erinnern. Grauköpfig und zerschlagen kehrte der „Irrlichtjäger", so nannte man ihn fürderhin, wieder. Die Tage seines Lebens waren gezählt. Aber auch Blandina hatte über Nacht ihre Schönheit und auch ihren Stolz verloren. Die Rache der Irrlichter hatte beide erreicht und sie furchtbar geschlagen.

## 134 Ein „Dreckspatz" wird kuriert

„De Nachtkrapp holt dich", so rufen die Mütter in der Südpfalz ihren Kindern zu, wenn sie nicht spätestens beim Betglockläuten zu Hause sind. In

*Dannstadt* sagen sie: „Dich holt de dreckiche Daniel!" wenn Kinder von Seife und Handtuch nicht viel halten.

Der Emil war einer von denen. Was sollte er sich waschen, wenn er doch wieder dreckig würde, so meinte er. Eines Abends legte er sich wieder ungewaschen ins Bett, sorgte aber, weil er ein schlechtes Gewissen hatte vor, daß ihm der dreckige Daniel nichts anhaben konnte. Er schloß die Tür und die Läden und band das Leintuch an die Pfosten seiner Bettstelle. Dann kroch er darunter. Weil er von dem vielen Herumtollen müde war, fielen ihm die Augen zu, obwohl er gerne hellwach das Kommen des Daniels erlebt hätte.

Ein fürchterliches Poltern setzte ein und der Daniel, dieser Dreckfink, schnappte den Emil und lud ihn draußen auf eine Karre. Los ging die Fahrt über die schlechtesten Wege. Der Daniel legte ein Höllentempo vor, und je mehr Emil vor Schmerzen schrie, die Karre war ja nicht gepolstert, desto schneller rannte der Daniel. Am Morgen erwachte der Junge auf dem Fußboden vor seinem Bett, und alle Glieder taten ihm weh. Mühsam erhob er sich und blickte in den Spiegel. Na, er war wirklich so dreckig, daß kaum mehr ein Stückchen seiner Haut zu sehen war! Gleich schlich er hinunter zur Küche und wusch sich. Und siehe da, die Erinnerung an den dreckigen Daniel stachelte ihn von nun an immer wieder an, zu Seife und Handtuch unaufgefordert zu greifen.

## 135  Das Fässerrollen eingestellt

Die Dörfer wurden früher verkauft oder verpfändet, wie man es heute mit Grundstücken tut. Die Leidtragenden waren stets die Bewohner. Sie wechselten ihre Herren so oft wie das Hemd auf dem Leibe.

Ähnlich erging es auch *Hochdorf.* Diese Ortschaft zählte zu den Besitztümern des Klosters Weißenburg. Auch bei den Mönchen gab es ein wirtschaftliches Blühen und einen Niedergang. So sah sich der Abt Eberhard im Jahre 1367 genötigt, Hochdorf zu verpfänden, weil das Geld in seiner Kasse arg zusammengeschrumpft war.

Der Verwalter in Hochdorf sah seine Stunde gekommen, schnell reich zu werden, denn er hatte vernommen, daß sein Herr, der Ritter Konrad Landschad von Steinbach, kränklich war und deshalb, wie er richtig vermutete, sein neues Besitztum wohl nicht allzu oft kontrollieren könnte. Die Abrechnungen im Herbst wurden immer von Ausflüchten des Verwalters begleitet: Frost oder Hagel, oder zu große Nässe, oder zu große Trockenheit seien daran schuld, daß aus dem Gut immer weniger herauszuholen war.

Doch: „Unrecht' Gut gedeiht nicht!" Das mußten der ungetreue Verwalter und sein geldgieriges Weib schon bald am eigenen Leibe erfahren. Kurz vor der Ernte war der Verwalter in den Besitzungen unterwegs. Vor einem plötzlich heranziehenden schweren Gewitter suchte er in einem Wingertshäuschen Unterschlupf. Dort traf ihn der Blitz. Schon in der Nacht nach seinem Begräbnis war es auf dem Hof nicht geheuer. Die Anwohner erwachten durch laute Geräusche, wie wenn schwere Fässer hinaus zur Straße gerollt werden würden. Dabei standen sie frisch ausgebürstet am nächsten Tage an der Hauswand, so, wie schon Tage zuvor. Die Witwe hätte den Lärm ja so gerne ungeschehen und ungehört sein lassen, denn sie wußte, daß Fässerrollen nach dem Tode eines Verwalters stets auf dessen Unredlichkeit zurückzuführen war. Bei Nacht und Nebel wollte sie sich davonschleichen, doch wohin sollte sie sich wenden, ohne gefüllten Beutel? Ihr Mann gab ihr nie das Versteck des gestohlenen Geldes an. So irrte sie des Nachts über den Hof und durch die Gebäude, ein Licht in der Hand. Die Leute sahen das Licht und glaubten an einen zweiten Spuk. Viele verließen daraufhin den Hof.

Ein neuer Abt stand dem Kloster Weißenburg vor, Engelhard mit Namen. Er löste die Pfandschaft ein und schickte einen neuen Verwalter. Der hatte schon bald die Stelle markiert, an der das allnächtliche Fässerrollen begann. In der Futterküche fand er denn auch die vergrabenen Krüge, vollgefüllt mit Münzen bis zum Rande. Die Witwe wurde mit Schimpf und Schande vom Gut verjagt, und das Fässerrollen war vorbei.


# 136 Weinrosen blühten in der Christnacht

Der Winzer wehrt sich mit mancherlei chemischen Mitteln gegen Schädlinge und Krankheiten in seinen Weinbergen. Wenn ihm nicht die Witterung einen Strich durch die Rechnung macht, wird es wohl keine Mißernte mehr geben. Das war früher grundlegend anders. Schlechte Ernten gab es öfter, weil der Weinbauer nicht auf Stoffe zurückgreifen konnte, die eine Krankheit schon gar nicht aufkommen ließen und die Schädlinge vernichteten.

Eine solche Mißernte traf im Jahre 1529 die Gemeinde *Assenheim*. Die Fässer in den Kellern blieben leer, und im Wirtshaus gab es keinen Schluck des edlen Rebensaftes. Von fröhlicher Weihnacht war da keine Rede, auch nicht in der Wirtsstube, in der die Familie ihr karges Abendessen einnahm. Niedergeschlagenheit lastete auf den Gemütern, denn des Jahres Arbeit hatte keinen Lohn gefunden. Sie stapften, als die Zeit gekommen war, durch den Schnee zur Christmette, hatten aber vorher nicht vergessen, im Garten die Obstbäume zu wecken, so wie sie es jedes Jahr vor der mitternächtlichen Messe taten. Die Bäume durften die Christnacht nicht verschlafen, sonst trugen sie im nächsten Jahr keine Früchte.

Nach der Mette, die Familie wollte gerade zu Bett gehen, da klopfte es am Hoftor. Eine Frau stand draußen, schlank und groß gewachsen, das Gesicht mit einem Schleier verhüllt. Sie bat darum sich aufwärmen zu dürfen. In der Stube nahm sie Platz am Tisch und ließ sich die Reste des Hirsebreies schmecken. Sie komme vom Gebirge, sagte die Frau, und ihr Ziel sei nicht mehr weit. Sie erhob sich und die hilfsbereiten Wirtsleute eilten nach einem warmen Umhang und einer Laterne. Als sie zurückkehrten, war die Frau gegangen, ohne im frischen Schnee eine Spur hinterlassen zu haben. Auf dem Tisch lagen wunderschöne rote Blüten, die herrlich nach Wein dufteten. Der Wirt nahm sie auf, rieb an deren Unterfläche und der Weinduft verbreitete sich in der ganzen Stube. „Das sind Weinrosen", sagte er beinahe feierlich, „wenn sie in der Christnacht blühen gibt es im nächsten Jahr eine gute Ernte."

Und so war es auch. Des Wirtes Fässer reichten kaum aus, den Segen zu fassen. Wer die Frau war? Niemand weiß es.

## 137  Zerstörung — Wiederaufbau

In *Schauernheim* wütete die Soldateska. Wer rechtzeitig fliehen konnte, kam noch einmal mit dem Schrecken davon. Das Dorf brannte an allen Ecken und Enden.

Nur einer war nicht geflohen: Hans Best Renner, ein junger Müller. Er hatte sich auf einem Heustall in *Dannstadt* versteckt und konnte von dort aus die Vorgänge in Schauernheim beobachten. Heulen hätte er können, als auch aus der Mühle die Flammen schlugen. Das bedeutete den endgültigen Untergang des Dorfes.

Der Abend brach herein. Drüben in den Trümmern war es stille, wie auf einem Friedhof. Im Schutze der Dunkelheit schlich sich der Müller an das niedergebrannte Dorf heran. Er wollte ein letztes Mal die Dorfstraße hinuntergehen und Abschied nehmen und dann irgendwo in der Fremde von neuem beginnen.

Gerade als er an den ersten Mauerresten vorbeihuschte, hörte er ein wundervolles Orgelspiel aus den Trümmern der einstigen Kapelle. Woher aber kamen diese Töne, die kleine Kirche hatte doch nie eine Orgel besessen? Was sollten diese Klänge bedeuten? Wollten sie ihm sagen, daß er daheimbleiben und an den Wiederaufbau denken sollte? Gewiß, das war ihre Absicht, das stand nun für den Müller fest.

Also ging er, zusammen mit den Davongekommenen, ans Aufräumen und Aufbauen. Die unsichtbare Orgel aber ließ sich noch lange vernehmen und ermunterte noch manchen, nach schweren Kriegszeiten nicht die Flinte ins Korn zu werfen, sondern beherzt an den Wiederaufbau zu gehen.

## 138  Diebe im Nebel

Napoleon I. führte in seinem Herrschaftsbereich, zu dem auch unsere Heimat zählte, die Säkularisation durch, das heißt: alle Güter der Kirche wurden eingezogen und wieder verkauft. Auf diese Weise kam ein gewisser Baptist Biechy in den Besitz des *Limburger Hofes*. Biechy war ein sehr tüchtiger Bauer und sein Gasthaus fand regen Zuspruch. Doch der Mann hatte sich über-

nommen. Er konnte nicht gleichzeitig die Arbeiten auf den Fluren kontrollieren und seine Gäste bedienen. So ging ihm in der Wirtschaft manches verloren, eines Nachts sogar eine Fuhre mit vollen Weinfässern. Er hatte zwar die drei Diebe gesehen und konnte sie genau beschreiben, allein, was nützte es, daß er allen Bürgermeistern und auch der Polizei genaue Personenbeschreibungen hinterließ? Die drei waren mit der Fuhre spurlos verschwunden, wie vom Erdboden verschluckt. Es lag nahe, daß sie mit der gestohlenen Ware längst über den Rhein entkommen waren.
Welches Schicksal die Diebe erreicht hat, weiß keiner zu sagen. Es muß wohl ein böses gewesen sein, denn des Nachts, wenn die Nebel wallen, erkennt man die drei fliehenden Männer. Seltsam ist nur, daß sie nur von denen gesehen werden, die selbst kein sauberes Gewissen haben.


## 139   Ein General wird Pate

Bis auf wenige Bürger waren alle Einwohner von *Oggersheim* im Dreißigjährigen Krieg vor dem spanischen General Don Corduba, der in Lambsheim Station gemacht hatte, geflohen. Die Festung Mannheim nahm die Flüchtigen auf. Nur noch 24 Bürger sollen in Oggersheim geblieben sein. Sie verteilten sich auf die Stadtmauer und die beiden Tortürme und harrten der Dinge, die da kommen sollten.
Schon bald tauchten auch die ersten spanischen Reiter auf. Die paar Zurückgebliebenen schossen auf sie, um sie abzuschrecken. Da gab plötzlich ein Trompeter ein Signal und näherte sich der Mauer. Er verlangte die Übergabe. Schleunigst machten sich daraufhin die Oggersheimer auf den Weg nach Mannheim.
Nur einer hatte den Mut, mit dem Trompeter weiterzuverhandeln. Das war Hans Warsch, ein Schafhirte. Er erlangte auch von dem Unterhändler das Versprechen, daß die Spanier sein und seiner Familie Leben schützen werden. Dann öffnete Warsch die Tore.
Die Spanier hielten Wort. Sie beorderten sogar eine Wache vor sein Haus, damit keiner der Soldaten die dort wohnende Familie belästigen sollte. Die Frau des Schafhirten brachte nach einigen Tagen ein Knäblein zur Welt, das den spanischen General Corduba zum Paten bekam.


## 140   Der Zuckerhut und das neugierige Kattchen

Im Jahre 1892 brannte in *Oggersheim* die Orangerie ab. Seitdem ist auch der greinende Zuckerhut nicht mehr gehört worden. Wer der Zuckerhut war? Nun, so nannten die Oggersheimer jenen Mann, der in der Orangerie einst die Tabakbestände eines Händlers beaufsichtigte. Er kam nach der Französischen Revolution aus Brasilien zurück und trug eine gar seltsame, auf jeden

Fall bis dahin in der Stadt noch nie gesehene Kopfbedeckung. Zuckerhut nannten ihn deshalb die Leute. Er nahm es mit fremdem Eigentum nicht so genau. Wenn er nur seinen Schnaps hatte, wer ihn bezahlte, das war ihm egal. So reihte sich eine Unterschlagung an die andere, keine konnte ihm nachgewiesen werden. Erst als man ihm das Grab schaufelte, ward einiges aufgedeckt.

Für seine Taten mußte nun der Zuckerhut lange Jahre hindurch am Spital erscheinen. Einige wollen ihn sogar gesehen haben; der Balthasar Münch, der Jakob Bengel und wie sie sonst noch hießen.

Der Zuckerhut an sich wirkt immer anziehend, hauptsächlich auf Schleckermäuler. Und so verstehen wir auch, warum das neugierige Kattchen ihn unbedingt sehen wollte. Es erhoffte sich von dieser Begegnung allerlei Süßigkeiten. So war es einmal abends unterwegs in der Nähe des Spitals. Da, mit einem Male vernahm es das fürchterliche Greinen, keinen Schritt konnte es mehr gehen, und wäre oben am Spital nicht ein Fenster hell geworden, wer weiß, was dem neugierigen Kattchen passiert wäre. Nichts war's mit Schleckereien. Die Angst überflügelte das Begehren. So schnell wie damals ist Kattchen noch nie daheim gewesen. Dort entdeckte die Mutter im Haar ihrer Tochter eine weiße Strähne, die sie bis zu ihrem Tode behalten mußte.

## 141   Der Schmuggel war ein einträgliches Geschäft

Im Jahre 1829 erstand der Zollverband zwischen Preußen, Hessen, Bayern und Württemberg. Baden wollte da erst nicht mitmachen. Also setzte ein Schmuggel ein, wie ihn *Oppau* und *Edigheim* und *Oggersheim* noch nicht erlebt. Besonders Tuche und Kolonialwaren wurden von Mannheim herübergebracht. Ganze Familien waren beteiligt. Am Ufer gab es nie einen leeren Kahn. Man schmuggelte nicht nur für sich, man zog die ganze Sache groß auf. Abnehmer gab es ja auf pfälzischer Seite genügend, wie beispielsweise jener Viehhändler aus Oggersheim, der in dem Gäßchen zwischen der Mutterstadter-, Schiller- und Mannheimer Straße wohnte.

Er kaufte die Waren in Oppau auf und transportierte sie nach Oggersheim. Das ging erst ohne jede Schwierigkeit, doch der Zollschutz wurde allmählich auf ihn aufmerksam, so daß er nur noch in der Dunkelheit seinen dunklen Geschäften nachgehen konnte. Zur Tarnung des Unternehmens nahm er jeweils ein Kalb mit. Die Zollbeamten kamen ihm aber auf die Schliche, es gab einen erbitterten Kampf, bei dem das Kalb getötet wurde.

Von dem Tage ab wurde in jeder Nacht in der Gasse, in der der Viehhändler sein Haus hatte, ein fürchterliches Kettengerassel gehört. Wer an der Geistgasse, wie seitdem das Sträßchen genannt wurde, mit seinen Ochsen vorbeifuhr, der hatte sich zum letzten Male an seinem Gespann gefreut. Die Tiere sausten nämlich davon, als sei der Teufel hinter ihnen her. Lebend kamen sie selten davon. Da schmierten die Bauern die Räder und sorgten für einen guten Sitz des Geschirres, damit das Kettenkalb das Fuhrwerk nicht wahrnehmen sollte.

Einem Bettelmönch wurde die Sache vorgetragen. Der meinte: „Das Kalb kann erlöst werden, wenn es einem Menschen erscheint, der aber nichts mit dem Schmuggel zu tun gehabt haben darf. Er braucht nur einen heiligen Namen auszusprechen." Da waren die Oggersheimer in arger Bedrängnis, denn sie fanden keinen, der damals nicht von der Partie gewesen wäre. Doch kommt Zeit, kommt Rat.

Eines Tages läutete das Sterbeglöckchen für den Viehhändler. Eine Großnichte aus der Großstadt wurde seine Erbin. Sie kam des Nachts, und als sie vor der Haustüre angekommen war, da stand plötzlich das Kalb vor ihr. Man kann sich den Schreck des Mädchens vorstellen, dem ein natürliches Kalb schon sehr unsympathisch war. „Gott, stehe mir bei!" rief die Jungfer, und das Kalb war verschwunden für immer.


## 142   „Das Heimweh plagt mich"

Die Französische Revolution jagte die Fürsten aus ihren Schlössern. Auch die Kurfürstin Elisabeth Auguste mußte aus dem geliebten *Oggersheim* flüchten. In Weinheim starb sie noch im gleichen Jahre.

Das Heimweh trieb sie nach ihrem Tode zurück, und viele Oggersheimer sahen sie als weiße Frau durch die Buchenallee, die Schnabelbrunnengasse und die Kirchengasse wandeln. Erst meinten die Leute, sie suche nach einem Schatz, den sie vielleicht in der Eile vergessen hatte, als sie das Schloß Hals über Kopf räumen mußte. Sie verschwand jedes Mal in einem unterirdischen Gang, den es niemals gab.

Eine alte Frau bemitleidete die Kurfürstin und beschloß, ihr zu helfen. In einer klaren Nacht trat sie der weißen Frau entgegen und sprach: „Vertraut mir an, nach was Ihr sucht. Ich will Euch helfen!" Da blieb die Gestalt stehen, und wie aus einer anderen Welt kommend ertönte ihre Stimme: „Mir würde es an nichts mangeln, wenn ich wie mein Vater in Oggersheim gestorben wäre. Das Heimweh plagt mich, und so muß ich immer wiederkehren."

Die weiße Frau verschwand und kehrte auch nicht wieder. Die alte Frau aber ging in ihre ärmliche Hütte, legte sich nieder und stand nicht mehr auf.


## 143   Der Finkenreiter

Der Geheime Rat Cramer von Clausbruck war ein gar schlauer Mann. Er verstand es, durch Betrug ein Stück Land in der „Melm" bei *Oppau* an sich zu bringen. Eines Tages trat er vor den Schultheiß und die Schöffen von Oppau und legte ihnen dar, daß der Pfalzgraf besagtes Land zu erhalten wünsche. In Wirklichkeit aber war er der Liebhaber, doch das stellte sich erst

heraus, als der Kaufvertrag unterzeichnet war. Die Oppauer hätten Klage erheben können, sie trauten sich aber nicht, weil der Geheime Rat der Geheim-
sekretär des Pfalzgrafen Joseph Karl Emanuel war und also einen starken
Arm und mächtigen Einfluß hatte. Tausend Gulden legte ihnen der Käufer
auf den Tisch. Nach dem Tode des Geheimen Rates veräußerte seine Witwe
das Gelände für 3500 Gulden an *Oggersheim.* Nun war der Krach da. Die
von Oppau und die von Oggersheim konnten sich sowieso nicht riechen, weil
sie schon seit langer, langer Zeit miteinander im Streit lagen eben wegen der
„Melm“. Oppau erhob gegen den Verkauf sofort Einspruch. Oggersheim
aber reagierte überhaupt nicht darauf. Da tauchte plötzlich in der Melm der
„Finkenreiter“ oder „Funkenreiter“ auf. „Das ist der Herr von Clausbruck.
Er kann im Grabe keine Ruhe finden, weil er sich auf unrechte Art ein
Grundstück aneignete“, sagten die Leute. So kam es am 1. März 1820 zum
Frieden zwischen den beiden Gemeinden. Von der Stunde an ließ sich der
gespenstische Reiter nicht mehr sehen. Das Gelände kam wieder an Oppau.


# 144 „Hotzel mich!“

Die *Oppauer* machten sich einst des Holzfrevels im Bannwald schuldig. Der
Schultheiß setzte alle Hebel in Bewegung, um der Schuldigen habhaft zu
werden. Doch die blieben „dicht“, und so mußte der Schultheiß für die Taten seiner Bürger büßen. Man verstümmelte ihn, bis er tot umfiel.
Er geht seitdem um und erinnert so die schuldigen Oppauer an ihre Freveltat.
Wer in der Nähe des Waldstückes „Schulz Riderich, Riderich Schulz, Riderich oder Riderich Spitz“ in der Dämmerung auf dem Felde arbeitete, der
vernahm plötzlich eine klagende Stimme: „Hotzel mich! Hotzel mich!“ Da
nützte kein Fortlaufen mehr, denn der Rufer holte den Erschrockenen ein
und sprang ihm auf die Schultern. Genau hundert Schritte ließ er sich tragen,
dann sprang er ab. Der Schutheiß Riderich hatte wieder einmal ein Opfer
gefunden.


# 145 Keltermännchen essen Käsebrot

Einst kam ein Wanderbursche nach *Mutterstadt.* Er hatte das ewige Hin- und
Herziehen satt und suchte sich eine Bleibe. In seinem Beutel war etwas Geld,
womit er sich irgendwo eine kleine Hofstelle zu erwerben hoffte. In Mutterstadt gefiel es ihm. Er fragte den Büttel, ob hier nicht ein Haus mit Ackerland
zu verkaufen wäre. Der erwiderte ihm, daß da wohl ein großes Haus leer-
stünde, doch das wäre draußen vor dem Tor. Schnurstracks ging der Bursche
hinaus nach *Eintzkeim,* von dem man heute nur noch weiß, daß es einmal
bestand. Tatsächlich stand da ein Haus, viel größer als er es sich gedacht.

Das wird ein guter Kauf werden, sagte sich der Bursche, eilte zum Rathaus, und der Kauf wurde abgeschlossen.

Abends ging er in den Krug, denn er mußte ja die Leute kennenlernen. Doch was er da erfahren mußte, wollte ihm gar nicht passen. Draußen in Eintzkeim, da ginge ein Geist um. Gerne wäre da der Bursche vom Kauf wieder zurückgetreten. Jetzt erst wurde ihm klar, warum er das Haus mit dem umliegenden Land so billig bekam. Mit bangem Herzen legte er sich nieder. Doch es blieb ruhig in der ersten Nacht. In der zweiten vernahm der neue Besitzer ein merkwürdiges Hämmern. Er ging dem Geräusch nach und entdeckte im Kelterhaus — zu der Zeit wurde bei Mutterstadt noch viel Wein gebaut — ein kleines Männlein, das sich an der Kelter zu schaffen machte. Unbemerkt zog er sich zurück. Er wußte, daß Keltermännchen gerne Käsebrot aßen. Er hatte auch in der Wohnstube ein Loch im Boden entdeckt, aus dem wohl das Männlein des Nachts heraufstieg. Also richtete der Bursche auf einem Tellerchen ein Käsebrot zurecht und stellte es vor das Loch.

Seitdem ging es aufwärts draußen in Eintzkeim. Die Mutterstadter machten große Augen, wenn der Bursche mit großen Fässern, gefüllt mit edlem Tropfen, durch die Gassen fuhr. Da war eine junge Witwe, die gerne in den schönen Hof geheiratet hätte. Der Bursche sah sie nicht ungern, war auch froh, eine Frau im Hause zu haben. Doch mit der Heirat begann auch der Untergang. Die Frau wollte das Loch in der Wohnstube nicht dulden und aß auch den Käse lieber selber. So stand eines Tages kein Tellerchen mehr vor dem Loch.

Als nach abermaligem gutem Herbst der Mann unterwegs war, da nahm die Frau in ihrem Geiz und ihrer Verblendung ein Brettchen zur Hand und nagelte es über das Loch. Der letzte Schlag auf den Nagel war noch nicht getan, als es plötzlich im ganzen Haus zu knistern und zu krachen anfing. Mit ohrenbetäubendem Getöse stürzte der große Bau in sich zusammen und begrub die Frau unter sich.

Nur die Kelter fand der Winzer bei seiner Heimkehr unversehrt, und so konnte er sich denken, was seine Frau während seiner Abwesenheit wohl angestellt haben mag. Das Keltermännchen aber ließ sich nie mehr sehen.

## 146  „Dir kann geholfen werden"

Der Herr von Hallberg knechtete die Bewohner von *Fußgönheim* über das Maß. Deswegen mußte er lange Zeit umgehen. Die Leute hatten richtig Angst vor dem Gespenst, denn es erschien meist unerwartet, auch am hellen Tage. Es stieß die Magd an, daß sie den Milchhafen fallen ließ, es gab dem Bauern einen Stoß in die Rippen, daß er vom Heuboden stürzte, es hängte sich an die Fuhrwerke, daß sie kaum mehr vorankamen. Und niemand war da, der es vertrieben hätte. Draußen im Walde, wo die Reitbahn des Herrn von Hallberg stand, dort ritt er stetig im Kreise herum und freute sich diebisch, wenn ein Wanderer zu Tode erschrak. Der Herr konnte nämlich seinen Kopf abnehmen.

Da kam eines Tages ein Invalide ins Dorf. Er suchte Arbeit und wäre am liebsten Nachtwächter geworden. Die Stelle war aber nicht vakant. Man wollte dem armen Kerl jedoch helfen. So beschloß das Gericht, daß er eine lebenslängliche Rente bekommen würde, wenn er das Gespenst draußen im Walde bannen könne. Der Mann humpelte hinaus und setzte sich gemütlich auf einen Stein, die geliebte Pfeife im Mund. Punkt zwölf kam das Gespenst angeritten und begann seine Runden zu drehen. Der Mann rief es an, und beide kamen in ein langes Gespräch miteinander. Die Furchtlosigkeit des Invaliden hatte gehörigen Eindruck gemacht. Die entscheidende Frage hob er sich bis zum Schluß der Unterredung auf: „Warum kehrst du nicht in dein Grab zurück?" Und das Gespenst antwortete: „Ich wollte ja gerne, wenn ich es nur wiederfinden würde." „Dem kann abgeholfen werden. Folge mir!" Folgsam ging der Herr von Hallberg mit hin zu einer Wolfsgrube, die der alte Mann auf dem Wege zur Reitschule gesehen hatte. In Zukunft blieb Fußgönheim vom Gespenst verschont.


## 147   Der Glühende mit rußgeschwärztem Gesicht

In *Rheingönheim* war der Schmied gestorben, ein Trunkenbold wie er im Buche stand. Die Gemeinde hatte ihm schon zu Lebzeiten den Beruf genommen, weil er nur noch liederliche Arbeit lieferte. Der Nachfolger war noch jung und hieß Johannes Muth. Der alte legte dem jungen aus purer Gehässigkeit immer wieder Steine in den Weg. Nach seinem Tod ging er um als Glühender mit rußgeschwärztem Gesicht, von einem Feuerbrand umgeben.

Ein Schäfer aus Württemberg trieb einmal seine Herde über den Rhein und auf die Fluren von Rheingönheim. Es wurde zusehends dunkel, und der Pferch war noch nicht aufgeschlagen. Da kam eine glühende Gestalt angeschwebt und tauchte die Nachtweidhütte in unnatürliches Licht. Das fiel dem Schäfer auf. Er bat die Gestalt, daß sie ihm noch ein wenig leuchte, bis er mit seinen Arbeiten fertig sei. Zum Lohne legte der Hirte einen Kreuzer auf den Türriegel der Hütte. Im Nu stand sie in hellen Flammen. Die Herde wurde von einer Panik erfaßt und der Schäfer auch. Sie suchten eilends das Weite. Seitdem wurde der Glühende nicht mehr gesehen.


## 148   Keiner sah schadlos die weiße Frau

Sommerzeit — Erntezeit! Die Sonne lacht vom Himmel und freut sich der fleißigen Bauern, die sich keine Rast gönnen, die Ernte unter Dach und Fach zu bringen. Gewitterwolken steigen auf und treiben zu noch größerer Eile. Ruhe kehrt erst wieder ein, wenn die Abendglocke zum Feierabend mahnt.

Müde und abgekämpft, aber doch froh ein gutes Stück weiter gekommen zu sein, suchen die Bauern ihr Nachtlager auf, und ihre Gedanken sind schon wieder bei der Arbeit am nächsten Tage.

Beizeiten wecken die ersten Sonnenstrahlen und fordern zu neuer Tätigkeit. Die kurze Mittagspause bringt kaum Erholung. Vor Überanstrengung tanzen Sterne vor den Augen, wie Mückenschwärme. Du siehst über das wogende Kornfeld und glaubst unweit von dir die weiße Frau zu sehen, die langsam, gemessenen Schrittes durch die Halme wandelt. Du erschrickst, reibst dir die Augen und hoffst, daß sie dann verschwunden sein möge. Aber du schaust sie wieder und deine Gedanken kreisen um die Folgen, die sich sicher einstellen werden, denn keiner hat noch schadlos die weiße Frau gesehen! Du möchtest davonlaufen, doch deine Füße versagen dir den Dienst. Du stehst wie im Banne, der sich erst löst, wenn die weiße Frau sich in ein Nichts aufgelöst hat.

Du hast deine Arbeit für diesen Sommer getan, vielleicht für mehrere Sommer. Lange Zeit wirst du dich nicht mehr von deinem Lager erheben, so wie es dem Bauern Kummermehr in *Neuhofen* erging.

## 149 Gartenzwerge, Rebmännchen, Hauswichtel

Es ist ein weiter Weg von der Saat zur Ernte, ein weiter Weg von der neugepflanzten Rebe bis zu ihrem ersten Ertrag. Viele Hände müssen mithelfen, damit das Werk gelingen kann. Auch unsichtbare Kräfte unterstützen das Wollen der Bauern und Winzer. Nach der Sage sind es in der Ebene und in den Tälern die Gartenzwerge, im Weingebiet die Rebmännchen, die unaufhörlich bei Tag und in der Nacht schuften. Über Stall, Keller und Scheune wachen die Hauswichtel.

Nur hin und wieder denken die Bauern und Winzer an diese treuen Helfer. Sie heischen keinen Lohn und keinen Dank. Sie sind da, um zu helfen. Sie kündigen ihren Dienst nur dann auf, wenn ein Krieg das Land bedroht. Die Heere der kleinen Männchen sammeln sich dann und ziehen zur Fähre bei *Altrip*. Dort lassen sie sich übersetzen und mancher Fährmann suchte schon verwundert nach der Ursache: sein Boot lag bis zum Rande im Wasser. Die Männchen waren unbemerkt zugestiegen. Dem Schiffer blieb nur ein Kopfschütteln.

Früher war das anders. Da soll so mancher Fährmann in Altrip die hilfreichen Männlein gesehen haben wie sie, ohne zu zögern, ins Boot stiegen, und wie es einsank bis zum Rande.

## 150 Kitschhut und Schlapphut

Bei *Neuhofen* geht der „Kitschhut" und bei *Altrip* der „Schlapphut" um. Der erste läßt sich am Rehbach, der zweite am Hochzichloch sehen. Vor vielen

Jahren lebte in Neuhofen ein Bursche, dem man allerhand Übles nachsagte. Er wurde besonders der Wilddieberei bezichtigt. Nachts strich er durch die Wälder und machte sich die Angst der Leute zunutze. Als Schlapphut hatte er sich stets verkleidet. Einmal beugte er sich gerade über ein von ihm erlegtes Reh, da stand der richtige Schlapphut vor ihm. „Dir wird es nicht anders ergehen als mir", sprach die drohende Stimme. „Ich habe zu meinen Lebzeiten eine Hochzeitskutsche umgeworfen an der Stelle, die heute Hochzichloch heißt. Zur Strafe dafür muß ich nun umgehen." Der Wilderer wollte ausreißen, doch der Schlapphut war schneller. Er ließ sich tragen, so lange, bis der falsche Schlapphut tot zusammenbrach. Der echte Schlapphut hatte einen Nachfolger.

## 151 Bestrafte Neugier

Am Bartholomäustag stand die Wirtin „Zum Karpfen" in *Altrip* noch spät am Abend allein vor dem Herd. Da ging die Tür auf, und ein kleines Männchen bat darum, daß man ihm den kupfernen Kessel über Nacht leihen möge. „Wenn du mir den Kessel unbeschädigt und gesäubert zurückbringst, so magst du ihn haben!" Der Zwerg versprach's. Die Wirtin ließ die Tür offen, und am nächsten Morgen fand sie den Kessel am alten Platz wieder. An der Innenseite aber hingen Goldkörnchen, und so war die gutmütige Wirtin reich belohnt worden. Jedes Jahr am selben Tag wiederholte sich der Vorgang. Als der Sohn die Wirtschaft übernahm, waren auch ihm die Zwerglein zugetan. Seine erste Frau war verschwiegen, doch die zweite wollte unbedingt hinter das Geheimnis der Männlein von Altrip kommen.
Sie versteckte sich hinter den Weidenbüschen am Rheinufer und sah den Zwergen zu, die um den geliehenen Kessel tanzten, einen Becher in der Hand, aus dem sie hin und wieder einen Schluck nahmen. Sie mußten sich etwas Köstliches zubereitet haben, denn jedesmal rieben sie sich die dicken Bäuchlein und warfen vor Freude ihre Mützen in die Luft. Die Lauscherin konnte sich nicht beherrschen und lachte laut hinaus. Die Zwerge waren im Nu verschwunden. Der Kessel war am nächsten Tag wieder zurückgebracht worden, doch von Goldkörnchen fehlte jede Spur. Nie mehr holten die Zwerge den Kessel.

## 152 Eine unsichtbare Fracht

Für den *Altriper* Fährmann Hook gab es immer zu tun, besonders dann, wenn der Winter vor der Tür stand und die Früchte unter Dach und Fach gebracht werden mußten. Müde schlich er dann abends zu seiner Hütte, konnte kaum mehr essen, so erschöpft war er. Ja, es war ein schwerer Beruf, Fährmann zu sein!

Einst saß er gerade beim Abendessen, als zwei kleine verhüllte Männlein ein-
traten mit der Bitte, übergesetzt zu werden. Er willfahrte ihrem Wunsche
und ging mit ihnen ans Ufer, obwohl ihn kaum mehr seine Beine tragen wollten. Gerade wollte er abstoßen, da hielten ihn die beiden zurück. Sie spähten
angestrengt in den wallenden Nebel. Sehen konnte der alte Hook nichts, er
hörte aber ein fortwährendes Getrippel und merkte auch, wie die Fähre immer tiefer einsank. Nach einer Weile stieß er ab und gelangte glücklich mit
seiner unsichtbaren, aber schweren Fracht am jenseitigen Ufer an. Dort fragte ihn das eine Männlein: „Welchen Lohn verlangst du? Willst du das Fahrgeld nach der Kopfzahl, oder ist dir ein Sack Salz lieber?" Einen Sack Salz
verlangte der Fährmann, der war doch mehr wert, als das Fahrgeld für zwei
Personen! „Sollst Salz haben", sagte das Männlein, „doch hättest du gescheiter deinen Lohn nach der Kopfzahl berechnet. Sieh mir einmal über die
Schulter!" Da sah der Ferge eine Unmenge von kleinen Gestalten, ein ganzes
Zwergenvolk. Es verschwand in Richtung der Rheinauer Sandhügel.
Als sich der Fährmann anschickte, sein Schiff wieder dem anderen Ufer zu-
zusteuern, da stand vor ihm ein großer Sack voll Kochsalz. So hatte sich die
nächtliche Fahrt doch reichlich gelohnt.

## 153 Das Bäckerle

Für Dienstleistungen gab es schon eh und je neben dem Entgelt ein mehr
oder weniger stattliches Trinkgeld. Diese Sitte ist weithin in Vergessenheit
geraten, doch beispielsweise beim Friseur ist sie noch bekannt. Wer schon
einmal in Italien war, weiß von trinkgeldheischenden Kellnern ein Liedchen
zu singen.
Auch der Handwerker erhielt früher ein Trinkgeld oder aber eine Anerken-
nung in Naturalien. Dies war ein ungeschriebenes Gesetz, dem sich alle un-
terwarfen, ausgenommen die Geizhälse. Denen aber drohte die Rache derer
aus der Geisterwelt.
In jedem Bauernhof stand ehedem ein Backofen, und die Bäuerin wandte ihren ganzen Ehrgeiz auf, das schönste Brot des Dorfes backen zu können. Alle vierzehn Tage war gewöhnlich „Backtag", ein hoher Tag in der Bauernfa-
milie. Da verließen die Sechspfünder die heißen Steine des Ofens, und die
riesengroßen, viereckigen Zwetschgenkuchen lockten mit ihrem Duft im
Herbst die Kinder der Nachbarschaft an.
Nun, solche Öfen halten nicht ewig. Sie mußten abgerissen und neu aufge-
baut werden. So ging einmal der reichste Bauer von *Maudach* zum Backofen-
bauer, um ihm den Auftrag zum Bau eines neuen Backofens zu geben. Der
Maurer begann gleich mit der Arbeit, und weil er beim reichsten Bauern arbeitete, gab er sich um so mehr Mühe. Er brachte ein Prachtstück zuwege.
Die Bezahlung erfolgte, wenn das erste Brot den Ofen verließ. Der erste Laib
war für den Maurer bestimmt; auf diesem Erstling sollte ein besonderer Se-

gen ruhen. Der Maurer traf pünktlich beim Bauern ein, gerade in dem Augenblick, als die Bäuerin die knusprigen Brote aus dem Ofen „schoß". Er wurde auch prompt auf Heller und Pfennig entlohnt, doch das übliche Trinkgeld, das erste Brot, bekam er nicht. Traurig schlich er nach Hause und seine Frau konnte es nicht verwinden, daß er ohne Brot angekommen war. Sie wollte ihn zurückschicken, doch da fiel ihr die Magd ins Wort: „Laßt nur. Schickt Euren Mann nicht wieder hin zu diesem Geizkragen. Er wird seine Strafe bekommen. Das Bäckerle sorgt gewiß dafür." Wer war das Bäckerle? Nun, ein quicklebendiges kleines Kerlchen, das den Leuten viel Gutes tat, aber auch böse werden konnte, wenn sich jemand nicht an die einfachsten Regeln menschlichen Zusammenlebens halten wollte. Der reiche Bauer hatte gefehlt, ihm war Strafe sicher. Und richtig, beim nächsten Brotbacken klappte es schon nicht mehr. Die Brote waren außen kohlrabenschwarz gebacken, innen aber ungenießbar. „Das kann nur am Ofen liegen", schalt die Frau, „dieser Liedrian hat uns hereingelegt. Geh' nur schleunigst zum Dorfrichter und verklage den Maurer!" Gerade wollte der folgsame Mann sein Haus verlassen, da sahen beide das Bäckerle am Backofen, wie es den beiden eine lange Nase machte. Sie kapierten; die Frau holte vom Regal das letzte Brot des ersten Backtages und brachte es mit vielen Entschuldigungen der Frau des Maurers. Geglaubt wurde ihr nicht, denn das verbrannte Brot verbreitete einen nicht zu verwechselnden Geruch im ganzen Dorf.

Niemand traute sich fürderhin mehr, dem Maurer das Erstlingsbrot vorzuenthalten, jedenfalls nicht in Maudach. Übrigens, das Bäckerle soll erst dann ausgewandert sein, als es keine Backöfen mehr auf den Höfen gab.


## 154   Der Schlüssel im Wappen

Vom Norden kamen sie, noch ehe ein anderer diesen Boden betreten und urbar gemacht hatte. Wilde Gesellen waren es, mit ihren Gäulen verwachsen. Sie suchten nach Land und wollten seßhaft werden. Sie folgten des Rheines Lauf, stromauf. Fruchtbar war der Boden, das erkannten sie gleich, doch des Stromes Wassermassen würden, so nicht Deiche erstünden, jegliche Saat mit sich fortschwemmen. Trotzdem schlugen sie ihr Lager auf, der junge Mundo mit seinem Gefolge. Ein Hof entstand, nach dem Rheine hin durch einen hohen, breiten Damm abgesichert. Fürwahr ein hartes Stück Arbeit! Doch als die Saaten wuchsen, gedieh der Lohn für schweres, zähes Schaffen heran. Abends standen sie vor ihren Hütten und freuten sich ihres Erfolges. Sie erinnerten sich des Beginnes, als Mundo draußen auf der Au einen Strauß herrlich blühender Schlüsselblumen gepflückt und ihn seiner Braut geschenkt hatte. Dies war ein gutes Omen, denn das Himmelsschlüsselchen öffnet alles, auch den Himmel, und gerade dessen Hilfe brauchten die eben Angekommenen. Gleich ward der Schlüssel in Stein gemeißelt, und unter diesem Wappen wuchs die Ansiedlung vom Hofe Mundinheim zum heutigen *Mundenheim*.

So führt die Sage auf verschlungenen Pfaden zum Ursprung dieser Ortschaft und zur Erklärung, warum das Wappen einen Schlüssel trägt. Der Chronist aber weiß eine andere Auslegung; ihr sollte der Geschichtsbeflissene folgen.

## 155 Wettspinnen an Maria Lichtmeß

Es soll früher viel schlimmer gewesen sein, wenn zwei zusammenkommen wollten, denn zu Hause, die „Alten", pflegten da ein gewichtiges Wörtlein mitzureden. Standesgemäß mußte geheiratet und darauf Bedacht verwendet werden, daß die „Güter" sich mehrten. Viel Unfriede entstand aus vorgefaßten Meinungen und harter „Geldbeuteltaktik". Langdauernde Feindschaft zwischen den Nachbarn, oft unnütz und völlig sinnlos, ließ viele frühzeitig ins Grab steigen. Beispiele hierfür gibt's haufenweise.

Doch gemach, manch einer gab seinen Lieblingsplan auf, zwei ganz bestimmte Menschenkinder um jeden Preis zusammenzubringen, weil er eines besseren belehrt wurde. Denn „Güter"allein machen nicht selig. Können und Fertigkeiten zählen auch einiges.

Ein geradezu klassisches Beispiel erzählt die Sage: Da wohnte in *Mundenheim* eine Bäuerin, eine vom alten Schlage, tüchtig und ihrer Fähigkeiten wohl bewußt. Sie kannte sich in der Bauerei aus, wie sonst keiner. Die Erträge auf ihren Äckern übertrafen Jahr für Jahr die ihrer Berufsgenossen. Deswegen hatte sie sich auch in den Kopf gesetzt, daß der Veit, ihr einziger Sohn, nur eine Frau ins Haus bringen durfte, die genauso tüchtig war wie sie. Ja, das war nicht so einfach, denn der Junge hatte schon seine Wahl getroffen. Sie entsprach aber keineswegs den Vorstellungen der Mutter. Eines Tagelöhners Tochter wollte der Veit freien ... Was konnte sie schon gelernt haben, meinte die Mutter. Sie wollte es ihrem Sohne beweisen, daß die Apollonia seiner nicht würdig ist. Drastisch sollte dies geschehen und vor der Öffentlichkeit. Also gab sie am Neujahrstag bekannt, daß ein Wettspinnen stattfinden sollte. Sie war sich dessen bewußt, daß die Apollonia niemals am Spinnrad gesessen hatte.

Veit wollte schon verzweifeln, doch des Tagelöhners Tochter wußte Rat. Noch am selben Abend suchte sie die alte Rapparlie auf. „Ich weiß", sprach diese, „daß du den Veit gerne siehst. Ich habe auch gehört von diesem Wettspinnen an Maria Lichtmeß. Natürlich werde ich dir helfen, doch dürften meine Kenntnisse im Spinnen nicht ausreichen. Gehe zum Hoorweibel draußen im Brechhaus bei den Brechlöchern!" „Zum Hoorweibel?" stotterte das Mädchen, denn es war allgemein bekannt, daß es an jenem Ort nicht mit rechten Dingen zugeht. Manch einer konnte erzählen, daß das Hoorweibel dem, der seiner Blockhütte zu nahe kam, durch den Schornstein mit der Faust drohte. Doch Liebe vermag vieles. Apollonia nahm ihren ganzen Mut zusammen und hoffte auf eine Aussprache mit der Alten und auf deren Hilfe. Sie sollte sich nicht täuschen. Die Alte ließ sie eintreten und fing sofort mit

der Belehrung an. Abend für Abend schlich das Mädchen hinaus zur Brechhütte, Abend für Abend gelang das Spinnen besser. Maria Lichtmeß kam näher. Aus der Anfängerin im Spinnen war eine perfekte Spinnerin geworden.
Das Hoorweibel bestand darauf, daß zum Wettkampf sein Spinnrad genommen werden mußte. Die beiden, Apollonia und das Hoorweibel waren
Freundinnen geworden, und das Mädchen konnte nicht verstehen, weshalb
man die Alte mied. Allerdings, wenn sie lachte, konnte einem das kalte Grau-
en den Buckel hinaufsteigen.
Der Tag des Wettkampfes war gekommen. Die Mädchen versammelten sich
im Hofe, die Spinnräder standen bereit. Das Preisgericht nahm Platz, der
Kampf um den Veit begann.
Schon nach einigen Minuten war klar ersichtlich, wer gewinnen würde.
Apollonia spann, daß es eine helle Freude war; ihr wurde der Preis zugesprochen. Der Bäuerin ging diese Entscheidung gegen die Hutschnur, doch sie
hatte ihr Wort gegeben und hielt es nun auch. Sie begrüßte ihre Schwiegertochter zwar nicht besonders herzlich, doch der Veit und die Apollonia freuten sich um so mehr. Ihnen war der Sieg, ihnen hatte das Hoorweibel geholfen, jene schrunzelige Alte, von der man nicht gerne redete und der man nie
zu nahetreten wollte. Ihr Kichern ward auch auf dem Hof gehört, aber niemand konnte feststellen, woher es kam.
Deswegen traute sich auch niemand mehr zur Lichtmeßzeit an den Brechlöchern vorüber, denn es kicherte mal da, mal dort, oft ohne Pause, selbst dann
noch, als kein Flachs mehr angebaut wurde, und die Brechhütte längst einge-
stürzt war.

# 156   An der Brück' fand er sein Glück

Menschen sind, seit sie diese Erde bevölkern, auf der Jagd nach dem Glück.
In der Welt der Sage brauchst du nur ein ehrlicher, anständiger Kerl zu sein,
vielleicht gar ein Sonntagskind, und die Geister stehen dir hilfreich zur Seite,
wie jenem Brunnenputzer aus *Alsenborn*, dem des Nachts im Traume der
entscheidende Hinweis gegeben wurde.
Dreimal hintereinander vernahm er die Aufforderung: „Gehe zur Brück'!
Dort liegt dein Glück!" So schnürte er denn sein Ränzel und machte sich auf
den Weg zur Schiffsbrücke bei der *Rheinschanze*. Weil er ein lustiger Bursche
war, trällerte er ein Lied nach dem anderen, und so kam ihm der weite Weg
gar nicht so weit vor. Er wußte, daß ihm am Ziel das Glück hold sein werde,
denn von jenem Wort, daß Träume Schäume seien, hielt er nicht viel. Wie
staunte er, als er des Stromes breiten, geruhsamen Lauf sah! Dort an der
Brücke erkannte er einen Soldaten, das Gewehr geschultert, am Schlagbaum
stehen. Der blickte nicht gerade freundlich dem Ankömmling entgegen. Ob
so das Glück dreinblickt? Der Brunnenputzer begann zu zweifeln. Sollte die
schöne Laura, des Lammwirts Töchterlein im heimatlichen Dorf, doch recht

haben? Sie hatte ihn ausgelacht, als er von seinen Träumen erzählte und ihn einen Narren gescholten. Ihr wäre viel lieber gewesen, und ihr Vater hätte es gerne gesehen, wenn der Brunnenputzer bei einem Metzger in die Lehre gegangen wäre, denn eine Wirtschaft und eine Metzgerei unter einem Dach mußten zu Reichtum führen. Doch da war auch noch die Besenbinder-Liesel. Sie ermunterte den Brunnenputzer, den Weg zur Rheinschanze unter die Füße zu nehmen.

Solcherlei Gedanken jagten ihm durch den Kopf, als er den bärbeißigen Soldaten erblickte und nicht mehr so recht den Mut fand einen Fuß vor den anderen zu setzen. Doch da fauchte ihn auch schon der Wächter an der Brücke an: ,,Was wollt ihr hier?" Dem Brunnenputzer fiel das Herz in die Hosentasche, doch der Gedanke an Liesel richtete ihn wieder auf, und er erzählte von seinen Träumen. Der Soldat lachte aus vollem Halse, wurde dann aber nachdenklich: ,,Auch ich habe geträumt", brachte er stockend hervor, ,,von einem großen Schatz. Er soll unter drei Holunderbüschen beim *Diemerstein* vergraben liegen. Ich habe aber in meinem ganzen Leben noch nie etwas von einem Diemerstein gehört. Was weiß ich, wo er liegt!" Der Brunnenputzer wußte um jenen Ort, denn die Gegend um Frankenstein war ihm wohlbekannt. Sollte die Aussage des Soldaten tatsächlich zu jenem Glück führen, das er an der Brücke zu finden hoffte? Er klopfte dem Landsknecht auf die Schulter, murmelte ein Abschiedswort und enteilte.

Mit langen Schritten, das neue Ziel vor Augen, hoffend, daß nunmehr sein Traum in Erfüllung ginge, lief der Brunnenputzer durch Ebene und Waldgebirge hin zum Diemerstein. In seinen Gedanken hatte die schöne Laura keinen Platz mehr. Zusammen mit der Besenbinder-Liesel wollte er, so er den Schatz gefunden hätte, ein Leben gemeinsam und ohne Not führen.

Geduldig wartete der Brunnenputzer die Nacht ab, ehe er am bezeichneten Orte die Schaufel ansetzte. Schon bald stieß er auf einen großen Steintopf, der ganz mit Gold- und Silberstücken angefüllt war. Nun brauchte die Liesel keine Besen mehr zu binden und der Schatzgräber keinen Brunnen mehr zu putzen. An der Brück' fand er sein Glück.


## 157   Er fand seine Ochsen wieder

Wer den Schaden hat, braucht für den Spott nicht zu sorgen, eine alte Weisheit. Schadenfreude ist eine der häßlichsten Untugenden des Menschen. Das mußte auch der Bamberger erfahren, ein Bauer, dessen Gehöft einsam zwischen *Rheinschanze* und *Mundenheim* stand. Man lachte ihn aus, weil er auf einen ganz simplen Trick hereingefallen war.

Mit einem Gespann Ochsen brach er die Ackererde um, als ein Handwerksbursche, ganz aufgeregt — so schien es wenigstens — angerannt kam und dem Bauern zurief: ,,Seht zu, daß Ihr schleunigst nach Hause kommt, Euere Frau ist krank und bedarf Euerer Hilfe!"

Der Bamberger spannte denn auch schleunigst aus, band die Ochsen fest und lief heim. Er sah seine Frau „quietschfidel" und wußte im gleichen Augenblick, daß er auf den Leim gekrochen war. Eilig rannte er zum Acker: die Ochsen suchte er vergebens. Da half kein Fluchen und auch kein Beten. Er war der „Gelacktmeierte", wobei die Frage offenblieb, ob er sich mehr über den Verlust der Ochsen ärgerte oder über die Leute im nahen Dorfe, die sich bald eins ins Fäustchen lachen würden.

Seine Frau wußte einen Weg. Vor Tagen hatte sie von einem Schäfer an der Haardt gehört, der die seltene Gabe der Hellseherei besitzen sollte. Dorthin wandte sich der Bamberger auf den Rat seiner Frau hörend. Es war schon ein arg weiter Marsch bis an die Haardt, und als der Schäfer ihm gar noch riet am nächsten Tag wiederzukommen, da wollte dem Bamberger doch der bekannte Geduldsfaden reißen. Doch, wer Hilfe braucht, hält den Mund und läßt so manches über sich ergehen. Der Bamberger ging nicht nach Hause, vielmehr suchte er sich ein windgeschütztes Plätzchen in der Nähe eines Schäferkarrens. Dort fielen ihm gleich die Augen zu, denn der lange Fußmarsch hatte doch angestrengt.

Plötzlich wurde der Bamberger durch ein Gespräch, ganz nahe bei ihm, geweckt. Das Herz schlug ihm bis zum Halse, und er glaubte die Stimme des Schäfers zu vernehmen: „Wo sind des Bambergers Ochsen?" Darauf erwiderte eine Stimme, die wie aus dem Grabe kam: „Ich sage es nicht, es horcht jemand." „Dann bringe ihn um!" meinte der Schäfer, und der andere darauf: „An den traue ich mich nicht heran." Ein Getuschel folgte und dann die Stimme des Schäfers: „Die Ochsen werden morgen um die Mittagsstunde bei der Rheinschanze über die Brücke geführt."

Als die Luft rein war, schlich sich der Bamberger aus seinem Versteck, erwischte im Morgengrauen einen Wagen, der zum Rhein fuhr und kam gerade recht, als der Handwerksbursche die Ochsen zur Brücke trieb.

So kam der Bamberger wieder zu seinem Ochsenpaar.

## 158  Hannes Warsch aus Oggersheim

Mit Schrecke em noch heut gedenkt
Der dreißigjährige Krieg;
Do word gemordt, gebrennt, gesengt,
Segar noch nochem Sieg.
Vun viele Feind war doch der wüscht
Das Diebschor, die Spanjole:
Wollt das die Palz mit lauter Lischt
Als Morgenimbs sich hole.

Vor Oggerschem mußt still m'r steh',
Do war gelecht e' Knopp;

Der Owerscht wollt un wollt nit geh';
Der hatt die Palz im Kopp!
Isch's Städtel wul ach stark verschanzt,
Doch krikt's die Gäsegichter:
M'r hot se pärsch schun angeranzt —
Der Feind steht immer dichter.

Doch ener numme weist noch Muth,
Der denkt in seinem Sinn:
Prowir's, un wann's nix helfe dut —
Do gehts in enem hin.
Un herzhaft stellt er sich uf's Thor,
Un wedelt's weiße Tüchel
Un ruft: „Gebt ehr uns Schutz devor,
Isch gleich uf Thor un Richel!

Doch seid ehr köppisch, roh un hart,
Werd herzhaft sich gewehrt:
Es werd noch grosi Hülf erwart —
En Ehr die anner wert!"
Den Owerscht frät das gar zu sehr,
Un gleich isch's Thor ach offe;
Doch als sie drei', isch alles leer,
War alles fortgeloffe!

Der Uewerescht, des isch der Hert,
Es isch der H a n n e s  W a r s c h ;
Wie's Städtel so belagert werd,
Mächt alles linksum marsch.
Der Owerscht fragt, er sächt gedrückt:
„Wie kunnt ich ach mitlafe?
Mei' Fra die hot e' Klenes krikt —
Das muß ich halt doch tafe!"

Trett nächer hin und bitt und sächt:
„Das Städtel isch befreit!
Herr Owerscht, isch es Euch nit recht,
So halt ich Kinntaf heit?"
Der Owerscht sicht en freundlich an,
Er nimmt's em nit vor üwel
Un sächt, weil du so brav gethan,
So heb ich der dei' Büwel!"

Nit wohr, das Stückel isch mol schö',

's könnt schöner wul nit sei';
Es sollt in jedem Büchel steh',
Drum setz ich's do erei'.
In Oggerschem isch's wul gekennt,
Ja jedes Kinnel kann es;
So lang m'r Oggerschem noch nennt —
So nennt m'r's Warsche Hannes!

## 159 Friesenheimer Eulen

In der Pfalz hat bald jeder Ort einen Übernamen. Der Pfälzer neigt eben zu Streichen und Späßen, die auch hierzulande nicht übel genommen werden. Bei den meisten dieser Spitznamen ist die Herkunft nicht mehr einwandfrei festzustellen, doch dürften sie in der Mehrzahl aus Geschehnissen abgeleitet worden sein, die dem Dorf zu breitem Gelächter Anlaß gaben, den Betroffenen aber recht peinlich waren. Ein typisches Beispiel hierfür sind die „Friesenheimer Eulen".

Es ist schon lange her. In den Dörfern brannte noch kein elektrisches Licht. Dunkel und unheimlich war es nachts auf den Straßen. Stille lag über den menschlichen Behausungen. Hin und wieder kläffte ein Hund, oder ein Käuzchen schrie und verkündete baldigen Tod. Der Wind strich um die Häuser. Nur einmal in der Woche, wenn die Spinnstube oder auch die Rockenstube ihr Ende gefunden hatte, wurde es lebhaft in den Straßen. Junge Burschen brachten ihre Mädchen nach Hause. Die Stille ward für kurze Zeit unterbrochen.

Und doch war in *Friesenheim* jede Nacht einer unterwegs. Sie nannten ihn den „alten Rochus", obwohl er erst zum „Mittelalter" zählte. Sein „Bauchladen" ließ ihn gebeugt gehen, so schwer waren die Waren, die er an den Haustüren landauf, landab anzubieten hatte. Er war einst ein fideler Kerl, stets zu Späßen aufgelegt. Aber irgendwann mußte ihm etwas über die Leber gekrochen sein, denn nun war er einsilbig, ja mürrisch geworden.

Früh am Morgen, noch vor dem ersten Hahnenschrei, machte sich der Rochus auf den Weg, und erst spät in der Nacht kehrte er wieder. Im Dorfe kannte man seinen Schritt, niemand mehr verließ die Bettstatt, um hinter dem Vorhang nach ihm zu spähen. Selbst die Hunde wußten um den späten Heimkehrer, sie schlugen nicht mehr an.

In einer stockdunklen Nacht stolperte Rochus über die Dorfstraße, ein Lied vor sich hinsummend. Die Geschäfte gingen gut an diesem Tag. Vielleicht war er deshalb einmal wieder zu einem Streich aufgelegt. Droben am Schallloch im Kirchturm hatte er zwei glühende Punkte entdeckt. Der Schalk saß ihm im Nacken, als er eilends die Feuerwehr alarmierte. Mit der Ruhe war es nun im Dorfe vorbei. Von allen Ecken und Enden strömten sie herbei, nur

notdürftig bekleidet, denn niemand wollte zu spät kommen, keiner wollte sich das zu erwartende Schauspiel entgehen lassen.
Die ledernen Wassereimer wanderten von Hand zu Hand, und endlich suchte sich das Wasser durch den Schlauch seinen Weg. Nach einigen vergeblichen Versuchen traf der Wasserstrahl das Schalloch. Lautlos entschwand dort oben eine Eule, und damit war der Brand gelöscht. Die Friesenheimer aber hatten ihren Übernamen. Wie es dem Rochus erging? Niemand weiß es zu sagen.

## 160 Hirschbühl nannten sie den Hof

In der „guten Stube" eines alten Hofes, der zwischen *Friesenheim* und *Hemshof* lag, saßen Anne-Dorte, die Besitzerin, und ihre Patin in lebhaftem Gespräch. Der Hof sollte einen Namen bekommen. Das war nicht einfach. Vorschläge gab es viele, doch immer wieder wurden sie verworfen. „Wie wäre es, wenn du den Hof ‚Hirschbühl' nennen würdest?" meinte die Alte, „ich weiß da eine Geschichte aus fernen Tagen. Höre zu:
Nicht gar weit von hier, und zwar am äußersten Ende des Böhl, zwischen Neuwiese und Riedsaum, stand einst eine Wasserburg. Der Rhein umfloß sie noch von allen Seiten, und die Herren, die dort herrschten, nannten sich Ritter von Friesenheim. Es waren tapfere, kluge Männer, die sich mancherlei Verdienste erwarben. Einmal saß dort auch ein zartes Ritterfräulein in großer Verlassenheit. Die Eltern deckte schon die kühle Erde, und die Brüder waren ins heilige Land gezogen. Nun hatte die bittere Kälte ihr auch noch den letzten Freund genommen, das Windspiel. Traurig saß das Mädchen am Fenster ihres Frauengemaches. Der Strom führte Eis mit sich, und die Schollen, von Neuschnee bedeckt, schoben und wälzten sich glitzernd durch die blaugrauen Fluten. Doch Gunda, die junge Herrin, achtete ihrer nicht. Tränen verschleierten ihr den Blick. Allein, wie man wohl im Schlafe aufschreckt, wenn ein ungewohnter Laut zum Ohr dringt, so schnellte Gunda empor, als ihr Auge Seltsames gewahrte. Stromabwärts auf einer Eisscholle trieb eine Hirschkuh. Schon gingen die Edelknaben daran, die Scholle mit Haken und Stangen ans Ufer zu lenken, doch die Hirschkuh floh auf eine andere Scholle und nur noch weiter auf den Strom hinaus. Da war unvermutet Gunda zur Stelle, und ehe ihr Gefolge es hindern konnte, befand sie sich auf dem Eise. Sicher strebte sie von Scholle zu Scholle und hatte bald das Mutterwild erreicht, und wie sie nun den Arm um den schlanken Hals legte, da rieb sich das verängstigte Tier die Stirne an ihr, als wären sie längst schon Freunde gewesen. Noch aber war die Rettung nicht gelungen. Der Rückweg gestaltete sich viel schwieriger, als sich das mutige Edelfräulein gedacht hatte. Vergebens versuchten die Knappen, der Scholle Halt zu geben.
Am selben Tage durchstreifte ein junger Jäger den Forst von *Rheingönheim*. Als rechter Waidmann suchte er den Wald zu jeder Jahreszeit auf. Da brach

plötzlich vor ihm eine Hirschkuh aus dem Unterholz auf. Er folgte ihrer Fährte, die zum Strome führte, und entdeckte sie nun dort auf dem treibenden Eise. Sogleich schickte er sich an, ihr am Ufer zu folgen, um sie in einem günstigen Augenblick aus ihrer gefährlichen Lage zu retten. Wie er sich nun aber mehr und mehr der Wasserburg näherte, kamen ihm Bedenken.

Lagen die Ritter von Friesenheim nicht im Streit mit den Brüdern vom Neuen Hof? Hatten sie sich nicht den Zehnten von den Feldern beim Rechholz genommen, der doch den Himmeroder Brüdern vom Neuen Hof zugekommen wäre? Seither grollten die Ritter von Friesenheim auch seinem Geschlecht, da sein Vater sich offen auf die andere Seite gestellt hatte. Langsam nur kam der junge Jäger bei solchen Gedanken voran, aber auch die Scholle mit der Hirschkuh geriet ins Stocken, und so geschah es, daß er Zeuge des mutigen Eingreifens der lieblichen Gunda wurde. Nun aber hielt ihn nichts mehr. Entschlossen gab er den fremden Knechten seine Anweisung, sprang selbst auf das Eis und brachte nach mühseliger Arbeit Ritterfräulein und Hirschkuh glücklich ans Ufer. Jener Jägersmann aber, der nun gar trauliche Aufnahme fand und bald um Gunda freite, war Herr Dirolf von Hochheim, und er soll in seiner Freude jene Stelle, wo das Eis ins Stocken geraten und die Rettung gelang, ‚Hirschbühl' genannt haben."

Anne-Dorte fand den Namen gut, ja „Hirschbühl" sollte der Hof heißen.

Jahre gingen ins Land. Kurfürst Friedrich II. erbaute sich ganz in der Nähe ein Jagdschloß, und auch er fand keinen besseren Namen.

## 161   Friso riefen sie ihn

Über die Herkunft von Orts- und Flurnamen streiten sich oft die Gelehrten, weil die Beweise nicht ohne weiteres erbracht werden können. Die Sage aber geht ihre eigenen Wege, sie deutet nach ihrer Art. So verhält es sich auch mit dem Ortsnamen *Friesenheim*.

Da lebte vor vielen Jahren in der Nähe von *Worms* ein begüterter, angesehener, zielbewußter Edelmann. Der hatte eine bildhübsche Tochter, die Hita gerufen wurde. Er hütete sie wie seinen Augapfel. Ihr zuliebe erstand er ein Haus im nahen Worms und gab ihr einen eigenen „Hofstaat" mit, eine Amme, einen Hofmann, Knechte und Mägde.

Man fühlte sich wohl in dem neuen, größeren Gemeinwesen. Neuigkeiten gab es da am laufenden Band; die Langeweile war wie weggeblasen. Aufgeregt und mitteilsam stand eines Tages die älteste Magd vor ihrer Herrin: „Ein fremder Kaufmann machte mit seinem Schiff am Ufer fest. Ein merkwürdiges Schiff, solches sah ich noch nie! Er bietet einen rauhen Wollstoff zum Verkaufe an." „Führe mich hinunter, ich will sehen, was dieser Fremdling anzubieten hat!" die Neugierige sprach's, und gleich nahmen beide den Weg unter die Füße. Der Herrin schlug das Herz höher, als sie den blonden, blauäugigen Hünen sah. Liebe auf den ersten Blick, so würden wir Heutigen sagen. Galant führte der Fremde die hübsche Hita an einen abseits stehenden Tisch. Dort offenbarte er sich: „Ich habe von Deiner Schönheit gehört, und deshalb bin ich hierher gekommen." Hita wurde rot bis unter die Haarwurzeln. Die Magd bemerkte es mit Staunen.

Schon bald wußte auch der Edelmann davon, daß der blonde Kaufmann im Haus in Worms ein- und ausging, und schnurstracks machte er sich auf den Weg, nach dem Rechten zu sehen. Er wollte nichts hören von einer Liebe zu einem Fremden, den niemand kannte, der Unglück über die Familie bringen konnte. Auch Tränen brachten ihn nicht von seinem Entschluß ab: der Fremde mußte verschwinden! Es geschah nach seinem Willen. Hita war kaum zu trösten, selbst die Dienerschaft vermochte es nicht. Wochen vergingen. Da kam die Kunde, daß der Fremde stromaufwärts in den Sümpfen hause. Er und seine Knechte bauten Dämme und zögen Kanäle und machten das Land urbar. Einen festen Hof hätten sie schon erbaut, an einer Wasserburg arbeiteten sie. Friso sei des femden Kaufmannes Name, so hatte der Hofmann ausgekundschaftet. Licht war in trübe Tage eingebrochen.

Natürlich blieben die Arbeiten des Fremden dem Edelmann nicht verborgen. Er schätzte schwere und zielbewußte Arbeit, erst recht in diesem Falle, denn hier konnte er vieles dazulernen. Nun wünschte er sich diesen blonden Hünen zu seinem Schwiegersohn. Beider Wünsche trafen sich. Der Edelmann begleitete Hita zum Hofe des Friso. Hochzeit wurde gefeiert.

Im Laufe der Jahre schufen fleißige Bauernhände neue Höfe, das Heim des Friso lag in ihrer Mitte, Friesenheim entstand.

## 162 So wird bald das Blut fließen

In früheren Jahren passierten schon recht merkwürdige Dinge. Da geschah es wohl, daß ein alter Fuhrmann, der Tag und Nacht mit seinen Gäulen unterwegs war, plötzlich am Wegesrand eine Hütte entdeckte, die bei der Hinfahrt noch nicht stand, die aber auch beim Zurückblicken nicht mehr vorhanden war. Da kann es einem ganz unheimlich werden, erst recht dann, wenn solche Dinge um Mitternacht geschehen!

Ein solcher, mit allen Wassern gewaschener Fuhrmann, war einmal mit einer Weinfuhre von *Pfeddersheim* nach *Frankenthal* unterwegs. Er hatte vor Mitternacht eingespannt, denn er wollte frühzeitig auf dem Markt in Frankenthal sein. Die Nacht war mondhell, die Gäule fanden den Weg auch ohne Leitseil.

Plötzlich rief es links von ihm: „Können wir mitfahren?" Erschrocken entdeckte der Fuhrmann drei Soldaten, die einen nicht gerade vertrauenserweckenden Eindruck machten. Was sollte er tun? Er lud sie ein und sah auch schon seinen Wein verloren. Doch er hatte sich getäuscht. Die drei waren recht freundlich, es ging die Rede nach dem Woher? und Wohin? Schließlich fragte der Anführer, ob der Fuhrmann den Wein nicht ihnen verkaufen würde. „Wir zahlen einen guten Preis", so meinte der Korporal, „außerdem habt ihr den weiten Weg gespart, denn wir sind schon zu Hause." Der Fuhrmann machte große Augen, als er die Hütte drüben hinter der Eisbachbrücke entdeckte. Sie wurden handelseinig; der Fuhrmann bekam den doppelten Preis für den Wein, und die Fässer brachte er auch gut an. Er hatte bereits das Geld auf der Hand, als noch nicht abgeladen war.

Er allein lud ab, und wenn er sich hinterher überlegte, wie er das fertiggebracht hatte, fand er keine Antwort auf seine Frage. Wie üblich verlangte er nach dem Abladen einen Schluck.

Der Korporal nahm ihn bei der Hand und führte ihn eine Treppe hinunter in einen riesigen Keller. Auf dem Boden lagen eine Unmenge von Soldaten kreuz und quer, neben- und übereinander. Der Korporal schritt über sie hinweg. Aus einem Zehnfuderfaß ließ er dunkelroten Wein laufen, ohne den Krug unterzuheben, ließ ihn laufen, bis der ganze Boden naß war von Wein. Dann trat er auf den Verdutzten zu, und sein Blick war stechend, als er hervorstieß: „Schau dir das genau an, aber sage niemand etwas davon! So wird bald das Blut fließen, und so werden die Gemordeten auf dem Schlachtfeld liegen!"

Im gleichen Augenblick waren Korporal, Soldaten, Keller und Hütte verschwunden, und der Fuhrmann stand bei seinen Gäulen. Er wendete das Fuhrwerk und raste im Galopp zurück nach Pfeddersheim, denn was er gesehen, mußte er los werden. Niemand glaubte ihm; man lachte ihn aus. Doch als die Schlacht bei Pfeddersheim geschlagen war, und die Toten kreuz und quer auf dem Schlachtfeld lagen und viel Blut geflossen war, da erst glaubten sie dem Fuhrmann, daß er einen Blick in die Zukunft hatte tun dürfen.


## 163   In ihrem nassen Reich

Im Schilf am Ufer des Rheines bei *Roxheim* waren früher Wasserfrauen zu Hause. Sie lebten in den Tag hinein ohne Sorgen, fröhlich beschwingt, schlugen dem und jenem ein Schnippchen, konnten allerdings auch böse werden, wenn das Wetter nicht ihren Wünschen entsprach. Sie hatten herrliche grüne Augen und haben schon manchen jungen Mann in ihr heimliches Lager gelockt. Sie taten ihm nichts zu leide, wenn vom Himmel die Sonne lachte. Wehe aber, wenn sich beim Stelldichein der Himmel bezog! Der Bursche kehrte nie wieder. Da half auch tagelanges Suchen nicht. Man fand ihn nicht mehr. Dem Jäger ist es auch schon so ergangen. Am frühen Morgen, die Nebel lagen noch in der Niederung, machte er sich auf, um am Rheinarm nach Schnepfen und Wasserhühnern zu jagen. Auch ihn fand man nie wieder. Die weißen Wasserfrauen hatten ihn hinuntergezogen in ihr nasses Reich.

## 164   Das Kreuz auf der Heide

Droben auf der „Heide" hütete einst ein stattlicher, junger Hirte die Schafherde. Gar bald gewann er mit seinem lieblichen Flötenspiel das Herz der
Tochter aus der Mühle von *Lambsheim*. Einen heiteren Frühling und einen
lieblichen Sommer lang teilten sich die beiden heimlich so manche verschwie-
gene, beglückende Stunde.
In den letzten Sommertagen kam vom benachbarten *Eyersheimer Hof* der reiche Müllersohn und hielt beim Lambsheimer Müller um die Hand seines
Töchterleins an. Dem Ja-Wort seines Vaters wagte das folgsame Mädchen
nicht zu widersprechen. Von nun an getraute es sich nicht mehr hinauf zur
Heide. Oft glaubte das Müllermädchen ein sehnsüchtiges Wehklagen der
Hirtenflöte zu vernehmen. Der Verlobungstag im Herbst war für die Braut
kein Freudentag. Und im Frühjahr sollte Hochzeit gefeiert werden.
Als dann die ersten schönen Frühlingstage wiederkehrten, entging — getrieben von inniger Sehnsucht — das jetzt beherzte Mädchen der elterlichen
Aufsicht. Es eilte fort, hinauf zur Heide, zu den Schafen . . . Der Hirte, der
junge Hirte — der aber war — ein anderer . . . Der fremde Schäfer erzählte,
sein Vorgänger sei an Gram und Herzeleid gestorben. Das Mädchen war zu-
tiefst betroffen, es eilte davon in fassungsloser Verwirrung und fand im Wasser der Isenach den Tod, den Erschöpfungstod — den Verzweiflungstod?
Der Lambsheimer Müller erfuhr, wie sich alles zugetragen hatte. Der verzweifelte Vater fertigte aus einem Mühlstein seines Mahlwerkes mit eigenen
Händen ein Kreuz und stellte es droben auf der Heide auf.
Der Müllersohn vom Eyersheimer Hof wurde nie glücklich. Selbst im Tode
fand er keine Ruhe. Zur Mitternachtsstunde geistert er bei der Lambsheimer
Mühle an den Dämmen der Isenach unter den rauschenden Pappeln stöh-
nend und keuchend umher. Oder er treibt seinen Geisterspuk droben beim
Kreuz auf der Heide.

## 165   Schlecht gelohnte Nachbarschaftshilfe

„Wo's Mühlenrad am Bach sich dreht", da herrscht Wohlstand, denn die
Geschäfte gehen, weil jeder Brot braucht. So mancher Müller nahm es früher
nicht so genau, und manches Bäuerlein ward betrogen. Solche Dinge merkte
man sich, ja sie stießen einem sauer auf, und es ist deshalb nicht verwunder-
lich, daß bei einer Bittprozession, die durch den Hof einer Mühle zog, der
Küster den Pfarrer bedrängte: „Hier, Herr Pfarrer, mitten in der Mühle,
müssen sie den Wettersegen geben, denn hier leidet unsere Frucht am meisten Not!"
Die Mühlen, hauptsächlich die kleineren, haben in unseren Tagen die Arbeit
eingestellt. Das ist eigentlich schade, denn bei den Großmühlen ist von Müh-
lenromantik kaum mehr etwas zu verspüren. „Wo's Mühlenrad am Bach sich

dreht", letztes Requisit vergangener Tage . . . Es gibt Dörfer, in deren Bereich gleich mehrere Mühlen lagen. Sie halfen sich aus, wenn Not am Manne war und sie sich vertrugen. So war es auch einst bei den Müllern von *Lambsheim* und *Eyersheim*. Die Bauern klagten über eine schlimme Mißernte und man fürchtete, daß das Brot nicht bis zur nächsten Ernte reichen würde. Die Speicher der Lambsheimer waren aber noch vom Vorjahr gefüllt. So wechselten dreimal drei Malter Getreide den Besitzer. Der Eyersheimer verteilte die Gabe unter seinen Kunden. Der schlimmsten Not war gesteuert.

Schon bald starb der Lambsheimer Müller. Die Witwe schleppte den Betrieb recht und schlecht durch die Wirrnisse der Zeit. Der Nachbarmüller machte für sie keinen Finger krumm, ja er gab ihr nicht einmal die dreimal drei Malter Frucht zurück.

Die Buben in der Lambsheimer Mühle wuchsen heran, und schon bald ging es wieder aufwärts. In der anderen Mühle aber folgte ein Unglück dem anderen. Nach dreimal drei Jahren hatte der Müller Frau, Sohn und Mühle verloren. Kniefällig bat er seinen Nachfolger, ihn doch als Müllerknecht zu beschäftigen. Nach dreimal drei Jahren hauchte er unter einem Maltersack sein Leben aus.

Die Zeit verging. Niemand dachte mehr an den alten Eyersheimer. In seiner Mühle mußte das Mühlrad erneuert werden, und als es sich zum ersten Male drehte, zeigte sich der alte Müller. Die Speichen des Mühlrades hoben ihn aus der Isenach, und mit lautem Stöhnen erreichte er das Ufer des Baches. Erschrocken wollte der junge Besitzer der Mühle fliehen, doch das Gespenst blieb ihm auf den Fersen. „Höre", so klang eine hohle Stimme, „höre, Müller, wenn ich dir einen Rat geben darf: Bereichere dich nie an fremden Gut! Schau mich an! Ich muß dreimal drei Generationen lang Nacht für Nacht dreimal drei Maltersäcke voll Frucht zur Lambsheimer Mühle schleppen, weil ich sie zu meinen Lebzeiten nicht zurückgegeben habe." Das Gespenst ließ den schlotternden Müller stehen und verschwand im Mühlenrad.

In stürmischen Nächten hörte man das Wehklagen des Müllers, und um Mitternacht sah man ihn schon in weißer Müllertracht, den Maltersack auf dem Buckel, die Isenach hinunter waten.

# 166 Nächtliche Rache

Auf halbem Wege zwischen *Lambsheim* und *Heßheim* überspannte einst eine alte Steinbrücke eine sumpfige, verschilfte Senke, über die heute bestellte Fluren ziehen. „Am Binsenhorst" heißt jetzt noch eine dortige Gewanne an der Grenze zwischen den beiden Nachbarorten. Es war schon unheimlich, zur nächtlichen Stunde diese Örtlichkeit zu passieren: Struppige Kopfweiden, gespenstig hochgeschossene Pappeln, schwarze, schemenhafte Heckenraine, feurig funkelnde Augen umherschleichender Füchse und Wildkatzen, lärmendes Froschquaken, dazu der verschleiernde Nebel, — das alles war schon Panorama und Szenerie einer Geisterwelt. „Geisterbrücke!" Was geschah dort? Ein spanischer Korporal liebte die Tochter des Schultheißen von Lambsheim. Der Schultheiß glaubte, um seine Tochter nicht bangen zu müssen. Jedoch hinter dem Rücken des Hausherrn verstanden es die dunklen Augen des Südländers, beharrlich Schritt für Schritt das Herz des stolzen Mädchens zu gewinnen. Eines Nachts, der Korporal mußte einen Kurierritt nach Heßheim unternehmen, ritt sie mit ihm. Auf dem Rücken des Pferdes träumten beide liebestrunken von ihrem Glück . . . — Aber einer der früher abgewiesenen Freier fieberte der Stunde nächtlicher Rache entgegen. Am nächtlichen Himmel zogen sich schwarze Gewitterwolken zusammen. Zuckende Blitze machten für Sekunden die Nacht zum Tage! Der Spanier gab seinem Pferd die Sporen. Vor der Brücke setzte plötzlich ein peitschender Regen ein. Das Pferd bäumte sich auf und wollte nicht mehr; es wollte nicht mehr trotz Sporen, trotz besten Zuspruches! Der Reiter stieg ab und hob auf seinen Armen das zitternde Mädchen herunter. Da — ein entsetzlicher Aufschrei! . . . röchelnd sank in einer feuchtwarmen Blutlache der Spanier tot zusammen. Der Attentäter entkam über den Rhein. An der Geisterbrücke spukt es seitdem: Bald war es der Mörder, bald der Ermordete mit und ohne Schultheißentochter, die dort klagend und weinend „umgingen".

## 167 Das hinkende Graumännlein

Nach einer weiteren Überlieferung von der *Lambsheimer* Geisterbrücke wird folgendes erzählt:
Zwei Bauersleute, die wegen Grenzstreitigkeiten verfeindet waren, begegneten sich mit ihren Fuhrwerken auf der schmalen einspurbreiten Geisterbrücke. Jeder von beiden wollte als erster die Durchfahrt erzwingen. Es kam zu Schimpfereien, dann zu tätlicher Auseinandersetzung; man griff zu den Peitschen! Die Pferde bäumten sich auf und scheuten! Des einen Pferd stürzte mit Fuhrwerk die Brücke hinab. Der andere verunglückte so, daß er sein Lebtag lang ein halbgelähmter Krüppel blieb. Hochbetagt erst wurde er von seinem Siechtum erlöst. Als „hinkendes Graumännlein" — mit und ohne Kopf — ging er in die Spukwelt der Geisterbrücke ein.

## 168 Das Wirtshaus war wichtiger

Einmal im Jahr sollte man doch zur Kirche gehen, meinte die Frau zu ihrem Mann und legte ihm am Ostermorgen die besten Kleider zurecht. Der Alte murrte zwar, doch schließlich ließ er sich erweichen, und gemeinsam machten sich die beiden auf den Weg zum Gotteshaus. Unterwegs mußte der also

Genötigte an einer Wirtschaft vorbei. Er beschwatzte sein Weib, daß ja noch genügend Zeit bis zum Beginn des Gottesdienstes sei, und er ganz schnell ein „Piffchen" zu sich nehmen wolle. Und schon eilte er die Wirtshaustreppe hinauf.

Sie wartete beim Evangelium, sie wartete bei der Wandlung und auch bei der Kommunion. Er kam nicht. Das sollte er büßen, so schwor sie und schneuzte die Nase laut und vernehmlich.

Der Veit, so hieß ihr Mann, saß derweilen und genehmigte sich einen Schoppen nach dem anderen. Als es Wandlung läutete, hielt er es nicht für notwendig das Glas hinzustellen und die Kappe abzunehmen. Kaum war der letzte Glockenschlag verstummt, schnellte er von seinem Sitz hoch und warf das Glas auf den Boden. Pfui, Teufel! Wo die Scherben und der Wein lagen, wimmelte es von ekeligem Gewürm. Dem Veit kam es hoch, er erbrach sich, und die Umstehenden flüchteten aus dem Lokal. Er schwankte nach Hause, stetig das Bild vor Augen. Seine Frau fand einen vom Tod Gezeichneten und hatte deshalb auch schnell ihren Groll vergessen. Der Arzt konnte ihm nicht mehr helfen, selbst das heilige Brot blieb nicht bei ihm. Nach Tagen starb er. Der Ekel hatte ihm den Tod gebracht. So geschehen in *Weisenheim am Sand*.


## 169   Die Reben wuchsen nicht an

An einem warmen Frühlingstag setzte ein Winzer aus *Ungstein* einen jungen Wingert. Die Voraussetzungen zum guten Gedeihen der Reben waren gegeben: Der Boden hatte schon kräftig Wärme geschluckt, und kaum hatten sie die letzten Reben angetreten, da begann es ganz fein zu regnen; ein warmer Regen netzte die Fluren. Die Reben waren angegossen.

Der Wingert, im Kreuzmorgen stand er, legte los, daß es eine Pracht war. Nur an einer Stelle blieben die Reben zurück und gingen dann schließlich ein. Man hätte einen Kreis um den Platz ziehen können. Auch die nachgestuften 20 Reben blieben nicht lange am Leben. Noch einmal versuchte es der Winzer, wieder wuchsen die Reben nicht an. Das ganze Dorf zerbrach sich den Kopf, woran das wohl liegen könnte. Da fiel einem alten Mann ein, daß vor vielen Jahren genau an der Stelle einige Männer im Kreise gestanden und armen Waisenkindern ihr Feld abgesprochen hätten.


## 170   Sie bestürmten gemeinsam den Himmel

In *Leistadt* wohnte einst ein rechtschaffener, ehrlicher, fleißiger Winzer, dem keine Arbeit zu viel und kein Weg zu weit war, wenn er damit seiner Familie oder auch seinem Nächsten helfen konnte. Ein solch braver Mann ist natürlich dem Teufel ein Dorn im Auge. So beschloß der Höllenfürst, diesen Winzer auf's Kreuz zu legen.

Jeder Versuch, dem Weinbauern beizukommen, schlug aber fehl. Schließlich ließ sich der Satan in Gestalt eines Essigmückleins in das Weinglas fallen. Der Bauer achtete nicht darauf und schluckte das Mücklein beim Vespern. Von diesem Tage an begann der Winzer über das Maß zu trinken, er trieb sich am hellen Tag in den Wirtschaften herum, seine Wingerte litten Not. Da halfen nicht gute Worte der Frau, des Nachbarn oder des Pfarrers, da half auch keine Schelte. Immer wieder versprach's der Bauer, immer wieder schwankte er des Nachts nach Hause. Der Teufel hatte die Sache gut angekartet: er wollte, daß der Winzer Wingert für Wingert und schließlich das Haus wegen des Saufens veräußern müßte. Dann hatte er ein gefügiges Werkzeug, dann konnte er mit dem Winzer einen Pakt schließen, und eine Seele war ihm wieder sicher.

Immer mehr und immer schneller ging es mit dem Winzer bergab. Es war nicht mehr mit anzusehen, wie der einst geachtete Mann zum Gespött vieler wurde. In der größten Not rief der Pfarrer des Ortes sechs Kollegen aus den Nachbardörfern herbei. Sie bestürmten gemeinsam den Himmel mit ihren Gebeten. Und sie hatten Erfolg. Dem Munde des Winzers entwich plötzlich ein ganzer Schwarm von Essigmücklein. Ihm war mit vereinter Kraft geholfen worden.


# 171 Verschmähte Liebe

Der junge Burgmann Eberhard von Randeck, ein lebensfroher Draufgänger, dem auch die Heimtücke nicht unbekannt war, liebte die Tochter des Grafen Friedrich von Leiningen. Bei jeder sich bietenden Gelegenheit sprach er davon, doch sie zeigte ihm die kalte Schulter. Aus Liebe wurde Haß, und daraus wuchs der Vorsatz, die einst geliebte Gräfin Jolantha umzubringen. Sie war mit Arnold, dem Grafen von Egmont, verlobt.

Eberhard legte sich einen gar teuflischen Plan zurecht. Er besuchte eines Tages den Müller der kleinen Sägemühle bei *Altleiningen*. Durch Bestechung vermochte er den Müller so weit zu bringen, daß er ein ganz dünnes Brett an jenen Übergang legte, unter dem sich die Räder befanden. Hier sollte Jolantha ihre letzten Schritte tun.

Das Brautpaar machte zusammen mit Randeck und einer Freundin der Gräfin Tage später einen Spaziergang auf dem Zimmerberg. Eberhard riet, daß man doch die Mühle im Tale besuchen sollte. Der Graf stimmte zu. Sie stiegen hinab, und in der Mühle wußte es Randeck so einzurichten, daß Jolantha vorangehen mußte. An der gefährlichen Stelle verhielt die Gräfin. Es half kein Zureden des verschmähten Liebhabers; Jolantha mag wohl Schlimmes geahnt haben. Die Freundin solle als erste über den Steg gehen, schlug Eberhard vor. Sie tat's auch, das Brett brach, und das Mädchen stürzte zwischen die Räder und wurde zermalmt. Randeck sprang vor, um auch die

Gräfin hinabzustürzen, aber in demselben Augenblick ergriff ihn der Graf, hielt ihn fest, rief Leute herbei und ließ ihn und den Sägemüller binden. Auf der Burg gestanden beide das Verbrechen. Noch am Abend wurde Randeck im Burghof bei Fackelschein enthauptet, der Müller aber ins Verlies geworfen. Die neuvermählte Gräfin bat für den Verführten. Er wurde auf freien Fuß gesetzt und des Landes verwiesen. Randeck geistert an der Mühle meist um Mitternacht.

## 172 Das Ende einer Freundschaft

Der *Battenberger* und der von *Neuleiningen* waren beste Freunde. Der eine war stets bereit für den anderen sein Leben einzusetzen. Die beiden ließen von Burg zu Burg eine Brücke von bestem Leder spannen, damit sie schneller beieinander sein konnten. Und doch brach diese Freundschaft.
Einst saßen sie wiederum beisammen und vergnügten sich mit einem Spiele, bei dem der Leininger den „Bischofswald" verlor. Tags darauf sollte der Besitzwechsel schriftlich beim Leininger niedergelegt werden. Der Leininger aber dachte nicht mehr an die Freundschaft, er dachte nur noch an den verlorengegangenen Wald. Er paßte dem Battenberger auf und hieb mit dem Schwert die Haltegurte der Brücke ab, als der Freund gerade die Brücke betreten hatte. Der Battenberger stürzte in die Tiefe und verfluchte noch im Fall seinen ehemaligen Freund.
Beide Burgen wurden zu Ruinen. Der Leininger hat aber bis heute noch nicht wieder Ruhe gefunden. Er wandert stetig von Burg zu Burg. Daher rührt der Luftzug, der im Tale vom „Katzenstich" an zu bemerken ist.

## 173 Gottes schützende Hand

Bei *Battenberg* ragt ein Felsvorsprung steil und schroff über das Krumbachtal. Jungfernsprung wird er genannt nach dem Vorfall, der sich hier abgespielt haben soll.
Die hübsche Tochter eines Bauern aus dem Dorfe, Anna Herstein hieß sie, hütete einst die Herden ihres Vaters. Da kam ein Landsknecht des Weges, sah das bildschöne Mädchen und ward von einem wilden Verlangen nach ihm erfüllt. Er näherte sich mit lüsternen Augen. Doch sie entfloh ihm bis an den Rand des Abgrundes hin. All ihr Bitten nützte ihr nichts. Gerade wollte der Krieger das schutzlose Mädchen ergreifen und glaubte sich schon seiner Beute sicher, als jenes nach einem inbrünstigen Gebet sich in die Tiefe stürzte. Wohlbehalten kam Anna Herstein unten an, fiel auf die Knie und schickte ein Dankesgebet hinauf zu dem, dessen schützende Hand sie eben verspürte.

# 174 Die Gräfin Eva vun Neileininge

Ach Gott! Was werd mer's doch im Sinn
so leicht, wann ich im Wald als bin!
's is fascht so scheen dort wie deheem,
die Vegel kreische vun de Bääm,
die Micke hört mer luschtig sumse
un Krotte in die Pitsche plumpse
un prächtig schlängelt sich de Weg
eriwer, niwer, grad un schräg.
Un freelich wanner ich do anne
dorch Eeche, Buche un dorch Danne. —
De Wald heert uf; mer sieht schun dorch:
„Was is dann das dort for e Borg?"
Un in dem Aa'eblick geht grad
e Bauerschmann vorbei un sa't:
„Das Schloß, wo Se do driwe siehn,
is die Neileininger Ruin."

„Aha", sa' ich, „ich dank a scheen,
das Schloß is meiner Seel nit kleen,
du liewer Gott, is das e Mauer!"
„Ei wiss'n Ehr was", sa't do de Bauer,
„wann's recht is, will ich Eich verzähle —
das heeßt, wann Se kee Zeit verfehle —
was vor vielhunnert Johr un Da
sich in dem Schloß hat zugetra."
„Jo", sa' ich, „'s intressiert mich arig",
dann ganz voller Neigier war ich.

Dann fangt er an: „'s war Baurekrieg,
die Baure gehn vun Sieg zu Sieg
un's war kee Borg im ganze Lann,
die wo se net erowert han.
Un iwerall uf alle Schlösser,
do han se ausgepitscht die Fässer
un in de Vorratsstubb un Kich
han se achielt ganz ferchterlich,
bis alles leer war, blank un blott
un jeder satt als wie e Krott;
dann stecke se ufs Dach vum Haus
de rote Gockel owe naus. —
So sin die Baure no' un no'
bis vor Neileininge gezo',

un's war im Kriegsrot fescht beschloß:
Bis morje frih geht's Sterme los. —
's is Morje worr. Die Bauersleit
sin vorgerickt uf jeder Seit,
die Musik hat e Marsch gemacht,
der hat geschebbert un gekracht,
drei Trummle, zwee Trumbete aa
un finf, sechs Ziechharmonika.
Un vorwärts sterze se, die Baure,
wie's Dunnerwetter an die Maure:

De Peter un de Philip vun Marem (Marnheim),
die han es Wißbaam unnerm Arem,
am dicke Enn e Eiseklumpe,
for um 'es Dor eninzustumbe.
De Jockeljerg vun Mudderstadt,
der hat e langi, spitzi Latt,
for um die Feind ewegzuspiese,
wo owe vun de Mauer schieße.
De Ferdenand vun Bottebach
der krawwelt schun enuf ufs Dach.
De Adam un de Schorsch vun Bellem (Bellheim),
de Michel un de Sepp vun Göllem (Göllheim),
vun dene krawwelt aa schun jeder
mit Hänn un Fiß uf seiner Leeder (Leiter).
De Philp un Peter sterme los,
de Wißbaam schwenke se zum Stoß:
„Nix wie dewedder! Nix wie druff!" —
„Ei gu' mol, 's Dor is jo schun uf!"

Un iwer eemol aus 'm Dor,
do kommt die Gräfin Eva vor
un hat so halb un halb geschmunzelt
un halb un halb die Stern gerunzelt
un hat gesa't: „Gu'n Dag, Ehr Herre,
ei, ich meen als, Ehr dun Eich erre!
Is d a s e Art Besuch ze mache?
Geh, schämmen Eich, mer muß jo lache!
Mer kommt doch so nit zu de Leit,
mer meent, Ehr wäre nit gescheit!
Doch — wann Ehr jetzt scheen orndlich sin,
dann lad ich Eich zum Esse in." —

Do han die Baure no' un no'

die Mailer in die Läng gezo';
die eene stehn wie angeworzelt,
die ann're sind fascht umgeborzelt,
de Peter un de Philp sind ball
mitsamt em Wißbaam umgefall.

Do sa't die Gräfin: „Hopp Ehr Leit!
Die Supp steht uf'em Disch. 's is Zeit!"
Do sin die Baure awer straks
so zart un weech worr als wie Wachs
un han die Kappe abgenomm
un sin ganz brav dorchs Schloßdor komm
ins Herrschaftshaus un in die Stubb
un hocke sich glei an die Supp.

's war Riwelsupp. Un owe rum
sin Schnittlaachstickelcher geschwumm.
Das war e Leffle un Geschepp!
For jeden hat's drei Deller gebb. —
Kaum war die Supp eweg vum Disch,
do kommt e Rieseplatt voll Fisch.
„Halt!" kreischt de Schorsch vun Schifferstadt,
„ich krieg zu allererscht die Platt,
ich siehn grad so e scheener Hecht,
den wo ich geere esse mecht."
De Eckmathees vun Theisbergste'e (Theisberstegen)
der tret em heemlich uf die Zehe:
„Geh!" sa't er, „Schorsch, Du sollsch Dich schämme,
so derf mer sich doch nit benemme!"

No finf Minute ungefähr,
do war die Fischplatt blott un leer.
un, guck, die Kichedeer geht uf:
E neii Platt mit Brote druf!
Un Rotkraut noch dezu mit Keschte
wie an de höchschte Kerchefeschte.
Do sa't die Gräfin: „So, Ehr Herre,
die Platte misse leer geß werre,
un holen Eich nor fescht eraus,
's lei't noch genunk im Haawe drauß."
Des hot de Baure Spaß gemacht,
ganz laut han se enausgelacht.
Un wie uf eemol noch e Kischt
vun feinem Wein werd ufgedischt,

—'s war Forschter Ausles', Kerchestick, —
du liewer Gott! War d a s e Glick!!

Do kloppt de Franz vun Aldeglan
ans Weinglas un is ufgestann
un fahrt sich zweemol dorch die Hoor
un sa't: „Ehr Leit, ich sein defor,
daß mer im ganze Pälzer Lann
kee so e bravi Fraa meh han,
als wie die Gräfin Eva do,
so dichtig, freindlich und so froh,
ich sein defor, 'es Glas zu hewe:
Die Gräfin Eva, die soll lewe!!"

Do han die Baure „Hoch!"gekrisch
un ufgebollert uf de Disch
un mit de Kapp erumgeschwenkt
un alsfort widder ingeschenkt. —

So han se lang noch dogeseß
un nix als wie getrunk un geß.
Erscht owends so am Uhrer acht
do han se endlich Schluß gemacht
un sin e halwi Stunn deno
im diefschte Friede abgezo." —

## 175  Das Geisterturnier

Turniere gehörten einst zum Zeitvertreib fürstlicher Geschlechter. Aus irgendeinem Grunde finden auch heute noch um Mitternacht bei den Steinäk-
kern in der Gemarkung *Sausenheim* nicht weit von der alten Straße solche
Turniere statt, und zwar zwischen den einst gewesenen Leininger Grafen der
verschiedenen Linien.

„Ob ihr mir glaubt oder nicht", erzählte vor vielen Jahren ein Mann, der in
einer nebeligen Nacht im November zwischen *Grünstadt* und Sausenheim
unterwegs war, „ich mußte Fürchterliches erleben. Ich hatte es eilig, es war ja
auch schon um die mitternächtliche Stunde, und nahm deswegen die alte
Straße. Wie ich da an die Steinäcker komme, glaubte ich meinen Ohren nicht
zu trauen. Ein schrecklicher Lärm, ein Schreien und Toben waren zu hören.
Dazwischen klang es so, als ob Schwerter an Schilde schlügen, und als ob
eine Menge von Pferden über die Äcker galoppierte. Plötzlich war es mir unmöglich, noch einen Schritt vor den anderen zu setzen. Ich war gebannt. In
dem Augenblick sah ich auch die, die diesen Lärm verursachten. Da stürzten

Ritter in voller Rüstung mit gefällten Lanzen aufeinander los, einer nach dem anderen ward aus dem Sattel gehoben. Mit unheimlich langen Schwertern kämpften die Gestalten gegeneinander. Mir gefror das Blut in den Adern. Gerade gab die Glocke auf dem Turm von Sausenheim die erste Stunde des neuen Tages bekannt, da flog vor meine Füße der Teil einer zersplitterten Lanze, und vorbei war das Geisterturnier. Siehe da, ich konnte wieder gehen. So schnell wie damals war ich noch nie zu Hause angelangt."

## 176   Der Dieb holt sich seinen Wochentrunk

Am Oberhofe in *Grünstadt* arbeitete einst ein Knecht, der des öfteren hinunterstieg in den großen Weinkeller, um seinen großen Durst zu stillen. Er wußte genau, daß er hierdurch das Gebot seines Brotgebers überschritt, er konnte aber nie erwischt werden. Man munkelte zwar, aber nachgewiesen werden konnte der Diebstahl nicht.

Nach seinem Tode fand der Knecht keine Ruhe. In der Nacht zwischen Freitag und Samstag jeder Woche erschien er mit der „Stütze" in der Hand. Dabei waren ein lautes Kettengerassel, ein heiseres Hundegebell und schlürfende Schritte zu vernehmen. Der Knecht holte sich seinen Wochentrunk, wie er es auch tat, als er noch auf Erden war.

Ein besonders Mutiger versteckte sich einmal im Keller, um zu sehen und zu hören, was da in der Geisterstunde vor sich ging. Er sah zwar und konnte hören, doch war es ihm nicht vergönnt, das Gespenst anzureden oder es gar zu vertreiben, denn sein Körper war wie gelähmt und die Zunge versagte ihren Dienst. Erst mit dem Glockenschlag eins löste sich der Bann, der Geist aber war verschwunden. Seitdem unterließ man es, in diesem Keller je noch einmal Wein zu lagern.

## 177   „Susann wurd' ich genannt"

Im Jahre 1818 wurde die Gemarkung des untergegangenen Dorfes *Lindesheim*, das zwischen *Obrigheim* und *Dirmstein* lag, an die Gemeinden Obrigheim und *Offstein* zugeteilt.

Vor vielen Jahren wühlte einmal ein Eber auf der Gemarkung von Lindesheim eine Glocke aus dem Boden. Wem gehört sie? Das war nicht ohne weiteres festzustellen, weshalb es zum Streit kam zwischen Obrigheim, *Colgenstein*, Dirmstein und Offstein. Lange zog sich der Streit hin, jede Gemeinde wollte die Glocke in ihren Besitz bringen. Da machte einer den Vorschlag, daß man die Glocke auf einen Wagen laden solle. Ein blindes Pferd ohne Leitseil solle den Wagen fortziehen. Wo es mit seiner Last stehenbliebe, auf der Gemarkung oder im Dorf, der Gemeinde solle sie fürderhin gehören.

Weil das Pferd aber von Colgenstein war, zog es die Glocke auch dorthin. Das Dorf bekam die Glocke zugesprochen.

Bevor man sie aber auf den Turm brachte, ließ man folgende Worte in ihren Mantel hauen: „Susann wurd' ich genannt, da mich der Eber fand zwischen Erl' und Weiden, wo sich die Gewitter scheiden."

Im Jahre 1866 mußten auf dem Turm zu Colgenstein Maurer und Zimmerleute wirken. Dabei zersprang die Glocke und mußte umgegossen werden.

## 178 Eine glückliche Wette

In der Nähe der Kochschen Mühle bei *Asselheim* brannte lange Zeit hindurch auf einem Hügel ein blaugrünes Flämmchen. Während einer Zecherei erbot sich einer, dem Licht den Garaus zu machen. Eine Wette wurde abgeschlossen. Der Vorwitzige machte sich auf den Weg mit einer Sense auf dem Buckel. Auf der Anhöhe sah er neben dem Flämmchen einen zähnefletschenden Hund sitzen. Erst wollte er davonspringen, doch dann fiel ihm die Wette ein. Also hieb er mit der Sense zu. Es gelang ihm, dem Hund den Kopf vom Rumpf zu trennen. Die Flamme erlosch im gleichen Augenblick. Keinen Schritt konnte der Mann mehr tun, denn er stand im Bannkreis. Erst am Morgen wurde er befreit, und siehe da, die Feuersglut war zu puren Goldstücken geworden.

## 179 Das Gespenst in der Laube

In einem Gartenhäuschen in *Mühlheim an der Eis* erschien die weiße Frau. Pünktlich um Mitternacht war ein Türeschlagen in der Laube zu hören. Das Gespenst machte sich auf den Weg nach *Heidesheim* durch einen unterirdischen Gang, der unter der Mühlheimer Kirche hindurch zum Schloß führte. Den Heimweg nahm die weiße Frau über die Felder.

## 180 Der Verdacht erfüllt sich

„Fülle einen Sack mit Mist und binde den linken Zipfel ab. Dann legst du den gefüllten Sack in den Hof und schlägst mit einem Prügel darauf, bis eine alte Frau am Tor erscheint. Dann ist dein Vieh wieder gesund; nur darfst du nicht auf den Zipfel schlagen, darauf mußt du ganz besonders achten!" So riet der Nachbar. Der Bauer tat wie ihm empfohlen, und tatsächlich erschien eine alte Frau. Als er sich nach ihr umsah, hieb er versehentlich auf den Zipfel, und die Frau fiel vor dem Tor tot nieder. Die Kunde hiervon hatte bald den hintersten Winkel von *Mühlheim* erreicht.

Einige Tage nach der Beerdigung öffnete man das Grab, weil man wissen wollte, ob die Frau nun eine Hexe war oder nicht. Sie lag im Sarg auf dem Bauch, und der Bauer machte sich fortan keine Vorwürfe mehr, denn er hatte ja nur eine Hexe erschlagen. „Liegt die Tote auf dem Bauch, so war sie eine Hexe!"

## 181   Wenn die weiße Frau durch Rebzeilen schwebt

Die Wingertschützen haben einen verantwortungsvollen Beruf. Sie sollen die Stare, „die in zweierlei Gestalt auftauchen", von den süßen Früchten der Weinberge fernhalten. Jedes Dorf hat seinen Schütz, der mit der Schrotflinte durch die Gemarkung geht, auch dann, wenn sich die Winzer schon lange nach harter Tagesarbeit zur Ruhe gelegt haben.

So war auch einmal einer unterwegs, dem gemeldet worden war, daß da schon ein paarmal in finsterer Nacht Pfirsichdiebe ihre Körbe gefüllt hätten. Ihnen wollte er diese Nacht auflauern und sie bei frischer Tat ertappen. Lautlos schlich er sich durch die Rebzeilen heran. Da erblickte er anstatt der Diebe eine weiße Frau, völlig von Licht überflutet, die seltsam schwebend auf ihn zukam. Klopfenden Herzens legte sich der Schütz schnell hinter einen Haufen Wingertspfähle. Die Gestalt ging an ihm vorüber, angetan mit einem weißen Gewand und einem Schleier, der bis zum Boden reichte. Wozu sie einen Schlüsselbund bei sich trug, wollte dem Wächter nicht einleuchten.

Gleich machte er sich auf den Weg zum Dorf, denn alle sollten es wissen, was er soeben erlebte. Einige Winzer gingen gerade vom Gasthaus heim. Ihnen erzählte er die Geschichte. Die lachten ihn aber aus und schalten ihn einen närrischen Kerl, dem der Weingeist zugesetzt habe. Doch schon in der nächsten Nacht wurde die Aussage des Schützes von zwei Fuhrleuten bestätigt, die spät am Abend auf dem Heimweg waren. Auch ihnen war die weiße Frau erschienen. Man neigte allgemein zu der Annahme, daß die Erscheinung Not und schlechte Ernte bringen würde. Die Wingerte trugen aber weiter ihre Frucht, kein Hagel machte den Lohn der Arbeit zunichte, kein Schädling nahm überhand. Und als die Wagen mit den bis obenan gefüllten Bütten durch die Dorfstraßen holperten, da wandelte sich die Meinung über die weiße Frau. Als man dann erst den herrlich mundenden Tropfen versuchte, da war man des Lobes voll.

Die weiße Frau hatte Segen gebracht. Wenn sie sich zeigt, dann gibt es jedesmal einen vollen Herbst.

## 182   Die Weinrose

„Die Weinrose blüht in der Weihnachtsnacht zwischen zwölf und eins. Nur Sonntagskinder haben das Glück, sie zu schauen", so erzählt die Sage. Einer der sie einst blühen sah, berichtet davon:

„In der Christnacht ging ich in den Keller, um den leeren Krug erneut zu füllen. Er war noch nicht halb vollgelaufen, als aus der Ecke, wo die Fässer mit dem Neuen lagen, ein merkwürdiges Brausen und Zischen ertönte und der ganze Keller im Nu von einem Blütenduft erfüllt war, wie wenn eine Unmenge von Blumen mitten in Wintersnacht zu blühen begonnen hätten. Woher kam der Duft? Langsam schlich ich zum Faß, in dem der neue Wein lag und entdeckte, daß auf dem Spund eine Rose blühte, so herrlich, wie ich sie noch nie gesehen und so stark und lieblich duftend, daß es mir fast die Sinne nahm. Ich mußte das wunderbare Gebilde lange beobachtet und betrachtet haben, denn als meine Frau nach neuem Wein rief, schlug gerade die Uhr die erste Stunde. Kurz vor zwölf Uhr war ich in den Keller gegangen, das weiß ich noch genau. Mit dem Glockenschlag eins verschwand die Rose und nur ein paar Blasen deuteten noch die Stelle an, wo sie eben noch blühte und duftete. Wäre meine Frau einige Minuten früher gekommen, dann hätte ich einen Zeugen für mein sonderbares Erlebnis.“

## 183  „Wasser her!“

Bei einem Winzer der unteren Haardt blühte das Geschäft. Jedes Jahr, wenn die anderen Weinbauern keinen Tropfen mehr im Keller hatten, da lagen bei ihm noch die Fässer voll. Das konnte nicht mir rechten Dingen zugehen, meinten die Nachbarn. Allein, es war dem in Saus und Braus lebenden Winzer, der die anderen ob ihrer Armut verspottete, nicht beizukommen.
Erst nach seinem Tode ward sein schändliches Handwerk offenbar, denn bis heute muß er durch die Keller wandern, hauptsächlich in der Advents- und der Weihnachtszeit. Er schwingt sich auf die Fässer, immer wieder denselben Ruf ausstoßend: „Wasser her, der Wein muß bis Martini reichen!“

## 184  Der Weinklopper

Früher konnten die Winzer leichter voraussagen, ob es einen guten Herbst oder einen schlechten geben würde, denn der Weinklopper ging um. Stand eine gute Weinlese in Aussicht, so hörte man schon Wochen vor der Ernte in den Kellern einen Heidenlärm, wie wenn einer mit dem größten Zuschlaghammer des Schmiedes gegen die Wände hauen würde. Da schmunzelten die Winzer, und der eine flüsterte dem anderen wohl ins Ohr: „Die Fässer werden voll. Der Weinklopper will die Kellermauern sprengen, um mehr Platz für den Neuen zu schaffen.“ Wenn er einmal nicht klopfte, dann sah man nur traurige Gesichter.

## 185 Ein Faß rollt um Mitternacht

Der Verwalter eines staatlichen Weingutes nahm es einmal nicht so genau mit dem Ein- und Verkauf von Weinen. Auf Erden wurde er zwar nicht mehr vor den Kadi gezerrt, doch nach seinem Tode fand er keine Ruhe. Er muß ein riesiges Weinfaß um Mitternacht durch die Höfe und Straßen rollen. Viele Leute wurden schon durch den großen Lärm vom Schlafe aufgeschreckt, sahen auch das Faß, aber den, der es bewegte und lenkte, den bemerkten sie nicht.

Merkwürdigerweise rollt das Faß immer nur aus den Höfen von Kellereien, die entweder dem Staat, der Kirche oder einer Gemeinde gehören.

## 186 Blut von Lamm, Löwe und Schwein

Als die Erde in der Sintflut versank und nur Noah in seiner Arche den Untergang überlebte, mußte neu begonnen werden. Noah ging auch gleich mit Feuereifer an die Arbeit. Daß er dabei Durst bekam, ist erklärlich. Doch er konnte kein Wasser mehr trinken, weil „darin sind ersäufet gar zuviel sündhaft Mensch und Vieh." Also trat er an den Herrn der Welt heran und bat ihn um ein anderes, besseres Getränk. Gott reichte ihm den Weinstock und gebot, ihn anzupflanzen. Der Fürst dieser Welt, der Satan war gleich zur Stelle und goß heimlich an die Wurzel des neuen Gewächses Blut von einem Lamm, einem Löwen und von einem Schwein. Noah erwischte ihn dabei und fragte, was dies zu bedeuten habe. „Oh, das ist nicht weiter schlimm", sprach der Gehörnte, „wer von dem Saft der Reben trinkt und ihn genießt, bleibt sanft wie ein Lamm; wer das Glas mutig leert, wird stark und beherzt wie ein Löwe; wer aber zuviel des guten trinkt, wird wie ein Schwein den Schmutz wählen!"

## 187 Du mußt ihm den Schlüssel entreißen

In den Leysergärten in *Lambsheim* spukt es. Da ist ein Löwe um Mitternacht zu sehen, der unruhig umherirrt. Es ist die Seele des Schloßherrn auf dem Lambsheimer Schloß. Er führte ein ausschweifendes Leben und kam so nie auf einen grünen Zweig. Die Kammern waren leer, den Kassen erging es nicht besser. Da schmiedete der adlige Herr einen gar teuflischen Plan: Er wollte durch einen Trick und auf Kosten seiner Untertanen seine Kassen wieder füllen. Er ließ verkünden: Wer an einem Tage, ohne einen Schluck zu trinken und ohne einen Bissen zu sich zu nehmen, das dreifache Korn mäht, wie es ein normaler Sterblicher hinbringt, der solle seine Tochter haben und fürderhin das Land regieren. Wer aber dieses Ziel nicht erreicht, das dachte der schlaue Herr im stillen, der müsse ⁹/₁₀ von dem abgeben, was er an diesem Tag gemäht hat.

Also meldeten sich viele, kräftige, gesunde Bauernburschen, aber nur einer schaffte tatsächlich das Unmögliche. Er hatte sich aber übernommen, denn kaum gab er die Sense aus der Hand, als er niederstürtzte und sein Leben aushauchte.

Doch dem Schloßherrn erging es nicht besser. Er starb in der folgenden Nacht und geht seitdem als Löwe um, einen goldenen Schlüssel zwischen den Zähnen. Wer ihm den Schlüssel entreißt, wird Herr des Schlosses sein.

# Der Pfälzerwald

## 188  Lili und der wilde Reiter

Die Bäume des *Pfälzerwaldes* sangen ihr das Abendlied und weckten sie auch am Morgen, ehe noch die Sonne über den Horizont gekrochen kam. Der Wald war ihre Heimat, die einsame Köhlerhütte ihr alles. Täglich durchstreifte sie den ihr vertrauten Forst. Erdbeeren sammelte sie, das Lieblingsessen ihres fleißigen Vaters. Schön war sie wie die Seerose auf dem nahen Teich und schlank wie die Tanne vor dem Meiler. Sie hieß Lili und sollte bald Braut werden, überraschend schnell; denn eines Tages traf sie einen großen, blassen Mann, der unter einer Buche saß und sein Roß in der Nähe weiden ließ.

Erschrocken wollte Lili schon das Weite suchen, doch der Fremde redete sie so freundlich an, daß sie Zutrauen gewann. Er ließ sich die Walderdbeeren munden, und hob dann Lili zu sich aufs Pferd. Zur Köhlerhütte trabten die beiden, wo der fremde Reiter um ein Nachtquartier bat. Es wurde ihm gewährt. Am folgenden Morgen hielt er um die Hand der Lili an, die ihm nicht ausgeschlagen wurde.

Am Abend vor Allerheiligen war Hochzeit. Viele Ritter und Knappen waren geladen. Turniere fanden statt und Ritterspiele. Man unterhielt sich auf das beste. Nur die Braut und ihr Vater konnten sich nicht so recht von Herzen freuen, weil sie nicht einmal wußten, woher der Ritter war, der so plötzlich aufgetaucht war. Sie fragten und fragten, aber er gab ausweichende Antworten. Um Mitternacht brach ein Wetter los, wie es der Köhler bislang noch nicht erlebt hatte. Ein greller Blitz schlug in die Köhlerhütte und vernichtete sie samt dem Köhler. Der Bräutigam aber fuhr mit der Braut davon über die Wipfel der Bäume. Sie stieß einen Klagelaut aus, der noch lange die Luft erfüllte.

An der Stelle, an der die Hütte stand, erstellte man ein Kreuz. Die Lili aber sah man noch oft mit ihrem Körbchen voll Erdbeeren, singend und klagend. In stürmischen Nächten jagt der wilde Reiter mit der Lili über den rauschenden Forst.

## 189  Der wilde Jäger

Es ist eigentlich schade, daß die umherziehenden Musikanten, der Pfälzer nennt sie allgemein „Die Mackebacher", immer seltener in den Dörfern auftauchen. Von Dorf zu Dorf sind sie einst gezogen, scheuten weder Wind noch Wetter, noch langen Weg.

So war auch einmal einer dieser Gilde unterwegs im *Pfälzerwald.* Die Glücksgöttin war ihm nicht besonders günstig gesinnt, denn leer war der Beutel, und leer war der Magen. Da entdeckte er vor sich ein Feuer. Wo Feuer ist, da sind auch Menschen, und wo Menschen sind, da ist vielleicht ein Stück Brot zu betteln, dachte der Musikant. Als er sich der Feuerstelle näherte, da sprangen ihn plötzlich zwei Hunde an, denen es anzumerken war, daß sie kurzen Prozeß zu machen gewillt waren. In seiner Not griff der Musikant zur Trompete und schmetterte drauflos, so daß die Hunde von ihrem Vorhaben abließen und treulich in die Melodie einfielen. Am Feuer aber saß ein Jägersmann mit einem Blick, der einem das Gruseln beibringen konnte. Auf die Bitte des Musikanten nach etwas Eßbarem warf ihm der Jäger eine Hirschkeule vor, erhob sich und war bald mit seinen Hunden verschwunden. So gut und so ausgiebig hatte der Schnurrant lange nicht gespeist. So sehr hatte ihm auch lange nicht seine Pfeife geschmeckt, die mit echtem „Pfälzer" gestopft und mit einem Span aus dem Feuer angezündet worden war. Bis dahin war dem Musikanten noch nichts aufgefallen, als er jedoch seine Pfeife ausklopfte, da fiel ihm ein nagelneues Goldstück in die Finger, und als er es genauer betrachten wollte, da war das Feuer plötzlich verschwunden. Ein blühender Ginsterbusch stand vor ihm. Jetzt bekam es der Musikant denn doch mit der Angst zu tun; er lief was die Beine nur hergeben wollten und war froh, als endlich die Lichter eines Dorfes aus der Dunkelheit auftauchten.

Gleich sollte geprüft werden, ob das Goldstück echt wäre, weshalb der Musikus in die nächste Wirtschaft eintrat, ein Glas Bier bestellte und mit einiger Sorge dem Wirt das Goldstück hinhielt. Der wechselte es ohne Umstände. Jetzt erst wurde dem Musikanten klar, daß er dem wilden Jäger begegnet war.

## 190  „Die Zwerge sind Geißfüßler"

„Wir wollen doch einmal herausbringen, warum die Zwerge lange Hemden bis auf den Boden tragen", sprachen einige neugierige Buben zueinander. Sie waren wie die Zwerge im *Wasgau* beheimatet und hatten schon oft von den hilfreichen kleinen Männchen gehört, die über Nacht manche Arbeit der Dorfleute erledigten. Für eine Kanne Milch und einen Laib Brot bekam der und jener sein Tagwerk im voraus verrichtet. Das war eine feine Sache. Und wenn je einmal einer von denen erfahren hätte, warum die Zwerge plötzlich ausblieben, er hätte die Buben windelweich geschlagen.

Ihnen war die Waldhöhle der Zwerge wohlbekannt. Mit einem Säckchen gelbem Sand machten sich die vorwitzigen Buben auf den Weg hinaus in den Wald. Sie streuten ihn vor den Eingang der Höhle und legten sich hinter Gestrüpp und Büschen auf die Lauer. Die Sonne schickte sich gerade an, aus ihrem Bett zu steigen, als es in der Nähe der Höhle plötzlich lebendig wurde. Die Zwerge kehrten von anstrengender Arbeit heim. Einer nach dem anderen verschwand im Dunkel. Nachdem der letzte zu seiner Wohnstatt zurückgekehrt war, stürzten die Buben aus ihrem Versteck und untersuchten die Spuren auf dem Sand. „Die Zwerge sind Geißfüßler", schrien sie und lachten. Die Zwerge hörten das Gejohle und Geschrei und waren darüber erzürnt. Sie kamen seitdem nie mehr aus ihrem unterirdischen Reiche, um armen Menschen zu helfen.

## 191  Es litt an „Gichter"

„Es gingen drei Weiber über einen Wünschenberg. Die eine sprach: Ist es die kalte Gicht? Die zweite sprach: Ist es die warme Gicht? Die dritte sprach: Ist es wahr oder nicht. So sollen sie weichen aus Fleisch und Blut! Das ist für siebenundsiebzigerlei Gichter gut! Im Namen des Vaters und des Sohnes und des Heiligen Geistes." So lautete eine der Beschwörungsformeln, von denen ein Mann im *Wasgau* einen ganzen Sack voll kannte. Immer wenn er gerufen wurde, sah er menschliches Leid, das er mit seinen Formeln mindestens zu lindern trachtete. Er war ein guter Mensch, denn er tat dies ohne Lohn; denen er half, sie konnten keinen Arzt bezahlen.
So wurde er einmal zu armer Leute Kind gerufen, das schwer an „Gichter" litt. Die Mutter mußte das Kleine auf beide Arme nehmen. Der des Brauchens kundige Mann sah dem Kinde lange in die Augen, sprach die Formel, und von der Stunde an erholte sich das Kind und ist später nie mehr krank geworden.

## 192  Die schwarze Katze mit den unheimlichen Augen

Jeden Morgen fand ein Bauer im *Wasgau* seine Rinder und Kühe schweißgetränkt und zitternd im Stall stehen. Die Tiere verschmähten selbst das beste Heu und magerten deshalb zusehends ab. Der Bauer konnte sich keinen Reim darauf machen und hatte seine Kühe und Rinder im geheimen schon abgeschrieben, denn niemand konnte ihm raten.
Da schlug ihm seine Frau vor, doch einmal des Nachts sich mit dem Knechte im Stalle zu verstecken, um endlich zu erfahren, was da allnächtlich geschah. Die beiden nahmen eine Laterne mit und krochen unter die steinerne Krippe. Sie deckten sorgfältig die Lampe ab, denn sie wußten, daß die Hexe nichts mehr scheut als das Licht. Wenn sie von einem Strahl getroffen wird, hat sie keine Macht mehr und muß auf dem Platz verharren, an dem sie der Strahl erreicht hat.

Lange lagen sie mucksmäuschenstill, die Glieder wurden steif, doch ihr Ausharren lohnte sich. Sie hörten, es mag kurz nach Mitternacht gewesen sein, wie etwas zum Futterladen hereinschlich und wie wild auf den Rücken der Tiere hin- und hersprang. Die Kühe zerrten an ihren Ketten und brüllten vor Angst. Die beiden sprangen aus ihrem Versteck, nahmen die Decke von der Laterne, und siehe da, auf dem Rücken einer Kuh saß eine schwarze Katze mit unheimlich leuchtenden Augen, fauchend und sich wehrend. Der Knecht griff zu, trug sie zum Hackklotz und schlug ihr die linke Vorderpfote ab.

Am nächsten Tag ging die Kunde durch das Dorf, daß sich eine Frau beim Holzhacken die linke Hand abgeschlagen hätte. Auf dem Bauernhof wußte man nun Bescheid und konnte sich vor der Rache der Hexe schützen. Die Bäuerin verbot allen Bediensteten, etwas vom Hof wegzuleihen, denn ihr war bekannt, daß die Hexe in dem Augenblick wieder Gewalt über Haus und Einwohner bekommen würde, in dem sie ein Stück, das zum Hof gehörte, in der Hand hielt. Das mußte vermieden werden. Damit die Hexe aber schon gar nicht den Hof betreten konnte, legte die Bäuerin einen Besen vor das Tor. Der Teufel hatte nämlich einst den Hexen verboten, über einen Besen zu schreiten. Nie mehr konnte die Hexe den Bewohnern des Hofes etwas zuleide tun.

## 193   Mit geweihter Haselgerte

Einem armen Tagelöhner im *Wasgau* stand das Glück zu Seite. Seine Kuh gab am Tage einen großen Kübel voll fettester Milch, und die Dörfler meinten: Warum soll ein armer Kerl nicht auch einmal Glück haben? Nur die reiche Nachbarin konnte nicht mit ansehen, wie der Tagelöhner seinen kargen Lohn durch den Ertrag der Milch aufbesserte. Sie wollte unbedingt die Kuh haben, koste es was es wolle, doch der arme Mann lehnte einen Verkauf entschieden ab. Sie sann auf Rache und fand auch schließlich einen Weg, dem Tagelöhner den Spaß an der Kuh zu nehmen.

Die Frau des Tagelöhners bemerkte an einem Morgen ganz entsetzt, daß die Kuh blutroteMilch gab. Also war die Kuh verhext! Die armen Leute waren arg niedergeschlagen. Sie baten einen armen Bauern um seinen Rat. Der war der Familie des Tagelöhners wohlgesinnt und verstand auch etwas davon, wie man Hexen bannen konnte.

Er tröstete den Tagelöhner und gab ihm folgenden Rat: „Nach dem Melken am Abend schütte die Milch in eine weite, flache Schüssel und stelle sie genau in die Mitte deines Tisches! Dann schließe die Haustüre und verriegele sie! Schloß und Riegel müssen durch drei Kreuze gekennzeichnet sein. Versammle deine ganze Familie um die Schüssel, und jedes soll mit einer geweihten Haselgerte in die Milch schlagen oder mit Messer und Gabel hineinstechen! Schon bald wird jemand an der Tür erscheinen und um Einlaß bitten. Lasse dich nicht überreden, denn erst am dritten Abend, wenn im Namen Jesus Christus um die Öffnung der Tür gebeten wird, dann öffne! Öffnest du aber vorher schon die Tür, weil das Bitten und Betteln dich weich gemacht hat, dann war alles umsonst gewesen. Darum folge genau meinen Anweisungen, dann wird der Hexe jegliche Gewalt über Haus und Hof und allem, was darinnen ist, genommen sein!" Der Tagelöhner hatte sich alles wohl gemerkt und genau nach den Ratschlägen des alten Bauern gehandelt. Am ersten und zweiten Abend war er nahe daran zu öffnen, denn das Bitten war so herzzerreißend, daß er es schon fast nicht mehr hören konnte. Er biß aber auf die Zähne und sagte sich selbst, daß er hart bleiben müsse. So kam der dritte Abend heran. Die Familie saß um die Schüssel und schlug mit ihren Gerten in die Milch. Da begann auch schon das Betteln. Der Tagelöhner erhob sich, entriegelte die Tür und ließ die Hexe eintreten. Im Scheine der Kerze erkannten alle sofort die reiche Nachbarin, obwohl sie den Kopf dicht verbunden hatte. Schläge und Stiche hatten sie mitten ins Gesicht getroffen. Winselnd bat sie, mit der Marter aufzuhören, sie wolle alles ersetzen und nie mehr anderen Menschen Schaden zufügen. Sie hielt ihr Versprechen.

## 194  In der Ecke des Friedhofes fand man sie

Die Alten wissen's noch, wie früher an den langen Winterabenden die Burschen die Spinnräder der Mädchen zur Spinnstube tragen durften. Dort sollte gearbeitet werden, doch oft war die Unterhaltung so interessant, daß darüber die Hände am Spinnrad ruhten. Von allerhand war da die Rede, auch von Hexen, von Geistern, von Teufeln, von Dämonen. Da konnte einem die Gänsehaut den Buckel hinaufkriechen! Es gab aber auch Hartgesottene, die schlugen derlei „Gebabbel" in den Wind und machten sich über die Erzähler lustig.

„Es gibt keine Hexen, keine Geister, keine Dämonen", meinte einst ein Mädchen bei einer Spinnstube im *Wasgau*. Sie lachte die Ängstlichen aus und verspottete sie. Als einer behauptete, daß zur Geisterstunde schon mancher draußen auf den Straßen auf mysteriöse Weise sein Leben lassen mußte und man am sichersten zu Hause zwischen seinen vier Wänden sei, da erbot sich das Mädchen nicht nur auf die Wege zu gehen, sondern sogar draußen auf dem Friedhof einen Grabstein zu holen. Da gab's bedenkliche Gesichter, doch die Jungfer hatte schon die Tür aufgestoßen und schritt davon.

Die Stunden verrannen. In der Spinnstube warteten sie immer noch auf die Rückkehr des Mädchens. Draußen wich die Nacht dem Tage. Erst jetzt fanden einige Burschen den Mut, nach dem Mädchen zu suchen. Das Herz schlug ihnen bis zum Halse, als sie den Friedhof betraten und zuerst recht zaghaft den Namen des Mädchens riefen. Sie bekamen keine Antwort. Sie wanderten von Grabhügel zu Grabhügel, aber nirgends fanden sie die Jungfer. Ganz am Ende beim letzten Grabstein in der Ecke des Friedhofes, dort lag sie auf dem Grab hingestreckt zu Füßen eines Kreuzes, das schräg über der Toten in die Höhe ragte. Sie hatte also das Kreuz aus der Erde herausgezogen, und dann muß etwas Fürchterliches passiert sein, denn das Gesicht des Mädchens war im Schreck verzerrt. Die Burschen wollten den Leichnam in die Höhe heben, doch das ging nicht, denn die Schürze des Mädchens war durch das Kreuz in die Erde eingeklemmt.

Niemand weiß, was sich um die Mitternachtszeit auf dem Friedhof an jenem Grabe zugetragen hatte, doch fürderhin wagte es niemand mehr über den zu lachen, der von Hexen und anderem Unheimlichem erzählte.

## 195  Den Ratschlag nicht befolgt

Irgendwo im *Wasgau* lebte einst eine arme Witwe mit vielen Kindern. Sie mußte sich plagen, um alle ernähren und kleiden zu können. Noch spät in der Nacht saß sie am Spinnrad, und früh am Morgen mühte sie sich erneut. Sie war eine brave Frau, das wußten alle im Dorf.

Eines Abends, als sie wieder einmal am Spinnrad saß, klopfte es, und eine fremde Frau betrat die Stube. Sie bat um ein Nachtlager, sagte aber gleich, daß sie nichts bezahlen könne. Die Witwe richtete ihrer Leidensgenossin ein Bett und wünschte eine gute Nacht und ging dann auch schlafen.

Schon früh am nächsten Morgen stand die Fremde auf. Sie gab der Witwe eine Spule mit dem Bemerken, daß sie niemals in die Hände eines bösen Menschen fallen dürfe, sonst sei ihre wunderbare Kraft dahin. Gleich, die Fremde hatte gerade die Tür hinter sich geschlossen, probierte die Witwe die Spule aus. Richtig, sie drehte sich allein, und der Faden war so fein gesponnen und so wunderbar glatt, wie ihn keine Spinnerin vorzeigen konnte. Es herrschte natürlich große Freude über die Hilfe der unbekannten Fremden. Die Not war gebannt, die Spule drehte sich von morgens bis in die Nacht, die Aufträge häuften sich. Lange Zeit hütete die Witwe ihr Geheimnis und zeigte auch niemand die Spule. Doch der beginnende Wohlstand stieg ihr wohl zu Kopf, denn die Spule arbeitete nicht mehr den ganzen Tag, weil die Witwe zu bequem geworden war, den Hanf auf die Kunkel zu stecken. Während sie früher zu Hause geblieben war und treu und brav den ganzen Tag über schuftete, erlaubte sie sich nunmehr, im Dorf bei den Klatschbasen ganze Stunden zu versäumen.

Sie bekam schon bald Besuch von einer der Frauen, die im ganzen Dorf wegen ihrer spitzen Zunge gefürchtet war. Auf der Kommode lag die Spule, nicht wie vor Wochen in der abgeschlossenen Schublade. Die Frau griff danach, und als sie das Haus verlassen hatte, verweigerte die Spule den Dienst. Da half kein Bitten und Betteln und auch kein Fluchen: Die Spule hatte ihre Wunderkraft verloren, wie es die Fremde damals prophezeit hatte. Die Witwe mußte nunmehr wieder das Rad treten.

## 196 Die Seele für einen Beutel voller Gold

Nach der Sage ist es vielen Pfälzern gelungen, dem Teufel ein Schnippchen zu schlagen. Einem gelang das nicht, und deshalb mußte er ganz elendig zugrunde gehen.

Er war Leinenweber und wohnte im *Wasgau*. Sein Geschäft verstand er nicht besonders, weshalb es stetig abwärts ging. Den anderen machte er den Vorwurf, als der Brotkorb leer wurde, anstatt sich selbst einmal an der eigenen Nase zu fassen. Er zerfiel mit Gott und der Welt, mit ersterem fiel es ihm leicht, denn von Religion wollte er seit Kindesbeinen nicht viel wissen. Als er wieder einmal am Rande der Verzweiflung stand, rief er: „Wenn nur der Teufel käme! Es wäre mir um meine Seele nicht leid." Kaum hatte er ausgesprochen, da trat tatsächlich der Leibhaftige unter die Tür. Ein bißchen erschrak der Leinenweber nun doch! Schon bald ward der Vertrag gemacht: Die Seele des Unglücklichen gegen den Beutel voller Geld, ein Leben lang.

Der Leinenweber schöpfte nunmehr aus dem Vollen. Er kleidete sich wie die hohen Herren und aß und trank nur vom Besten. Der Teufel war stets zur Stelle, wenn das Geld auszugehen drohte. Mit teuflischem Grinsen füllte er den Beutel auf. Die Leute im Dorf munkelten dieses und jenes. Einige waren fest davon überzeugt, daß es der Leinenweber mit dem Teufel zu tun hat und versuchten, ihn von diesem gefährlichen Pfad abzubringen. Er warf ihnen die Axt nach und verbot ihnen, sein Grundstück zu betreten.

Doch auch der Leinenweber wurde alt und zittrig und — nachdenklich. Sein Gewissen regte sich, er machte sich die größten Vorwürfe. Um nicht immer an seinen Fehler denken zu müssen, besoff er sich jeden Tag. Eines Abends wankte er nach Hause und traf dort auf der Treppe den Teufel. Er war gekommen, um die Seele des Leinenwebers zu holen. Es halfen keinerlei Ausflüchte des Betrunkenen, auch nicht sein Flehen und Heulen: Der Teufel drehte ihm den Hals um und nahm die Seele mit in die Hölle.


## 197 Die weise Frau geht um

Römer beherrschten das Land. An den wichtigsten Straßen errichteten sie Burgen zum Schutze ihrer Legionäre und ihrer Kaufleute. Droben auf dem *Maimont* stand ein römisches Lager. Die Fremdlinge aus dem Süden fühlten sich in ihrer Haut nicht wohl, denn sie zählten nicht nur die Waldbewohner mit Recht zu ihren Feinden, sondern auch den undurchdringlichen Wald. Gefahren lauerten dort auf Schritt und Tritt. Wölfe heulten in kalter Winternacht ...

Mitten in dieser Einsamkeit stand eine riesige Eiche, wohl die älteste weit und breit. Dort trafen sich die Wäldler seit Menschengedenken. Sie holten sich Rat bei der „weisen Frau", die ganz in der Nähe mit ihrer jungen Gehilfin wohnte.

Eines Tages war das junge Mädchen unterwegs, um Kräuter zu suchen. Es begegnete einem Jäger, der wohl dem Aussehen nach auf dem Maimont zu Hause sein mußte. Erst wollte das Mädchen fliehen, doch wie gebannt mußte es dem Blick des Jägers standhalten. Es war Liebe auf den ersten Blick, so würden wir heute sagen. Die beiden trafen sich heimlich in stockdunkler Nacht, denn als Nachfolgerin der „weisen Frau" durfte die junge Gehilfin niemals mit einem Manne zusammenkommen, erst recht nicht mit einem dieser verhaßten Römer. Der Tod stand auf einem solchen Vergehen. Das wußte das Mädchen wohl, und doch konnte es nicht mehr von dem Jäger lassen. Nacht für Nacht trafen sie sich.

Der alten Seherin war nichts entgangen. Strafe mußte sein, schwere Strafe, auch wenn sie ihre Nachfolgerin in ihr Herz geschlossen hatte. Ja, ja, streng und unnachsichtig war sie, die „weise Frau"... Der Römer fand eines Nachts nur noch einige Kleiderreste seiner Geliebten unter der alten Eiche. Wölfe waren die Henker. Das unglückliche Mädchen geht seitdem um, und wenn die Novemberstürme durch die Wipfel sausen, dann hört man das Wehklagen und den Todesschrei der Gerichteten, und in den Nebeln zeigen sich zerrissene Menschen. Die „weise Frau" geht um.

## 198   Dann möge mich der Teufel holen

In längst vergangener Zeit liebte ein armer Handwerker eine reiche Bauerntochter aus *Ludwigswinkel.* Die beiden taten alles, damit ihre Zusammenkünfte nicht publik wurden. Doch selbst der Wald hatte Augen und Ohren, und so erzählte man sich schon bald im Dorfe hinter vorgehaltener Hand diese Liebesgeschichte. Dem Vater des Mädchens blieb das Getuschel natürlich nicht verborgen.

Eines Tages bestellte er seine Tochter sozusagen zum Rapport, und schon nach der ersten Antwort war ihm klar, daß er sich mit aller Gewalt zu wehren haben würde, sollte diese Verbindung nicht zustande kommen. Das würde dem Burschen so gefallen, sich in das gemachte Nest zu setzen!

Der Handwerker entschloß sich schweren Herzens in die Fremde zu gehen und dort sein Glück zu versuchen und vielleicht als wohlhabender Mann wiederzukehren. Der Abschied draußen beim mächtigen Felsen im Waldrevier „Hoher Kopf" fiel beiden sehr schwer. Sie gelobten sich Treue, und das Mädchen setzte noch hinzu: „Wenn ich jemals einen anderen küssen sollte, dann möge mich der Teufel holen!" Mit dieser Zusicherung fiel dem Burschen das Scheiden leichter. Das Mädchen mied künftig die Gesellschaft, bei keinem Tanz sah man sie, obwohl sie für ihr Leben gern das Tanzbein schwang.

Tage, Monate und Jahre vergingen. Vom Geliebten in der Ferne kam keine Nachricht. Da fällt das Ausharren doppelt schwer! An einem Sonntag war's. Das Mädchen saß am Fenster, als ein bildhübscher Reiter die Dorfstraße entlangpreschte, vor dem Haus anhielt, den Federhut tief zum Gruß senkte und dabei wohl das Übergewicht bekam und im Staub landete. Das Pferd ging über ihn hinweg und richtete ihn schlimm zu. Beherzte Männer griffen zu und trugen den Verletzten in das Haus des reichen Bauern. Dem Mädchen oblag fürderhin die Pflege. Der Reiter genas auch ziemlich schnell. Es blieb nicht verborgen, daß sich die beiden gern sahen, doch der stürmischen Werbung hatte das Mädchen stets widerstehen können. Das Bild des Geliebten aber verblaßte immer mehr.

Der Reiter war längst gesund, er dachte aber nicht ans Weiterreiten. Täglich gingen die beiden stundenlang spazieren. Bei einem solchen Spaziergang erreichten sie auch den Felsen, und der Reiter meinte, hier könne sie ihm nicht mehr auskommen. Sie brach tatsächlich ihr Versprechen und küßte zum ersten Mal den schönen Jüngling. Da stand plötzlich drunten im Tal eine unheimliche Gestalt im schwarzen Mantel. Das Mädchen schrie auf, daß es dem Reiter durch Mark und Bein ging. Er folgte mit dem Blick der ausgestreckten Hand des Mädchens, konnte aber nichts entdecken. Noch einmal ward ein durchdringender Schrei gehört. Der Schwarze schritt den Hang herauf und wurde immer größer und größer. Jetzt sah ihn auch der Reiter, und er merkte die fremde Gestalt neben sich stehen und sah, wie sich die Hände nach dem Mädchen ausstreckten, wie der Schwarze das Mädchen an sich zog und mit einem gräßlichen Fluch mit ihm verschwand. Das ging so schnell, daß der Reiter nicht eingreifen konnte.

Wie betäubt ließ sich der Jüngling nieder. Er entdeckte im Felsen die Spur eines Pferdehufes und wußte nun, wer das Mädchen geholt hatte.

## 199  Vom Narreneck zum Nestelsberg

Das war ein einträgliches Geschäft für die Bauern aus *Erlenbach*. Sie transportierten mit ihren Pferdefuhrwerken Erze von *Lauterschwan* in die Erzhütten von *Schönau*. Da hieß es, lange vor dem ersten Hahnenschrei auf den Beinen und unterwegs zu sein. Am Narreneck hörten die unerschrockenen Bauern die wilde Jagd. Da war in den Lüften etwas los! In das Heulen und Brausen mischten sich Hundegebell und Jagdrufe, oft ganz nahe und deutlich zu hören, oft auch entfernter und verschwommener. Bekanntlich zieht das wilde Heer in den Herbstmonaten mit viel Radau vom Narreneck am Schloßberg zum Nestelsberg.

Auch der ewige Fuhrmann ist unterwegs. Er, der auf Erden gar oft gefrevelt hatte, geht heute vom Blaul bis zum Nestelsberg um. Von ihm vernimmt der Wanderer in den Adventsnächten anfeuernde Rufe, das Wiehern der Pferde, das Poltern eines schweren Wagens und das Klirren schwerer Ketten.

## 200 Riese und Mensch

Als der Wasgenwald noch unzugänglich und verwachsen war wie ein Urwald, hausten in großen Felsenwohnungen die *Wasgauriesen*. Sie waren oft unterwegs, waren einmal da und einmal dort zu sehen, traten auf, daß die Erde erzitterte und benahmen sich sonst, wie sich Riesen zu benehmen pflegen. Am liebsten lauerten sie den gefährlichen Drachen auf, stellten sie zum Kampfe und erschlugen sie.

Einmal fanden die Riesen einen Menschen. Das war etwas Neues für sie. Sie beguckten den Kleinen von allen Seiten, und einer der Riesen meinte zum anderen: „Weißt du vielleicht, was das für ein Erdenwurm ist?" Der andere antwortete ihm: „Sei zufrieden: Diese Erdenwürmer werden uns eines Tages noch auffressen!"

## 201 Prinzessin Hirlanda

Am Fuße der *Wegelnburg* lag Felix, der Geißhirte von *Nothweiler*. Die Sonne wollte schon bald hinter den Bergen verschwinden, und der Hütejunge freute sich auf seinen Feierabend. Die Augen wurden ihm schwer, er schlief ein und sah im Traum eine weite Halle, an deren Wänden unermeßliche Reichtümer aufgestapelt waren. Mitten im Saal aber lag auf einem kostbaren Ruhebett ein wunderschönes Mädchen. Der Junge konnte sein Auge nicht abwenden und traute sich nicht einen Schritt zu gehen, weil er fürchtete, das Mägdelein zu wecken. Da kitzelte ihm die Nase, und er mußte kräftig niesen. Davon erwachte er.

Vor ihm stand ein kleines Männchen, und das sprach zu Felix: „Du sahst die Prinzessin Hirlanda, die im Schoße des Berges verzaubert liegt. Du kannst sie, wenn du willst, erlösen, denn du bist ein Sonntagskind und bist reinen Herzens. Matestaso, ein böser Zauberer hat die Prinzessin vor vielen Hunderten von Jahren in seine Gewalt gebracht. Höre gut, was ich dir zu sagen habe: Du mußt in der Nacht zum ersten Mai hinaufsteigen zur Burg und genau um Mitternacht an den Felsen schlagen und rufen: ‚Matestaso, ich rufe dich, Hirlanda will schauen ich!' Dann wird sich der Felsen öffnen. Du mußt eine Stunde lang in der Halle bleiben, ohne ein Wort zu sprechen. Hörst du die Glocke ein Uhr schlagen, dann nimm die Prinzessin bei der Hand, und sie ist dein und mit ihr all die Schätze, die ihr gehören!" So sprach der Zwerg und war verschwunden.

Dem Felix wurde es ganz sonderbar zumute. Er sollte eine Prinzessin erlösen, sie zur Frau bekommen, reich werden und nie mehr Geißen zu hüten brauchen! So ein Glück! In der Mainacht schlich er sich von zu Hause fort, stieg den Berg hinan und tat um Mitternacht genau das, was ihm das Männlein geraten hatte. Der Felsen öffnete sich, und Felix sauste hinunter in die Tiefe des Berges. Erst in der Halle kam er wieder zu sich. Das Bild war das gleiche, wie er es im Traum gesehen hatte. Als er die schöne Prinzessin eine Weile betrachtet hatte, da verwirrten sich seine Sinne, und er trat heran und faßte sie bei der Hand, noch ehe es ein Uhr geschlagen hatte. Hirlanda stand nicht auf. Der ganze Berg hallte wider von einem höhnischen Gelächter. Der Hirtenjunge sauste empor, daß ihm die Sinne schwanden. Unter einer Birke fand er sich wieder. Das Männlein stand vor ihm mit ernstem Gesicht: „Das hat dein törichtes Herz verschuldet", sprach es, „wenn du mein Gebot befolgt hättest, so wärst du jetzt ein Prinz und nicht der geduldete Geißbub von Nothweiler. Doch versuche es noch einmal, mit diesem Säckchen da. Fülle es bis oben hin mit Gold und sieh zu, daß du damit bis ein Uhr fertig bist, dann hast du Hirlanda erlöst!"

Ein Jahr lang hütete der Junge die Geißen, dann war wiederum die Nacht zum ersten Mai gekommen. Wiederum schritt er den Berg hinan, wiederum klopfte er an den Felsen, wiederum rief er die Zauberformel, wiederum sauste er in die Tiefe des Berges, wiederum fand er sich in der Halle wieder. Das Mädchen dünkte ihm noch schöner geworden zu sein. Er stand da und betrachtete es lange, zu lange, bis ihm einfiel, daß er ja das Säcklein füllen müßte. In großer Eile machte er sich daran, doch es schlug ein Uhr, und nur eine Handvoll Gold hätte noch gefehlt. Das Gelächter erscholl wieder, Felix wurde emporgehoben und landete unter der Birke. Das Männlein hatte sich zum dritten Male eingefunden, zornig und empört über die Unzuverlässigkeit des Hirtenjungen. Es gab Felix die letzte Chance in der nächsten Mainacht. Wiederum sollte er das Säcklein füllen.

Felix war nun reich. Mit einem Säcklein purem Gold kann man vieles anfangen. Man kann sich ein Haus bauen und den Hütedienst aufsagen, und man braucht nicht mehr zu arbeiten. Dem Felix stieg der Reichtum in den Kopf. Er sah keine Notleidenden, denen er leicht hätte helfen können. Er kannte nur sich. So kam die dritte Mainacht herauf. Nicht das Säcklein nahm er mit, sondern einen Maltersack, den füllte er unten in der Halle mit gierigen Augen und raffenden Händen. An die Prinzessin dachte er nicht einen Augenblick. Kaum war der Sack gefüllt, da erscholl das höhnische Gelächter. Felix wurde hinausgewirbelt und fand den Sack auf der Erde neben sich liegend. Dieses Mal war kein Männlein zu sehen. Das war dem Felix recht, denn Vorwürfe konnte er nicht ertragen. Voller Freude trug er den Sack den Berg hinunter. Doch was war das? Der Sack wurde ja immer leichter. Am Dorfrand warf er ihn ab und fand zu seinem Schrecken anstatt Gold lauter gelbe Blätter. Sein Haus war vom Erdboden verschwunden, und Felix war keinen Pfennig reicher als zuvor.

Hütejunge wurde er wieder und blieb es sein Leben lang. Nie mehr öffnete sich ihm der Felsen, so oft er es auch versuchte, denn sein Herz war nicht mehr rein. Die Prinzessin aber schläft heute noch inmitten ihrer Schätze, weil sich seitdem kein Sonntagskind mehr gefunden hat, das sie erlöst hätte.

## 202 „Die Krott speit Feuer"

Ja, sie trieb es schlimm, solange sie als des Herzogs Tochter auf der *Wegeln-burg* wohnte. Keiner ihrer zahlreichen Freier war ihr gut genug. Mancher büßte sein Leben wegen ihr ein. So traf sie die Strafe. Sie muß in den Ruinen hausen, bis sie erlöst wird.

Jeden Freitag zeigt sie sich, einmal in der Gestalt einer Schlange, dann als Kröte und zuletzt als blühende Jungfrau. Sie wäscht sich am Krötenstuhl und blickt sehnsüchtig umher, ob keiner nahe, der den Mut aufbringt, sie in ihren drei Gestalten zu küssen.

Einmal wagte es ein kühner Bursche. Er fand am Krötenstuhl die drei Wahrzeichen: die Schlangenschuppe, die Krötenhaut und die blonde Haarlocke. Er nahm die Dinge an sich und wartete oben in den Trümmern auf die Schlange. Er hatte gehört, daß schon mancher vor ihr in Angst und Entsetzen den Berg herunter gerannt kam. Da näherte sich auch schon die Schlange. Der Bursche biß auf die Zähne und gab ihr den geforderten Kuß. Doch dann überfiel ihn eine schreckliche Angst, und er rannte davon, von der Kröte bis zum Krötenstuhl verfolgt. In Nothweiler angekommen, fragte man ihn nach seinem Erlebnis. Er sprach: „Die Schlange ist am fürchterlichsten. Sie ist groß wie ein Wiesbaum. Die Krott aber hat die Größe eines Backofens, und sie speit Feuer!"

## 203 Der Teufel ist mit von der Partie

Andere wissen von der Jungfrau auf der *Wegelnburg* folgendes zu erzählen:
„Die Jungfrau ist verwünscht, und wer sie erlöst, erhält einen großen Schatz. Vor vielen, vielen Jahren zogen fremde, junge Männer zur Wegelnburg. Sie wollten die Jungfrau vom Banne befreien. Die erschien ihnen auch in langem weißem Gewand, einen Bund Schlüssel in der Hand. Wer sie dreimal küssen werde, gleich wie sie komme, dem solle der Schatz gehören, so sprach das Mädchen. Nun, am ersten Tag, da mußten sich die Männer nicht überwinden. Sie küßten ein junges, hübsches Mädchen. Doch schon am zweiten Tage wurde die Sache komplizierter. Da kam ein riesige Schlange angekrochen und wand sich um einen der Männer. Der erschrak zwar, gab aber dem Tier einen Kuß. Am dritten Tage näherte sich eine große, über alle Maßen häßliche Kröte, feuerspeiend und mit glühenden Augen. Über dem Kopf des Mannes schwebte ein Mühlstein an einem dünnen Faden, und der Teufel stand dabei mit einer großen Schere. Das war zuviel. Alle drei machten sich schleunigst aus dem Staube. Die Jungfrau blieb unerlöst."

## 204   Das Fräulein von Flörsheim

Wieder andere wissen Genaueres von der Jungfrau zu berichten. Nach ihrer Aussage ist die verwunschene Jungfrau ein Fräulein von Flörsheim. Heinrich von *Fleckenstein* warb um ihre Hand, doch sie trieb nur Spiel mit ihm. Sie verlangte von dem Ritter, daß er dreimal in drei Stunden mit einem fünfzig Pfund schweren Beutel Gold den Berg hinabsteigen solle bis zum Sauerbach im Tal, und wenn er beim dritten Male vor ihr erscheine, dann erst wollte sie ihm die Hand reichen.

Der Fleckensteiner tat's. Als er aber das letzte Mal den Berg hinaufstieg und gerade im Burghof ankam, da fiel er tot um. Seitdem ist das Fräulein mitsamt seinem Reichtum vom Fluch getroffen.

Ein Bauernbursche aus *Nothweiler* sah einst eine Kiste Gold auf dem Schloß. Er traute sich nicht zuzugreifen, sondern lief heim zu seinem Vater. Als die beiden in der Burg ankamen, war keine Kiste mehr zu finden, solange sie auch suchten.


## 205   „Kehre zurück zu Weib und Kind!"

Im *Wasgau* gegen das Elsaß zu erhebt sich ein gewaltiger Berg, den das Volk den Zauberberg nennt. In seinem Inneren wohnt eine wunderschöne Fee. Wer sie je einmal sah, ist für immer verloren.

Irgendwo lebte Rudlieb, ein Gärtner seines Zeichens, ein schöner Mann mit sehnsüchtigen Augen. Das Fernweh trieb ihn von zu Hause fort. Rastlos wanderte er umher und kam eines Tages auch in den Wasgau. Müde legte er sich unter einer mächtigen Eiche zum Schlafe nieder. Als er erwachte, entdeckte er neben sich eine herrliche Blume, wie er sie noch nie geschaut. Er pflückte sie und fühlte im gleichen Augenblick, wie eine ungeheure Kraft durch seine Glieder strömte. Er schritt den Berg hinan und gewahrte plötzlich in einiger Entfernung ein Licht, das beim Näherkommen immer heller erstrahlte und aus dem Innern des Berges zu kommen schien. Eine Grotte tat sich vor ihm auf. An ihren Wänden glitzerte eine Unzahl von Perlen, und Kisten und Truhen standen da mit goldenen Beschlägen und silbernen Schlössern. In der Mitte der Höhle aber stand ein Tisch aus schwarzem Marmor und auf ihm eine Schale, in der ein riesiger Diamant funkelte. Hinter dem Tisch entdeckte Rudlieb eine Frau von solcher Schönheit, daß er das Auge nicht abwenden konnte. Behutsam trat Rudlieb einige Schritte näher, doch wie war er überrascht, als plötzlich vor ihm ein geharnischter Ritter auftauchte und ihn ansprach: „Fürchte dich nicht mein Freund! Ich bin der Beschützer reiner Seelen und der Hüter der Tugend! Tritt keinen Schritt weiter vor, wenn dir die Welt, aus der du kommst lieb ist, denn der Berg wird sich hinter dir schließen. Geh hinunter in das Dorf, dort wirst du dein Glück machen. Laß dich nicht verleiten von Gold und Edelsteinen und Perlen und auch nicht von der

Schönheit dieses Weibes! Ihr Herz ist so schwarz wie ihr Haar. Gehe, mein Freund, und kehre nie wieder!"

Diese Worte beeindruckten den Gärtner. Er kehrte um. Am nächsten Morgen, es war ein Sonntag, besuchte Rudlieb den Gottesdienst und sah unter der Kanzel ein gar liebliches Mädchen. Er beschloß im Dorfe zu bleiben. Der Dorfbader, den er um Arbeit fragte, verwies ihn zum Gärtner. Er flüsterte dem Ankömmling ins Ohr, daß der Gärtner nicht nur einen tüchtigen Gesellen, sondern auch einen Schwiegersohn suche. Wie erstaunt war Rudlieb, als er beim Mittagessen die Schöne aus der Kirche traf. Die beiden gewannen sich lieb, und bald wurde die Hochzeit gefeiert. Die Fee vom Berge konnte er aber nie vergessen, so sehr er auch seiner Elisabeth zugetan war. Die Sehnsucht packte ihn.

Eines Abends holte er die Wunderblume aus ihrem Versteck und stieg den Berg hinauf. Gerade wollte er den Fuß in die Höhle setzen, da stand der Ritter wieder vor ihm und sprach: „So kommst du also wieder. Doch wisse, nur zweimal darf ich dich warnen, das dritte Mal habe ich keine Gewalt mehr über dich. Siehe, heute nacht wird dir dein Weib einen Sohn schenken, der einst ein großer und mächtiger Herr werden wird. Willst du die beiden alleine lassen? Kehre zurück zu Weib und Kind!" Und Rudlieb gehorchte.

Seine Frau schenkte ihm im Laufe der Jahre zwei prächtige Buben und ein liebes Mädchen. Sein Glück schien vollkommen, doch es gelang ihm nicht, die Fee im Berg zu vergessen. Eines Abends verabschiedete er sich von seinen Lieben. Sie sahen ihn ziehen, wollten ihn zurückhalten, aber er ging in die Nacht hinein, ohne den Blick zu wenden. Das Geheimnis der Bergfee wollte er ergründen, koste es, was es wolle. Er sah den Ritter, der ihn in tiefer Trauer vorbeigehen lassen mußte. Sein Auge war geblendet vom Zauber der Grotte und der Schönheit hinterm Marmortisch. Rudlieb stürzte auf die Verführerin zu und küßte sie leidenschaftlich. Sie ließ es sich gefallen. Doch die Freude war kurz, denn mit einem goldenen Dolch stach das Weib zu. Der Verführte sank lautlos zusammen. Mit ohrenbetäubendem Krach schloß sich der Berg. Nie mehr kehrte Rudlieb wieder.

Elisabeth trauerte lang um ihren Mann und die Kinder um ihren Vater. Sie heiratete nie wieder. Getreu der Vorhersage des Ritters wurden die Kinder geachtete und mächtige Persönlichkeiten. Ein Grafengeschlecht ist aus der Ehe des unglücklichen Rudlieb und seiner Elisabeth entsprossen.


## 206  Auch ein Teufelstisch

Der Teufel hatte es einst auf die drei Müller, die Brüder waren und an der Grenze gegen das Elsaß wohnten, abgesehen. Er hatte sie schon so weit gebracht, daß sie ihm blind ergeben waren. Mit dem Christophelsgebet riefen sie den Satan herbei. Wenn sie es rückwärts beteten, verschwand er wieder. Die Zusammenkünfte fanden an einem Felsen auf der Dreimark statt, immer dann, wenn die drei kein Geld mehr im Beutel hatten. Sie einigten sich stets, wann der Teufel wieder angerufen werden mußte. Sie wohnten nicht weit auseinander. Der eine lebte in *Schönau,* der andere in *Hirschthal* und der dritte in *Steinbach.*

Einmal war ihnen wieder das Geld ausgegangen. Also traf man sich an vereinbarter Stelle und sprach das übliche Gebet. Der Teufel erschien und fragte nach ihrem Begehr. Nachdem er die Wünsche erfüllt hatte, gelang es den dreien einfach nicht mehr, das Gebet rückwärts zu beten. So sehr sie sich auch anstrengten. Sollten sie den Satan nicht mehr los werden? Bei dem Gedanken daran wurde es dem Bruder aus Schönau plötzlich übel, und er fiel tot zu Boden. Die beiden anderen machten sich schleunigst aus dem Staube. Doch der Teufel verfolgte sie. Unterwegs schon blies er dem Hirschthaler das Lebenslicht aus. Der Steinbacher konnte zwar noch nach Hause finden, starb aber bald darauf.

Der Felsen, an dem die drei ihre Seelen dem Teufel verschrieben und auch verloren hatten, heißt im Volke der Teufelstisch.

## 207 Das Geisterschloß

In der Umgebung des *Maimont* weiß jeder, daß dort oben ein Schatz verborgen liegt, den nur der zu heben imstande ist, der die weiße Frau am Opferstein gesehen hat.

Nun machte sich in einer Vollmondnacht ein Mann auf den Weg hinauf zur Bergspitze. Lange wartete er. Im Osten graute schon der Morgen, die weiße Frau aber hatte sich noch nicht sehen lassen. Langsam ging der Mann wieder den Berghang hinunter auf die Burg *Blumenstein* zu. Plötzlich erstrahlte das Schloß in altem Glanze. Türme und Tore und Bauten erstanden aus dem Nichts. Hinter den Fenstern glaubte der Beschauer die Schatten von Menschen entdeckt zu haben. Da ertönte ein Trompetensignal, und Pracht und Herrlichkeit verwandelten sich wieder in Ruinen.

Der Mann erschaute später noch öfters das Wunder! Auch einige Freunde von ihm hatten das Glück. Seitdem aber einer der Freunde einen Fremden mit hinaufnahm, um ihm dies köstliche Schauspiel zu zeigen, seitdem ist es nicht mehr so oft zu sehen. In den letzten Jahren vor dem Kriege erstand die Burg noch einige Male aus den Trümmern. Und wer heute in einer Mondnacht hinaufwandert auf den Maimont zum Opferstein und in der Dämmerung seinen Weg nimmt hinunter zur Ruine Blumenstein, dem wird das Schloß wie von Geisterhänden erbaut zu Gesicht kommen.

## 208 An der Mordkuppe geistert der Mörder

Es ist ein naßkalter Herbsttag. Die Bäume stehen beinahe kahl. Der Wind pfeift durch die nackten Äste und Zweige. Der alte Jörg hockt in seiner armen Hütte am Hang, dort, wo der Schmugglerpfad hinüberzieht über die Grenze. Da öffnet sich die Tür, und ein Mädchen betritt den Raum, abgehetzt und vom Regen durchnäßt bis auf die Haut.

Tags darauf lag Marianne, so hieß das Mädchen, das herüber über die grüne Grenze kam, schwer darnieder. Fieberschauer überrieselten den jungen Körper. Jörg aber wußte, wie man der Krankheit zu Leibe rücken konnte. Er pflegte das Mädchen gesund. Bildhübsch war die Fremde. Die Burschen drehten sich nach ihr um, und die Mädchen warfen neidische Blicke. Besonders der Sepp verspürte ein heißes Verlangen nach Marianne. Doch auf Martini, da hatte sie ihm einen Tanz ausgeschlagen. Das war der Sepp nicht gewohnt. Und an Weihnachten sah er das Mädchen mit dem Schulmeister des Ortes spazierengehen, den Weg hinauf zum *Maimont*. Das war zuviel! Er mußte sie haben, die Marianne, und wenn „der Teufel auf Stelzen käme".

Im März schon bot sich die Gelegenheit. Das Mädchen war auf dem Wege von *Hirschthal* zurück ins Wäldlerdorf, und der Sepp auch. Sie scherzten miteinander, als wären Martini und der Schulmeister nicht gewesen. Doch in der Kuppe am Maimont, da erfaßte den Sepp die Gier. Er griff zu, fand Widerstand, und griff fester zu. Am Morgen stieß der Förster auf die Leiche der Ermordeten. Im Schulhaus bahrte man Marianne auf. Der Schulmeister mußte sie zum Grabe geleiten.

Es hielt ihn fortan nicht mehr im Dorf. Schon bald verließ er es. Der Sepp aber ward nicht mehr gesehen. Wahrscheinlich ging er über den großen Teich. Sein Geist aber geht um in finsteren Nächten. An der Mordkuppe ist er schon manchem Zöllner begegnet.

## 209   Am Wasgenstein

Walther hatte zusammen mit Hagen dem Hunnenkönig Etzel in Treue gedient. Er floh mit der geliebten Fürstentochter Hildegunde über den Rhein. Er wollte heim. Große Schätze führte der Flüchtling mit sich. Der Fischer, der die beiden über den Rhein setzte, erzählte hiervon. König Gunther von Worms hatte es auf die Jungfrau und die Schätze abgesehen. Er folgte mit zwölf burgundischen Helden dem fliehenden Paare.

> „Da fand er eine Wildnis, der Wasgau genannt,
> Der fehlt es nicht an Tieren, es ist ein tiefer Wald,
> Von Hunden und von Hörnern wird sie schaurig durchhallt.
> Da ragen in der Öde zwei Berge einander nah
> Und eine enge Höhle liegt zwischen ihnen da.
> Von zweier Felsen Gipfel ist überwölbt die Schlucht,
> Anmutig grasbewachsen, doch oft von Räubern besucht."

Am „*Wasgenstein*" ruhte Walther mit seiner Geliebten aus. Es kam zum Kampfe. Walther war im Vorteil, da er von vorne nur von einem Manne angegriffen werden konnte. Er besiegte einen Angreifer nach dem anderen. Hagen saß traurig und weigerte sich lange, gegen den Jugendfreund zu kämpfen. Gunther überredete ihn. Nun ging es erst recht hitzig zu. Dem König wurde der Schenkel weggehauen, und Hagen wurde die rechte Schläfe und das Auge durchschnitten. Walther verlor die rechte Hand. Jetzt erst trat Friede ein. Der Bruderbund wurde geschlossen, und Walther konnte unbehelligt ins Land der Wasken nach Langres ziehen und den Gotenthron besteigen.

## 210 Hilfe in der Not

Die St.-Ulrich-Kapelle bei *Petersbächel* hat ihre Entstehung einem Fuhrmann zu verdanken, der in tiefer Nacht mit einer Fuhre Holz nicht mehr weiterkam. Den steilen Hang hinauf mit überladenem Wagen, das war selbst für zwei Pferde zuviel. Der Mann war in arger Bedrängnis. In seiner Not kniete er nieder und bat den heiligen Ulrich, daß er ihm helfen möge. Und siehe da, zwei Engel kamen auf galoppierenden Pferden von Himmel herunter und halfen das Gefährt nach Hause zu bringen. Im Nu waren die Pferde wieder ausgeschirrt, und Engel samt Pferden verschwanden über den Wolken.
Der Fuhrmann ließ es nicht bei einem „Vergelt's Gott!" bewenden, sondern erbaute aus Dankbarkeit für die Hilfe in der Not zu Ehren des Heiligen eine Kapelle.

## 211 Ein mutiger Priester

Die Jakobiner verboten jegliche Seelsorgetätigkeit der Priester und bedrohten denjenigen mit harten Strafen, der sich gegen diese Anordnung auflehnen sollte. Doch die Bewohner der Gegend um *Petersbächel* brauchten des priesterlichen Rates und Zspruches nicht zu entbehren, denn ein Pfarrer besuchte sie, trotz des Verbotes der Jakobiner. So kam er einst auf seinem Schimmel völlig erschöpft auf dem *Petersbächlerhof* an. Die Feinde waren hinter ihm her. Man hatte seine Spur entdeckt und wollte zugreifen. Doch der Bauer des Hofes versteckte den Geistlichen unter einem Heuhaufen in der Scheune. Gleich darauf kamen die Verfolger angerückt, durchsuchten das ganze Haus, mußten aber unverrichteter Dinge abziehen. Als der Bauer den Pfarrer jedoch rufen wollte, bekam er keine Antwort. Er war tot, erstickt unter einem Haufen Heu, der auf ihn gestürzt war.
Wohin aber jetzt mit der Leiche, ohne Aufsehen zu erregen? Am nächsten Morgen lud sie der Bauer auf seinen Wagen, türmte viele Ballen Stroh darüber und begrub sie draußen im „Schönauer Feld". Nachdem die Jakobiner wieder abgezogen waren, gab man dem mutigen Priester eine würdige Ruhestätte im Garten eines Hauses in Petersbächel. Ein Denkmal erinnert an ihn.

## 212  Die sieben Brüder

Auf dem Fladenstein bei *Bundenthal* sitzt ein Schuhmacher, bei dem man sich jeder Zeit Schuhe anmessen lassen kann. Wie die merkwürdige Felsbildung entstand, davon erzählt die Sage:
Auf dem *Berwartstein* bei *Erlenbach* wurde in Saus und Braus Hochzeit gefeiert. Sieben der Geladenen machten sich nach üppigem Mahle auf den Weg in Richtung Bundenthal, um sich etwas die Füße zu vertreten. Unterwegs begegnete der vergnügten Schar ein armer Mann, der um ein Almosen bat. Zuerst lachten sie ihn aus, doch dann bekam der Arme gar Fußtritte und Hiebe. Mit lauter Stimme schleuderte der Bettler, am Boden liegend, seinen Fluch denen ins Gesicht, die ihn so unbarmherzig und roh behandelt hatten: „Weil eure Herzen so hart sind wie Stein, so sollt ihr zu Stein werden!"
Kaum war die letzte Silbe über seine Lippen gekommen, ward der Fluch erfüllt. Droben stehen sie, die sieben Brüder, wie sie das Volk nennt, als ewiges Mahnmal.

## 213  Glut im Grüntal

Ein Mann aus *Erlenbach* war einmal abends auf dem Weg von *Lauterschwan* nach Hause. Mit Dampf geht's besser, sagte er sich und wollte sein Pfeifchen anzünden. Da sah er plötzlich vor sich im Grüntal mitten in den Wiesen eine Glut. Schneller holten seine Füße aus, denn er hatte schon einmal von solchen Feuerchen gehört, deren Kohlen am nächsten Morgen pures Gold waren. Er sah sich schon als reicher Mann, als er sich niederbückte, um zuzugreifen. Da versetzte ihm jemand aus dem Dunkel heraus eine deftige Ohrfeige, daß er die Engel im Himmel singen hörte. Der Mann war dermaßen erschrocken, daß er weder an Gegenwehr, noch an das Gold dachte und schleunigst verschwand.

## 214  Reifen und Dauben sind abgefallen

Weißt du, wo Hans Trapp seinen Weinkeller hatte? Am Wollustberg gab es einst ein Bleibergwerk, dessen Eingang heute verschüttet ist. Hier war der Eingang zum Weinkeller des Hans Trapp, behaupten die Leute aus *Erlenbach*. Hier, im tiefen Berg, lagerten die Weinfässer hübsch nebeneinander, und in jedem Fäßchen kühlte sich ein anderer Wein.
Der Ritter starb, der Keller wurde vergessen, der Eingang verschüttet. Der herrliche Wein lagert heute noch im Keller, nur sind die Faßreifen verrostet und abgefallen, und die Faßdauben sind längst verfault. Der Wein aber lief nicht aus. Nein, er ruht in seiner eigenen Haut. Gehe hin, und du wirst mir glauben!

## 215 Der Teufel mischte mit

Es war in der Christnacht. Vor der Mette spielten in einer Wirtschaft einige Männer einen zünftigen „Schafkopf". Sie alle hatten fest vor, den mitternächtlichen Gottesdienst zu besuchen, doch, wie das so ist, beim Spiel vergeht die Zeit gar schnell. Keiner achtete darauf, daß das ferne Geläute aus *Niederschlettenbach* verstummte und daß keiner mehr von *Erlenbach* den Weg zum Nachbardorf unter die Füße nahm. Es sah erst einer zur Uhr, als um Mitternacht die Tür aufgestoßen wurde und ein Fremder eintrat, ohne Gruß am Tisch Platz nahm und gleich mit dem Kartenmischen begann. Im stillen dachte sich wohl mancher: Warum lassen wir uns das so einfach gefallen? Warum nehmen wir den frechen Eindringling nicht beim Genick und setzen ihn vor die Tür? Nicht einmal eine Widerrede ward vernommen. Wie unter Zwang ließen sie ihn gewähren. Er wurde ihnen sogar in dem Maße angenehmer, als sich die Zahl seiner verlorenen Spiele vermehrte. Die Bauern lachten sich heimlich ins Fäustchen. Da fiel eine Spielkarte zu Boden. Es bückte sich einer, und als der die Karte auf den Tisch legte, war er leichenblaß. Er hatte nämlich den Bocksfuß des Fremden gesehen und wußte, wer sein Gegenüber war. Er nahm einen anderen mit hinaus und erzählte ihm von seiner Entdeckung.
Es dauerte denn auch nicht lange, und jeder am Tisch hatte die Neuigkeit erfahren. Der Schreck war ihnen in die Glieder gefahren. Als der Teufel um 1 Uhr sich erhob und durch das Fenster entfloh, bekreuzigten sie sich. Das gewonnene Geld rührte keiner mehr an.


## 216 Die Hexe wurde entdeckt

Nicht jeder Bauer hat im Stall Glück. Oft ist auch da der „Wurm drin". So wollte auch einmal bei einem Bauern in *Erlenbach* die frischmelkige „Scheck" keine Milch geben. Man versuchte es mit allerlei Heilmittelchen. Nichts half. „Da muß ich mich eben mal auf die Lauer legen", meinte der Bauer zur Bäuerin. Sie versorgte ihn mit allem Nötigen, denn eine Nacht ist gar lang.
Doch unser Bauer brauchte nicht lange zu warten. Um die Mitternachtsstunde schlich eine schwarze Katze in den Stall und hängte sich sofort an das Euter der „Scheck". Der Bauer fuhr wie der Blitz aus seinem Versteck heraus, griff nach dem Melkstuhl, weil er gerade in der Nähe stand und warf ihn nach der Katze. Diese schrie auf und rannte davon.
Am nächsten Tag hatte die Nachbarin Arme und Hände dick verwickelt. Sie war also die Hexe, und man war erst recht davon überzeugt, als vom Tage an die „Scheck" eimerweise Milch lieferte.

## 217 Ein kleines, schwarzes Männlein

Droben am Schloßberg in *Erlenbach* stand früher der *Berwartsteiner Hof,* von dem heute kein Stein mehr erzählt, dessen Lage aber trotzdem bekannt ist. Zur Zeit, als der Hof in Blüte stand, schlich sich jeden Tag ein kleines, schwarzes Männlein unter dem zahlreichen Gesinde umher, eine große dampfende Pfeife im Mund. Knechte und Mägde hatten sich an den Kleinen gewöhnt. Er war ja auch harmlos, wenn man von den Streichen absieht, die das Gesinde stets zum Lachen brachten.

Doch so ganz ohne war das Männchen nun wieder nicht. Es trieb nicht nur Sachen, die den Mitmenschen zur Freude Anlaß gaben . . . Jeden Morgen stand das Vieh schweißnaß im Stall. Die Pferde wollten tagsüber nicht mehr in die Stränge, die Euter der Kühe waren leer. Fuhrleute und Melker standen sprachlos vor einer Tatsache, die sie zunächst nicht klären konnten. Ein Knecht wollte die Nacht im Stall zubringen und genau aufpassen. Wirklich — kaum war der letzte Glockenschlag zur mitternächtlichen Stunde verhallt, betrat das Männlein den Stall. Es führte Pferd um Pferd und Kuh um Kuh zur Stalltüre hinaus und ritt die Tiere bis zum Morgengrauen. Ohne große Überraschung nahm das Gesinde die Nachricht des Knechtes auf, denn allen war klar gewesen, daß der kleine Mann die Finger im Spiele gehabt haben mußte.

Einer Magd kam der Gedanke, doch mal einen Geißbock in den Stall zu stellen, vielleicht würde das Männlein dann Pferde und Kühe schonen. So war es auch. Fürderhin ritt das kleine, schwarze Männlein nur noch den Ziegenbock.

Als der Berwartsteiner Hof zerfiel, holten sich die Leute die Steine und die Balken. Häuser entstanden am Bach. Dort zeigte sich der Kleine noch des öfteren. Heute hört man ihn um die Mitternachtsstunde klagend den Bach hinauf- und hinuntergehen. Hin und wieder finden die Bauern morgens ihre Gäule mit zu Zöpfen geflochtenen Schwänzen und Mähnen.

## 218 Die Scheck weissagt

Ein Bauer aus *Erlenbach* hatte eines Tages ein gar merkwürdiges Erlebnis. Als er in den Stall kam, um seinen Kühen Futter zu geben, hörte er, wie sich die „Scheck" und die „Schwarz" in der Sprache der Menschen unterhielten. Diese nicht alltägliche Begebenheit mußte er schleunigst seinem Bruder erzählen. Beide überlegten, wie sie es am klügsten anstellen könnten, daß sie erführen, was die beiden „Viecher" da miteinander zu bereden hätten.

Am anderen Morgen führte der eine die beiden Tiere zur Tränke. Der andere legte sich unter die Krippe und ließ sich mit Streu bedecken. Bald liefen die Kühe wieder in den Stall. Der eine Bauer verließ schleunigst den Stall und horchte draußen an der Tür, um ja über das Gespräch unterrichtet zu sein. Die „Schwarz" fing an zu reden: „Was machen wir morgen?" „Morgen fahren wir unseren Herrn auf den Friedhof", antwortete die „Scheck". Während sie noch sprach, begann sie das Streuwerk zu zertrampeln, unter dem der Bauer lag. Die brüderliche Hilfe von draußen kam zu spät. Die „Scheck" hatte recht behalten.

## 219  Hans Trapp

Wenn Kinder schrei'n zu *Weißenburg* und Wort und Rut' nicht frommt,
so schlägt gewiß zuletzt noch durch der Ruf: „Hans Trapp, der kommt!"

Wer ist Hans Trapp? Vom *Bärbelstein* der Ritter Hans von Drot
der grüßt' einst Weißenburg nicht fein und bracht's in schwere Not.

Denn mit dem Kloster und dem Abt lebt' er in schlimmem Streit,
drum hat's sein böses Herz gelabt, ihm anzutun ein Leid.

Voll arger List hemmt' er einmal der Lauter raschen Lauf,
da schwoll der Bach durchs ganze Tal gleich einem Strome auf.

Dann riß er ein den hohen Damm, fort stürzte wild die Flut,
riß mit sich manchen Fels und Stamm, als echter Bot' der Wut.

Ganz Weißenburg ist Schreck und Graus, die Fluren sind ein See!
Ach, mit der Ernte ist's nun aus! Der Streich tut lange weh.

Und alles heult: „Was gibt's, o Gott!" Der Abt zornflammend ruft:
„Das hat getan der Hans von Drot, den Gott verdamm', der Schuft!"

Drum hat die Stadt vergessen nicht den furchtbar'n Ritter Hans;
packt nichts so'n kleinen, bösen Wicht, gewiß Hans Trapp, der kann's.

## 220   Räuber können keinen Mitwisser brauchen

Das Pfälzer Burgen- und Felsenland ist reich an gar merkwürdigen Felsbildungen. Bei *Erlenbach* steht der Heidenfelsen. Dort trieb sich einst ein Jude herum, in der Absicht, den Räubern, die in der Gegend hausten, auf die Schliche zu kommen. Als er einen der Wegelagerer auf sich zukommen sah, versteckte er sich rasch. Der Räuber trat vor den Fels, klopfte daran und rief: „Eiserne Tür, geh auf!" Sofort öffnete sich eine Eisentür, die der Jude vorher nicht entdeckt hatte. Nachdem der Räuber wieder gegangen war, tat es ihm der Jude nach. „Eiserne Tür, geh auf!" rief er, und richtig, die Tür öffnete sich erneut. Der Sohn Israels trat in eine weite Höhle und wollte erst seinen Augen nicht trauen, denn an den Wänden standen unzählige Kisten voller Geld. Er griff zu, stopfte in die Taschen, was hinein wollte und freute sich schon, daß es ihm gelungen war, Räuber zu berauben.

Doch er hatte die Rechnung ohne den Wirt gemacht. In dem Augenblick, als er die Höhle mit dem Vorsatz wiederzukommen, verlassen wollte, da erschienen die Räuber. Sie freuten sich ihres Fanges, denn ihre Schatzkammer war doch in Gefahr, ausgeräubert oder verraten zu werden. Zunächst nahmen sie dem Juden das Geld wieder ab, und damit er nie wieder auf den Gedanken käme, sie zu bestehlen, nagelten sie ihn an die Wand.

Nach anderer Aussage sollen in der Höhle Heiden gewohnt haben, wie aufgefundene Gegenstände und Knochen bezeugen.

## 221 Eine mutige Frau

Ein Felsennest ist dieser *Berwartstein,* so richtig geschaffen für einen Raubritter wie es Hans Trapp war. Tief in die Felsen sind die Gänge und Räume hineingehauen. Fast uneinnehmbar war die Feste. Doch Übermacht bezwang auch sie.

Nach langer Belagerung stürmte der Feind, erstieg die Mauern und drang in die Burg ein. Alle Verteidiger starben im Nahkampf, Mann gegen Mann, nur die Burgfrau blieb übrig. Sie saß einsam mit ihrem Neugeborenen an sicherem Orte. Doch die Sieger legten Feuer an; die Burg stand bald in hellen Flammen. Die Burgfrau wollte sich nicht in die Hände rauher Krieger geben und stürzte sich deshalb mit ihrem Kinde in die lodernden Flammen.

Einmal im Jahr zeigt sie sich seitdem in ihrem Schlosse. In tiefer Nacht holpert ihr Wagen durch *Erlenbach* und hält am Fuße des Berges an. Sie begibt sich, das Kind auf dem Arm, hinauf zur Burg. Dort stürzt sie sich, nachdem sie ihr geliebtes Land mit wehen Augen gesehen, voller Verzweiflung in die Tiefe.

## 222 Verrat eines Edelfräuleins

Der Guttenberger hatte Besuch. Ein Edelfräulein war angekommen, gerade in den Tagen, als die Bauern zum Sturm auf die Feste ansetzten. Es stand um die Burg schlechter als der Burgherr annehmen konnte, denn das Fräulein stand in Verbindung mit dem Feind, der draußen nur auf ein Zeichen wartete. Das kam auch. Die Bauern stürmten, und *Guttenberg* mußte aufgeben. Er bat den Feind, doch Leben und Habe der Burgbewohner zu schonen. Der Sieger willigte ein, aber nur unter der Bedingung, daß der gesamte Burgschatz ausgeliefert werde. In seiner Not gab der Burgherr das Versprechen. Wie erstaunt war er aber, als die große Kiste mit den Reichtümern nicht mehr aufzufinden war. Wo war sie hingekommen? Wer von seinen Untertanen vergriff sich an seinem Eigentum? Ein kräftiger Fluch entfuhr dem Munde des Ritters, er lieferte sich seinen Bezwingern aus, die Burg aber stand bald in hellen Flammen.

Zur gleichen Zeit fuhr ein Wagen, schwer beladen, in der Nähe des Ortsausganges von *Oberotterbach*. Die Schatzräuber waren unterwegs. Sie hatten bereits ein tüchtiges Stück Arbeit hinter sich gebracht, denn es war nicht einfach, die schwere Kiste auf der Ostseite des Schlosses in die Tiefe hinabzulassen und wegzuschleppen. Gerade stieß oben auf der Burg der Besiegte die Verwünschungen aus, als der Wagen unter seiner Last zusammenbrach. Das Edelfräulein ward plötzlich nicht mehr gesehen und den Männern wurde es ganz eigenartig zumute. In aller Eile huben sie ein tiefes Loch aus und senkten den Schatz hinab.

Alle hundert Jahre, so um den Gedächtnistag des heiligen Thomas herum, geistert das Edelfräulein einige Nächte als weiße Frau umher.


## 223 „Zu spät"

Wieder war es um die Zeit des Thomastages. Der Hannes, ein junger Bursche, hatte sich gerade niedergelegt, als die Kirchenuhr die zwölfte Stunde schlug. Da hörte er ein Klopfen an der Tür, das sich dreimal wiederholte. Der Hannes wagte nicht, sich zu regen, geschweige denn ein Wort zu sagen. Es überlief ihn eiskalt, und die ganze Nacht schloß er kein Auge mehr.

Am anderen Morgen erzählte er dem Vater das nächtliche Erlebnis. Dem war sofort klar, was da gespielt wurde. Er redete dem Hannes gut zu und brachte ihn schließlich so weit, daß er in der folgenden Nacht, als es wiederum klopfte, ein schüchternes „Herein" verlauten ließ. Da wurde es vor seinem Bett plötzlich taghell, die weiße Frau stand vor ihm und sprach: „Ich bin die weiße Frau vom Guttenberg und bin schon viele hundert Jahre verflucht und verbannt, und du bist geboren, mich zu erlösen. Bist du bereit, das zu tun?" Der Hannes hatte sonst stets sein Mundwerk auf dem rechten Fleck, aber jetzt konnte er kein Wort herausbringen. „Ich sehe, daß du mit dir kämpfest. Ich werde deshalb die nächste Nacht wiederkommen. Ich bitte dich, mich zu erlösen, denn nur dir wird es gelingen. Morgen ist die letzte Nacht, und wenn es da nicht geschieht, dann muß ich weitere hundert Jahre in der Verbannung leben!" Damit war die Frau verschwunden.

In der folgenden Nacht hatten sich der Bürgermeister und einige vom Zwölferrat in der Kammer versteckt. Die Glocke schlug, die Geisterstunde brach an. Da klopfte es. „Herein!" Da stand sie wieder in hellem Lichtschein. „Nun, Hannes, hast du es dir überlegt?" „Ja, ich will es tun!" „Bis ein Uhr haben wir Zeit, eine kurze Zeit. Wir müssen uns beeilen. Höre mich an: ich brachte den Herrn von Guttenberg um Hab und Gut, weshalb er mich verfluchte. Der Fluch lastet auf mir so lange, bis jemand kommt und zusammen mit mir die Schätze hebt. Du sollst mir dabei helfen. Bevor wir darangehen, wollen wir ein Lied singen!" Hannes holte das Gesangbuch, und beide sangen den Choral „Gott sei Dank in aller Welt". Die weiße Frau ergriff die Hand des Hannes und beide schwebten durch das Fenster, durchs ganze Oberdorf hin ins Tal, wo die Mühle stand. Dort entdeckte der Hannes zu seinem Erstaunen, daß sich die Erde öffnete und ein Feuerschein bis hinauf leuchtete zu den Wolken. Die weiße Frau berührte den Deckel der Truhe, und er sprang auf. Dem Hannes liefen die Augen über vor soviel Schätzen, vor soviel Gold und Edelsteinen. Bis oben hin war die Kiste angefüllt. Und das alles sollte der Hannes nun haben als Lösegeld für die Erlösung des Edelfräuleins!

Doch da schlug die Uhr die erste Stunde des neuen Tages. Ein Zischen und Brausen, der Deckel sauste zu, die weiße Frau erhob sich in die Höhe und rief dem verdutzten Hannes zu: „Zu spät!" Die Lichterflut war verschwunden.

Auf einer Wiese im *Oberotterbacher Tal* fand sich der Hannes wieder. Die zu Hause in der Kammer hatten die Vorgänge im Zimmer genau beobachten können, nur die Frau selbst sahen sie nicht, weil sie von der Helle geblendet waren. Als nun die Uhr eins schlug, machten sie sich auf, den Hannes zu suchen. Einer fand ihn an der bezeichneten Stelle, bitter weinend.


## 224  Ein rücksichtsloser Hamsterer

„Aufgeschrieben, daß man sich vor armen Leuten, die Grundbeeren gebettelt haben, nicht hat sekedieren können. Daß auf manchen Plätzen ganze Dörfer fortgewesen sind wegen Armut oder Mangel. In unserem Haus, in unserem Schweinestall, sind ein Mann mit Weib und Kind zweimal übernachtet gelegen, weil sie keine Herberg im ganzen Dorf bekommen haben. Sie haben sich noch höflich bedankt, daß sie noch eine solche Nachtherberg bekommen haben. Dies ist geschehen am 1. März 1817."

Dies ist geschehen in den Hungerjahren 1816/17, als es nirgends viel und oftmals gar nichts zu beißen gab. Wir kennen solche Zeiten aus eigenen Erfahrungen. Auch damals gab es Menschen, die die Not der Mitbrüder ausnützten. Für einen einzigen Laib Brot konnte man einen Acker oder einen Wingert haben. Das wußte der Bäcker von *Dörrenbach* sehr wohl.

Als die schlechte Zeit vorüber war, wußte er schon bald gar nicht mehr, wo seine ergaunerten Grundstücke alle lagen. Ein Laib Brot — ein Acker. So ging es bei ihm Tag für Tag. Doch auch an ihn trat der Sensenmann heran. Er starb nicht leicht, der Bäcker von Dörrenbach. Keine Ackerkrume nahm er mit ins Grab. Er hätte sie auch dort nicht brauchen können, denn es hielt ihn nicht lange im Sarg.

Er muß umgehen. Am Hang der Hohen Derst sieht man ihn mit einem Brotlaib unter dem Arm. Er würde gerne ein Stück davon abbeißen, wenn er nur die Hand zum Munde brächte. Durst quält ihn. Wenn er sich über die Quelle bückt, spendet sie kein Wasser mehr. so muß er büßen, bis die ganze Schuld gesühnt ist.

## 225 Eine goldene Krone

In der Nähe von *Busenberg* liegt der *Drachenfels.* Leute, die einstmals am Schloßberg das Gras absichelten, gewahrten eine Schlange, die so dick wie ein Wiesbaum war. Von der Burg kam sie und trug eine goldene Krone auf dem Kopfe. Ihr Weg führte sie hinunter an den Weiher bei der St.-Gertrauds-Kapelle. Dort legte sie die Krone beiseite und badete.

Wer sich je die Krone aneignen kann, wird unermeßlich reich werden. Das sagen die Leute von Busenberg.

## 226 Vor Blitz und Ungewitter . . .

Die Kapelle St. Gertraud bei *Busenberg* liegt verlassen und einsam. Früher dehnte sich dort ein hübsches Dorf aus, in dem nach eingebrachter Ernte ein fröhliches Fest gefeiert wurde. Als die Sonne hinter den Bergen verschwunden war, zog von Westen her ein schweres Wetter heran. Man achtete nicht darauf. Die Kapelle spielte weiter zum Tanze auf. Niemand dachte daran, heimzugehen und zu beten, wie dies beim Nahen eines Gewitters bislang üblich war.

Nur eine Familie machte sich auf den Heimweg und tat das, was von den Vorfahren überliefert war. Sie kniete im Herrgottswinkel nieder und bat den Herrn der Welt, daß er sie vor Unwetter und Blitz verschonen möge. Das Gewitter entlud sich mit aller Macht, zog aber bald wieder ab. Als die Familie am nächsten Morgen erwachte, war das Dorf verschwunden. Blitz und Wasser hatten ganze Arbeit geleistet.

Zum Danke dafür, daß der Herrgott seine schützende Hand über dieses eine Haus hielt, weihten sie es der heiligen Gertrud. Ihr Bild hing an bevorzugtem Platze, bis es alt wurde. Die Leute nahmen es dann ab und warfen es hinter das Haus in die Hecken. Doch am nächsten Morgen hing es wieder an der alten Stelle. Auch am folgenden Morgen machte man dieselbe Erfahrung. Deshalb ließ man es an seinem Platze in dem Glauben, daß die heilige Gertrud es so wünsche.

## 227 Eifersucht macht blind

Die Wildgräfin Schwanweiß war eine hübsche Frau, die schönste im ganzen Wasgau. Die Minnesänger sangen von ihr, und mancher Ritter fiel ihretwegen im Turnier aus dem Sattel. So schön sie war, so gut war sie auch. Sie regierte in Milde von ihrem Schloß, der *Drachenburg* bei *Busenberg* aus. Grenzenlos schien ihr Glück und das ihres Gemahles. Doch es schien nur so, denn der Wildgraf war eifersüchtig und wehrte jeden, der sich seiner Frau zu nähern versuchte.

In einer stürmischen Gewitternacht lauerten die Feinde auf des Wildgrafen Heimkehr. Es kam zum Handgemenge, das die Angreifer teuer zu bezahlen hatten. Ungeschoren kehrte der Graf heim, nur sein Schildknecht Rudprecht erlitt eine schmerzliche Wunde. Schwanweiß besuchte den Getreuen und schenkte ihm zum Danke eine blaugoldene Pfauenfeder. Hinter einer Säule hatte der Wildgraf den Vorgang beobachtet. Er schrie, außer sich vor Wut: „So verschenkst du deine Hübschheit an einen schmachtenden, kriechenden Wicht?" Er riß dem treuen Knecht die Feder aus der zitternden Hand und stach ihm in blinder Eifersucht das Schwert in die Seite. Die Frau suchte noch zu wehren, doch umsonst. Der Graf ergriff auch sie in seinem Zorne und warf sie über die Schildmauer den Söller hinab.

Ein ganzes Land trauerte um Schwanweiß. Wer es wagte, dem Wildgrafen sein Unrecht vorzuhalten, den überzog er mit Feuer und Blut. Einsam wurde es auf der Drachenburg. Knechte und Gesinde kündigten den Dienst auf, denn bei dem Jähzornigen war keine Bleibe.

Am Jahrestag des Mordes stand der Wildgraf allein auf dem Söller. Da raschelte es im Gras, ein blaugrünes Pfauenkraut schlang sich um seine Beine und zog an ihm wie eine Kette. Drunten in der Tiefe wuchsen drei schwanenweiße Lilien empor, sprossen immer höher, bis sie auf der Höhe der Zinne anlangten. Die Reue kam den Wildgrafen an, die Reue und der Schmerz. Er verschloß die Burg und nahm keinen Bissen mehr zu sich, bis er vor Entkräftung starb.

## 228    Der Zauberschütze

Einst belagerte der Pfalzgraf bei Rhein, Ludwig der Bärtige, die Burg *Lindelbrunn,* weil der Besitzer des Schlosses des öfteren schon Raubzüge in seine Lande unternommen hatte. Bei den Belagerungstruppen befand sich Punker von Rohrbach bei Heidelberg, ein Zauberschütze, der weithin wegen seiner Treffsicherheit bekannt war. Jeden Tag brachte er drei seiner Schüsse todbringend ins Ziel, weil er einmal drei Schüsse auf das Bild des Heilandes getan hatte, und er nun im Pakte mit dem Teufel stand. Die übrigen Schüsse trafen oder trafen auch nicht. Ein solcher Mann war für den Belagerer eine große Hilfe.

Nacheinander schoß Punker die ganze Besatzung der Burg zusammen, so daß sie eines Tages eingenommen werden konnte. Das sprach sich natürlich herum. Ein Edler, dem die Wundertaten des Schützen zu Ohr gekommen waren, wollte sich von der Treffsicherheit überzeugen. So wurde Punker ein zweiter Wilhelm Tell, denn der Ritter legte dem Sohne des Meisterschützen einen Zehner auf das Barett und befahl dem Vater, die Münze mit einem gutgezielten Schuß der Armbrust herunterzuholen.

Erst wollte der Punker nicht, denn man konnte ja nie wissen, ob der Teufel sich treu an den abgeschlossenen Vertrag hielt. Auf das Drängen des Fürsten hin, griff Punker nach der Armbrust, entnahm dem Köcher zwei Pfeile, steckte einen davon in seinen Koller am Halse, und den anderen legte er auf die Armbrust. Er zielte lange und gut und holte den Zehner glatt vom Barett seines Sohnes. Auf die Frage des Edlen, weshalb er zwei Pfeile dem Köcher entnommen hätte, antwortete der Zauberschütze aus Rohrbach: „Wenn ich, vom Teufel getäuscht, mein Kind getötet hätte, wäre der zweite Pfeil für Euch bestimmt gewesen."

## 229  Die Woognixe

Auf Schloß *Lindelbrunn* tagte der Familienrat. Er beschloß, den jungen Burggrafen mit einer wildfremden Grafentochter zu vermählen. Schweren Herzens und mit trüben Gedanken stieg der junge Graf hinunter an den Lindenwoog. Da lag er zwischen den Halmen und dachte über sein Schicksal nach. Plötzlich raschelte es ganz nahe, und ein wundervolles Weib entstieg dem Wasser. An den Entenfüßen erkannte der Graf die Woognixe. Was sie wolle, fuhr sie der junge Mann an. „Schütte dein Herz aus! Ich will dir helfen, wenn du mir ewige Treue versprichst!" Und er erzählte ihr von dem, was geschehen. Sie riet ihm, in die Fremde zu ziehen. Einen goldenen Ring schenkte er ihr als Zeichen seiner Treue.

Noch in der gleichen Nacht entfloh der Graf gegen Süden. Er diente unter verschiedenen Herren, war bei mancher Schlacht dabei und machte sich einen Namen. Die Tochter des Herzogs durfte er freien. Da traf die Botschaft vom Tode seines Bruders ein. Los ging der Ritt in die Heimat, dort sollte die Hochzeit sein. Kein Gedanke mehr an das Versprechen! Kein Gedanke mehr an die Woognixe!

Bei der Hochzeitsfeier drang plötzlich ein herrliches Weib in den Saal ein, warf vor dem Brautpaar einen Ring zu Boden und entfloh mit gräßlichem Schrei. Totenbleich erhob sich der Graf. Die Entenspur führte hinunter zum Teich. Ihr folgte er und später auch seine junge Frau. Beide kehrten nie wieder. Verwaist stand das Hochzeitsschloß.

## 230  Der betrogene Teufel

Der *Darsteiner* Felsen hat seine Geschichte, nicht erst seit die Bergsteiger ihn zu bezwingen trachten.

Vor vielen, vielen Jahren wollten die Darsteiner eine Kirche bauen. Eine Bürgerversammlung wurde abgehalten und der Plan besprochen. Da kam der Satan des Weges und wollte wissen, warum man sich so aufgeregt unterhalte. Der Bürgermeister erkannte den Fremden sofort und sprach: „Wir wollen den Plan für einen Wirtshausbau besprechen." Das gefiel dem Teufel. Er erklärte sich bereit, unentgeltlich alle Steine aus dem Walde herbeizuschleppen. Tag für Tag brachte er die größten Felsen zur Baustelle, bis er gewahr wurde, daß das Gebäude einen Turm bekam. Jetzt erst merkte er, daß man ihn betrogen hatte. Voller Wut nahm er einen Felsbrocken und wollte ihn in den Rhein werfen. Doch er kam nicht so weit, denn das Stück hatte ein gar beachtliches Gewicht. Am Fuße des Maiblumenkopfes entfiel der Riesenstein seinen Krallen. Dort steht er heute noch.

## 231  Den Räubern das Rauben verleidet

Ein Schuhmacher aus *Erfweiler* war einmal unterwegs von *Annweiler* nach seinem Heimatdorf. Er hatte einen ordentlichen Packen Leder eingekauft und war nach abgeschlossenem Geschäft noch ein bißchen eingekehrt. Dabei hatte er versäumt auf die Uhr zu schauen. So kam er erst um Mitternacht an die große Eiche hinter *Schwanheim* am Sorgenberg. Es war ihm nicht wohl zumute, denn er hatte schon oft gehört, daß es an dieser Stelle nicht ganz geheuer wäre. Und jetzt war gar noch Mitternacht.
Da brach es auch schon durch die Hecken und stürzte auf den armen Schuster los. Er lief um sein Leben, doch die vier Kerle waren schneller. „Geld, Ware oder Leben!" fauchten sie ihn an. In seiner höchsten Not verlegte sich der Schuster aufs Bitten und Betteln. Er warf das Leder zur Seite und in dem Augenblick, als sich die vier über das Bündel beugten, fiel ihm ein Zauberspruch ein. Er sprach ihn schnell und siehe, die vier Stromer standen da, wie wenn sie aus Stein wären. Vor Verwunderung blieben ihnen die Mäuler offenstehen. Keiner konnte sich mehr bewegen, keiner mehr reden. Der Schuhmacher hatte gewonnen. Er stellte sich breitspurig vor die Kerle hin und sprach: „Merkt euch gut: wenn ich in Erfweiler am Brunnen drei Schluck trinke, erst dann könnt ihr wieder euere Glieder bewegen. Wehe euch, wenn sich unsere Wege noch einmal kreuzen! Es ist euer sicherer Tod, denn dann müßt ihr stehen, bis der Hahn kräht, und wenn der euch erlöst, dann wird euch der Teufel holen!" Sprach's und ging befriedigt von dannen.

## 232  Der Wilddieb verlor beide Ohren

Der Förster oder der Jäger jagt den Wilddieb, ein Thema, das wir in Musik und Literatur immer wieder antreffen. Auch die Sage weiß von mancherlei Wilddieben zu erzählen.

Auf dem Sorgenberg bei *Erfweiler* trieb sich einst ein Wilddieb herum, der dem zuständigen Förster manche schlaflose Nacht brachte. Immer wieder gelang es dem Frevler den Nachstellungen des Försters zu entkommen. Es war zum Verzweifeln. Dabei hatte gerade der Förster die besten Erfahrungen im Einfangen von Wilddieben! Es muß wohl nicht mit rechten Dingen zugehen, sagte sich der Förster. Das meinten auch die Leute im Dorfe. Sie sagten ihm, daß sich der Wilddieb verwandeln könne, in Sträucher und Hecken, in Rehe und Hirsche.

Eines Nachts, der Förster lag schon zum x-ten Male an derselben Stelle auf der Lauer, sah er im fahlen Mondlicht den Wilderer mit der Flinte in der Hand von Baum zu Baum schleichen. Der Förster rief ihn an, doch im gleichen Moment war der Wilderer verschwunden, wie vom Erdboden verschluckt. Vorsichtig ging der Förster, das Gewehr entsichert auf die Stelle zu, doch weit und breit war niemand zu sehen. Lediglich ein blühender Ginsterbusch stand da. Blühte der vorhin schon an diesem Ort? Genau konnte er es nicht sagen, doch dachte er an die Aussagen der Bewohner des Dorfes, nahm sein Messer und schnitt rechts und links einen Zweig ab und nahm ihn mit nach Hause.

Am anderen Tage sah man einen Mann über die Dorfstraße gehen, der den Kopf dick umwickelt hatte. Der Förster hatte ihm mit den beiden Zweigen die beiden Ohren abgeschnitten. Der Wilderer war erkannt.

## 233   Mit einer anderen Welt Bekanntschaft gemacht

Oberhalb des Fischwoogs bei *Erfweiler* lag der Zehrhof, den ein reicher Bauer bewirtschaftete. Sein Reichtum aber war unrecht Gut, denn nachts war er unterwegs und versetzte zu seinen Gunsten die Grenzsteine. Dabei ließ er sich nie erwischen, weshalb man ihm nichts nachweisen konnte. Auch ihm schlug einst das Sterbestündlein, ohne Reue und ohne sein Geheimnis preiszugeben, ging er von hinnen. Kaum war er begraben, als es um die Mitternachtsstunde an seinem Grabe lebendig wurde. Er fand keine Ruhe, er irrte umher und bat flehentlich um eine Haue. „Ach, gebt mir doch eine Haue, ach nur eine Haue!" so hallte es unheimlich zu nachtschlafender Zeit. Niemand traute sich hinaus, um dem Umherirrenden den Wunsch zu erfüllen.

Es war in der Adventszeit, als ein fremder Bauer, der wohl irgendwo beim Hausbau geholfen hatte, spät in der Nacht den Weg nach Hause nahm. Er hörte die flehentliche Bitte und gab zur Antwort: „Hier habe ich eine. Hole sie dir doch!" Sogleich nahm ihm der Unsichtbare die Haue aus der Hand. Es dauerte eine ganze Weile, bis der Bauer in einiger Entfernung ein Scharren, dann ein Graben, dann ein Schleppen und schließlich ein Schaufeln vernehmen konnte. Jemand drückte ihm die Haue wieder in die Hand und einen glühenden Taler. Der Bauer zitterte am ganzen Körper: Er hatte mit einer anderen Welt Bekanntschaft gemacht. Der Unsichtbare war erlöst.

## 234  De Schornschte nuff

Es ist schon etliche Jahre her, seitdem in dem kleinen Häuschen am Ortsausgang von *Erfweiler* ein kinderloses Ehepaar hauste, das jeden Tag mit Bedacht der Arbeit aus dem Wege ging. Im Dorfe plagten sie sich, um für die hungrigen Mäuler genügend Essen auf den Tisch zu bringen. Die beiden aber lebten in Saus und Braus, da fehlte es an nichts. Das fiel natürlich den Dörflern auf, und allerlei Mutmaßungen nahmen die Runde. Die Frau sei eine Hexe und stehe mit dem Teufel im Bunde meinten die meisten, und sie hatten wohl auch recht. Dem Manne war das egal, woher Essen und Trinken kamen, vom Teufel oder vom Herrgott, Hauptsache war, es stand genügend auf dem Tisch. So gab der Mann einmal einem neugierig fragenden Bauern zur Antwort.

Von nun an aber mußte der Faulenzer stets daran denken, und er nahm sich vor, bei nächster Gelegenheit seiner Frau nachzuforschen und sie zu bitten, das Geheimnis einer Hexe zu lüften. Die Nacht kam. Der Mann lag seiner Frau mit Bitten und Betteln in den Ohren, bis sie schließlich nachgab und er nun gespannt auf das Kommende wartete. Die Frau nahm den Besen, stellte sich vor den offenen Kamin und sprach: „Passe gut auf! Du mußt das tun, was ich tue und genau das sagen, was ich sage!" Sie klemmte den Besen fest zwischen die Beine und murmelte: „De Schornschte nuff und nergens wedder!" Fort war sie. Er aber war ganz aufgeregt und voller Freude, denn er war davon überzeugt, daß er auf dem Hexenplatz landen würde. Also nahm er den zweiten Besen, doch in seiner Aufregung verwechselte er die Worte: „De Schornschte wedder und nergens nuff!" Mit voller Gewalt sauste der Mann kopfvor gegen die Kaminwand und war auf der Stelle tot. Der Besen aber fand den Weg zum Schornstein hinaus.

## 235  In der Christnacht geschah es

Da gab es in *Erfweiler* noch eine andere Familie, bei der die Leute auch nie genau wußten, woran sie waren. Er, ein braver, fleißiger Mann, der im Dorfe etwas galt, sie, ein Weib, das niemand ins Auge schauen konnte. Er wußte nichts davon, daß die Bewohner des Dorfes seine Frau als Hexe ansahen. Eines Tages wurde ihm diese Vermutung hinterbracht. Zunächst schenkte er dem Gerede keinen Glauben, denn er konnte über seine Frau nicht klagen. Sie versah ihm den Haushalt, wie es keine besser könnte, so meinte der Bauer. Doch immer wieder wurde er wegen seiner Frau angesprochen, bis es ihm schließlich zu bunt wurde und er seine Frau bat, zu den Anwürfen Stellung zu nehmen. Lange weigerte sie sich. Doch als er nicht nachließ, versprach sie ihm Aufklärung, und zwar in der Christnacht. Tage vorher hatte es schon geschneit, und als die Glocken zur Christmette riefen, sah niemand den Bauern auf dem Weg zur Kirche. Man war darüber verwundert, denn er hatte noch nie gefehlt. Ob er krank oder ihm etwas zugestoßen war? Nach der Mette wollte man sich gleich vergewissern.

Zur gleichen Stunde führte die Frau den Mann hinaus in den Hof, stellte sich vor dem Mist auf, in jeder Hand einen Karst und sprach: „Wenn es zur Wandlung läutet, dann tue, was ich tue und sage, was ich sage! Sage jetzt kein Wort!"

Der erste Glockenschlag war noch nicht verhallt,da riß sich die Frau die Kleider vom Leibe und sprang in den Misthaufen.Der Mann folgte ihr in allem. Er stellte sich dem Weibe gegenüber. Dann rief die Frau: „Ich haue den Karst in den Mist und schwöre ab Herrn Jesu Christ!" Das traf den Mann wie ein Keulenschlag. Seine Frau war also doch eine Hexe! Die Leute hatten recht! Schnell faßte er nach dem zweiten Kast und rief: „Ich haue den Karst in den Mist und schlage tot, was vor mir ist!"

Die Kirchgänger fanden sie mit klaffender Kopfwunde auf dem Mist, ihn aber am Küchentisch, irr vor sich hinredend.


## 236  Ein Unbelehrbarer

In den zwölf heiligen Nächten geschieht auf dem *Altdahner Schloß* so manches, was menschlicher Verstand nicht deuten kann. Schon mancher Neugierige kehrte nie mehr zurück. Er ward mit umgedrehtem Halse gefunden, den Schrecken im Gesicht geschrieben.

Es gibt immer Unbelehrbare, so wie jener Bauernknecht aus *Erfweiler,* der allen Mahnungen und Warnungen zum Trotze in einer heiligen Nacht den Weg zum Schloß unter die Füße nahm. Er wollte, so sagte er den Zurückgebliebenen, zwischen 12 und 1 Uhr in der Nacht einen langen Nagel in einen Balken schlagen, zum Zeichen dafür, daß er nicht etwa unterwegs gekniffen hätte. Er pfiff ein fröhliches Lied, als er die anderen verließ; er wollte wohl damit seinen Mut beweisen.

Er kam in dieser Nacht nicht wieder. Am anderen Morgen fanden sie ihn droben auf der Burg, erhängt! Der Nagel war durch den Rockärmel geschlagen. Vor seinem Gesichtsausdruck konnte man sich fürchten.


## 237  Er konnte den Mund nicht halten

Schon ein paarmal hatte ein Holzfäller, wenn er spät abends am *Altdahner Schloß* vorbeiging, ein Licht gesehen, das wie eine Kerze flammte und unruhig hin- und herschwebte. Er fragte einen Mann, der sich in diesen Dingen auskannte, und der erklärte ihm, daß an dieser Stelle ein reicher Schatz begraben liege. Um den Platz solle er, so meinte der Mann, einen Kreis ziehen und zur Mitternacht mit dem Ausgraben beginnen. Bei der Arbeit dürfe aber kein Wort fallen, weil sonst der Schatz für immer verloren sei.

Der Holzfäller informierte seinen Bruder, denn allein wollte er da nichts anfangen. Der stimmte auch zu, wenn er die Hälfte des Geldes bekäme, würde er mitmachen.

Schon frühzeitig sah man sie im Mondlicht den Schloßberg hinanschreiten, Schaufeln, Spaten und Hacken auf den Rücken. Der letzte Schlag der Glokke an Mitternacht war kaum verklungen, als sich beide mit Feuereifer an die Arbeit machten. Kein Wort wurde gewechselt. Schon bald stießen sie auf den Deckel eines großen Kessels, der bis oben hin mit Schätzen angefüllt war. Beide zogen an den Griffen am Kessel, daß ihnen die Augen aus den Höhlen traten. Doch alle Anstrengung nützte nichts: Der Kessel saß fest, wie eingemauert. Da riß dem einen der Geduldsfaden. Stammelnd vor Anstrengung brachte er hervor: „Wenn nur der Teufel käme und uns helfen würde!" Der kam zwar nicht, aber ein fürchterlicher Donnerschlag ließ die beiden erbeben und vor ihren Augen versank der Kessel auf Nimmerwiedersehen in der Erde. Drüben im Walde war ein schreckliches Hohngelächter zu hören. Das war zuviel! So schnell sie die Beine trugen, rannten sie dem schützenden Dorfe zu. Am nächsten Tage fanden sie zwar ihre Schaufeln, Spaten und Hacken wieder, aber von einem Kessel oder einer ausgehobenen Grube war nichts mehr zu sehen.

## 238   Ein Untier bewacht den Schatz

Auch das Schloß *Altdahn* verfügt über einen riesigen Schatz tief unten im Berge. Die Ritter verwahrten ihn dort, als die Feinde die Burg stürmten und den roten Hahn aufs Dach setzten. Viele haben es schon versucht, wenigstens einen Teil des unermeßlichen Reichtums zu erlangen, doch stets war ihr Bemühen umsonst geblieben. Der Schatz wird nämlich von einem großen, schrecklichen Hund bewacht. Seine Augen sind wie glühende Kohlen, seine Zähne wie scharfe Messer, und aus seinem Rachen entweicht eine alles verzehrende Flamme. Wehe, wer sich diesem Untier nähert! Er wird erbarmungslos zerfleischt!

Eines Abends legte sich ein Wanderer völlig ermattet zwischen den Trümmern der Burg zum Schlafe nieder. Um die Mitternachtsstunde wurde er plötzlich wach. Vor ihm stand der fürchterliche Hund und fletschte die Zähne. Zu Tode erschrocken nahm der arme Kerl seinen ganzen Mut zusammen und rannte den Berg hinab dem Dorfe zu, der Hund hinterher. Völlig „aus dem Häusel" erzählte er den vom Wirtshaus heimkehrenden Zechern sein Erlebnis. Sie meinten, es sei das erste Mal, daß der Hund aus der Tiefe des Berges an das Tageslicht gekommen sei. Sie nahmen sich des Flüchtigen an, doch schon nach einigen Stunden starb der im Dorf unbekannte Mann. Neben einem Feldweg begruben sie ihn.

## 239  Der Palast im Weiher

Im Kreuzlerhübel lag früher ein Weiher. Warum die Dahner ihn zuwarfen, erzählt die Sage: Der Weiher war reich an Fischen. Ein Fischer fuhr in der Morgenfrühe mit dem Kahn hinaus und machte eine ansehnliche Beute; am nächsten Tag lag er sterbenskrank darnieder. So schickte er seine Frau hinaus. Als die am Abend nicht nach Hause kam, erhob sich der schwerkranke Mann, um nach ihr zu suchen. Der Nachen war am Ufer festgebunden, und im Wasser tummelte sich ein Fisch mit einem Menschenkopf. Als der Mann den seltsamen Fisch genauer betrachtete, entdeckte er, daß er das Gesicht seiner Frau trug. Und der Fisch redete den Fischer an: „Gehe dreimal um das Wasser und sage einen Spruch auf, dann wird deine Frau erlöst werden! Gib aber acht, daß du nicht ins Wasser fällst!" Es war aber schon Nacht.

Am nächsten Morgen ging der Mann um den Weiher herum. Da sah er seine Frau in ihrer wirklichen Gestalt im Wasser schwimmen und hörte, wie sie ihm zurief: „Ich bin in der Tiefe festgehalten, ich kann nicht heraus!" Der Mann ging ins Dorf und kam mit einer großen Schar von Männern. Die liefen um den Weiher, fortwährend ein Sprüchlein vor sich hersagend. Da erschien die Frau wieder und bat, daß man sie herausziehe. Als sie am Ufer stand und sich freute über ihre Erlösung, da staunten die Leute über ihre Erzählung: „Da drunten auf dem Grund des Weihers steht ein wunderschönes Haus. Eine Hexe bewohnt es. Sie freut sich über die zahlreichen Vögel, die sie in Käfigen überall herumstehen hat. Die Fische des Weihers tragen alle ein Zeichen. Wenn sie eine schöne Frau entdecken, packen sie zu und zerren sie in die Tiefe."

Nach einigen Tagen starb die Frau an Erschöpfung. Auch den Fischer holte bald danach der Sensenmann. Die Bewohner von *Dahn* warfen daraufhin den unheimlichen Weiher zu.

## 240  Unermeßlicher Reichtum

Die Schätze von *Altdahn* liegen heute noch unter der Burg, denn seitdem die drei Söhne eines Fischers von der Fischwoogermühle bei *Dahn* das Geheimnis nur einmal schauen durften, seitdem ward keinem mehr das Glück, die Öffnung des Schachtes zu finden.

Die drei waren am Holzhauen und wollten unbedingt die Arbeit noch am selben Tage zu Ende führen. Die Dämmerung brach schon herein, als sie endlich die Äxte und Sägen beiseite legten. Da entdeckte der jüngste von ihnen eine Flamme, die über den Boden dahinschwebte. In der Nähe eines dichten Gebüsches blieb sie so lange stehen, bis die Brüder herangekommen waren, dann verschwand sie im Boden, tiefer und immer tiefer, bis schließlich nur noch ein Fünklein zu sehen war. Die drei merkten sich den Platz und kehrten am nächsten Tag wieder mit Hacken und Stricken. Sie suchten nach der Öffnung, konnten sie aber nicht entdecken, erst, als die Flamme ihnen wiederum den Weg wies, erst dann knüpfte sich der älteste das Seil um den Leib und folgte dem Lichte hinunter in die Tiefe. Doch schon bald ließ er sich wieder hochziehen. „Wir haben uns an der Nase herumführen lassen", sprach er, „ich sah da unten kein Licht mehr." Also seilte sich der zweite an. Auch ihm erging es so. Der jüngste aber, er war der dümmste von den dreien, sah das Licht, das vor ihm herleuchtete. Plötzlich stand es stille und bewegte sich dann nicht mehr hinunter, sondern waagrecht in den Berg hinein. Der Junge sah eine große eiserne Tür, dann war es plötzlich stockdunkel. Da fuhr die Tür mit lautem Krach auf. Ein großer Raum war zu sehen mit einem Tisch in der Mitte, an dem ein Ritter saß. Durch den Luftzug zerfiel er in Asche. Von der Decke brannten unzählige Leuchten. Der Bursche sah sich die Umgebung genau an. Er ging durch Gänge und Kammern und gelangte auch in den Keller, in dem noch die Fässer lagen, allerdings ohne Dauben, denn die waren weggefault. Der Wein lag in seiner eigenen Haut. In den Kammern aber glitzerte und funkelte es nur so von den dort aufgespeicherten Schätzen. Der Fischersohn griff zu und schleppte hinweg, was er nur tragen konnte.

Am nächsten Tag wollte er erneut auf Schatzsuche gehen, doch es leuchtete ihm keine Flamme mehr und die Öffnung zum Schacht blieb verschwunden. Sonntagskinder sahen schon oft das Flämmchen, doch keines ist mehr an die Schätze herangekommen.

## 241  Der vergessene Posten

Über diese Sage lachen die Leute von *Dahn* heute noch. Die kaiserlichen Truppen stellten im Dreißigjährigen Krieg auf einen Felsen, der einen weiten Blick über das Lautertal gewährte, einen Posten. Der sollte das Anrücken von Feinden rechtzeitig melden.

In der Nacht stürmten aber die Schweden, und die Kaiserlichen rückten ab, ohne den Posten einzuziehen. Der stand draußen und hielt Wache. „Ich muß doch einmal abgelöst werden. Meine Wachzeit ist doch längst vorbei? Hat man mich vergessen?" So machte sich der treue Soldat auf den Weg hinunter ins Dorf und erzählte dem Schultheißen seine Geschichte. Es war ihm nicht gerade unrecht, daß man ihn im Stiche ließ. Er hängte umgehend den Soldatenrock an den Nagel und spielte von nun an die Rolle eines Arbeiters in des Schulzen Dienst. Er heiratete sogar, als ein Jährchen vorbei war, die Tochter des Schultheißen.

Doch eines Tages vernahm er zu seinem Schrecken, daß sein Regiment wieder im Anmarsch war. Was sollte er tun? Wenn er erwischt wird, füsiliert man ihn. Also tut man das Nächstliegende, in der Hoffnung, daß es ein gutes Ende finden möge. Man vertauscht den Bauernkittel mit dem Soldatenrock und stellt sich hinaus auf den Felsen.

Der Oberst war baß erstaunt über die Treue seines Untergebenen. Ein ganzes Fähnlein marschierte hinaus, um den vergessenen Wachtposten abzuholen. Er wurde, da inzwischen Friede geworden war, in Gnaden entlassen. Der Felsen aber, auf dem er ein Dutzend Jahre lang „treu Wache schob", erinnert heute noch an ihn, denn sein Name ist: Wachtfelsen.

## 242 Gattenmord und falsche Beichte

In der St.-Thomas-Nacht erhebt sich der Ritter von *Dahn*, der in der Kirche unter einem schweren Grabstein ruht. Er findet in voller Rüstung den Weg hin zum Beichtstuhl, wo vorher ein greiser Priester Platz genommen hat. Schon nach kurzer Zeit schreitet der Gespenstige hinaus aus der Kirche, geht über den kleinen Platz und kehrt wieder, begleitet von all den Toten, die einst um die Kirche ihre Ruhe gefunden hatten. Sie suchen ihr erstes Grab, tauchen unter, und der kleine Platz ist wieder übersät von Kreuzen wie ehedem.
Der Ritter aber geht auf ein Grab zu, das durch größeren Erdaufwurf ins Auge fällt. Dort streichelt er die Rose, die inmitten eines Straußes das Grab ziert. Er tritt zwei Schritte zurück und wartet. Da öffnet sich das Grab, und hervor tritt eine Frau, jung an Jahren und reich gekleidet wie eine Fürstin. Der Ritter nimmt den dargebotenen Arm, und beide gehen hinauf zu ihrem Schloß. Sie bleiben nicht lange, und wenn sie zurückkehren, da hängt sie an seinem Arm, läßt sich von ihm die letzten Schritte vorwärts zerren. Ihr Herz zuckt im Krampfe. Große Blutstropfen fallen zur Erde. In ihrem Herzen aber steckt der kleine Dolch mit dem Elfenbeingriff. Sie sinkt ins Grab. Der Gemahl eilt zur Kirche. Die Glocke schlägt die erste Stunde des neuen Tages. Drinnen poltert ein Grabstein, draußen drängen sich die Gestalten. Sie kehren zum Friedhof zurück. Friede kehrt ein.
Der Ritter aber kommt wieder in der nächsten Thomasnacht, weil er nie Ruhe finden kann, denn er hat einen Gattenmord auf dem Gewissen und eine falsche Beichte.

## 243 „An diesem Geld klebt Schweiß und Blut"

Da wohnte einmal in der Äußermühle bei *Dahn* ein Müller, der nicht schnell genug reich werden konnte. Er war ein richtiger Geizkragen, der selbst seine eigene Frau verhungern ließ. Noch auf dem Sterbebette bat die Müllerin ihren Mann, daß er doch von seinem Geiz lasse. Doch der Müller machte sich nicht viel daraus, ging hinaus zum Mühlrad und sprach: „Solange das noch klappert, solange klappert auch noch das Geld in meiner Tasche."
Der Sterbetag seiner Frau rückte heran, doch der gewinnsüchtige Müller dachte gar nicht daran, eine Messe lesen zu lassen. Das kostete ihm zuviel.

Vom Turm kündete die Glocke die Wandlung und siehe da, das Mühlrad blieb stehen. So sehr sich der Müller auch umsah, nirgends fand er einen Fehler. Das Rad müßte laufen. Zu seiner Überraschung entdeckte er in den Speichen des Rades ein kleines, schwarzes Männlein, das sich mit aller Gewalt gegen die Speichen stemmte. „Ah, du bist's! Warte nur, ich werde dich vertreiben!" Also staute der Müller den Weiher, und ließ dann das Wasser durch die geöffnete Schleuse stürzen. Doch das Rad drehte sich nicht. Das Männlein fing an zu brennen, und dem Müller wäre die Mühle über dem Kopfe abgebrannt, wenn er nicht rechtzeitig die Schleuse wieder geschlossen hätte. Überall saßen nun kleine feurige Männlein, auf den Fensterbrettern, auf dem Dach, im Rad, überall wohin man auch schaute. Die grinsten den Müller an, daß es diesem doch angst und bange wurde. Im ersten Haus des Dorfes wußte er eine fromme Jungfrau wohnen, die brachte er herbei und zeigte ihr die Teufelchen. „Ihr habt ja das Haus voller Teufel!" rief die Jungfer, „die sitzen nicht lange auf den Dächern herum. Morgen schon werden sie Euch Eueren Geizkragen umdrehen. Wo liegt das Wuchergeld?" In der Wohnung zog der Müller unter einem alten Schranke eine flache Kiste hervor. Die Jungfrau hob den Deckel. Flammen schlugen aus dem Kasten. „Schau nur, Müller! An diesen Talern klebt Blut und Schweiß vieler armer Leute. Du nahmst ihnen Wucherzinsen ab. Schaffe schnell diese Bluttaler aus deinem Hause, wenn dir dein Leben lieb ist. Denn die Taler sind es, die sich gegen dein Mühlrad stemmen. Für jeden Taler, den du verschenkst, wird ein Teufel auf deinem Dache verschwinden und ein Engel in deinem Herzen einziehen. Tue, was ich dir sage, und du wirst es nicht bereuen!"
Er brauchte es nicht zu bereuen. Er verschenkte das Blutgeld und lebte fürderhin glücklich und zufrieden.

## 244   Die Geburtsstunde der Lärche

Auf dem Berge, den man heute den *Jungfernsprung* nennt, soll einst eine große Sonnenuhr gestanden haben. Gleich dabei stand das Gebäude, das den Namen „Haus der Pferde" trug. Die Wieslauter hieß Jungfrauenbach.
Auf dem Berge wohnte die Mittagsfee, die sich mit dem goldlockigen Sonnenkönig vermählen wollte. An ihrem Hochzeitstage sollten alle Geschöpfe auf Erden wie im Paradiese leben, ohne Not, ohne Kummer und ohne Drangsal. Das war ihr Wunsch.
Die Pflanzen zeigten die schönsten Blüten, und Tiere und Menschen banden große Sträuße zusammen, um der schönen Fee zu huldigen. Die Zwerge vom Eyberg waren herbeigekommen, und auch sie wollten der Fee danken, daß sie einen Tag lang von allem Weh befreit waren. Sie schufen aus all den unzähligen Blumen die Lärche, pflanzten sie ein und bedauerten sehr, daß der Baum schon bald zu welken begann. Da nahm die Fee ihren Brautschleier ab

und hüllte damit das Stämmchen ein. Sofort begann das Bäumchen zu wachsen. Die Geburtsstunde der Lärche hatte geschlagen.

Noch heute erkennt man den Brautschleier, wenn im Frühjahr die Nadeln zu wachsen beginnen. An den Zweigspitzen zeigt sich dann das Gewebe des Schleiers.


## 245   Das Gottesurteil

„Ich jagte in den Wäldern meines Ohms und verfolgte einen Wolf, dem ich schon lange auf der Spur bin. Er bricht seit Monaten in unsere Herden, sein Odem ist wüst und stinkend, seine Augen schießen Feuergarben, er hinkt auf einem Bein, es ist ein Werwolf, ein Teufelsmensch mit der Fähigkeit, sich in Tiergestalt zu verwandeln. Ich glaubte ihn schon schußbereit zu haben und hole mit dem Speer aus, da ist der Wolf plötzlich verschwunden und vor mir steht an seiner Stelle — hier Jungfer Barbara. Sie ist erschrocken, schreit mir zu ‚Fliehe, fliehe!‘ Ich rufe: ‚Folget mir, Hexe, zum Gericht, oder ich schieße Euch über den Haufen, so wahr mir Gott helfe!‘ Da entflieht sie mit satanischem Fluche, ich springe ihr nach, weiter immer weiter über die Felsen und Schluchten; da auf dem großen Fels über dem Dorf glaube ich sie gefangen zu haben. Denn hier geht es tief hinunter, und kein Ausweichen ist möglich. Da aber schwingt sich Barbara auf einen Besenstiel und reitet mit Fluchen und unter Schwefelgestank ins Tal hinab."

So lautete die Anklagerede auf dem Thingplatz bei *Dahn*. Junker Wolf hielt sie vor versammeltem Gericht und einer Menge Neugieriger. Jungfer Barbara, die bislang als ehrbares Mädchen galt, sollte mit dem Teufel in Verbindung stehen?

Da steht die „Hexe" zwischen zwei rauhen Bütteln und schickt sich nun zu ihrer Verteidigung an: „Ihr Richter des Rechtes", so spricht sie, „man hat mich hier angeklagt, obwohl mir das Recht der Klage zustehen müßte gegen einen Wüstling, der mich seit langem verfolgte mit seinen schmutzigen Anträgen. Junker Wolf, Ihr seid es, der gemein an mir handelte, Ihr wolltet mir meine Ehre rauben an jenem Tage, von dem Ihr sprechet. Ich wich Euch aus wie ein gehetztes Reh, Ihr verfolgtet mich über die Felsen und Schluchten, bis Ihr mich oben am großen Felsen, wo der Weg schmal ist und jäh zur Tiefe mündet, stellen konntet. Ihr glaubtet nun Sieger zu sein. Ich aber wollte lieber tot vom Felsen stürzen, als in Eure Hände fallen. Ich sprang vom hohen Felsen, den Tod erwartend, der mich von Euch erlöst hätte. Aber ein guter Gott und seine heiligen Engel haben mich beschirmt und wunderbar gerettet."

Da sprang die alte Vettel vor, die Augenzeuge des Sprunges war, keifend und schreiend: „Sie ist eine Teufelsbuhle! Ich sah mit meinen eigenen Augen, wie sie das Fell des Werwolfes abstreifte und auf dem Besen gen Tale fuhr.

Ich schwöre es beim heiligen Mahle. Der Junker Wolf hat recht. Auf den Holzstoß mit der feinen Jungfer, der Teufelsdirne!"
Oh, es steht schlecht um Jungfer Barbara! Nur der Pfarrer steht dem Mädchen bei, er spricht für sie. Das Gericht zieht sich zur Beratung zurück. Was wird es entscheiden? So fragten sich Ankläger und Angeklagte, so fragt sich auch das Volk. Dort sind die Meinungen geteilt. Da kommt das Gericht zurück, und der Graf, der erste Richter, verkündet: „Jungfer Barbara, das Zeugnis steht gegen Euch. Ihr seid der Hexerei angeklagt und habt nichts von Bedeutung dagegen einwenden können. Darauf steht der Scheiterhaufen. Aber Euer bisheriger Lebenswandel, der von vielen und nicht den schlechtesten gelobt wird, läßt uns von der sofortigen Vollstreckung der Todesstrafe absehen. Ein Gottesgericht soll entscheiden. Wir führen Euch zum Felsen. Stürzt noch einmal hinab. Kommt Ihr heil unten an, so wollen wir es als Zeichen Gottes werten und Euch freigeben. Seid Ihr bereit?" Und Jungfer Barbara: „Man soll Gott nicht versuchen. Vor dem Junker Wolf wollte ich mich in jener Not durch den Tod retten, das hätte mir der Herr nicht als Sünde angerechnet, aber jetzt, wo ihr ein Schauspiel mit mir veranstalten wollt, lehne ich ab. Brennt mich, ich will Gott nicht versuchen!"
Junker Wolf springt auf und bedeutet dem Gericht, daß die Jungfer damit ihre Schuld eingestanden habe, und er bittet, daß er mit seinen Händen das Mädchen vom Felsen stoßen dürfe. Barbara stimmt zu. So setzt sich der Zug in Bewegung, ein Zug von Sensationslüsternen, von Hoffenden und Triumphierenden. Der Priester, von der Unschuld des Mädchens überzeugt, spricht die Sterbegebete. Noch einmal erhebt der Graf seine Stimme: „Junker Wolf, im Angesicht des Allmächtigen, im Angesicht des nahen Todes der Jungfer Barbara frage ich Euch noch einmal: Könnt Ihr beschwören, daß Ihr Jungfer Barbara in Gesellschaft des Teufels gesehen habt?" Und der Meineidige hebt die Schwurfinger: „Ich schwöre, sie ist eine Hexe, ich habe es mit meinen eigenen Augen gesehen, so wahr mir Gott helfe!" — „Dann stoßt sie hinab!" Der Junker stürzt vor, doch siehe, Jungfer Barbara schwebt schon hinunter ins Tal, sich stetig bekreuzend, wie von einer Riesenfaust getragen. Drunten aber entsprang ein Quell an der Stelle, an der das Mädchen den Boden berührte. Das Volk jubelte und pries Gott, daß er hier seine Macht offenbarte. Alle taten es, auch diejenigen, die vorher triumphierten. Junker Wolf aber war so ungestüm auf sein Opfer gestürmt, daß er das Gleichgewicht verlor und hinunterstürzte. Ein mächtiges Brausen erfüllte die Luft und eine Riesenhand ward sichtbar, die den Toten im Genick packte und ihn auf einem nahen Berge in den Erdboden stieß, daß nur noch die Schwurfinger als Felsen herausragten. Und der Teufel warf darauf eine breite Steinplatte, in die er die meineidige Vettel bannte.
So steht der *Teufelstisch* heute noch. Jungfer Barbara aber nahm den Schleier und dankte ihr Leben lang für die wunderbare Rettung aus tiefer Not. Der Felsen in Dahn ward Jungfernsprung genannt zum stetigen Andenken an den Sieg der Reinheit.

## 246  Der Pfeil im Wappen derer von Sick

Einst befand sich bei der Burg *Neudahn* der Stammsitz der Edlen von Sick. Bei einer Jagd wurde ein Sohn derer von Sick durch Zufall getötet. Der Ritter von Than war der unglückliche Schütze, und obwohl er eigentlich nicht schuldig war, bot er doch eine Geldbuße oder den Kampf an. Doch Kunz von Sick, der Bruder des Getöteten, ein jähzorniger und rechthaberischer Mann, jagte den Boten davon und drohte mit der Blutrache.
Kurze Zeit darauf ritt Walter von Than durch seinen Forst. Da kam aus dem Hinterhalt der Pfeil angeschwirrt, der ihm das Lebenslicht ausblasen sollte, aber an ihm vorbeisauste und in einer Buche steckenblieb. Walther nahm den Pfeil an sich und ritt sofort auf die Burg des Feindes. Dort waren viele Gäste versammelt. Vor ihren Augen übergab der Ritter den Pfeil mit dem Bemerken: „Ich dachte nicht, daß Ihr Gäste hättet, sonst wäre ich ein anderes Mal gekommen." Der Hausherr erzürnte sich über diese Rede, bezwang sich aber und entgegnete: „Ihr waret mir schon von jeher ein ehrenwerter Nachbar. Setzt Euch zu uns!" Walter kam neben die schöne, ehrbare, verständige Tochter des Feindes zu sitzen. Schoneta hieß sie, und sie war ohne Haß. Die beiden unterhielten sich bestens und fanden Gefallen aneinander.
Da erhob sich zu später Stunde Walther von Than und sprach zum Hausherrn: „Ich will Euch eine Sühne vorschlagen, die alle Feindschaft zwischen uns beseitigen wird: Gebt mir die Hand Euerer Tochter!" Kunz von Sick war zunächst von diesem Angebot überrascht, doch der Wein hatte seine Wirkung getan. Er sagte zu und nahm zum Andenken an diesen Zwist einen Pfeil in sein Wappen auf.

## 247  Die Angst ist des Menschen steter Begleiter

Das Volk verbindet den Begriff „Burg" stets mit dem Begriff „Schatz". In einer untergegangenen Burg müssen noch Schätze liegen, so meint man, denn die Ritter und Fürsten sammelten zu ihren Lebzeiten Reichtümer. So sollen auch in den Gewölben von *Neudahn* noch ungeahnte Mengen von Gold und Edelsteinen schlummern. Einer versuchte es einmal daranzukommen. Es war ein *Dahner,* dem in der Nacht träumte, daß er an einem gewissen Ort den Schlüssel finden würde, mit dem er in den Keller eindringen und sich der Schätze bemächtigen könne.
Gleich am nächsten Tag machte er sich auf, fand auch an der bezeichneten Stelle einen hahnenfußartigen, verrosteten Schlüssel, mit dem er in der Nacht die Pforte zu öffnen gedachte. Er war kein Angsthase, nahm aber doch zu diesem unbekannten und wahrscheinlich gefährlichen Weg einen Freund mit. Sie fanden die Tür, schlossen auf, traten ein in einen langen, halb verschütteten Gang und tasteten sich langsam und vorsichtig vorwärts. Nur eine kleine Kerze erhellte ihren Weg. Sie gingen und gingen. Der eine nahm einen Stein

und warf ihn vorwärts, um festzustellen, ob denn noch kein Ende abzusehen wäre. Der Stein schlug an eine eiserne Tür, man hörte es am Klang, und zugleich verlöschte die Kerze. Nun saßen sie im Dunkel, die Angst schnürte ihnen die Kehle ein. Was blieb ihnen anderes übrig als so schnell wie es gerade gehen wollte, den unheimlichen Kellergang zu verlassen?

Ein Trost blieb den beiden: die nächste Nacht. Den Schlüssel hatten sie ja noch. Aber die Gelegenheit bot sich kein zweites Mal mehr, denn als sie wiederkamen, fanden sie trotz angestrengtem Suchen den Eingang nicht mehr.

## 248   Am Ochsenborn

Südöstlich von *Spirkelbach* erhebt sich ein gewaltiger Bergrücken, der Höllenberg. Dort entspringt eine Quelle, ein „Kindsbrünnel"; dort holt Meister Adebar die Kinder für die Spirkelbacher.

In der Nähe des Ochsenbornes soll ein großer Schatz begraben liegen. Eines Nachts, es zog gerade ein schweres Gewitter über das Dorf, entdeckten einige Burschen in der Nähe des Bornes ein Feuer, das nicht kleiner, aber auch nicht größer wurde. Vor dem Feuer saß ein großer, schwarzer Hund, der fürchterlich mit den Zähnen fletschte, so daß den unternehmungslustigen jungen Leuten das Herz in die Hosen fiel. Sie nahmen ihre Zuflucht zu Beschwörungsformeln, die sie gerade einmal gehört hatten. Doch der Hund regte sich nicht von der Stelle. Er wurde auch nicht zutraulicher, und deswegen wagte es auch keiner, ihn zur Seite zu bringen.

Als am Morgen die Sonne hinter den Bergen hervorlugte, da wurde das Feuer kleiner und kleiner und verschwand schließlich ganz und mit ihm der Hund, der zum Abschied ein fürchterliches Gebell hören ließ und die Luft mit seinem Schwefelgestank verpestete. Da wußten die Burschen, daß sie es mit dem Teufel zu tun hatten. Der Schatz ruht heute noch in der Erde.

## 249   Im Steinbachtal ist es nicht geheuer

Im Steinbachtal zwischen *Spirkelbach* und *Hauenstein* soll es früher nicht geheuer gewesen sein. Einst wechselte ein kapitaler Rehbock durch das Tal. Viele Jäger hatten schon versucht, ihn zu erlegen. Doch nie kam er ihnen vor die Flinte. Da wagte es ein alter, erfahrener Jäger, den Bock zur Strecke zu bringen. Drei Nächte lang wartete er umsonst auf das Tier. Nur ein dreibeiniger Hammel hinkte über die Wiese.

Es war kaum zu glauben, es war aber wahr, daß der Bock sogar bei Tage ahnungslosen Wanderern begegnete. Aber sobald einer mit einem Gewehr auf ihn wartete, mied ihn das Tier. Der erfahrene Waidmann gab es in der dritten Nacht auch auf. Kaum hatte er jedoch die Kugel aus dem Lauf getan, tauchte der Rehbock auf, setzte über die Wiese und folgte dem kleinen Bächlein. Der Jäger war ihm oft zum Greifen nahe, doch immer dann verschwand das Tier, wenn der Grünrock zufassen wollte. Der Rehbock, dem manche Stunde geopfert wurde, verließ das Tal und ward seitdem nicht mehr gesehen.

Einem Müller aus Hauenstein erging es einmal recht schlecht, als er sich zur Nachtzeit auf dem Heimweg von Spirkelbach befand. Den Weg kannte er wie seine Hosentasche, und es wollte ihm einfach nicht einleuchten, daß es Menschen gab, die behaupteten, daß es auf diesem Weg nicht geheuer wäre. Er lachte sich eines, aber nicht lange, denn plötzlich sprang ihm etwas auf den Rücken, krallte sich fest, und war einfach nicht abzuwerfen. Auf steinigem Pfad schleppte der Müller den ungebetenen Gast hinauf auf die Höhe, keuchend und schwitzend wie seit langem nicht mehr. Oben auf dem Berg stand ein Kreuz. Als er dieses passierte, sprang das Etwas auf seinem Rücken ab und war verschwunden.

## 250  Die Gespensterprozession

„Und wenn es schüttet wie aus Kübeln, wir wollen tanzen!" so sagten sich die Paare auf dem Tanzboden im Dorfe *Volloch* zwischen *Waldrohrbach* und *Völkersweiler*. Ein schweres Wetter war nämlich im Anzug. Nur eine einzige Frau holte ihre Tochter, und beide beteten am Rande des Dorfes im letzten Haus.

Das Gewitter entlud sich genau über dem Dorf, und die Wassermassen spülten alles hinweg und nahmen auch die Spötter auf dem Tanzboden mit. Die einzigen Überlebenden waren die Frau und ihre Tochter.

Einst kehrte in dunkler Nacht ein Wirt mit seinem Fuhrwerk von der Haardt zurück in sein Dorf. Da mußte er am „Nieder-Hoch" anhalten, weil vor ihm eine Prozession ihres Weges zog. Es waren die Vollocher, die für ihr Seelenheil beteten.

Schon lange sah man die Gespensterprozession nicht mehr, so daß anzunehmen ist, daß der Frevel gebüßt ist.

## 251  Wer zuletzt lacht, lacht am besten

An einem Christabend machten sich die Burschen und die Männer von *Waldrohrbach* auf, um in der Pfarrkirche zu *Waldhambach* die Christmette zu hören. Sie waren zeitig an diesem Abend, und so setzten sie sich in die Wirtschaft und begannen ein Kartenspiel. Der Zeiger der Uhr rückte weiter, ohne daß es die „Kartbrüder" merkten. Da schlug die Turmuhr die zwölfte Stunde. Was war nun zu machen? Sie kamen auf jeden Fall zu spät, und um dies zu vermeiden und nicht in das Gerede der Leute zu kommen, „droschen" sie weiter.

Da öffnete sich die Tür, und ein Fremder betrat die Stube. Er setzte sich, ohne lange zu fragen an den Tisch, nahm die Karten und spielte mit. Keiner wagte ein Wort zu sagen, denn die Frechheit des Unbekannten siegte. Der späte Gast verlor andauernd, und mancher Bauer lachte sich schon heimlich ins Fäustchen. Doch wer zuletzt lacht, lacht bekanntlich am besten, das merkte jener Spieler, der sich bückte, um eine Karte aufzuheben. Der sah nämlich, daß der Fremde einen Bocksfuß hatte. Voller Schreck und blaß bis zu den Schultern verließ der Bauer die Stube und gab draußen seine Entdeckung preis. Der Teufel saß am Tisch, das war klar.

Als die Uhr eins schlug, stand der Fremde mit mächtigem Krach auf und verschwand durchs Fenster, einen schrecklichen Gestank hinterlassend. Die Bauern bekreuzigten sich und schworen, nie mehr die Mette zu schwänzen. Die gewonnenen Pfennige fühlten sich ganz heiß an.

## 252   Eine Katze mit feurigen Augen

In *Waldhambach* wollen die Leute schon öfters eine Katze mit feurigen Augen gesehen haben. Sie fügt keinem ein Leid zu. Nur wer sich gegen sie erhebt oder sie gar züchtigt, dem zeigt sie ihre Macht.

Davon können zwei Bauern ein Liedchen singen, die einmal in aller Frühe in den Hinterwald fuhren. Ihnen begegnete die Katze. Der eine schwang die Peitsche nach ihr und vertrieb sie. Sie luden eine ordentliche Fuhre Holz, doch die Pferde zogen nicht an. Da half kein „Hü", kein Schlagen und kein zärtliches Wort. Der eine Bauer sprach: „Das ist die Strafe dafür, daß du heute morgen nach der Katze schlugst. Die Pferde werden nicht eher anziehen, bis es im Dorf Betglock' läutet."

Und so war es auch. Kaum hatte die Glocke zu stiller Andacht gerufen, da zogen die Pferde an, und die Bauern kamen unbeschadet nach Hause.

## 253   „Der Herrgott möge leuchten"

In den Steinbrüchen unweit der *Kaiserbacher Mühle* wurden früher tanzende Flammen wahrgenommen. Es soll sich hierbei um arme Seelen gehandelt haben, die noch nicht in den Himmel kommen konnten, da ihr Schuldkonto zu sehr belastet gewesen war.

In einer wüsten Nacht im Herbst ging da einmal ein Mann von *Ranschbach* nach *Waldhambach*. Er hatte den „Neuen" versucht und wunderte sich selbst über seinen Mut. Denn als er die Flammen sah, rief er: „Flatterwisch, komm' her und leuchte mir nach Hause!" Und siehe da, die Flamme tat's. Schnell wollte der Schlauberger die Haustür hinter sich zuziehen, doch da erhielt er eine Ohrfeige, die sich gewaschen hatte. Die Flamme war verschwunden.

Ein anderer war denselben Weg auch in der Nacht unterwegs. Auch er forderte Begleitung. An seinem Hause aber drehte sich der Mann um und sprach: „Flatterwisch, du hast mir auf meinem Heimweg geleuchtet. So möge dir auch unser Herrgott leuchten heim ins Himmelreich!" Seitdem hat niemand mehr die tanzenden Flämmchen im Steinbruch gesehen.

## 254 Dein Sprüchel hätt' dir nit geholfen

Am Todesweg zwischen *Lug* und *Gossersweiler* zeigt sich, wenn die Nebel wallen, eine schwarze Gestalt, die keine Füße hat. Wer ihr zu nahe kommt, ist des Todes.
Einmal befanden sich einige Arbeiter auf dem Wege nach Hause. Die Dunkelheit brach gerade herein, als sie sich dem Todesweg näherten. Einer verließ die Gruppe, und die anderen dachten, daß er wohl nachkommen werde. Doch in *Völkersweiler* hatte der Kamerad noch nicht aufgeschlossen. Also mußte man ihn suchen gehen. Mit der „Luzern" voran schritten sie den Weg zurück, fanden am Todesweg zunächst seine Pfeife, einige Schritte weiter seinen Hut und schließlich ihn selbst. Sie trugen den Toten in seine Heimatgemeinde, und alle gaben der schwarzen Gestalt ohne Füße die Schuld am Tode des Arbeiters.
Tage später ging ein Mesner mit geweihtem Öl von Steinfeld nach Hauenstein. Am Todesweg beschleunigte er seine Schritte und schickte ein Stoßgebet nach dem anderen gen Himmel. Deutlich konnte er vernehmen: „Wenn du den Kannesegen nit hätt'st, wärst du doch mein, dein Sprüchel hätt' dir nit geholfen!"

## 255 Der Geist mit der Zipfelmütze

Es ist lange her, daß ein Toter mit der Zipfelmütze auf dem Kopf in den Sarg gelegt wurde. Es ist auch lange her, daß in *Annweiler* auf dem Friedhof des Nachts zwischen 11 und 12 Uhr ein Verstorbener mit der Zipfelmütze gesehen wurde. Im ganzen Ort wußte man davon.
Eines Abends saßen sie in einer Wirtschaft zusammen, junge Burschen, und sie tranken wohl einen über den Durst. Der Mut stieg und die Wettlust auch. Also trieben sie einen in die Enge, bis er sich bereit erklärte, dem Geist des Toten die Zipfelmütze abzunehmen. Gesagt — getan. Dem Burschen gelang es tatsächlich dem Geist die Zipfelmütze zu entreißen. Die Wette war gewonnen.
Was er aber in drei aufeinanderfolgenden Nächten erleben mußte, davon schwieg er zunächst. Pünktlich um Mitternacht stellte sich nämlich der Geist ein und forderte die Zipfelmütze. Beim letzten Besuch des Toten hörte der

Bursche die unmißverständliche Drohung, daß ein Unglück geschehen würde, wenn er nicht die Mütze umgehend zurückgäbe.

In der folgenden Nacht brachte der Bursche klopfenden Herzens die Mütze zum Friedhof. Dort bedeutete ihm der Geist, daß er dreimal um den Kirchhof laufen müsse, wenn er Schaden von sich wenden wolle. Der junge Mann tat's.

## 256 Die Vorhersage war richtig

Eine Frau aus *Annweiler* ging jeden Tag in des Morgens Frühe hinaus zur Wiese, um taufrisches Gras für ihre Ziegen zu holen. Eines Tages, die Sonne war gerade aufgegangen, Nebel lag in den Tälern, gewahrte die Frau auf dem Berge ein altes Weib, das gar komisch gekleidet war und einen zum Lachen reizenden Tanz aufführte. Doch das Lachen verging der geschäftigen Mäherin, denn das Weib hielt plötzlich inne und sprach: „Käthe, Käthe, du wirst in vier Jahren kein Gras mehr holen!" Wie von Geisterhand geschoben, bewegte sich eine Nebelwand auf die erschrockene Frau zu. Die Alte war verschwunden. Völlig außer Atem kam die Frau zu Hause an, erzählte ihr sonderbares Erlebnis der Nachbarin, doch diese fand auch keine Deutung für die Aussage der Alten. Nach vier Jahren aber trug man die Frau hinaus.

## 257 Blondel, der treue Sänger

Ein kleiner Reitertrupp zieht durch deutsche Lande, kreuz und quer. Von weit her sind die Reiter gekommen. Ihre Heimat liegt über dem Meer. Sie suchen auf jeder Burg, auf jedem Schloß nach ihrem königlichen Herrn, nach Richard Löwenherz. Ihr Anführer ist ein Sänger, ein blondgelockter Mann mit Namen Blondel.

Der Trupp nähert sich dem *Trifels*, der Burg, in der sich die Hoffnung der Reiter erfüllen muß oder aber begraben wird, denn überall waren ihre Nachforschungen umsonst gewesen. Im nahen Wäldchen binden sie die Pferde an, und nur Blondel macht sich auf den Weg hinauf zur Burg. An der Wehrmauer, dort wo er das Gefängnis vermutet, reißt er die Fiedel vom Rücken und beginnt das Lied, das nur er und sein König kennen. Und er singt die erste Strophe, so wie er es schon unzählige Male vor Burgen und Schlössern tat und lauscht dann gespannt, ob ihm nicht Antwort werde durch dicke Mauern hindurch.

Und siehe, da klingt es ganz fein aus unterirdischem Verlies, die zweite Strophe des Königliedes. Tränen rinnen dem Suchenden über die Wangen. Er hat seinen Freund gefunden. Es treibt ihn hinunter zu den Reitern, die Glücksbotschaft auf den Lippen. Endlich am Ziel! Ausdauer und Zähigkeit haben ihren Lohn gefunden. Pläne werden ausgeheckt. Es sind Pläne der Gewalt. Und der Mond sieht zu, wie sie den Berg hinaneilen, die Waffen bereit. Nach kurzem Kampf umarmen sie ihren König und enteilen. Die Reise zur Heimat ist weit und voller Gefahren. Doch sie überstehen sie. Alle Lande waren voll des Rühmens. Die Treue des Sängers war in aller Munde.

## 258   Wie Diebe in der Nacht

Richard Löwenherz speiste auf dem *Trifels* ganz allein. Auf goldenem Geschirr brachte der Burgvogt die Mahlzeiten. Um die Tafel standen zwölf Ritter, die Hände an den Schwertern, stets bereit . . . Freya, die Magd, huschte hin und wieder durch den Raum. Oft horchte sie, wenn der edle Gefangene seine sehnsuchtsvollen, freiheitsheischenden Lieder sang, und ihr kamen die Tränen, auch an jenem Tage, als Löwenherz sie wegschickte, weil er draußen vor den Toren der Burg sein Lied hörte. Er sang die Folgestrophen, und schon bald erscholl Waffenlärm. Engländer wollten den Eingang zum Trifels mit Gewalt öffnen. Doch die droben auf den Zinnen gaben ihnen brennende Hiebe, so daß mancher einer Fackel gleich enden mußte. Die Fremden gaben den ungleichen Kampf auf.
Niedergeschlagen hofften die Engländer auf ein Wunder, denn sie allein konnten ihren König niemals heraushauen. Da trat ein Mädchen zu den rauhbeinigen Kriegern: „Wer bist du?" herrschte sie Blondel an. „Ich bin Freya", erwiderte das junge Ding, „die Dienerin des Königs". „Unseres Königs?" Lächelnd nickte Freya, und dann: „Ich will euch einen geheimen Weg zeigen, auf dem ihr eueren König befreien könnt. Folget mir!" Wie unter einem geheimen Zwang griffen die paar Krieger zu den Waffen, und ohne sich weitere Gedanken zu machen, gingen sie hinter dem Mädchen her.
Ganz eng preßten sie die Waffen an ihre Leiber, die Türwache starb, der Weg war frei. Lautlos wie sie gekommen, verschwanden sie, wie Diebe in der Nacht. Der Burgvogt merkte das Malheur erst, als er dem König die nächste Mahlzeit bringen wollte. An der Kerkertür lehnte Freya, niedergeschlagen und enttäuscht. Kein Blick, kein Händedruck, kein Dankeschön . . . Seit der Stunde war Freya verschwunden; nur des Nachts rumorte sie eine Zeitlang im geheimen Gang.

## 259   Die Bockstaller

Woher die Bewohner von *Annweiler* ihren Übernamen haben? Nun, das ist so eine Geschichte. Annweiler war einst belagert. Aushungern wollte man die Stadt. Es war schon nahe daran. Die Verteidiger hatten kaum mehr etwas zum Beißen. In kurzer Zeit mußte die Stadt übergeben werden.

Da kam ein Schneider auf einen Gedanken. Er ließ sich selbst und seine Zunftgenossen in Ziegenfelle einnähen. Dann erklommen sie die Mauer und führten einen wahren Bockstanz auf. Der Hauptmann draußen im Vorfeld gab daraufhin die Belagerung auf und rückte mit seinen Soldaten ab.

Sein Ausspruch ist aber überliefert worden: „Das ist ja noch der reinste Bockstall". Seitdem heißen die Annweilerer „Bockstaller".

## 260 Die Schlacht auf den Schloßäckern

In einer der zwölf heiligen Nächte befand sich ein Holzschuhmacher von *Annweiler* aus auf dem Heimweg. Gleich nach dem Zollstock kam das wütende Heer über ihn. Voraus raste der Anführer auf seinem Schimmel, und ihm folgten die schwarzen Gestalten seines Heeres. An den Schloßäckern öffnete sich plötzlich der *Trifelsberg*.

Eine zweite Schar Bewaffneter stürzte sich auf die ersten. Das war ein Lärmen, ein Toben, ein Schwertgeklirr, ein Schnauben und ein Stöhnen. Der Schuhmacher stand mit offenem Mund und trockener Kehle. Dreimal sauste das wilde Gewoge um die dicke Eiche, dann verschwand es wieder, so schnell wie es gekommen war.

Der Mann aber redete nie von diesem Erlebnis und war von dem Tage an viel ernster und auch zuverlässiger geworden.

## 261 Wie anno Vetter Selig

Von alten Leuten hört man in *Albersweiler:* „Ein Schinder wie anno Vetter Selig!" Wer war dieser, und was brachte ihm seinen Beinamen ein?

Keiner weiß, woher er kam und was ihn antrieb, die Bewohner des Ortes zu schinden und zu knechten, daß das Unrecht zum Himmel schrie.

Niemand wagte, gegen den Kerl vorzugehen, denn man fürchtete, er habe es mit dem Teufel zu tun. Niemand konnte den Beweis führen, wollte es auch nicht, denn mit dem Satan ist bekanntlich nicht gut Kirschen essen. Einer versuchte es, doch die Unterstützung des Dorfes blieb aus. Der neugewählte Dorfmeister klagte gegen Vetter Selig beim Geraidestuhl. Für Albersweiler stand der Gerichtsstuhl nahe beim Geilweilerhof. Viel Volk war zugegen, als der Schultheiß zur „Steinernen Bank", dem Zeichen seiner Unabhängigkeit schritt. Die Versammlung endete, weil niemand Zeugnis geben wollte, mit dem Spruch: Der Vettel wird so lange eingesperrt, bis er bereit ist auszusagen. So landete der Leuteschinder hinter schwedischen Gardinen, im Dorfgefängnis beim „Pfälzer Hof".

Doch, wie es manches Mal so geht, die Stromer erhalten Hilfe, woran keiner je gedacht. Eines Tages rückten Krieger ins Dorf, sie ließen den Vettel frei. Er hatte im Arrest Zeit genug, Böses und Gehässiges auszubrüten. Niemand war fürderhin mehr vor ihm sicher. In die Ziehbrunnen warf er verendete Katzen und Hunde; Typhus war die Folge. Die Strohhaufen im Freien und in den Scheunen brannten lichterloh, Stege über Wiesenbächlein brachen, Pottaschesieder fanden Karrenschmiere im Waschmittel. Den Heidelbeerpflückern warf er menschlichen und tierischen Kot in die Körbe. Die Fuhrleute mußten höllisch aufpassen, denn mal fehlte da ein Steckstück, mal dort. Im Heu fand man rostige Drähte und Nadeln in den Weißrüben. Einmal trug er des Nachts Grabkreuze vom Friedhof in Albersweiler zum Friedhof in *Siebeldingen* und umgekehrt.

Niemand war sicher vor ihm. Niemand wagte, dem Vettel entgegenzutreten. Selbst die ganz Armen verschonte er nicht. So soll er einem Steinklopfer für ein paar Groschen einen Acker genommen haben. Das beim Bahnhof liegende Gelände heißt deswegen noch „Die Pfennigäcker".

Den Vettel erwischte es doch einmal. An einer Wette ging er zugrunde. Er marschierte bei klirrendem Frost von Albersweiler nach Siebeldingen. Am Ortseingang brach er zusammen.

Als die Leichenträger zum Friedhof kamen, saß der Vettel auf der Mauer und verspottete die Männer. Die nahmen schleunigst Reißaus. Jene hatten also recht, meinten die Leute, die fest daran glaubten, daß es der Vettel mit dem Teufel zu tun hatte. Sie wurden in ihrem Glauben bestärkt, als man in mondhellen Nächten den Leuteschinder bei der Wirtschaft zum „Pfälzer Hof" umgehen sah, eine Pfeife im Mund und eine Kette schleifend.

## 262   Salz war einst kostbares Gut

Es gab einen zweiten Teufelstisch, über dem Salzbachtal. Auch hier nahm der Teufel seine Mahlzeiten zu sich. Er legte sich auf die Lauer, um diesem oder jenem Menschen ein Schnippchen zu schlagen. Sein Gelächter hallte durch das ganze Tal und brach sich an den Felswänden.

Vor langer Zeit fuhr auf der Salzstraße, von *Lemberg* kommend, ein Pferdefuhrwerk in Richtung *Salzwoog*. 13 Säcke voll Salz mußten von drei Männern nach Speyer gebracht werden. Unterhalb des Teufelstisches hielt plötzlich einer der Begleiter das Fuhrwerk an und versuchte die beiden anderen zu überreden, einen Sack Salz im Straßengraben verschwinden zu lassen. Man könne ja dann in Speyer sagen, die Zöllner an der Salzstraße hätten bei der Dunkelheit versäumt, den dreizehnten Sack wieder aufzuladen. Droben am Teufelstisch saß der Teufel und grinste, denn über jedes Unrecht freut sich der Satan. Die beiden anderen Männer aber setzten ihrem Kameraden derart zu, daß dieser sein Vorhaben fallen ließ und fürderhin hinter der Fuhre einhertrottete. Da hörte er neben sich eine monotone Stimme: „Wartet nur, ihr bischöflichen Herrn! Ihr seid so schlau, immer drei Begleiter mitzuschicken, damit der dritte das Zünglein an der Waage spielen kann. Ich will euch aber zeigen, wer Herr im Salzbachtale ist." Die Salzfuhre fuhr in diesem Augenblick an dichtem Gestrüpp vorbei. Ein Sack blieb in den Dornen hängen. Die Zöllner konnten nun tatsächlich nur zwölf Säcke abwiegen. Der Teufel hatte sein Ziel doch erreicht. Ob der dritte Begleiter umgekehrt ist, den Sack gefunden hat und aus dem Salz klingende Münze machen konnte?

## 263 Mißglückter Fischfang

Schnee lag noch vereinzelt am Berg. Zwei Männer wanderten durch das Salzbachtal und kamen auch an jene Stelle, wo der Storrbach in den Salzbach mündet. Der *Teufelstisch* hatte wieder Besuch, und der Satan war dazu aufgelegt, einen der beiden Männer hineinzulegen. Er ließ also die Forellen springen und weckte die Lust zu einem guten Fischessen.

Der eine sah, wie eine armdicke Forelle im Wurzelwerk einer Erle verschwand. „Die muß ich haben", meinte er. Der andere riet ihm ab: „Laß die Finger davon. Wenn du in den Bach fällst, kannst du dir den Tod holen." „Ich werde schon nicht fallen; ich muß die Forelle haben!" Also legte er sich auf den Bauch und griff mit der Rechten ins Wasser, unter die Wurzeln. „Ich habe sie, aber ich kann sie mit einer Hand nicht festhalten." Er griff mit der Linken nach. In dem Augenblick machte die Forelle mit der Flosse einen kräftigen Schlag und war so wieder in Freiheit. Der „Angler" aber rutschte ab und sauste kopfüber ins kalte Wasser. Am Teufelstisch war ein höhnisches Gelächter zu hören.

## 264 Der Himmel segnete sein Land

Ein Bischof trat einst vor seinen Landesfürsten und erbat von ihm Land. „Ich will dir soviel Land geben, wie du an einem Tage umgehen kannst." Der Bischof war zufrieden und machte sich auf den Weg durch tiefe Täler und über bewaldete Höhen. Unterwegs fragte er die Bauern nach dem besten Weg. Und sie gaben gerne Auskunft. Als er am nächsten Tag vor seinem Herrn stand, staunte dieser nicht wenig über die Länge des zurückgelegten Weges. Er hielt Wort.

So erzählt die Sage, und keiner weiß, wo dies geschah. Aber die Abgrenzung des Holzlandes soll ähnlich festgelegt worden sein. In der Urkunde sind die Grenzen beschrieben: „daß der Bann zu fisbach angeit zu Burgalben an dem stege und geit die Steinalbe of bis in die Muschalbe, die Muschalbe of bis da sie springet und die Burgalbe wieder abe bis an den stege wieder zu Burgalben."

Im Lauber Wald, zwischen den Quellen der Moosalb und des Schwarzbaches gelegen, wählten einst die Hirten und Jäger ihren Herzog und verlangten von ihm, daß er sein Land abgrenze, damit jeder wisse, wo das Gebiet der

Nachbarstämme beginne. Das war kein leichtes Unterfangen, denn allerlei Widerwärtigkeiten waren zu erwarten.

Zu der Zeit weidete ein Hirte ganz in der Nähe seine Herde. Man munkelte, daß er ein verstoßener Königssohn sei, denn seine ganze Art war anders als die der wetterharten Gebirgsbewohner. Alle kamen zu ihm und erbaten seinen Rat, und freigiebig half er ihnen. Zu diesem Hirten ging auch der Herzog. Der nahm ihn bei der Hand und führte ihn in eine tiefe Höhle, wo ein klares Bächlein aus dem Felsen sprang. Der Hirte baute aus Lehm eine Scheidewand und so teilten sich die Wasser; das eine Bächlein eilte dem Ausgang der Höhle zu, das andere aber floß in sie hinein. Der Hirte meinte: „Wenn das Bächlein den Weg zum zweiten Ausgang der Höhle auf der anderen Seite des Berges findet, dann sollen beide Bäche die Grenzen deines Landes ziehen, Herzog! Entgegengesetzt ist ihr Weg, dein Land wird groß werden, Herzog! Doch wisse, wenn beide Bäche jemals zusammenfließen sollten, dann hat der Himmel dein Land gesegnet und dir deine Grenzen gezogen."

So umging der Herzog sein Land, immer dem einen Bach folgend, seine Männer aber dem anderen. Eines Tages fanden sich beide Gruppen in einem Tale wieder und auch beide Bäche.

Und die Kunde vom neuen Herzogsland eilte über Berge und durch Schluchten, und überall wurde das Herzogsfest gefeiert. Eitel Sonnenschein lag über dem Land ... „Banntaufe" nannten sie das Fest und feierten jedes Jahr zur selben Zeit. Den Bächen gaben sie auch Namen: Geiswasser (Schwarzbach) und Muschalbe (Moosalb). So bekam das *Holzland* seine Grenzen.

Vom Hirten, sie nannten ihn Wilrad, hören wir nichts mehr. Es wird angenommen, daß der zwischen Heltersberg und Johanniskreuz einstmals gelegene Weiler Wilradele an ihn erinnern soll.


## 265  Im Ameisenhaufen an der Schelmenhalde

In *Hofstätten* lebten einst Vater und Tochter in einer ärmlichen Hütte beisammen; er stand tagsüber am Amboß, sie wusch die Wäsche anderer Leute und verdiente damit, was sie zum Leben brauchte. Beide waren ihrer guten Arbeit wegen im Dorfe angesehen. Die 19jährige Maid sah gut aus, und so mancher junge Bursche hätte sie gerne gefreit. Der rechte war aber noch nicht gekommen.

Eines Tages, es war Herbst und die Blätter begannen zu tanzen, klopfte ein junger, fescher Reitersmann an. Ob er wohl mit seinem Pferde übernachten könne, fragte er. Die Bitte wurde ihm nicht abgeschlagen. Beim Abendbrot erzählte er, daß er Troßknecht bei einem benachbarten Grafen sei, und daß er sich auf einer großen Treibjagd verirrt habe. Erst viel später stellte es sich heraus, daß das mit der Treibjagd zwar auf Wahrheit beruhte, der junge Mann aber der einzige Sohn jenes benachbarten Grafen war.

Der rechte schien gekommen zu sein, denn beide entflammten füreinander und trafen sich fortan in den umliegenden Wäldern. Als der kleine Grafensohn geboren wurde, platzte das sorgsam gehütete Geheimnis. Der Graf enterbte seinen Einzigen und vertrieb ihn vom Schloß, der Schmied fluchte den ganzen Tag über, daß sich keiner heranzutreten wagte, die Leute aber schlugen die Hände über dem Kopf zusammen. Wie konnte so etwas passieren! Die beiden aber blieben zusammen. Sie verließen ihre Heimat, allerdings auch ihren Sohn. In einer hellen Mondnacht begrub die Schmiedetochter das Kind in einem Ameisenhaufen an der Schelmenhalde.

Dafür muß sie büßen. Sie geht an der Schelmenhalde um, angetan mit einem langen, wallenden, weißen Kleide und gräbt mit ihren Händen im Ameisenhaufen . . .

## 266 Eine ungleiche Wette

Es war im Jahre des Herrn 1455. Fanfaren verkündeten das Anrücken der schwer bewaffneten Wallonen des „Schwarzen Ludwig". Mönche der Zisterzienserabtei *Eußerthal* waren vor den Kriegsknechten bereits geflohen, nur der Abt und einige mutige Mönche empfingen die Horden. Den besten Klosterwein mußten sie ihren ungebetenen Gästen vorsetzen. Das Refektorium hallte wider von unflätigen Witzen und hinausgeplärrten Liedern. Zwei betrunkene Landsknechte schleiften den Bruder Kellermeister herbei. Er solle um seinen Kopf trinken, meinte der Hauptmann, ein rothaariger, schon halbbesoffener Haudegen, dem das letzte Essen, gemischt mit Tabaksbrühe und Speichel am Barte klebte. Der Kampf um den Ausgang der ungleichen Wette begann.

Becher auf Becher verschwand in den Kehlen der beiden, während die anderen im Kreise hockend mit mordgierigen Augen das Ende abwarteten. Niemals würde der Mönch den Hauptmann schlagen; keiner von ihnen hatte es jemals vermocht! Der Mönch trank um sein Leben. Er lehnte am Tisch, als der Hauptmann stockbesoffen kopfvor die Kellertreppe hinunterstürzte und in einer Weinlache liegenblieb. Die Soldaten waren aufgebracht, und die Mönche konnten sich nur mit viel Mühe aus ihrer Nähe retten. Ob der Hauptmann davonkam, weiß keiner, jedenfalls stand eine Stunde später die Abtei in hellen Flammen. Viele Jahre hindurch soll der Hauptmann in der Nacht umgegangen sein, immer mit dem Befehl auf den Lippen: „Nun, Mönch, trinke um deinen Kopf!"

## 267 Umsonst gegraben

Wo Burgen stehen sind Schätze vergraben, so meinten die Leute. Schon mancher machte sich auf die Suche — ergebnislos. Ja, die richtige Zeit, den rechten Zauberspruch, die erforderliche Handbewegung, und wer weiß sonst noch was, mußte man kennen, wenn man über Nacht reich werden wollte. Den Sonntagskindern aber fällt der Schatz zu, wenn sie sich nur genau an die Anleitung einer Erscheinung halten. So war auch einmal eine Frau aus *Ramberg* auf dem Weg zum *Scharfeneck,* um Gras für ihre Kuh zu suchen. Plötzlich stand, es war um die Mittagszeit, ein nackter, strahlender Geist vor ihr. Wortlos wies er auf die Stelle, wo er stand. „Grabe hier", so begann der Geist, „und du wirst einen großen Schatz finden, den Schatz der Scharfenecker!" Die Frau aus Angst bar jeden Wortes, flüchtete den Abhang hinunter. „Komme in drei Tagen zur selben Stunde wieder!" rief der Geist und war verschwunden.

Er blieb es auch, als zur angegebenen Zeit die Frau mit ihrem Manne an besagtem Platze ankam. Dabei lachte die Sonne ebenso freundlich vom Himmel wie an jenem Tage, an dem die Frau überrascht und erschrocken die Botschaft des Geistes vernommen hatte. Also fing man an zu graben, ein großes, tiefes Loch, und siehe da, die Spaten stießen auf eine viereckige, eiserne Platte, die in der Mitte einen eisernen Ring trug. Die Herzen schlugen höher! Was würde man unter diesem Deckel finden? Sollte die Armut ein Ende gefunden haben? Mit vereinten Kräften hoben Mann und Frau die schwere Platte, doch welch große Enttäuschung — die Höhlung darunter war leer. Deprimiert und sehr nachdenklich verließen die beiden die Stelle, nachdem sie vorher die Grube zugeworfen hatten. Niemand wurde seitdem mehr von einem Geiste zur Schatzsuche aufgefordert.

So ruhen also immer noch die Reichtümer der Scharfenecker in unterirdischen Sälen. Sollten die Feuer zu nächtlicher Zeit im Walde und im Felde auf die Schätze hinweisen? Vielleicht. Doch du mußt zu rechter Zeit beim Feuer stehen, geweihte Brosamen streuen und den rechten Zauberspruch aussprechen. Dann wird sich die Erde öffnen, und der Schatz liegt für dich bereit.


## 268   Der Schatz in der Klosterruine

Lange Zeit wußte man nichts davon, daß in der Klosterruine *Stürzelbronn* ein Schatz begraben liegt. Erst als ein Hirte seine Herde zwischen den zerfallenen Mauern weiden ließ und dabei unter einem Felsen Schutz gegen die sengenden Sonnenstrahlen suchte, erst seitdem ging die Kunde von Mund zu Mund. Der Schäfer entdeckte nämlich die alte, eisenbeschlagene Truhe, neben der zwei Kirchenglocken standen. Die Kiste enthielt eine Unmasse der edelsten und wertvollsten Kirchengeräte. Von einer Minute zur anderen wäre der Hirte wohl ein reicher Mann geworden, wenn ihn nicht der Teufel genarrt und er mit seiner Schaufel gegen die Glocken geschlagen hätte. Von ihrem Ton erschreckt, floh die Herde. Vielleicht jagten sie auch die Geister, die den Schatz zu bewachen hatten. Der Hirte rannte hinter den Tieren her und konnte sie auch bald wieder beruhigen.

Als er aber zum Felsen zurückkam, waren Truhe und Glocken verschwunden. Selbst sein Mantel war nirgends mehr zu finden.

## 269 Der Glockenbrunnen

Am Klosterbrückel bei *Eppenbrunn* stand einst der Meierhof des Klosters *Stützelbronn*. Gleich daneben erklang täglich das kleine Glöckchen vom Turm der Kapelle. Hier wohnte einer der Brüder als Einsiedler. Er führte ein gottgefälliges Leben, und niemand störte den Frieden dieses Gottesmannes. Doch einmal kam eiligen Laufes ein Mönch aus dem Kloster an. Er verkündete die Schreckensbotschaft vom Untergang des Klosters durch Feindeshand. Vorbei war es mit der Ruhe, vorbei mit dem Frieden. Eilends wurden die Habseligkeiten zusammengerafft und das Glöckchen hinuntergesenkt in den Brunnen. Man käme ja wieder, würde aufbauen und auch die Glocke heben, auf daß sie wieder weithin schallen könne. So dachten die beiden. Doch der Krieg dauerte lange, die Mönche fanden in anderen Klöstern Unterschlupf oder schlossen die Augen für immer. Niemand kehrte mehr zurück. Der Hof zerfiel, und der Brunnen wurde zugeschüttet.
Die Glocke ruht aber auf seinem Grund, das beweisen die feierlichen Klänge, die an Sonntagen aus dem Brunnen zu hören sind. Der sumpfige Platz am Waldesrand trägt heute noch den Namen „Der Glockenbrunnen".

## 270 Ein tollkühner Sprung

In der Nähe von *Eppenbrunn* steht ein Felsen, der nach der einen Seite steil abfällt. An diesen Felsen knüpft sich die Sage von jenem Reiter, der den kühnen, aber auch verzweifelten Sprung in die Tiefe wagte, weil ihm die Feinde auf den Fersen waren. Wie durch ein Wunder gelangte er ohne Schaden unten an und konnte so unbehelligt weiterreiten und sich in Sicherheit bringen. Unterwegs jedoch brach ihm das Pferd kurz vor dem Ziel tot zusammen.

## 271 Schöngefleckte Katze und kopfloser Reiter

Ein Jäger aus der *Pirmasenser* Gegend hatte einmal ein merkwürdiges Erlebnis. Er war auf der Pirsch und hatte nach langem Suchen endlich einen günstigen Anstand gefunden. Da strich plötzlich eine große, schöngefleckte Katze um seine Beine. Weil das Tier so groß war, machte sich der Jäger aus dem Staube. Kaum hatte er jedoch einen anderen Standplatz ausersehen, als die Katze wieder erschien. Gott sei Dank gab sie bald das Streichen auf und kletterte auf den Baum. Doch dem Jäger wurde es jetzt erst recht unheimlich, denn das Tier sah ihn fortwährend mit merkwürdig stechendem Blick an. Wozu habe ich ein Gewehr? fragte sich der Grünrock. Als er gerade anlegen wollte, da schwoll das Tier an, wurde riesengroß, rollte die Augen und entschwand, einen Sturm hinter sich herziehend, der bald alle Bäume zu entwurzeln drohte. Eine merkwürdige Begegnung! Am nächsten Tag fragte der vorgesetzte Revierförster unseren Jäger, ob ihm gestern auf seinem Pirschgang Außergewöhnliches über den Weg gelaufen sei. Erst wollte der Jäger nicht recht heraus mit den Worten, schließlich erzählte er doch, was ihm passiert war. „Sehen Sie", sprach der Vorgesetzte, „ich wußte es, daß auch Sie ein Erlebnis hatten. Ich sah nämlich zur gleichen Zeit einen kopflosen Reiter auf dem Kreuzweg. Also ging gestern das wütende Heer über unsere Gegend."

## 272  Krächzende Raben am Grappenfels

Vom Grappenfels bei *Simten* erzählt man sich folgende Sage: In Simten wohnten einst Menschen, mächtig und stark, die den ganzen Gau beherrschen wollten. Das war nicht so einfach, wie es sich erst anzeigte. Die Meinungen, wie man es am besten anstellen sollte, waren verschieden. Mitten in die hitzige Debatte geriet ein Fremder mit grünen Augen. Der sprach zu den Bauern: „Kommt heute nacht um Mitternacht ins *Finsterbachtal*. Dort will ich euch meinen Plan unterbreiten, wie ihr am schnellsten und sichersten zu Herren des Gaues werden könnt!"
Also marschierte man in dunkler Nacht ins Tal und suchte nach dem Fremden. Dort saß er neben einem Stein, auf dem ein gelbes Feuer flackerte. Die Luft roch nach Schwefel, und jetzt erst wurde den Ankömmlingen klar, daß sie es mit dem Teufel zu tun hatten. Der stand auf und sprach: „So ihr mir versprecht, bis heute übers Jahr auf dem Berg, der im Osten eueres Dorfes liegt, aus den Felsblöcken ein Haus zu bauen, so hoch und breit, daß sein Schatten euer ganzes Dorf bedeckt, so verspreche ich euch, daß ihr am Ende des Jahres die Herren des Gaues seid. Löst ihr aber euer Versprechen nicht ein, so gehören euere Seelen mir ganz allein, und ich werde euch zu krächzenden Raben verwandeln. Erfülle aber ich nicht den Vertrag, dann dürft ihr dreimal das Kreuz über mich schlagen und mich mit Weihwasser bespritzen. Das tut mir weher, als wenn euere Seelen in der Hölle brennen müssen."
Die Herrschsucht trieb sie, mit dem Teufel den Bund zu schließen und ihm die dargebotene Hand über dem Feuer zu drücken. Am nächsten Tage stellten die Bauern zu ihrer Überraschung fest, daß die Linken, die sie zur Bekräftigung des Vertrages dem Teufel reichten, kohlschwarz waren. Gleich darauf schmunzelten sie, denn sie fühlten in der linken Hand eine solche Kraft, daß sie mit ihr mehr leisten konnten als früher mit beiden Händen zusammen.

Sie gerieten im Laufe des Jahres mit der näheren und weiteren Umgebung in Streit und machten sich ein Dorf nach dem anderen untertan. Die Linkshänder von Simten waren gefürchtet. Sie dachten aber nicht mehr an den versprochenen Hausbau. Erst wenige Tage vor der festgesetzten zweiten Zusammenkunft mit dem Satan erinnerten sie sich des Vertrages. Die Zeit war verstrichen, und nun war es zu spät. Sie mühten sich zwar noch ab, konnten aber an jenem Tag nur einen Felsblock zum Bauplatz bringen. Da war guter Rat teuer. Der Mühljörg schlug vor, daß man den Teufel gefangennehmen und ihn im Taufbecken der Kirche ertränken sollte. Der Vorschlag fand Zustimmung, wurde aber nicht ausgeführt, da der Teufel schneller handelte. Er warf den Bauern Vertragsbruch vor, und mit einer Bewegung seines roten Mantels verwandelte er sie alle in Raben, die heute noch den Grappenfels oder Rabenfels umflattern.

## 273 Teufelsfels

Es ist schon lange her, daß der Teufel wie ein Wahnsinniger das *Rehtal* heraufgesprungen kam. Es mußte ihm etwas in die Quere gekommen sein. Tatsächlich hatte er mit seiner Großmutter in der Hölle Krach bekommen. Geschlagen hatte sie ihn mit dem großen Feuerhaken. So war er zur Erde gerast, um sich hier nach einer Wohnstatt umzusehen. Das *Gersbachtal* rannte er aufwärts und den Berg hinan. Droben griff er nach dem ersten besten Felsen — er war hohl — und schleuderte ihn mit aller Gewalt in die Tiefe. „Das gibt den Keller", so schrie er. Wo der Fels aufsprang, schoß ein Wasserstrahl aus dem Boden, der heute noch rinnt. „Das gibt die Wohnstube", meinte der Satan zu einem zweiten Felsen, den er hinab auf seinen Keller warf. Der dritte Felsen, der auf den beiden landete, sollte die Schlafstube geben. Nun brauchte er nur noch eine Hölle. Wie ein Besessener wühlte sich der Teufel durch den Berg, mit den Klauen den Grund rückwärts werfend und mit den Hörnern die Felsen wegschaffend. Beim Rodalberhof kam er wieder ans Tageslicht. Das war anstrengende Arbeit. Ein Schläfchen war deshalb angebracht.
Der Teufel mußte mehrere Jahre hindurch geschlafen haben, denn als er erwachte, umstanden ihn hohe Buchen und knorrige Eichen, und irgendwo plätscherte Wasser über einen Fels. Seine Großmutter war angekommen, es gab Streit und ordentlich Prügel. Doch Pack schlägt sich und verträgt sich. Auf jeden Fall zogen die beiden Arm in Arm fröhlich von dannen. Seitdem liegt der Teufelsfelsen im Gersbachtal, nahe der Ortschaft *Simten*.

## 274  Rappeneck

Jockel, ein stämmiger Bauernsohn aus *Simten*, und Anna, eine Magd im Hause seines Vaters, wollten heiraten, auch wenn der Bauer von dieser Verbindung nichts wissen wollte.

An einem hellen Sonntag waren sie unterwegs und setzten sich nach langer Wanderung auf der Platte eines Felsens nieder. Düster lag die Zukunft vor ihnen. Die Sonne stand schon hinter den Bäumen, als die beiden Liebenden Pferdegetrappel vernahmen. Der Bauer nahte und sein Knecht. Sie waren in *Winzeln* und hatten beide ein klein wenig zu tief ins Bierglas geschaut. Der Knecht hatte schon lange ein Auge auf Anna geworfen. Neid und Eifersucht bestimmten ihn, den Bauern auf die beiden aufmerksam zu machen. Der gab gleich seinem Rappen die Sporen. Vor den Liebenden parierte er den Gaul, sprang ab und wollte seinen Sohn züchtigen. Der aber schleuderte den betrunkenen Vater von sich, als er sah, daß der Knecht seiner Anna Gewalt antun wollte. Er entriß das Mädchen den rohen Fäusten und schwang sich mit ihm aufs Pferd. Der Knecht aber war heimtückisch. Er rannte dem Pferd das Messer ins Fleisch, einmal, zweimal. Der Rappe bäumte sich auf und stürzte über den Felsen hinunter in die Tiefe und mit ihm das Liebespaar. Der Knecht verließ die Stätte seiner Untat und ließ den Bauern allein liegen.

Am Morgen fand man ihn neben seinem Rappen liegen, zerschmettert. Von Anna und Jockel fand man keine Spur mehr. Engel des Himmels waren niedergestiegen und hatten die beiden im Sturz aufgefangen und sie emporgetragen in den Himmel, wo sie nun vereint sind. Der Fels trägt den Namen „Rappeneck" zum steten Gedenken an den Sturz des Rappen. Er erhebt sich im Westen über dem Rehtal.


## 275  Es schoß aus dem Berg in lodernder Flamme

Der Altekeller-Fels liegt im Norden von *Simten* auf halber Höhe. Dort standen einst die Häuser des Dorfes. Eines Tages betrat ein Fremder die Dorfstraße, hielt mitten im Dorfe an und rief: „Kommt alle, denn was ich euch zu künden habe, das geht alle an! Packt alles zusammen, was euch lieb und wert ist und flüchtet, flüchtet, denn böse Zeiten folgen mir auf dem Fuß, Not und Tod kehren bald bei euch ein!" Man hielt den Mann für einen Phantasten, für einen närrischen Kerl. Jetzt sollte man die Heimat verlassen, wo die Saaten so schön standen, wie kaum in einem anderen Jahr? Nein! Der Fremde aber begann wieder zu sprechen: „Ihr wollt meinen Ratschlag nicht befolgen, wie ich sehe. So wird euch die Geißel des Krieges schlagen. Gebt mir den Felsen am Hang, daß ich mir eine Behausung zurechtmache!" Sie entsprachen seinem Wunsche. Er höhlte den Stein aus und schuf sich so eine Heimstatt. Kaum war er damit fertig geworden, als er seine Stimme erneut erhob: „In wenigen Tagen wird unsägliche Not über euch kommen!

Wer sie fliehen will, der komme in meine Höhle, und wer sein Gut retten will, der bringe es mir!" Da brachten die Bauern ihr sauer erworbenes Gold und den Schmuck ihrer Frauen. Doch keiner wagte sich in die Höhle.

Bald darauf konnte niemand in Simten einschlafen. Es lag etwas in der Luft, das fühlten sie alle. Im Berge rumorte es und schoß aus dem Berg in lodernder Flamme. Aus der Höhle des Fremden stürmte es heraus, eine wilde, kreischende Horde auf roten Pferden jagte über das arme Dorf, voran der Fremde, ihm zur Seite ein glühendes, nacktes Weib, den Schmuck der Simtener Frauen tragend. In den Händen trug die Göttin des Unheils ein langes, blitzendes Schwert, mit dem sie die Menschen niederschlug. An allen Ecken und Enden loderten die Flammen. Getötet waren die Menschen, zerschlagen ihr Hab und Gut. Die Geisterschar aber verschwand wieder in der Höhle des Fremden.

Nur wenige Menschen überstanden die grauenvolle Nacht. Sie siedelten auf dem gegenüberliegenden Hang und im Tale. Und sie gaben ihren Kindern und Enkeln Kunde von dem großen Schatz in der Höhle, den aber bis auf den heutigen Tag noch niemand entdeckt hat.


## 276  Der Reitersprung

Viele Hunde sind des Hasen Tod, so hätte beinahe jener Kosak sagen können, den seine Feinde durch den Wald südlich von *Pirmasens* hetzten. Oh, er hatte ein gutes Pferd und verstand sich ausgezeichnet aufs Reiten. Doch die, die ihn verfolgten, waren auch gute Reiter. Dazu kam, daß sie sich in dem Gelände gut auskannten und so den Kosaken in die Enge trieben. Plötzlich tat sich vor dem Flüchtenden ein tiefer Abgrund auf. Was war zu tun? Ergeben, oder den Sprung wagen? Der Entschluß war schnell gefaßt. Er gab dem Pferde die Sporen und setzte hinunter in die Tiefe. Er landete glücklich und konnte ohne weiteren Aufenthalt davonsprengen. Die Verfolger streckten die Hälse und wollten es erst nicht glauben, doch drüben sahen sie den Kosaken reiten.

In der Nähe von *Fischbach* aber brachen Roß und Reiter zusammen und standen nie mehr auf. Zum Andenken an diesen tollen Reiter errichteten die Bewohner des Dorfes am Wegesrand ein steinernes Kreuz, an dem es um Mitternacht nicht ganz geheuer sein soll. Dort geht der Geist des Kosaken um, und wer unbeschadet vorbeikommt, der kann von Glück sagen. Auch dem Pferd soll man ein Kreuz gebaut haben.

Den Felsen aber, über den Roß und Reiter in die Tiefe sprangen, nennt man den „Reitersprung". Er liegt im Waldrevier Hoher Kopf in der Nähe des Forsthauses *Hohenlist*. Er gleicht einem gewaltigen Tische, in den Hufeisen eingegraben sind.

## 277 Das graue Männchen

Der Bäckermeister von *Pirmasens* hatte es gut, denn das graue Männchen nahm ihm die ganze Arbeit vorweg. Ohne Kost und Lohn arbeitete das Männchen. Immer in der Geisterstunde machte es sich daran, siebte das Mehl und heizte den Ofen, knetete den Teig und formte Brot und Brötchen. Wenn der Bäcker des Morgens einmal wieder verschlafen hatte und mißmutig zur Backstube ging, siehe da, da lag das gebackene Brot fertig zum Verkauf auf den Regalen. Das freute den Mann natürlich und weckte zugleich seine Neugier. Außerdem wollte er seinem nie gesehenen Gehilfen eine kleine Freude machen.
Er ließ von seiner Frau ein feines, rotes Röcklein nähen und stellte sich damit um Mitternacht hinter die Türe. Das hilfreiche Zwerglein erschien, der Bäcker trat vor und wollte das Röcklein überreichen und ein paar Worte des Dankes sagen. Kaum hatte er jedoch angesetzt, da war das Männlein verschwunden und kam nie wieder.

## 278 Pferch in Flammen

Da kam doch einst ein Schäfer erst spät mit seiner Herde in der Lambach bei *Pirmasens* an und wollte hier den Pferch aufschlagen. Er kannte die Gegend wie seine Hosentasche, denn er war ja in *Höheischweiler* geboren. Allein, was nützte ihm die genaue Ortskenntnis, wenn nicht einmal eine Laterne zur Hand war? Doch es sollte ihm unerwartet Hilfe werden durch einen Glühenden, der plötzlich herangeschwebt kam. Den bat er, daß er ihm leuchten möge.
Die Arbeit war bei strahlend hellem Licht bald getan. Zum Dank legte der Schäfer einen Groschen auf den Pferchpfahl. Das hätte er aber besser unterlassen, denn als der Glühende nach dem Geldstück griff, stand im Nu der ganze Pferch in Flammen.

## 279 Die goldene Boll

Früher soll auf dem Weg von *Pirmasens* nach *Kaltenbach,* unweit der Stadt, ein Kloster gestanden haben. Ein Brunnen zeugt noch davon. Die Leute nennen ihn den Klosterbrunnen.
Alle sieben Jahre ist dort eine goldene Boll zu sehen, ein herrliches Trinkgefäß also, das an zwei goldenen Kettchen hängt. Ein Mönch steht da, doch ist er nur von dem zu sehen, der an einem Sonntag im Advent geboren ist. Wer dem Mönch das Gefäß mit Wasser füllt, ohne dabei ein Sterbenswörtlein verlauten zu lassen, den führt der Beschenkte durch eine bis dahin unsichtbar

gewesene eiserne Pforte hinein in den Berg. Er gelangt in riesige, hell erleuchtete, unterirdische Räume, die gefüllt sind mit Truhen voller Gold und Edelsteinen. Mit einladender Gebärde muntert der Mönch seinen Gast auf, zu nehmen, was er nur zu tragen vermöchte. Wer aber hierbei nur einen Laut von sich gibt, dem entschwindet alle Herrlichkeit und er findet sich auf einer sumpfigen Wiese wieder.

## 280   Ein gefährlicher Bursche

Zwischen *Wilgartswiesen* und *Hinterweidenthal* zweigt rechter Hand ein stilles, einsames Tal ab, das *Horbacher Tal.* Nach halbstündiger Wanderung befindet man sich im Waldrevier „Kranitz-Hütte".
Hier wohnte vor etwa 100 Jahren der alte Kranitz in einer selbstgezimmerten Hütte. Seinen Lebensunterhalt verdiente er sich, indem er Dachschindeln schnitzte, hölzerne Kacheln und Töpfe für Hund und Katze herstellte und aus dünnem Spanholz Dosen und Schächtelchen fertigte. Soweit — so ehrenwert. Doch was Kranitz nebenbei tat, das paßte den Bauern und Jägern gar nicht. Er hatte nämlich mit der Zauberei zu tun. Wenn morgens eine Kuh am Schwanz an der Krippe angebunden war, eine sich sogar losgemacht hatte, oder zwei in ihren Ketten verstrickt lagen, so konnte das nur der Kranitz gewesen sein.
Den Grünröcken „machte er einfach das Gewehr zu". Wenn er seinen Hut vom Kopfe nahm oder ihn an eine Hecke hängte, dann war es vorbei mit erfolgreicher Jagd. Und wenn wirklich ein Hase vor der Büchse aufkreuzte, dann tat der Jäger unter Garantie einen Fehlschuß. Da hatte es der Kranitz besser. Er brauchte nur einem in den Sand des Weges gezeichneten Hasen hinter die Löffel zu hauen, oder einem gemalten Wildschwein mit der Axt eins auf den Schädel zu geben, und schon lagen beide Tiere im Dickicht. War er einmal durstig, dann schlug er mit der Axt in einen Baum und sog am Stiel die beste Milch heraus. Wenn er das Handtuch an die Wand hängte, konnte er das beste Fett aus ihm herausstreichen. Der Rahm fehlte dann irgendeiner Bauersfrau.
Der Staat kaufte die Hütte des Kranitz, damit wars vorbei mit der Zauberei. Die Erinnerung daran ist aber noch wach.

## 281   „Der Kolb hängt dran!"

Zwischen *Münchweiler* und *Kaltenbach* ist die „Wasch", ein ziemlich enges Tal, in dem das Kolbsdeich liegt. Hier erhängte sich der alte Förster Kolb. Zur Strafe muß er nun umgehen, den Hirschfänger an der Seite und den Bonaparteshut auf dem Kopfe.

Wenn die Bauern früher mit beladenen Wagen die Wasch hinauffuhren, machte ihnen der Geist des Försters zu schaffen. Die Pferde scheuten, die Wagen kamen nicht mehr voran, und so manches Fuhrwerk landete im Graben. Auch die Weinfuhren hielt er an, und zwar so lange, bis er genügend getrunken hatte. Selbst der Lokomotive merkt man es an, wenn sie sich die Wasserscheide hinaufarbeitet. Sie schnauft und stöhnt, daß es nur so eine Art hat. Sitzen Leute aus Münchweiler im Zug, dann sagen sie: „Der Zug muß Wein geladen haben, und der Kolb hängt hinten dran!"

## 282 Das Schlapphütchen

Zur Nachtzeit gehen die Leute nicht gerne am Kühnenwäldchen unweit von *Burgalben* vorbei, denn dort haust das Schlapphütchen, ein altes, graues, buckeliges Männchen mit einem Schlapphütchen auf dem Kopfe.
Einem Schneider ist es einst begegnet, als er auf dem Weg von *Donsieders* nach Burgalben war. In der Nähe des Wäldchens sprang das Schlapphütchen dem biederen Meister auf die Schultern und ließ sich von ihm tragen. Wenn der Schneider nur einmal den Mund auftun wollte, dann griffen die Hände des Männchens an seinen Hals und würgten ihn so lange, bis er schweigsam war. Als der Schneider mit seiner Last über einen Graben setzte, sprang das Schlapphütchen ab und wurde nicht mehr gesehen.
Am nächsten Tag gab der Schneider sein seltsames Erlebnis in der Wirtschaft zum besten. Unter seinen Zuhörern saß auch ein Großmaul, das dem Schneider Verhaltensmaßregeln geben wollte. Die anderen brachten es schließlich so weit, daß der Angeber den Schneider am nächsten Tag begleitete. Zur Vorsorge hatte er ein langes Messer mitgenommen, mit dem er dem Männlein beikommen wollte. Doch siehe, das Schlapphütchen sprang dieses Mal dem Großmaul auf den Rücken. Da half kein Schütteln und auch kein Messer, der Würgegriff machte den Erschrockenen wehrlos. Erst am Graben sprang das Männlein wieder ab.

## 283 „Do sieht mer's!"

Nach den Darlegungen eines alten Mannes aus *Donsieders* erhielt das Dorf auf folgende Art und Weise seinen Namen: Im südlichen Teil der Gemarkung von *Höheinöd* liegt eine Gewanne namens „Seiters". In früheren Tagen stand dort ein kleines Häuschen mit einer Glocke, die zum Gebet aufforderte oder aber die Bauern auf dem Felde ans Heimgehen zur Mittagszeit oder am Abend erinnerte. Die Glocke tönte nicht nur über die Fluren von Höheinöd, sondern ward auch im südöstlich gelegenen Höhendorf gehört. Weil der Ton von Seiters herüberhallte, nannten die Bewohner des Dorfes auf der Höhe ihre Ansiedlung „Tonseiters", aus dem später Donseiters und schließlich Donsieders wurde.

Es existiert auch noch eine zweite Auslegung über die Herkunft des Namens Donsieders. Als Jesus noch nicht in den Himmel aufgefahren war, ging er zusammen mit seinen Aposteln über die ganze Erde und kam auch in die Gegend um Rodalben herum. Petrus mußte vorausgehen, damit er die Dörfchen, die oft sehr versteckt lagen, erst einmal ausfindig mache. Der Apostel kam vom Süden her und konnte das Dorf einfach nicht finden, deshalb, weil ihm der Orleberg die Aussicht nahm. Jesus fragte ihn, ob er den Ort gefunden habe. Petrus mußte verneinen, und so schritten sie noch einige hundert Meter in nördlicher Richtung, bis es plötzlich steil abging. Und da unten lag das gesuchte Dörfchen. „Do sieht mer's", rief Jesus aus, und daraus soll Donsieders entstanden sein, wie die Leute behaupten.

## 284 „Ich bin Bruno, dein Vater"

Was ein Heinrich V. kann, das kann ich auch, sagte sich der Ritter Robert und lehnte sich gegen seinen Vater Bruno auf, weil er mit seiner Erbschaft nicht zufrieden war. Er besuchte die Feinde seines Vaters und machte mit ihnen gemeinsame Sache. Ein Plan wurde ausgeheckt. Wenn die Abendglocke von der Burgkapelle ertönte, dann sollte die Burg im Handstreich genommen werden.

So kam es auch. Voran der treulose Sohn, so stürmten und nahmen die Feinde das Schloß. Doch der Vater war nirgends zu finden. Das ging dem Sohn arg zu Herzen. Ihm wurde plötzlich das Verwerfliche seiner Handlung bewußt. Nirgends fand er Ruhe, ziellos irrte er umher, immer von der Hoffnung vorangetrieben, irgendwo seinen Vater zu finden. Eine schwere Krankheit warf ihn nieder, und niemand konnte ihm helfen. Auf den Rat eines guten Freundes hin machte sich der Ritter, nachdem er einigermaßen wieder gehen konnte, auf den Weg zu einem Eremiten, der mitten in einem dichten Walde seine ärmliche Hütte aufgeschlagen haben sollte.

Lange schon war er unterwegs, als er an einem Abend ein Kreuz zwischen zwei Tannen entdeckte und also nur noch den *Rosenberg* hinaufzusteigen brauchte. Doch kraftlos und völlig ermattet sank er nieder. Langsam senkte sich die Nacht herab. Da klang von oben herunter der liebliche Klang eines Glöckchens, und mit letzter Kraft schleppte sich Robert hinauf zur Hütte des Einsiedlers. Unter Weinen bat der Ritter, daß ihn der Eremit segnen und die Schuld von ihm nehmen möge. Als Buße mußte Robert drei Tage mit Gebet und Fasten zubringen.

Dann trat der Eremit vor ihn hin, streckte seine Hand aus und sprach: „Der Herr hat deine Schuld von dir genommen. Deine Seele ist nun gesundet, und dein Leib wird auch bald genesen. Auch ich will deinen Frevel vergessen und dir meinen Segen geben, denn wisse: ich bin Bruno, dein Vater."

## 285 Das Holz kehrte immer wieder

In *Leimen* stand einst eine Kapelle, die gar oft von Wallfahrern aufgesucht wurde. Mancher soll dort Heilung gefunden haben, ganz besonders Gehbehinderte, wie eine Anzahl Krücken an den Wänden bezeugten.
Das Kirchlein wurde baufällig, die Zeiten waren schlecht, so daß die Mittel zu einem Neubau nicht zusammenkamen. Vielleicht gab auch der Graf das notwendige Holz nicht frei. Man weiß das nicht mehr genau. Auf jeden Fall, man war sich über den Abriß einig, auch darüber, daß das Holz der Kapelle beim Neubau Verwendung finden sollte. Für die neue Kirche suchte man einen anderen Platz aus und transportierte eines Tages das Holz dorthin. Zweimal lag das Holz am Morgen wieder an der alten Stelle.
Ein Zimmermann wollte dem Rätsel auf die Spur kommen. Er ließ sich an einen Balken anbinden, und am nächsten Morgen fand man ihn samt Holz wieder am Standort der alten Kapelle. Wie er dorthin kam, konnte er nicht begreifen.

## 286 Der Trompeter aus dem Mosistal

In den Revolutionskriegen ging es bei *Hofstätten* oft turbulent zu. Heute noch erzählen die Namen Preußenstein, Kapitänshütte und Schanze, ebenso verschiedene Waffenfunde, besonders beim „Striefen" von jenen Tagen.
Aus dieser Zeit stammt auch der Trompeter, der sich selbst schon am hellen Mittag sehen ließ. Er kommt aus dem Mosistal, tritt aus dem Wald heraus und stellt sich in seiner bunten Uniform mitten in die Sonne. Er setzt die Trompete an und schmettert ein weithin hörbares Signal. Niemand weiß, was er in seinen Erdentagen verbrochen, daß er heute noch keine Ruhe gefunden hat.

## 287 Die Jagd war seine Leidenschaft

Die Leininger Grafen auf der *Falkenburg* bei *Wilgartswiesen* waren zusammen mit den Herzögen von Zweibrücken die Herren der oberen Frankenweide. Einer der Grafen war ein leidenschaftlicher Jäger, dem gerade der Sonntag am liebsten war, seinem Waidwerk nachzugehen.
Einmal war er bei *Hofstätten* an einem hohen Feiertag unterwegs. Die Glocken riefen die Gläubigen zum Gottesdienst, er aber achtete ihrer nicht. Er befand sich auf der Pirsch und wünschte nicht gestört zu werden. Doch den ganzen Vormittag über kam ihm kein Stück Wild vor die Augen. Erst in der Mittagsstunde gewahrte der Graf auf einem Grenzstein einen Fuchs mit feurigen Augen und feurig glühendem Pelz. Unbeweglich saß das Tier und ließ

den Jäger immer näher kommen. Dem war es aber nicht ganz wohl zumute. Trotzdem legte er den Bolzen auf, zielte und schoß. Da sprang ihm aber der Fuchs ins Gesicht und richtete ihn jämmerlich zu. Ohnmächtig stürzte der Graf nieder.

Eine Frau aus dem Mosisbruch fand ihn, als sie gerade von der Kirche kam. Sie verband ihn. Dabei erwachte der Jäger aus tiefem Schlummer und gab sich zu erkennen. Das Weiblein verfluchte ihn, weil er den Sonntag zum Werktag gemacht hatte.

Bald darauf starb der Graf. Er geht als feuriger Fuchs im *Wellbachtal* unterhalb von Hofstätten um. Dort haben ihn schon viele gesehen, wie er von einem Grenzstein zum anderen schnürt. Der Sabbatschänder wird erst dann wieder erlöst werden, wenn ein Jäger an einem Sonntag in der Mittagszeit einen Rotfuchs von einem Grenzstein im Wellbachtal schießt.

## 288   Die Werktage reichten nicht aus

Vor langer Zeit ging der Förster von *Heltersberg* am Morgen des Dreifaltigkeitssonntages hinaus in den Wald, um Holz anzuschlagen. Dieser Frevel sollte nicht ungestraft bleiben, denn seitdem er gestorben ist, muß er am Dreifaltigkeitssonntag umgehen und die Bäume kennzeichnen, die geschlagen werden sollen. An diesem Morgen traut sich niemand von Heltersberg auf den Weg nach *Leimen,* denn der böse Förster könnte erscheinen. Wer weiß, was dann passieren würde!

## 289   Mit dem Grenzstein auf dem Buckel

In *Schmalenberg* lebte in alten Zeiten ein reicher Bauer, der arg geizig war. Sein Geiz trieb ihn so weit, daß er beim Pflügen mal hier und mal dort eine Furche nahm, die ihm nicht gehörte. Entweder merkten es die Bestohlenen nicht oder fanden nicht den Mut, etwas zu sagen. So trieb der Bauer weiter sein Unwesen.

In einer hellen Mondnacht schirrte er die Rosse, richtete den Wagen und den Pflug und den Spaten. Hinaus ging's zum „Rotensohl“. Dort lag des Bauern schönster Acker. Ihn wollte er vergrößern. Niemand sah es, wie er den schweren Grenzstein auswuchtete und ihn fünf Meter weitertrug, hinein ins Land seines Nachbarn. Warum er die Pferde mitnahm? Ganz einfach: das gewonnene Land sollte gleich hinüber zu seinem Acker gepflügt werden. In der letzten Furche blieb der Pflug am Grenzstein hängen, an jenem Stein, den der Bauer gerade versetzt hatte. Das Handpferd stürzte zu Boden, und als der Bauer hinzuspringen und es aufheben wollte, da schlug es aus und traf den Frevler mitten auf die Stirne. So fand man ihn, und es war klar ersichtlich, was er getrieben.

Seitdem geistert es am „Rotensohl". Der Bauer geht um mit einem schweren Grenzstein auf dem Rücken. Er ächzt und klagt und jammert. Es ist nicht ratsam, ihm zu nahe zu kommen.

## 290   Die Einsicht kam gerade noch recht

Auf dem Kreuzerberg bei *Schmalenberg* stand in alten Zeiten eine Kirche. Man nannte sie die „verkehrte Kirche", weil dort oben niemals ein Gotteshaus hätte gebaut werden sollen. Warum wurde es gebaut?
Im alten *Aschbach* lebte einmal eine Gräfin, die es mit der Einhaltung der Gebote Gottes nicht so genau nahm. Sie war der Sünde verfallen, aus der sie erst auf dem Totenbette erlöst wurde. Ihrem Beichtvater schilderte sie ihr unnützes Leben. Sie war bereit, nicht nur zu bereuen, sondern auch eine Stiftung zu tun. Dem Vorschlag des Priesters, ein Paar ungelernte Ochsen zu kaufen, sie loszuschicken und dort, wo sie um die Mittagszeit lagerten, eine Kapelle zu errichten, stimmte die Sterbende zu. So kam die „verkehrte Kirche" auf den Kreuzerberg bei Schmalenberg.

## 291   Ein gefährlicher Wächter

Da wird viel erzählt von den Schätzen in den Gewölben des Schlosses *Wilenstein* am Rande des *Karlstales*. In einer großen, eisernen Kiste sollen unermeßliche Reichtümer aufbewahrt und von einem Hund mit feurigen Augen bewacht werden. Das Tier hält den Schlüssel im Maul.
Einmal wollte sich ein Knecht der Schätze bemächtigen, doch es blieb beim Versuch. Oft schon wurde von Sonntagskindern ein schwarzer Mann an Stelle des Hundes und eine Schlangenkönigin mit goldener Krone gesehen. In den Kellern liegt vortrefflicher Wein in eigener Haut.

## 292   Sie konnten zusammen nicht kommen

Das „*Wilster Schloß*", die Doppelburg *Wilenstein-Flörsheim* bei *Trippstadt*, liegt heute in Trümmern. Als dort noch die Ritter und Fürsten, die Edelfrauen und Burgfräulein ein- und ausgingen, kam eines Tages ein Schäfer in die Gegend, ein Schäfer, der wahrscheinlich vorher diesen Beruf nicht kannte, sondern von edlem Blute sein mußte. Das merkte man an seiner Rede, das merkte man auch an seinem ganzen Gebaren und an seinem Aussehen. Er war ein bildhübscher Mann, wie die Zofe der Tochter des Ritters von Flörsheim erzählte.
Das Edelfräulein versuchte alles, diesen rätselhaften Schäfer zu sehen. Tatsächlich fand sie ihn einmal beim Blumensuchen, wie er bei seiner Herde hin-

gestreckt im Grase schlummerte. Als er die Augen öffnete, wurde die Jungfrau über und über rot und entfloh. Vergessen konnte sie den Hirten von nun an nicht mehr. Alle Freier, die auf dem Schlosse vorsprachen, wies sie ab, ohne dem Vater gegenüber einen Grund zu nennen. Schon bald traf sie ihren Hirten wieder, die beiden kamen ins Gespräch, und von dem Tage an begrüßte sie ihn vom Erkerfenster aus, wenn er mit seiner Herde am Schloß vorbeikam.

Der Vater hätte gerne eine Verbindung mit dem Ritter Siegebert gesehen. Er machte seiner Tochter Vorhaltungen, und die wurde schwankend. Nur noch einmal wollte sie ihren Schäfer sehen. Der aber kam nicht mehr. Schweren Herzens eilte sie hinunter an die Stelle, wo die Herden stets weideten, und fand da einen anderen Schäfer. Der erzählte der atemlos Lauschenden, daß seinem Vorgänger vor Sehnsucht und Gram das Herz gebrochen sei, und daß ihn bereits grüner Rasen decke. Bei einem Klausner ganz in der Nähe suchte das Edelfräulein Trost in ihrem Herzeleid.

Auf dem Rückweg zum Schloß strauchelte das Mädchen, rutschte auf dem Steg aus, stürzte ins Wasser und ertrank. Der Eremit machte sich am nächsten Tage auf den Weg hinauf zum Schloß und berichtete dem schwer getroffenen Vater von der Liebe seiner Tochter zu einem Hirten, der wahrscheinlich keiner war. Zum Gedenken ließ der Burgherr eine kleine Kirche erbauen. Am Turm setzte er einen Stein ein, in den ein Hirtenstab und eine Flöte eingemeißelt waren. Der Turm steht beim *Aschbacherhof* nahe Kaiserslautern.


## 293 Die Glocke mit dem eisernen Willen

In vielen Dörfern der Pfalz versenkte man die Glocken vor den anrückenden Franzosen. So war es auch in dem Dorfe *Aschbach* bei Kaiserslautern. Dort fand die Glocke eine scheinbar sichere Zuflucht in einem Brunnen. Doch die Franzosen fanden sie. Gerade wollten sie an die Bergung gehen, da bekam die Glocke Flügel und flog davon nach *Hornbach*. Ein Reitertrupp verfolgte sie, doch die Glocke sprach: „Susanna heiß ich, in Hornbach bleib ich, wenn ein Gewitter an den Himmel kommt, so vertreib' ich's!"

Einmal hielt die Glocke ihr Versprechen, als ein schweres Gewitter aufgezogen war. Sie hatte einen gar wunderbaren Klang, der über drei Wegestunden im Umkreis zu hören gewesen sein soll.

Eine andere Sage weiß davon zu erzählen, daß die Feinde im Dreißigjährigen Kriege die Glocke in Hornbach rauben wollten. Kaum waren sie im Zentrum des Ortes angelangt, als die Glocke vom Turm herunter rief: „Susanna heiß ich, die Gewitter vertreib' ich, und in Hornbach bleib' ich!" Daraufhin sollen die Feinde Hals über Kopf abgerückt sein.

Die Glocke hing so bis zum 12. 3. 1876 auf dem Turm, bis zu dem Tage also, an dem sie zersprang, weshalb mancher Bewohner Tränen in den Augen hatte.

## 294 Untat an der Kroddesohl

An der Straße von *Johanniskreuz* nach *Kaiserslautern* liegt das „Grätensöhlchen" oder die „Kroddesohl". Dort soll im Jahre 1793 eine Marketenderin erschlagen worden sein.

Sie wurde von Leuten aus *Trippstadt* überfallen und ausgeraubt. Einer aus dem Dorfe sah das Entsetzliche, hinter einer Hecke versteckt. Niemandem erzählte er von dieser Untat. Auch als man im Dorfe munkelte und wohl auch schon fest annahm, daß die Täter aus dem Ort stammen mußten, da kam kein Sterbenswörtlein über seine Lippen.

Als er sich zum Sterben legte, und seine Angehörigen meinten, er habe eben Abschied genommen, da geschah etwas seltsames. Plötzlich röteten sich die Wangen des vermeintlich Toten, er richtete sich auf, verließ die Liegestatt mit dem Bemerken: „Ich habe noch sieben Jahre und 19 Tage zu leben. Laßt also euer Weinen!"

Und in der Tat: Der Alte lebte noch genau so lange, und am vorhergesagten Tag starb er.

## 295 Ein Gast beim Abendessen

Im Oberdorf von *Trippstadt* lebte einst eine Familie, zu der jeden Abend das Drückemännchen kam. Türen und Fenster waren immer fest verschlossen, und trotzdem kam das Männchen in die Küche, wo die Familie gerade beim Abendessen saß. Es hupste auf den Tisch und langte eifrig zu. Die Leute konnten nie sagen, ob es wie eine Katze, wie ein Hund oder gar wie ein Kind ausgesehen hat, denn am nächsten Tage war die Erinnerung gelöscht, wie von unsichtbarer Hand. Das Drückemännchen verschwand so wieder, wie es gekommen war. Erleichtert atmete die Familie auf und konnte beruhigt schlafen gehen.

Der allabendliche Besuch gehörte zum Ablauf des Tages. Schließlich war man sogar so weit gekommen, nicht mit dem Abendessen zu beginnen, wenn nicht das Drückemännchen anwesend war. Es hieß dann: „Mer kinne noch net esse, 's Drickemännche es noch net do."

## 296 Das Gespenst

Einst ging ein alter Mann nächtens vom *Aschbacherhof* durch den Wald nach *Stelzenberg*. Es war unheimlich in der Finsternis zu gehen. Er vernahm auch ein eigenartiges Brausen und sah ein hageres, graues Gespenst ohne Beine, welches auf ihn zuschwebte. Was nützte ihn sein Stock? Seine Arme waren starr geworden, so daß er sich nicht rühren konnte. In seiner Not rief er die drei heiligen Namen in die Nacht. Dann entfernte sich das häßliche Gespenst. Dies geschah an einem Grenzstein in jenem Wald. Noch heute soll dort um Mitternacht das Gespenst sitzen und — predigen.

Zu Stelzenberg aber droht man bösen Kindern: „Gib acht, dich holt das Gespenst!"

## 297 Das Mühlberger Tier

Ein Ritter ritt stets nach Sonnenuntergang über den Mühlberg bei *Mölschbach*, um mit seinen Knechten über Tag bereitetes Holz sich anzueignen. Doch als er wieder einmal auf Raub auszog, wurde er mit seinem Pferd in ein Ungeheuer verwandelt. Nun trieb er anders sein Unwesen und erschreckte Mölschbacher Leute, wenn sie abends im Wald noch Streu für ihr Vieh sammelten. Das Mühlberger Tier aber sah grausig aus: Der Kopf war der eines Pferdes, daran zwei große grüne Augen, und der Rumpf sah aus wie der eines Menschen. So recht zum Fürchten!

Die Mölschbacher fürchteten sich seit der Zeit, in den Wald zu gehen. Wenn es im Gebüsch nur ein wenig raschelte, eilten sie davon. Schlimm aber war es, wenn sie noch eine Last an Streu auf dem Kopf trugen. Dann rannten sie, und die Gebünde über ihnen rüttelten und drückten die Träger fast zu Boden. Ja, das Mühlberger Tier hatte sich dann auf die Last gesetzt. Entsetzt warfen sie diese ab und retteten sich mit letzter Kraft über die „Breite Bach". Da fühlte man sich geborgen; denn das Tier konnte nicht übers Wasser. Wer aber im Dämmern oder in der Dunkelheit anderer Leute Eigentum für sich heimtragen wollte, an dem nahm das Mühlberger Tier besondere Rache. Noch heute kann man in Mölschbach diese Rede hören: „Mach nur, daß dir das Mühlberger Tier nachgeht!"

## 298 Der Grenzstein

1.

Spät abends gingen Holzmacher vom Wald heimwärts nach *Hochspeyer*. Sie sahen auf den Betzenlochäckern eine weiße Gestalt umhergehen. Am andern Morgen fand man Fußspuren über die Länge des Ackers hin. Der Acker aber gehörte der Gret, die nach Amerika ausgewandert war. Und jedermann wußte, daß sie den Grenzstein verrückt hatte, da ihr Bruder in den Krieg gezogen war.

2.

Zu *Hochspeyer* ist es geschehen, daß Bruder und Schwester das Erbe der Eltern zu teilen hatten. Man wurde mit allem einig. Am wenigsten bereiteten zwei Äcker im Betzenloch Schwierigkeiten; denn sie waren beide gleich groß. Das Los sprach den einen dem Bruder, den andern der Schwester zu. Es kam der Krieg und holte den jungen Mann hinaus ins Feld. Die Schwester aber wurde vom Teufel besessen. Jedes Jahr pflügte sie eine weitere Furche von des Bruders Acker ab und dem ihren zu. Sie glaubte, das merke er nicht. Vielleicht kehrte er auch nicht wieder heim. Ja, sie schlich in einer finsteren Nacht aufs Feld hinaus und versetzte den Grenzstein in die neue Furche.
Der Bruder kam aber doch wieder vom Krieg heim. Eines Tages stand er in der Stube und trug die Hand in der Schlinge. Die Schwester tat so, als freue sie sich sehr über die Heimkehr. Die Wunde über dem verlorenen Daumen heilte, und bald konnte der Bruder wieder Bauer sein, konnte pflügen, säen und ernten. Doch es entging ihm nicht, daß sein Acker im Betzenloch kleiner und der daneben größer geworden war. Seine Schwester stritt den Betrug ab; selbst vor dem Richter schwor sie, den Grenzstein mit keiner Hand berührt zu haben. Seit der Zeit waren Bruder und Schwester einander feind. Doch das Gewissen plagte die Betrügerin sehr. Sie wollte nach Amerika ausweichen und versteigerte ihre Felder. Nur den Acker im Betzenloch bot sie dem Bruder an. Er aber wollte ihn noch nicht einmal geschenkt haben.
Die Schwester war ausgewandert, doch das Schiff ging mit allen unter.
Holzmacher aber sehen noch heute, wenn sie abends vom Wald heimwärts gehen, eine weiße Gestalt über die Betzenlochäcker unruhig wandern, und Fußspuren erkennt man am andern Morgen dort, wo einmal die richtige Furche verlief.


## 299 Die Geschichte vom Müllerstisch

In einer nebelverhangenen Novembernacht ging ein Mann mit Namen Müller vom *Schorlenberg* gen *Fischbach* zu. Der Wald war finster und stockdunkel der Weg.
Dennoch eilte der nächtliche Wanderer voran. Er wurde getrieben. Jemand riß ihm den Hut vom Kopf, und dann hüpfte ihm einer auf die Schulter und blieb sitzen bis zum Seelenpfad.
Nun war der Wanderer die Last los. Kurz verschnaufte er und tappte nach Hause. Am anderen Tag aber erzählten sich's die Leute im Dorf. Keiner ging mehr nachts an der unheimlichen Stelle vorbei. Man setzte vielmehr einen Stein an den Ort, fortan der Müllerstisch geheißen.
Wer aber dreimal den Stein umschreitet, dem begegnet an derselben Stelle ein weißes Fräulein.

# 300 Teufel und Schmied

Zu *Fischbach*, unweit Hochspeyer, lebte ein tüchtiger Schmied. Vom frühen Morgen bis zum späten Abend klangen die Hammerschläge vom Amboß.
Einst ging der Teufel an der Schmiede vorbei, sah dem rußigen Gesellen eine Zeit zu und fing dann an mit ihm zu reden. Dabei konnte er noch mehr von des Schmiedes Kunstfertigkeit, aber auch von seiner riesigen Arbeitskraft erfahren. „Wenn ich nur genug Eisen zu verarbeiten hätte!"
Der Teufel versprach ihm zu beschaffen, nur müsse der Schmied ihm seine Seele verschreiben. So geschah es. Doch der Schmied setzte noch eine Bedingung hinzu: Der Geselle der Hölle müsse jede angefangene Arbeit erraten. Wenn ihm dies nicht gelinge, dann sei die Seele des Schmiedes wieder frei. Der Vertrag wurde unterschrieben.
Der Teufel lieferte fortan dem Schmied Eisen in Mengen, und der rußige Geselle fand seine Lust daran, ein Werkstück nach dem anderen zu schmieden. Jeden Tag aber schaute des Teufels Fratze zur Schmiede herein, zu sehen, was des Meisters Hände schafften. Und immer konnte er erraten, was es werden sollte.
Der Schmied aber wollte doch erreichen, daß er ein Werk beginne, das dem Teufel unbekannt blieb. Am frühen Morgen schon begann er damit. Ein Stiel war daran und drei eiserne Zinken. Der Teufel kam; der Schmied hielt es ihm vor die Nase. Der Geselle der Hölle sprach: „Eine Mistgabel!" Doch der Schmied schlug auf dem Amboß die Zinken krumm. So war es ein kleiner Gartenrechen geworden.
Die Seele des Schmiedes aber war gerettet.

# 301 Der Bordehut

Pfalzgraf Johann Casimir ließ zu seiner Zeit die beiden Jagdhäuser „Speckhenrich" und „Breitscheid" westlich von *Iggelbach* erbauen. Später zogen Förster in die Häuser ein. Der letzte seines Zeichens auf „Speckhenrich" hieß Guckenbühl. Er hatte in seiner Familie keinen leichten Stand, denn irgend jemand sah einmal den „Bordehut" umgehen, und seit der Zeit mangelte es an Dienstpersonal, und die Familie war völlig aus dem Häuschen. Gutes Zureden half da nichts. Warum der Geist, der einmal als Schimmelreiter vorbeiritt, ein anderes Mal als Bettler mit breitkrempigem Hut vor der Tür bettelte, „Bordehut" hieß, auch „Bonapart" genannt wurde, kann darauf zurückgeführt werden, daß in der Nähe ein Wachtposten zu Napoleons Zeiten den optischen Telegraphen bediente. Auf jeden Fall räumte die Familie Guckenbühl das Forsthaus. Und von dem Tage an verschwand die Spukgestalt.

# 302  Den Giftmord sofort gesühnt

Der Herr der *Spangenburg* stürzte bei der Jagd vom Pferde und konnte fürderhin nur noch an Krücken gehen. Seine Frau war verstorben, und nur eine Tochter sorgte für ihren alten Vater. Beide gingen einer trüben Zukunft entgegen, denn das arme Mädchen hatte bislang alle Freier ausgeschlagen. Sollte die Burg in fremde Hände kommen? Das durfte niemals geschehen!
Wochen gingen ins Land. Der Spangenburger hätte gerne über eine Heirat gesprochen, doch er traute sich nicht. So saßen sie an langen Winterabenden beisammen, redeten von diesem und über jenes und vermieden beide, jenes heikle Thema anzufassen, das doch beide bewegte. Das Mädchen hatte nämlich einen Freier gefunden, wagte damit aber nicht herauszurücken, weil es den Zorn des Vaters fürchtete. Der *Breitensteiner* war's, der Sohn jenes Ritters, dem der Spangenburger sozusagen die Frau vor der Nase weggeschnappt hatte. Sie konnten sich deshalb nicht riechen, der Breitensteiner und der von der Spangenburg, und wo es nur anging, versuchten sie sich gegenseitig das Leben sauer zu machen. Wie sollte es jemals unter diesen Umständen zu einer Verbindung kommen? Die beiden Alten waren doch hoffnungslos verfeindet, und wer ihre Dickköpfe kannte, glaubte an kein gutes Ende.
Einmal nahm sich das Mädchen ein Herz und gab frank und frei seine Absicht kund. Der Burgherr traute seinen Ohren nicht, doch dann brach das Ungewitter los, schlimmer noch als erwartet. Tränenüberströmt fand die Magd das Mädchen in seiner Kammer. Worte des Trostes halfen nicht viel. Alles schien so aussichtslos ...
Mittlerweile war die Wut des Burgherrn abgeebbt und hatte vernünftigem Denken Platz gemacht. Ich will doch das Glück meines Kindes, warum soll ich nicht den Junker Emich von Breitenstein akzeptieren?, so überlegte er. Aber ein Breitensteiner auf der Spangenburg? Gibt es keinen Ausweg? Es gab einen. Schwerfällig stelzte er hinüber in der Tochter Zimmer und stotterte seinen Vorschlag daher, denn weinende Frauen verwirrten ihn: „Du sollst den Breitensteiner haben. Ich baue euch drüben über dem Tale eine Burg, damit du immer in meiner Nähe sein kannst."
Damit schien die Angelegenheit gelöst. Die Burg erstand, und die Hochzeit ward gefeiert. Die Tochter war täglicher Gast, doch als sie junges Leben unter dem Herzen verspürte, wurde der Weg immer beschwerlicher. So beschloß der Spangenburger, eine Brücke aus Leder bis hinüber zum *Erfenstein* zu spannen, eine Arbeit von nur wenigen Tagen. Dann konnte er sein Kind wieder in die Arme schließen.
Neues Leid kam über die Burgen. Die Erfensteinerin gebar einen toten Knaben, und sie selbst mußte schon bald ihrem Sohne folgen. Nun war der Alte auf Spangenburg allein, denn die Trauerzeit war noch nicht zu Ende, als der von Breitenstein eine neue Ehe einging. Zunächst sah es allerdings so aus, als wollte die neue Herrin ein gutes Verhältnis pflegen. Mit weibischer Schläue schlich sie sich ins Vertrauen des Spangenburgers, und als dieser im Gespräch

verlauten ließ, daß die Burg einer Nebenlinie zufallen würde, wurde sie blaß. Das durfte niemals geschehen, dafür wollte sie schon sorgen. Gift sollte den Starrköpfigen beseitigen. Ein Diener ließ sich bestechen, doch der Ritter trank nur die Hälfte des Giftbechers leer. Er spürte die Wirkung, konnte aber dem ungetreuen Diener noch ein Geständnis abringen und mit letzter Kraft zur Brücke gelangen. Ein Diener brachte die Botschaft zum Erfenstein, daß sein Herr den Tod erwartete. Drüben wußte man Bescheid und machte sich auf den Weg, den letzten Willen des Sterbenden zu erfahren. Der Spangenburger schnitt, als die Brücke zu schwanken begann, die Seile durch. Die Totenglocke mußte am nächsten Tage gleich dreimal läuten . . .

## 303  Am Lambertskreuz

Im einstigen Kloster St. Lambertus zu *Lambrecht* hatten es die Konventsbrüder mit der Strenge ihrer Ordensregel nicht mehr so ganz ernst genommen. Nächtliche Trink- und Eßgelage gab es mehr denn einmal in der Woche. Der einzige, der da nicht mitmachte, war der greise Bruder Pförtner. Der junge Kellerknecht, er war kein Ordensmann, trieb es am tollsten. Dem in treuer Pflichterfüllung ergrauten Bruder Pförtner hatte der widerspenstige und jähzornige Kellerknecht manchen berechtigten Tadel und manche verdiente Rüge des Abtes zuzuschreiben. Schon lange sann der dem Weine verschriebene Kellereihelfer auf Vergeltung.
Wieder einmal hatte der Konvent bis tief in die Nacht bei mundendem Weine und lukullischem Schmaus gesessen. Bruder Pförtner war nicht dabei. Er verließ das Kloster und ging mühsam den Weg, der ihn auf Bergeshöhe bringen sollte. Nach bald zwei Stunden war er erschöpft zur Erde gesunken und eingeschlafen. Der Kellerknecht folgte dem Bruder Pförtner, Böses im Sinn. Er fand den Mönch, . . . tot.
Nie mehr fand der Kellerknecht Ruhe auf dieser Erde. Ziellos irrte er umher. Sein Stöhnen ward am Lambertskreuz um Mitternacht gehört.

## 304  Die Gründung des Klosters Limburg

Im Schatten seiner Linden, auf seiner Limburg Gut,
da saß der Kaiser Konrad, das edle Frankenblut.
Lieb war ihm diese Veste, vor vielen nah und fern,
der Stammsitz seiner Väter, der ritterlichen Herrn.

Drum kam er oft geritten von Wormes aus dem Saal,
zu ruh'n von mancher Arbeit mit Feder oder Stahl.
Bald streif' er durch die Wälder, bald saß er auch zu Haus
und übersah die Felder des Worms- und Speyer-Gau's.

Dort sitzt er jetzt und sinnet; doch strahlt sein Auge mild,
von wundersüßen Träumen die Brust ihm heimlich schwillt;
drum schön und immer schöner schwebt's seinem Auge vor
von seines Stammes Aufblüh'n und von des Reiches Flor.

Vom Ritter zum Dynasten, zum Grafen dann hinauf,
zum Herzog, jetzt zum Kaiser, so stieg sein Haus ihm auf.
Bald werden Leh'n und Lehen heimfallen seiner Hand,
bald wird sein Banner wehen am fernen Meeresstrand.

Stark werden wird der Kaiser, groß werden wird das Reich,
bald vor dem Sterne Deutschlands wird wohl manch andrer bleich.
Noch etwas Zeit dem Konrad! und sollt' es anders sein,
rasch holt den zweiten Konrad der dritte Konrad ein.

„Wo bleibt er doch, der Knabe? Er hat wohl gute Jagd,
die heut' ihm fern im Forste die Zeit vergessen macht.
Doch, denk' ich, nicht mehr lange, so kommt er hergesprengt,
siegprangend vorzuzeigen, was ihm der Wald geschenkt.

Auf den darf Deutschland hoffen. Wie blickt er kühn umher;
wie scheut ihn schon im Forste der Eber und der Bär;
wie hat er schon begriffen — doch, horch da, welch ein Schrei'n!
Das ist nicht Laut der Freude, da muß ein Unglück sein."

Ein Knappe kommt gelaufen: „Herr König, ach und weh!
Euer Söhnlein ist gestürzet vom Steilhang an dem See.
Herauf den Burgweg kam er, getrost in gutem Trab;
doch scheut sein Roß und bäumt sich und fliegt die Schlucht hinab."

Ein Andrer kommt gelaufen: „Herr König, ach und weh!
Starr liegt Euch in der Tiefe das Söhnlein an dem See.
Man ruft es, es höret nimmer; man lauscht, es atmet nicht;
erloschen, ach, für immer ist seiner Augen Licht."

Der Kaiser ringt die Hände: „O weh, mein Sohn, mein Sohn!
Was hilft mir jetzt mein Reichtum, was helfen Kron' und Thron!
Jetzt weg, ihr stolzen Pläne! jetzt weg auch dies mein Haus!
Mag's ferner nicht bewohnen, ein Kloster werd' daraus!

Zum Abte Boppo reitet, gen Stabelo hinaus,
ich schenk' ihm dies mein Erbgut, zu sein ein Gotteshaus.
Viel Messen man hier lese, damit zu deren Lohn
der Herr dem Kindlein gnade — o weh, mein Sohn, mein Sohn!"

# 305 Gewaltsame Aussöhnung

Der Graf von *Hardenburg* und der Abt von der *Limburg* konnten sich einfach nicht vertragen. Jahrelang lagen sie miteinander im Streit, bis schließlich der Graf seinen Feind einlud, damit man einmal unter vier Augen sprechen und sich vielleicht versöhnen konnte. Der Abt aber gab keine Handbreit Boden ab, er blieb auf seinen Forderungen bestehen. Eine Einigung war nicht zu erzielen. Als das der Graf merkte, öffnete er die Türen und ließ seine Knechte in den Saal. Er gab Befehl, den Abt ins Verlies zu werfen.

Drüben auf Limburg wartete man vergebens auf den Klostervorsteher. Es wurde der Plan geschmiedet, ihn gewaltsam zu befreien, doch die Aktion schlug fehl. Mit der Zeit wurde es dem Abt da unten im Kerker bei der schmalen Kost zuviel. Er wurde mürbe und reichte die Hand zur Versöhnung. Droben standen die Diener und verspotteten den Abt, als er sich anschickte, die Burg zu verlassen.

Zum Andenken an diese gewaltsame Aussöhnung ließ der Graf einen nach Limburg schauenden steinernen Mönchskopf in das Türmchen einmauern, dessen Treppe zum großen Rittersaal führte.

# 306 Lintburg — Limburg

Auf der Lintburg riefen die Hörner zu fröhlicher Jagd. Kaiser Konrad II. samt Gemahlin und Sohn waren zugegen. Der Tag aber nahm ein recht trauriges Ende, so fröhlich er auch begonnen. Der erstgeborene Sohn des Kaisers stürzte vom Felsen und starb. Die Jagd wurde abgeblasen, und alle beklagten den schrecklichen Unglücksfall. Auf der Lintburg grub man dem jungen Kaisersohn das Grab.

Gisela, die Kaiserin, drang in ihren Gemahl, daß er seinem frühvollendeten Sohne eine würdige Ruhestätte verschaffe. Und der Kaiser tat's. Mönche sollten fortan am Grabe seines Sohnes beten und Messen lesen. So wurde aus einer Burg ein Gotteshaus, das Kloster *Limburg.*

# 307 Gemessen nach Humpen und Kannen

Dem Kloster *Limburg* stand einst ein Abt vor, der nicht nur durch sein Wissen sich einen Namen gemacht hatte, sondern auch dadurch, daß ihn noch keiner unter den Tisch getrunken hatte. Er wußte beim ersten Schluck schon, wo der Tropfen gewachsen war.

Der Weinwirt von *Wachenheim* war von seiner Trinkfestigkeit überzeugt, und doch wurmte es ihn jedesmal, wenn er hörte, daß der Abt ihm im Trinken über sein sollte. Eines Tages kehrte der Abt bei seinem Neider ein. Da

saß schon eine recht lustige Schar hinter dem Humpen. Ich muß mich heute mit ihm messen, sagte sich der Wirt. Und er sprach zum Abt: „Herr Abt, mir will es einfach nicht in den Sinn, daß Ihr im Trinken mein Meister seid. Drum sei heute die Probe gemacht. Liegt Ihr zuerst unter dem Tisch, dann ist mein Wingert auf ewig frei vom Zehnten. Doch wenn Ihr mich bezwingt, dann will ich ihn doppelt leisten, und der Wingert soll Euer Eigentum sein!" Der Abt sagte nicht ab. Er rief die versammelten Wachenheimer als Zeugen an. Aus zwei Kannen tranken die beiden Kontrahenten um die Wette. Der Kellerbursche lief sich bald die Beine wund, ein solch fröhliches Gelage gab es. Immer wieder hob man die Humpen und Kannen. Einer nach dem anderen sank unter den Tisch. Der Abt und der Wirt aber saßen sich immer noch gegenüber. Gerade brachte der Kellerbursche seinem Herrn ein neues Maß, da fiel der Abt vom Stuhl. Sie schleppten ihn ins Bett, und als er am nächsten Mittag erwachte, da war der Zehnte verloren.
Der Weinwirt war der Sieger, obwohl man sich im Dorfe erzählte, daß es bei dem Weinkampf nicht ganz ehrlich zugegangen sei.

## 308  Überwundene Enttäuschung

Auf *Hardenburg* lebte Adelinde, die Tochter eines rauhbeinigen Grafen von Leiningen. Sie war lieblich anzusehen und konnte so manche Handlung ihres Vaters nicht verstehen. Im Gefolge des Burgherrn war ein Knappe, der die Tochter gerne sah. Die beiden trafen sich in aller Heimlichkeit, doch ein Verräter hinterbrachte dem Vater die Nachricht von dem Techtelmechtel. Wie brauste er da auf, was mußte Adelinde erdulden! Der Knappe konnte mit knapper Not gerade noch fliehen. Er zog ins Heilige Land und verlor dort sein Leben. Ein Kamerad brachte die betrübliche Botschaft. Bei Jerusalem schaufelte er dem Knappen, dessen Leben zur Qual geworden war, ein frühes Grab.
Adelinde verlor so die letzte Hoffnung. Einen vom Vater bestimmten Freier lehnte sie ab. In dunkler Nacht verließ sie die Burg und ließ sich in ein Kloster aufnehmen. Das Heimweh verzehrte sie bald. Mit einer treuen Freundin entfernte sie sich aus dem Kloster und kam zurück ins Isenachtal. Gegenüber der elterlichen Burg fanden sie Unterschlupf in der Höhle eines Felsens, der heute noch der *Nonnenfels* genannt wird. Niemand erkannte die beiden. Sie taten viel Gutes, namentlich den Kranken. Die eine der Nonnen stand in dem Ruf besonders heilkundig zu sein. Sie war stets unterwegs, ihren Vorrat an Heilkräutern zu ergänzen. Alle waren nett und freundlich zu ihr, nur der Graf beachtete sie nicht, bis er einmal auf die Nonne angewiesen war.
Bei einer Jagd stürzte er sehr unglücklich vom Pferde und lag schwer darnieder. Niemand konnte ihm helfen. Seine Schmerzensschreie hallten durch die Räume, und die Wunden wollten nicht heilen. Davon hörte die Nonne. Ihr Vater lag im Sterben! Sie mußte ihm helfen, wenn es in ihrer Macht stand. So

stieg sie den Berg hinan, den sie einst mit schwerem Herzen verließ. Es gelang ihr, ihren Vater zu retten. Sie blieb unerkannt.

Nachdem die Gesundheit wieder hergestellt war, stattete der Graf der Nonne einen Besuch ab, und dabei erkannte er seine Tochter. Sie solle unbedingt ins Schloß kommen, meinte der Graf. Doch auf all sein Drängen, sein Bitten und Betteln hatte sie nur eine Antwort: „Zieht nur hin, lieber Vater, auf Euere Burg! Ich will Euch wohl wieder Tochter sein, doch als Klausnerin!" Und dabei blieb es. Sie pflegte weiterhin die Kranken und tat den Armen viel Gutes, so lange, bis sie der Herrgott von dieser Welt abrief.

## 309   Ein gefährlicher Nebenbuhler

Zwei Freier hatte des Leiningers schönes Töchterlein, einen Junker von Randeck und den Grafen Egmont. Weil sie dem anderen ihr Herz schenkte, sann der Junker auf Rache.

In der Nähe des Schlosses *Leiningen* lag eine Sägemühle. Dorthin ging der Abgewiesene, und mit einem Beutel Geld gewann er den Müller für seinen teuflischen Plan. In aller Frühe legte der Müller eine angesägte Diele über den Mühlenbach. Eine Schar junger Menschen kam vom Schlosse herunter, der Graf, Jolantha seine Verlobte, deren Freundin Ida und der Junker. Auf Vorschlag des Rachedurstigen besichtigte man die Mühle und Jolantha sollte als erste über den Steg gehen. Sie aber lehnte ab. An ihrer Stelle betrat Ida die Diele. Kaum hatte sie einige Schritte getan, als das Brett entzweibrach, und die Unglückliche hinunterstürzte in den Bach, der sie rasend schnell dem Rade zuführte. Mit zerbrochenem Körper tauchte sie wieder auf.

Als der Junker seinen Plan gescheitert sah, griff er in ohnmächtigem Zorne die Braut an, um sie ihrer Freundin nachzuschleudern.Doch Egmont griff mit Bärenkräften zu und bezwang den Verbrecher, bis Knechte von der Burg kamen und den Mörder abführten. Am gleichen Abend noch starb er durch das Richtschwert mitten im Burghof. Dem Müller aber gewährte der Graf von Leiningen auf die Bitten des Brautpaares hin die Freiheit. Er mußte aber außer Landes gehen.

Im Kloster *Höningen* setzte man Ida bei. Heute noch geht der Junker von Randeck seinen Weg von der Burg herunter zur Sägemühle.

## 310   Was der Satan verlor

Der Teufel war wieder einmal in der Pfalz unterwegs, dieses Mal mit einem schrecklichen Vorhaben. Er raubte eine ganze Stadt, niemand weiß, welche Stadt es war, stopfte sie in seinen Sack und sauste ab zur Hölle.

Auf dem Weg dorthin streifte der schwere Sack den Hohen Bühl und bekam einen ordentlichen Riß. Da purzelten die Häuser heraus, eines nach dem anderen. In Feld und Wald lagen sie zerstreut. Daraus wurde das heutige *Carlsberg*. Auch den *Garten- und Nakterhof* verlor der Satan auf seiner Reise. Der Sack wurde dadurch merklich leichter. Der Teufel war aber in Eile und konnte das Verlorene nicht mehr zusammenlesen. Er geriet über sein Mißgeschick derart in Wut, daß er auch noch den Rest ausschüttete, das jetzige *Neuleiningen*. Böse Zungen wollen das ganz genau wissen.

## 311  Neidenfels

Die Sage weiß uns zu erzählen, wie Dorf und Schloß *Neidenfels* zu ihren Namen kamen. Ursprünglich hießen sie *Liechtenstein*. Droben auf waldiger Höhe lagen sich die beiden gleichnamigen Burgen gegenüber. Brüder bewohnten sie, die sich anfangs recht gut verstanden. Dem einen aber, dem der heutige Neidenfels gehörte, senkte der Teufel eines Tages die Gefühle des Neides, der Mißgunst und des Hasses in die Seele. Er traute von nun an dem Bruder nicht mehr offen ins Auge zu schauen, denn schlimme Pläne reiften in ihm heran. Den Brudermord wollte er wagen, um seinen Besitz um eine Burg und ihre Liegenschaften zu vermehren.
Tag und Nacht lauerte der Bruder dem Bruder auf. Nie aber fand der Mörder die passende Gelegenheit, denn offenen Kampf scheute er. Er war ein Feigling und versuchte sein Vorhaben auf hinterlistige Art und Weise zu vollbringen. Da erfuhr er von einem Knechte des anderen, daß der Bruder jeden Abend für kurze Zeit hinter einem Fensterchen der Burg verweile. Darauf baute er seinen Plan. Auf dem Neidenfels richtete er sein Standrohr zurecht und wartete die nächste klare Nacht ab. Als er den Schatten des Bruders hinter dem erleuchteten Fensterlein entdeckte, schoß er ohne Bedenken und voller Neid und Haß. Und er traf gut, sehr gut sogar, denn drüben war nicht einmal ein Todesschrei zu hören. So nahm er den Besitz des Bruders, den er ihm geneidet hatte. Dorf und Burg aber hießen fortan Neidenfels.

## 312  Aus Ziegenmist wurde pures Gold

Zwei Buben hüteten einmal vor der *Neidenfelser* Burg eine Herde Ziegen. Ihre Mutter hatte sie zwar davon abhalten wollen, dem Schloß zu nahe zu kommen, doch die Buben glaubten nicht daran, daß es dort nicht recht geheuer sein sollte.
Das Glöcklein der Nikolauskapelle ermahnte die beiden, die Herde zusammenzutreiben und den Heimweg anzutreten. Wie machten aber die Hirten große Augen, als die zwei schönsten Tiere fehlten! Keiner traute sich, ohne sie nach Hause zu kommen. Also setzte ein Suchen ein, das die Buben auch in ein dichtes Gestrüpp führte, wo sie eine große Felsenspalte entdeckten, die sie vorher nie gesehen hatten. Eine wunderschöne, weiße Frau trat hervor,

winkte den beiden und hieß sie, ihr zu folgen. Einer ging mit, denn der andere mußte auf die Herde aufpassen. Voran schritt die Frau durch dunkle Gänge, immer tiefer in den Berg hinein. Sie trat in eine große, hell erleuchtete Halle ein, in der unzählige Tiere standen, Ziegen, Pferde und Kühe, Knechte und Mägde in sonderbarer Kleidung waren am Füttern. Kein Wort wurde gesprochen. Der Junge entdeckte seine beiden Ziegen und freute sich sehr darüber. Schon wollte er sie wegführen. Da ergriff die Frau seine Hand und sprach: „Halt! Die Geißen kannst du nicht mehr mitnehmen. Die Leute von Neidenfels sind sie mir schon lange schuldig. Ich will dir aber so viel Geld mitgeben, daß du eine ganze Herde davon kaufen kannst."
Die weiße Frau nahm die Hirtentasche des Buben und füllte sie mit etwas, was da zwischen dem Stroh lag. Genau konnte es der Bube nicht erkennen. Sie hängte ihm die Tasche wieder um: „So, nun darfst du gehen, du mußt aber darauf achten, daß du die Tasche nicht eher öffnest, bis du an dem Heiligen ohne Kopf im Dorf vorbeigegangen bist."
Der Junge traf seinen Bruder und beide trieben die Herde heimwärts. Doch der Bruder war ein Naseweis. Er ließ keine Ruhe und wollte unbedingt ergründen, weshalb der Bruder so schwer an der Tasche trug. Schließlich entriß er ihm den Schnappsack; zuvor konnte der Bruder aber eine Handvoll des Inhalts in seiner Hosentasche verschwinden lassen. Der andere setzte sich auf den Boden, öffnete die Tasche und lachte aus vollem Halse, denn trockener Ziegenmist lag vor ihm. „Dich haben sie aber angeschmiert. Ich habe es dir alleritt (immerfort) gesagt, daß du ein Dummkopf bist." Sollte die weiße Frau eine Lügnerin gewesen sein? Nein, sie war es nicht, denn in der Hosentasche, da war pures Gold. Die Mutter freute sich über ihren „Goldig", wie sie fortan den einen Buben nannte. Sie erzählte den Söhnen von der weißen Frau, die unermeßliche Schätze zu schützen hat. Der Familie erging es lange Zeit recht gut.

# 313   Der „Fränschtelbock"

Gleich hinter der Talmühle bei *Deidesheim* beginnt das Madental. Ein Seitentälchen heißt das *Freinstal,* das „Fränschtel" wie es vom Volke genannt wird. Wer in seinem Leben von Recht und der Gerechtigkeit nicht viel hielt, der muß dort als Geist umhergehen.
Im Spital in Deidesheim nahmen es die Verwalter nicht so genau mit den ihnen anvertrauten Geldern. Sie schädigten die Kranken wo sie nur konnten. Deshalb wurden sie nach ihrem Tode ins Freinstal verbannt. Sie gehen dort um in mannigfaltigen Tiergestalten und erschrecken den Wanderer. Besonders der „Fränschtelbock" ist bekannt. Er quält die Holzarbeiter und diejenigen, die Streu und Holz sammeln. Er springt ihnen auf den Rücken oder macht ihnen ihre Last unerträglich schwer.

## 314 Kehrdichannichts ...

Einst lagen sich die Kurpfalz und die Leininger Grafen in den Haaren, wegen einiger Gerechtsame im Wald. Dieser Streit führte zum Bau von drei Häusern mitten im Wald: Kehrdichannichts, Murmelnichtviel und Schaudichnichtum. Sie liegen alle drei in der Nähe von *Bad Dürkheim* und sollten hauptsächlich den Zweck erfüllen, die Gegenseite einzuschüchtern.

## 315 Die Betzenkammer

Das Dorfgericht in *Weidenthal* verurteilte einst einen Mörder, mit eigener Hand seine Mörderzelle in die Sandsteinwand des großen Felsens zu brechen. Als die harte Arbeit — das quälende Gewissen ließ ihm tagtäglich bei der Arbeit und in der Nacht keine Ruhe — dem Ende zuging, ereilte den Verurteilten derErschöpfungstod: Der Himmel hatte gerichtet.
Und der gottesfürchtige Volksmund erzählte, daß so die Betzenkammer, die Kammer für die Bösen, für die bösen Menschen, entstanden sei.

## 316 Die Atzelkammer

Eine weitere Sage erzählt von dieser Betzenkammer folgendes: Auf Beschluß des Dorfgerichtes war einst in die Felswand eine Betzenkammer gebrochen worden. Der erste Häftling war ein bitterböses Weibsbild, hexenähnlich in Gestalt und Aussehen, gemieden und berüchtigt wegen seiner bösen Zunge. Auch mit der Ehrlichkeit nahm es dieses Weibsbild nicht so genau. Ahnungslose Mitmenschen verstand sie mit falscher Freundlichkeit zu täuschen. Und der Ärmste im Dorfe war ihr Mann. Er kam nicht nach, die ständigen Unwahrheiten und Unehrlichkeiten wieder gutzumachen. So also war es gekommen: Jenes bitterböse Weibsbild mußte vor das Dorfgericht und dann in die neue Betzenkammer. Das Dorfgericht ordnete an, die „Malefikantin" (Übeltäterin) habe die Tage ihrer Haft „bei Wasser und Brot" mit einer — sinnigerweise — diebischen Atzel (Elster) zu teilen. Daher soll man einst zur Betzenkammer auch Atzelkammer gesagt haben. Und seitdem hatte jenes Weibsbild seinen Schimpfnamen nach der Atzel.

## 317 Wegen eines Mädchens

Zwei Brüder waren in ein bildhübsches Mädchen verliebt. Und keiner der Brüder wußte vom heimlichen Wunsche des anderen. Das ahnungslose Mädchen wohnte im hübschen Giebelhaus droben auf dem „großen Fels" in *Weidenthal*.

Der Jüngere gewann eines schönen Maiabends die Hand der heimlich Verehrten. Als er nach jener Begegnung überglücklich die Felsentreppe hinabgestiegen war, stand sein Bruder vor ihm. Der Überglückliche warf sich seinem Bruder in die Arme und erzählte ihm alles. Der aber griff in seinem unbeherrschten Jähzorn zum Hirschfänger. Eifersucht und Neid hatten den biblischen Brudermord wiederholt. Droben auf dem Felsen starb schon bald danach das unglückliche Mädchen.

Der Mörder aber mied von nun an diese Gegend. Er fand auf seinen Streifzügen einen greisen Einsiedler. Der riet ihm zurückzukehren zum Tatort. Dort solle er mit der Mordwaffe ein Sühnezeichen, ein Kreuz, in den Fels ritzen, und wenn seine Reue aufrichtig sei, werde schon bald zum Zeichen der Vergebung ein frischer Born hervorbrechen.

## 318 Die Rache des Dienstmädchens

Auf die Leinbachmühle zwischen *Weidenthal* und *Frankenstein* kam einst ein junges Dienstmädchen. In seiner Einfalt glaubte das Mädchen sich gar bald dem einzigen Sohne des Hauses versprochen. Aber der Bordmüller spielte nur mit der unerfahrenen Liebe des gutgläubigen Dienstmädchens. Erst als der junge Mann nächtelang nicht nach Hause kam, fühlte sich das Mädchen betrogen.

Einmal wollte der Bordmüller seiner neuen Freundin am frühen Morgen die Mühle zeigen, doch sie stand nicht mehr. Hin und wieder entlockte ein scharfer Windstoß der Trümmer- und Aschenstätte geisterhaft züngelnde Flammen. In den aufsteigenden Rauchschwaden aber war ganz deutlich das Antlitz des unglücklichen Dienstmädchens zu sehen, bald mit froher und heiterer Miene, bald traurig und weinend.

Drei Tage und Nächte lang weinte und lachte das Geistermädchen aus dem Brandqualm. Am benachbarten Weiher war das Mädchen noch oft zu sehen, denn dort fand es den nassen Tod, nachdem es in Mühle und Wohnung Feuer gelegt hatte. Verfing sich der Wind in den Baumkronen, so glaubte man ganz deutlich bald ein Weinen und Heulen, bald ein hämisches Lachen und Kichern zu hören.

## 319 Der Förster Nahm von der Glashütte

Es war an einem regnerischen und stürmischen Herbstabend. Ein Holzmacher zog schweißtriefend seinen beladenen Handwagen. Unwillkürlich mußte der Mann, als er an der Glashütte vorüberkam, an den Förster Nahm denken, von dem man sich erzählt, daß er bei Waldstreitigkeiten die Grenzsteine zu ungunsten von *Weidenthal* versetzt habe und nunmehr nach Einbruch der Dunkelheit schwere Grenzsteine schleppen und ruhelos in der

Waldeinsamkeit umhergeistern müsse. Kaum ausgedacht, blieb der Wagen stecken. War der böse Geist des Försters Nahm im Spiel? Kaum hatte er an den Nahm gedacht, da erblickte er ihn auch schon als grinsendes Gespenst auf seinem Wagen. Der Holzmacher ließ Wagen Wagen sein und rannte davon. Aber — schon saß mit einem geisterhaften Sprung der Nahm auf dem Rücken des Flüchtenden und klammerte sich fest. Wie aus Blei so schwer waren schlagartig dem bestürzten Holzmacher die Beine geworden. Er wollte laufen und laufen; aber er kam und kam nicht von der Stelle. Eiskalt waren die „Fänge" der Spukgestalt. Sie umklammerten den Hals des Unglücklichen, daß er in beängstigender Atemnot zusammenbrach.

In höchster Not rief der unglücklich Gejagte den Himmel um Beistand an. Da verschwand unter wimmerndem Geheule die Spukgestalt vom Rücken des Holzmachers. Ängstlich sah er sich um — und er erblickte den bösen Nahm auf dem Handwagen, aber er trug den Kopf unter dem Arm. Der Holzmacher sah zu, daß er Boden gewann. Er erreichte völlig mit den Kräften am Ende seine Behausung. Am nächsten Tag fanden beherzte Männer den Handwagen — aber er war leer.

## 320  Der schwarze Reiter

Als die Raubritter hausten, gab es kein sicheres Reisen mehr. Selbst wenn sich der Kaufmann einige Berittene besorgte, mußte er jeden Augenblick auf einen Überfall gefaßt sein.

So trabten auch einmal drei Geleitreiter von Worms kommend durch den *Galgenwald* ihrem Heimatort Kaiserslautern entgegen. Sie hatten einen Kaufmann sicher und ohne besondere Vorkommnisse nach Worms gebracht. Vor den dreien tauchte ein Pferdefuhrwerk auf, das wohl eine schwere Last geladen haben mußte, denn schwerfällig und langsam bewegte sich der Wagen. Vorne bei dem Fuhrknecht saß ein vornehm gekleideter Herr mit pelzbesetztem Mantel. Gerne hätten die drei Reiter einmal die Plane gelüpft und nachgeschaut, was wohl transportiert wurde. Jedoch geziemte sich so etwas nicht, zumal man ja Geleitsreiter und nicht Raubritter war.

Einer der Reiter konnte jedoch seine Neugier nicht unterdrücken und folgte dem Gefährt, das nun den Weg nach *Neuhemsbach* einschlug. In diesem Dorf gab es eigentlich nur noch Ruinen, und auch die Burg war in keinem guten Zustand mehr. Der reiche Bürger Merkel aus Worms war der Eigentümer. Er war es auch, der mitten in der Nacht mit einem Planwagen in den Burghof einfuhr. 24 Zentner wertvollen Glockenmetalls verstauten die beiden Männer im Burgkeller. Beim Brand von Worms hatte Merkel das Metall gerettet und glaubte es hier im verlassenen Burgkeller sicher, zumal ja weit und breit keine Menschenseele mehr wohnte. Doch der Reiter verfolgte die Arbeiten, er kannte den Ort und verriet ihn auch in *Kaiserslautern* an einen Ratsherrn, der sogleich unter der Führung des Reiters und mit einigen weiteren Bürgern aufbrach.

Sie raubten das Material und verkauften es. Jeder der Beteiligten erhielt vom Erlös 60 Gulden. Ein Jahr später fand man den Reitersmann mit gebrochenem Genick am Hemsbacher Galgen. Sein Rappe lag erschossen neben ihm.

Heute noch muß der „Schwarze Reiter" im Galgenwald umgehen. Er wird erst dann erlöst werden, wenn auf sein Grab ein Kreuz gestellt wird, das aus dem geraubten Glockenmetall gegossen ist.


## 321   Die Teufelsritsch

Im *Hembsbachtal* stand vor Zeiten ein Hammerwerk, das von dem spärlichen Wasser des Quellbächleins der Alsenz getrieben wurde. Ein abgedankter Rittmeister der kurfürstlichen Leibhusaren aus Lautern hatte den Eisenhammer erworben, da seine Rente nicht zum Leben und nicht zum Sterben reichte. Solange der Regen fiel und der Schnee schmolz, so lange lief das Wasserrad. Wenn aber die Hundstage an den Himmel kamen, stand das Werk still, weil es an Wasser fehlte. Der Soldat überlegte sich hin und her, wie er dieser Misere abhelfen könnte, denn er hatte eine große Familie, die ernährt werden wollte. Als kampferprobter Krieger fürchtete er sich selbst vor der Hölle nicht.

So stellte er an des Teufels Großmutter das Ansinnen, ihm doch zu helfen. Sie war nicht abgeneigt und schickte einen ihrer Söhne, der gerade zu der Zeit für die Müller und Eisenschmieden zuständig war, zum Rittmeister. Man wurde unter folgenden Bedingungen handelseinig: Der Teufel hatte für Wasser zu sorgen, auch im heißesten Sommer und außerdem 1000 blanke Gulden auf den Tisch des Hauses zu zählen. Der Rittmeister hingegen mußte seine Seele verschreiben. Eine scheinbar harmlose Bedingung wünschte der Soldat noch angefügt zu sehen, die nämlich, daß der Teufel zur Winterszeit um die Geisterstunde mit ihm zusammen eine Schlittenpartie unternehmen solle. Dies wurde vom Teufel akzeptiert. Mit einer schwarzen Gänsefeder schrieb er den Vertrag. Der Rittmeister bekam, was er wünschte.

Die Leute aus *Neuhemsbach* wunderten sich am nächsten Morgen sehr, daß der Bärenwoog voller Wasser war.

Der Winter zog ins Land, und der Rittmeister erinnerte den Teufel an die Abmachung. Auf dem Hügel gegenüber des Eisenhammers trafen sie sich. Es paßte dem Rittmeister gut, daß der Satan sich etwas verspätete. „Ich freue mich auf die Fahrt", sagte der Satan, „und wenn du mich lenken läßt, so soll es eine richtige Höllenfahrt geben!" „Nein, nein, das kommt gar nicht in Frage. Du bist doch mein Gast, also steuere ich. Außerdem kenne ich ja das Gelände viel besser als du." „Nun denn, fahren wir!" Der Teufel setzte sich vor den Rittmeister und los ging die Fahrt, daß es dem Steuermann ganz schwindelig wurde. Die Strecke aber hielt er genau im Auge. Hinunter jagte der Schlitten, dem Bärenwoog zu. Vor dem Ufer rutschte der Rittmeister vom Schlitten und ließ den Teufel allein hineinjagen in die eisigen Fluten. Gott sei Dank schlug in diesem Augenblick die erste Stunde, und der Teufel hatte alle Gewalt verloren. Hilflos trieb er im Wasser und konnte nicht über das steile Ufer klettern. Der Rittmeister aber stand draußen mit einem Lächeln und sich die Hände reibend. Um Hilfe schrie der Satan, der andere aber sprach: „Wenn du mir meine Seele freigibst, will ich dich gerne herausziehen und vor dem Tode retten!" Was wollte der Teufel tun? Er mußte klein beigeben. Mit einer langen Stange ward er herausgefischt, und mit einem gräßlichen Fluche fuhr er in die Erde.

Der Hang aber heißt heute noch, in Erinnerung an jene Fahrt, die Teufelsritsch.


## 322  Nur aus dem ersten Gewölbe

Es war im tiefen Winter. Ein Bauer aus *Enkenbach*, den bald der Geiz umbrachte, wollte einen arbeitsfreien Tag dazu benützen, den Schätzen im unterirdischen Gang vom Kloster in Richtung *Neuhemsbach* nachzuspüren und sich nach Möglichkeit zu bereichern. Also spannte er die Pferde ein, obwohl er noch nicht wußte, wie er an den Reichtum herankommen sollte.

Er war sehr erfreut, als vor einem Felsen ein Zwerg stand, der artig die Zipfelmütze hob und den Bauern einlud, ihm zu folgen. Beide traten in eine Höhle ein. Stufen führten hinab in eine Halle, die voller Gold und Edelsteine lag. Die Klosterherren und die Ritter von Dieburg bei Alsenborn mußten doch reiche Leute gewesen sein, fuhr es dem Schatzsucher durch den Sinn. Mit tiefer, rauher Stimme sprach der Zwerg neben ihm: „Du darfst nur aus dem ersten Gewölbe nehmen, die anderen sind für andere bestimmt!" Was der Kerl nur wollte! Es war doch nur ein Raum da!

Dann aber machte sich der Bauer über die Schätze. Er stopfte sich die Taschen voll, rannte hinaus und holte noch die beiden Futtersäcke der Pferde. Da öffneten sich plötzlich noch andere Gewölbe. Der Bauer dachte nicht mehr an die Warnung des Bergmännleins und rannte mal hier hin, mal da hin. Immer glaubte er, einige Schritte weiter lägen noch wertvollere Dinge. Mit lautem Knall schloß sich plötzlich das Felsentor. Der Bauer war gefangen. Dunkelheit herrschte ringsum wie in einem Grab. So sehr er auch suchte, nirgends fand er eine Öffnung oder einen Stein, der nachgegeben und die Flucht ins Freie zugelassen hätte. Der Gefangene schrie, er fluchte, er betete. Was halfs?

Todmüde legte er sich schließlich auf die kalten Steine, und sein Leben zog an ihm vorüber. Als er all seine Schandtaten erkannte, gelobte er, ein anderer zu werden. Da drang Glockenton an sein Ohr, der Eingang öffnete sich, und befreit konnte der Bauer die Sonne wieder schauen. Wo aber war der Schnee geblieben und seine Pferde und sein Fuhrwerk? Sollte er so lange da unten in der fürchterlichen Höhle geschlafen haben? Völlig verstört nähert er sich der Kirche.

Er sieht die Beter und erkennt viele nicht mehr. Da kommt einer auf ihn zu, der dem Aussehen nach sein ältester, der Frieder, sein könnte. Aber wie groß er ist, wie breitschultrig! Sollten Jahre vergangen sein? Und der Frieder erkennt den Vater und freut sich seines Wiederkommens. Sieben Jahre lang sei er fort gewesen, behauptet der Sohn. Die Mutter sei gestorben, und er habe geheiratet. Daheim warteten drei Enkelkinder auf den Großvater.

## 323  Das weiße Fräulein

Wo der Leinbach, der von *Waldleiningen* heraufkommt, in den Hochspeyerbach mündet, steht die *Bordmühle*. Ein junger Arbeiter zersägte dort einmal einen Baumstamm in später Nacht. Trübe brannte die Lampe, eintönig ergoß sich das Wasser über das große Rad. Da schlug die Glocke die zwölfte Stunde, und der Bursche dachte schon ans Heimgehen. Da, was war das? Täuschten ihn die Sinne? Kam da nicht auf den Speichen des Wasserrades ein weißes Fräulein herauf? Er hörte die liebliche Stimme, die davon sprach, daß er mitgehen solle durch einen langen, finsteren Gang in Richtung Neidenfels, und daß er einen Schatz finden werde, den er heben solle. Dann sei es erlöst. Doch der Arbeiter schüttelte den Kopf, denn zu Hause wartete sein junges Weib. Da drehte sich das Rad wieder, und das Fräulein verschwand mit traurigem Gesicht.

In der folgenden Nacht stellte sich der Besuch wieder ein, doch auch dieses Mal wollte der Bursche nicht folgen. Er erzählte daheim von seinem seltsamen Erlebnis und nahm in der kommenden Nacht seine Frau mit. Das Fräulein erschien wieder. Es bat und bettelte, doch beide lehnten den Weg ins Ungewisse ab. Es hob den Arm und sprach: „Die Eichel ist noch nicht gefallen, die zur mächtigen Eiche wird, aus deren Holz man eine Wiege zimmert. Der Säugling, der erstmals in dieser Wiege geschaukelt wird, erst der kann mich erlösen. Und das wird noch lange dauern." Langsam versank das weiße Fräulein im Wasser und erschien seitdem nicht mehr.

## 324  Der Schreck verfärbte sein Haar

Eine ähnliche Sage wie die vom weißen Peter von der Wachtenburg bei Wachenheim erzählt man sich auch von einem weißen Mann von der Burg *Frankenstein*. Auf der Burg wohnte einst ein gar schlimmer Strauchritter. Er überfiel die Kaufleute, die unten im Tale vorüberzogen, raubte sie aus und brachte die Beute in eine Höhle. Doch auch ihn ereilte das Schicksal. Bei einer Verfolgung stürzte er mit seinem Pferd den Felsen der Burg herab.

Die aufgespeicherten Schätze sind bis heute noch nicht gefunden worden. In dunkler Nacht machte sich einmal ein Mann daran, den Schatz ausfindig zu machen. Er schlich sich in die Höhle und stand plötzlich vor einer verschlossenen Tür. Es gelang ihm, sie zu öffnen, doch kaum bewegte sich das Tor in seinen Angeln, als zwei Hunde mit feurigen Köpfen vor ihm standen. So erschrocken war der Mann noch nie. Seine Beine wollten ihn kaum mehr tragen. Mit Müh' und Not erreichte er das andere Ende der Höhle. Dort fand man ihn — in der Buchhalde — mit schneeweißem Haar.

## 325 Harte Bedingungen

Auf einen Traum hin, den einer von drei Handwerksburschen hatte, gruben sie an der dicken Eiche an der *Matzenberger* Straße nach einem verborgenen Schatz. Abwechselnd arbeiteten sie, daß ihnen der Schweiß ausbrach. In zwei Metern Tiefe stießen die Schatzsucher auf eine eiserne Kiste. In dem Augenblick hörten sie eine gebieterische Stimme, die ihnen befahl, nicht weiterzugraben. Das weiße Fräulein stand neben ihnen und sprach sie an: „Der Schatz soll euch werden. Ihr müßt aber drei Bedingungen erfüllen und mich dadurch erlösen. In der morgigen Nacht erscheine ich als große feurige Kröte. Lauft nicht davon, sondern gebt ihr einen herzhaften Kuß, wenn es auch große Überwindung kostet! In der zweiten Nacht komme ich als schwarzer Pudel mit feurigen Augen. Auch ihn sollt ihr küssen. Den dritten Kuß erhalte dann ich als weißes Fräulein in der dritten Nacht. Dann ist meine Erlösung vollbracht und ihr könnt den umfangreichen Schatz mitnehmen. Folgt ihr mir nicht, so nützt es euch auch nichts, daß ihr die Kiste gefunden habt. Sie wird leer sein!"
Die Burschen kamen, hatten vorher einen tüchtigen Schluck in der Wirtschaft getan und warteten nun auf die Kröte. Als die Glocke in *Enkenbach* Mitternacht verkündete, kam da eine derart häßliche Kröte angehüpft, daß die Burschen schleunigst entflohen. Die Kiste mit dem Schatz verschwand auf Nimmerwiedersehen.

## 326 Signal zum Rückzug

An derselben Eiche ist nachts ein Hornsignal zu hören, doch weder Reiter noch Roß sind zu sehen. Die Frau des Hirten aus *Enkenbach* vernahm einmal das Horn aus nächster Nähe, als sie mit dem Schubkarren Laub holen wollte. Sie ließ Laub Laub sein und machte, daß sie heim kam. Wer aber war der Hornist? Das Revolutionsheer der Franzosen hatte das Gebiet bis zur Hochstraße besetzt. Von Nordosten rückten die Preußen unter Möllendorf heran. Sie vertrieben die Feinde bis nach *Hochspeyer,* die *Trippstadter* Straße hinauf, *Pirmasens* zu. Hals über Kopf flohen die Franzosen. Jedoch nicht ohne

Grund, denn ein Trompeter, der zu den Preußen übergelaufen war, blies das französische Signal zum Rückzug. So räumten die Überlisteten ihre Stellungen.
Wahrscheinlich fiel der Überläufer den Franzosen in die Hände, die dann kurzen Prozeß mit ihm machten. Bei der dicken Eiche bläst er nun die Geister der gefallenen Krieger zum Rückzug.

## 327  Der Fluch lastet auf ihm

Auf dem Kieneck in der Nähe des *Schorlenberger Forsthauses* geht ein Geist um, der gerne die Wanderer in die Irre führt und sich auch von ihnen tragen läßt. Man weiß genau, woher er stammt und wer er einst im Leben war.
In *Münchweiler an der Alsenz* lebte ein reicher Mann, der als ganz großer Geizhals und Wucherer von vielen Leuten gemieden wurde. Er hieß Binano oder Benjamin und hatte schon manchem Bauern durch hinterlistiges Spiel den Hof abgenommen. Selbstmorde waren sogar schon vorgekommen.
Doch auch er nahm nichts hinüber als nur den Fluch der Geschädigten. Deshalb findet er keine Ruhe. Er ließ sich lange Zeit hindurch immer auf den Gehöften sehen, die er durch dunkle Machenschaften an sich gebracht hatte. Das paßte den Bewohnern gar nicht, und sie hielten Rat, wie man sich dieses Übels erwehren könnte. Einer der Bauern hatte einen Traum, in dem ihm mitgeteilt worden war, daß der Geist in der Christnacht eingefangen werden könnte. Also ging man ans Werk. In einem Sack trug man den Geist in den Wald um Schorlenberg herum und ließ ihn springen. Seitdem wird er dort gesehen.

## 328  Der Abtstein

Zwischen *Fröhnerhof* und *Mehlingen* steht der Abtstein, so genannt, weil dort ein Abt des Klosters Otterberg sein Leben lassen mußte. Der Abt stammte aus einem benachbarten vornehmen Geschlecht und bekam mit seinem Bruder Streit wegen der väterlichen Güter. Im elterlichen Haus entzweiten sich die beiden. Der Bruder gab seinen Knechten den Befehl, den Abt zu verfolgen. Sie töteten ihn aber. Das wollte der Bruder nicht, und so bekam der Abt ein ehrenvolles Begräbnis an der Stelle, an der ihn die Mörderhand fand.
Der Bruder ließ den Stein errichten und schenkte den ganzen Besitz dem Kloster, das dadurch sehr reich wurde.

## 329  Unergründlich ist der Husarenbrunnen

Nahe *Baalborn* trifft man in einem breiten Wiesental auf einen kleinen, aber tiefen Sumpf, Husarenbrunnen genannt. Als wieder einmal der Krieg das

Land heimsuchte, ging eines Tages ein Mädchen hinaus zum Heidelbeeren-
pflücken. Da näherte sich ihm ein fremder Reiter mit lüsternem Blick. Das
Mädchen floh den Berghang hinab, der Reiter hinter ihm her. Gerade wollte
er nach dem Mädchen greifen, da legte sich ihm ein breiter Sumpf querüber.
Er gab dem Pferd die Sporen, daß das Blut spritzte und wollte mit einem
weiten Sprung über den tückischen Boden hinwegsetzen. Es gelang nicht.
Mann und Roß versanken.
Leute aus Baalborn versuchten schon einmal, mit zwei aneinandergebunde-
nen Wiesbäumen festen Boden im Sumpf zu finden. Es gelang ihnen nicht.


## 330  Die Arme versagten den Dienst

Sonntags ging der Geisenmüller von *Otterberg* am liebsten auf die Jagd.
Doch mit einem Male war es aus mit der Sonntagsjägerei. Wer war schuld
daran?
An einem schönen Sonntagvormittag war er wieder einmal auf der Pirsch. Da
schnürte plötzlich ein Fuchs auf ihn zu. Laß ihn herankommen, dachte der
Müller. Der Fuchs war nur noch einige Schritte von ihm entfernt, als er anlegen wollte. Doch wer beschreibt die Überraschung! Nicht um alles in der
Welt brachte der Jäger die Arme hoch. So etwas war ihm denn doch noch
nicht passiert! Unverrichteterdinge mußte er abziehen. Er erzählte niemand
auch nur ein Sterbenswörtchen von diesem Erlebnis.
Sonntag war's. Zu zweit gingen sie auf die Jagd, wiederum kam der Fuchs,
wiederum konnte keiner schießen. Einen Sonntag später, da waren sie zu
dritt, und wieder konnte keiner die Flinte heben. Sie waren alle drei zum
letzten Male an einem Sonntag auf der Jagd gewesen.


## 331  Die Adlersklaue

Über die Adlersklaue am Eingang der Abteikirche in *Otterberg* erzählt die
Sage, daß einst zwei Brüder von Otterberg wegen eines Mädchens, das beide
liebten, in Streit gerieten und mehr als einmal mit den Waffen aufeinander
losgingen. Das Mädchen war eine leidenschaftliche Jägerin. Einmal hatte sie
sich in ein wegloses Revier gewagt und war abgestürzt. Hilflos lag sie im
Horst eines Adlers, und dort starb sie auch. Die beiden Brüder hatten alle
ihre Mannen aufgeboten zur Suche nach dem Mädchen. Lange währte es, bis
die Leiche gefunden wurde. Die beiden Brüder reichten sich, Tränen in den
Augen, die Hände zur Versöhnung. Sie begruben die Jägerin drunten im
Kloster und ließen zum Andenken an ihre jäh begrabenen Hoffnungen eine
Adlersklaue in Stein hauen und über dem Portal anbringen.

## 332 Nicht verdienter Lohn

Ein Bauer aus *Morlautern* befand sich einmal auf dem Heimweg von Lautern über den Wäscher Pfad. Da sah er — es war schon die Dämmerung hereingebrochen — im Wald ein Glühhäufchen. Dort kannst du dir deine Pfeife anzünden, dachte sich das Bäuerlein. Doch das erste Stück Kohle wollte einfach nicht den Tabak entzünden. Beim zweiten und den weiteren war es genauso. Da fluchte der Bauer und ging weiter.
Am nächsten Tag kam er zufällig wieder an der Stelle vorbei. Da lag ein ganzes Häufchen von Dukaten. Durch den Fluch war das Glühhäufchen verschwunden.

## 333 Augusts Keller

Zu *Katzweiler* lebte vor langer Zeit ein böser Mann. Er hieß August und wurde weit und breit so genannt. Nichts war vor seinen stehlenden Händen sicher. Seine Schätze mehrten sich und man munkelte, daß er sie in einer Höhle verberge.
Eines Tages fanden ihn heimkehrende Bauern erschöpft auf dem Felde liegen. Man trug ihn zum Geißenrech, wo jene Höhle sein sollte. August konnte keinen Laut von sich geben, so sehr war er ermattet. Erst an der Schlucht stöhnte er und stammelte unverständliche Worte. Dann tat er noch einen tiefen Atemzug und verschied. Er fand in der Nähe sein Grab.
Wochen vergingen. Ein Bauer ritt in der Nacht von *Rodenbach* gen Katzweiler. Als er am Geißenrech vorbeikam, vernahm er aus der Schlucht ein Stöhnen und Keuchen, so als ob darinnen jemand hackte und klopfte. Der nächtliche Reiter dachte an August, der doch hier seine Schätze verborgen haben sollte. Er lauschte und vernahm immer wieder die sonderbaren Geräusche. Dann rief er dreimal in die Nacht hinein: „August! August! August!" Keine Antwort kam zurück. Aber das Klopfen und Stöhnen hatte aufgehört. Still war die Nacht. Dann ließ ein unheimliches Rauschen der Bäume den Bauer ergrausen. Er fürchtete sich, sprang auf sein Pferd und jagte davon, sah sich auch nicht mehr um, weil er glaubte, August verfolge ihn. Spät kam er heim.
Sein nächtliches Erlebnis erzählte er im Dorf. Selten nur wagte sich ein Mensch in die Schlucht am Geißenrech. Diese aber heißt seit jenem Tag „Augusts Keller".

## 334 Der Geist vom Volzenhof

Wo heute eine schlanke Tanne sich erhebt, standen einst auf dem *Volzenhof* zwei Bauernhöfe. Zwischen beiden aber verlief eine Grenze, so daß der eine zur Grafschaft Sickingen gehörte, der andere Kurpfalz untertänig war.

Nach einem langen, strengen Winter geriet der Kurpfälzer Bauer in Futternot. Er trieb daher seine Viehherde auf die Kohlfelder des Nachbarn. Doch sein Knecht behielt dies nicht für sich. Bald wußte es auch der sickingische Untertan. Er wartete nicht lange und fing das Vieh des Nachbarn auf seinen Feldern ein und trieb es in seine Ställe. Es unterstand ja nun sickingscher Gerichtsbarkeit. Der Kurpfälzer Bauer aber war über Nacht verarmt. Aus Gram darüber beging er Selbstmord.

Noch heute huscht nachts sein Gesicht über die Felder und sucht nach seinem Vieh; man hört ihn um Mitternacht gar stöhnen.

Alte Leute von *Mehlbach* gehen daher nur ungern über den Volzenhof zu Feld.

## 335  Hindernis um die Geisterstunde

Ein Bauer aus *Otterbach* wollte mit seinem Fuhrwerk nach der Vorderpfalz fahren, dort einige Fässer Wein abzuholen. Der Weg war weit. So wollte er um Mitternacht aufbrechen. Keines der Pferde ließ sich aber aus dem Stall führen, folgte auch gutem Zureden nicht, erst recht nicht Schimpfen und Fluchen.

Des Bauern Frau erkannte das Hindernis in finsterer Nacht: Ein Mann ohne Kopf stand auf der Schwelle zum Stall.

Dies war um die Mitternachtsstunde. Dann schlug die erste Stunde des neuen Tages. Da war jener Geist verschwunden. Der Bauer konnte seine Tiere aufschirren, sie an den Wagen spannen und losfahren.

## 336  Das Ritterfräulein vom Beilstein

Es war bekannt, daß auf dem *Beilstein* ein stolzes Ritterfräulein lebt. Es lehnte aber alle Freiersleute ab. Junker Hanno wollte daher die schöne Jungfrau rauben. Er nahm zwei seiner Knechte mit und näherte sich nachts dem Schloß. Im Saal saß das Ritterfräulein, einen Geist zur rechten und einen zur linken Seite. Die Knechte ergriffen vor Angst die Flucht. Der Junker ließ sich zu Boden fallen. Nur zaghaft erhob er sich wieder. Da waren die Geister verschwunden. Der Mut kam wieder. Er ergriff das Ritterfräulein und schleppte es fort zu seinem Schloß. Doch nicht lange freute er sich des Besitzes. Die Jungfer entlief ihm und nahm erneut auf dem Beilstein Wohnung. Junker Hanno eilte wieder dahin, sah aber die Geister um sie sitzen, fiel um und — war tot.

## 337  Die Wette am Beilstein

Am *Beilstein* war es nie recht geheuer. Einmal saßen in einer Wirtschaft zu *Lautern* einige Männer beisammen. Der Wein hatte ihre Köpfe feurig gemacht. Einer von ihnen wollte gar eine brennende Fackel nächtens ums Beil-steiner Schloß tragen, ohne daß diese erlösche. Man glaubte ihm nicht. Da wettete er und eilte in die Nacht hinaus. Die anderen folgten ihm. Er trug tatsächlich eine brennende Fackel ums Schloß. Aber beim dritten Umgang er-losch das Licht, und der Mann fiel tot um.

## 338 Der unterirdische Gang auf Beilstein

Eine Holzsammlerin aus *Lautern* kam auch in den Wald um den *Beilstein*. Sie trug bündelweise dürres Holz zusammen und hatte nun ein letztes Bündel gesammelt. Da stand bei ihrem Wägelchen ein Zwerg und sprach mit leiser Stimme: „Sieh hin zum Schloß!" Sie tat, wie der Zwerg befahl, stand aber dann mit einmal vor einem unterirdischen Gang. „Geh hindurch!" rief der Zwerg. Sie lief entlang und kam am *Kaiserberg* heraus.

## 339 Der Hirt am Kaiserberg

Droben auf dem *Kaiserberg* nördlich des alten *Lautern* hütete ein Hirte seine Schafe. Zwei gute Hunde hielten die Tiere beisammen, und der Schäfer fand Zeit und Muße zum Spiel auf seiner Flöte. Es gelang ihm ein Lied schöner denn das andere. Er saß auf einem Stein und bemerkte nicht, daß ein alter Mann seinem Spiel lauschte. Der Greis aber redete den Schäfer an, wem er denn all die schönen Lieder spiele.
„Unserem Kaiser Friedrich, dem Rotbart, der hier im Berge ruht."
„Glaubst du dies wirklich?"
„Warum soll er denn nicht da unten in seinem Schlosse sein?"
„Willst du, so führe ich dich dahin."
Der Schäfer folgte dem Alten auf einem einsamen Pfad und stieg mit ihm eine geheimnisvolle Treppe hinab. Sie kamen in einen gewölbten Saal tief drunten. Viele Ritter, Pagen und Knechte standen um und um. Vor dem Al-ten aber verbeugten sie sich tief. Nun wußte der Schäfer, wer ihn geführt hatte und erschrak darob nicht wenig. Aber der Kaiser reichte ihm vom Ei-chentisch eine goldene Flöte und ermunterte ihn zu seinem Spiel. Der Hirte stieg wieder die Treppe hinauf, und dann war alles wie vordem.

## 340 Noch einmal gut gegangen

Ein Mädchen aus *Erzhütten* bei *Kaiserslautern* ging hinunter an den Vogel-woog, um zu grasen. Es war warm, und das Mädchen legte sein rotes Kopf-tuch am Ufer nieder. Die Schlangenkönigin eilte aus dem nahen Walde herbei, um sich durch ein Bad zu erfrischen. Sie legte die goldene Krone auf das Kopftuch des Mädchens und tauchte in die Fluten.

Die Jungfrau war zunächst sprachlos über diesen wertvollen Fund, wischte aber dann doch alles zusammen und eilte nach Hause. Dort schloß sie sich in ihrer Kammer ein. Als die Schlangenkönigin das Bad beendet hatte und den Diebstahl bemerkte, wurde sie sehr zornig. Sie verfolgte die Spur, die das Mädchen hinterlassen hatte, drang in das Haus ein und sprang mit aller Kraft gegen die verschlossene Tür. Mit lautem Krach brach das Holz, doch zum Glück hatte auch die Schlange ihren Angriff nicht lebend überstanden. Das Mädchen fand sie in mehrere Teile geborsten und freute sich der Rettung und der Krone.

## 341  Der Trauerzug zu Ehren des Kaisers

Am 10. Juni jeden Jahres, am Todestage des Kaisers Barbarossa, erhebt sich die Burg des Herrschers in *Kaiserslautern* aus ihren Trümmern. Sie erstrahlt um Mitternacht in alter Schönheit; Ritter und Knappen verlassen ihre Gräber. Traurigkeit ist in die Gesichter geschrieben, Traurigkeit erfüllt auch die Teilnehmer des Zuges, der sich durch die Gassen und Straßen der Stadt bewegt. Vorweg schreitet ein Ritter, das Haupt Barbarossas in Händen. Ihm folgen dichte Scharen schwarzer Ritter; Barbarossas Name geht von Mund zu Mund. Bis zum ersten Hahnenschrei ist der Trauerzug unterwegs zu Ehren des großen Toten und zum Gedächtnis aller. Dann verschwindet er lautlos wie er gekommen. Ritter und Knappen suchen ihre Gräber auf, und die Kaiserburg entschwindet wieder den Blicken des Sonntagskindes, das die Herrlichkeit einstiger Kaiserpracht sehen durfte.

## 342  „Sind die Raben fort?“

Schon oft hatte der Ritter von *Beilstein* gehört, daß der Rotbart unter den Trümmern seiner Burg in *Kaiserslautern* sitze und darauf warte, daß die Raben, die die ehemalige Burg umschwärmten, fortflögen. Der Beilsteiner wollte sich darüber Gewißheit verschaffen. So stieg er denn einstmals hinunter in die Gruft und fand den Kaiser an einem Tische sitzend, angetan mit dem Purpurmantel. Auf dem Tisch lagen die Reichsinsignien, das Schwert, der Reichsapfel, das Kreuz und die Krone. An der Wand aber lehnte ein Schild, darauf ein blutrotes Herz von einem weißen Pfeile durchbohrt, gemalt war. Als der Ritter in das Gemach eintrat, hob der Kaiser den Kopf und fragte: „Sind die Raben fort?“ Der Beilsteiner mußte verneinen, worauf der Kaiser enttäuscht den Kopf auf die Arme legte und weiterschlief.

## 343 Ein tollkühner Sprung

Einst weilte Kaiser Friedrich in *Lautern*, als seine Heere eine Schlacht verloren. Ein Husar sollte die Kunde dem Kaiser schleunigst überbringen. Da stand aber in einer engen Gasse der Stadt ein Heuwagen quer. Ein Vorbeikommen war unmöglich. So setzte der Soldat über den hochbeladenen Wagen hinweg, daß den Zuschauern vor Staunen der Mund offenstehen blieb. Beim Sprung verlor das Pferd ein Hufeisen. Es flog in hohem Bogen auf ein Dach, wo es zum Andenken an diesen tollkühnen Sprung befestigt wurde. Nach einer anderen Sage soll es ein Schwede gewesen sein, der dieses Kunststück fertigbrachte.

## 344 Der strafende Blick des Hauptes

Draußen standen sie und wehrten mit ihren Leibern den anstürmenden Feind: Junge und Alte, Arbeiter und Bauern, wer nennt sie alle? Sie trieben den Gegner zurück. Der Abend brach herein. Ein junger Krieger schlief vor Ermattung ein. Da suchte ihn der Teufel heim. Holde Bilder von der Heimat, von der Braut gaukelte der Böse ihm vor. Der Jüngling erlag.
Der Dämon trug ihn zurück in seine Heimat. Über *Kaiserslautern* wurde der Satan müde. In einer engen Gasse der Stadt rasteten sie. Die Stiftskirche kündete die zwölfte Stunde. Ein Geisterzug nahte. Riesen trugen das Haupt Barbarossas, Zwerge beschützten es. Den Flüchtling traf ein strafender Blick des Hauptes. Er wandte sich vom Verführer ab. Aufheulend entfloh der Teufel. Geister hoben den jungen Krieger auf ein schattenhaftes Pferd. Zurück ging es zum blutigen Streit.

## 345 Ein merkwürdiger Fang

Am 6. November 1497 wurde in *Kaiserslautern* im Kaiserwoog ein gar merkwürdiger, aber auch kostbarer Fang gemacht. Man erbeutete einen Hecht, der neunzehn Schuh lang war und dreihundertundfünfzig Pfund wog. Um den Hals trug der Fisch einen kupfernen und vergoldeten Ring aus kleinen Kettchen mit eingesetzten Buchstaben. Das war etwas Einmaliges.
Kurfürst Philipp in Heidelberg freute sich gewiß, als man ihm das Prachtexemplar überbrachte. Der Ring wanderte in die kurfürstliche Schatzkammer, wo lange Zeit zu lesen stand: „Dieses ist die Form des Ringes oder des Kettleins, so der Hecht an seinem Halse 267 Jahre getragen hatte." Und wie lautete die Inschrift? Sie war in griechischer Sprache abgefaßt und wurde ins Deutsche übertragen von Bischof Johannes von Worms, einem geborenen Freiherrn von Dalberg. Sie lautete: „Ich bin der Fisch, so am ersten unter

allen in den See getan worden durch des Kaisers Friedrich des Andern Händ den 5. Weinmonat im Jahre eintausendzweihundertunddreißig."

## 346  Barbarossa lebt

Von keinem deutschen Kaiser gehen mehr Sagen um, als von dem Hohenstaufen Friedrich Barbarossa. Vom Aufenthaltsort des Herrschers und seiner Wiederkehr berichtet ein Flugblatt aus dem Jahre 1537:

„Nun wöllen aber etliche, das diser Keiser Friderich, als er vom gefencknüs des Türcken erlediget, gen *Keiserslautern* kommen sei, do er sein wonung lange zeit gehabt, als man noch zu Lautern wol spürt an seim schloß, das er da gebawen, dabei einen schönen see oder weiger, der noch des Keisers werd genannt. In dem selbigen see soll der Keiser auf ein zeit einen großen karpfen gefangen haben und mit einen güldin ring von seinem finger an ein Ohr gehangen, zu einr gedächtnüs. Derselbig fisch soll, als man sagt, ungefangen in dem weiger bleiben biß uff Keiser Friderichs zukunft. Und wie man den weiger uff ein zeit gefischt, hat men zwen karpfen gefangen, die mit güldinen ketten umb die Hels zusamen verschlossen gewest, welche noch bei menschen gedechtnüs zu Keiserslautern an der metzler pforten in einen stein gehawen. Nit weit vom schloß was ein schöner thiergart bawen, das der Keiser alle wunderberliche thier uß dem schloß sehen mocht, welcher thiergart seit diser zeit zu eim weiger und schießgraben gemacht.

Item in bmeltem des Keisers schloß hangt des Keisers bet an vier eisirn ketten, und als man sagt, so man das bet zu abends wol gebett hat, sei es des morgens wiederumb zerbrochen.

Item bei Keiserslautern ist ein stainiger fels, darin ist eine große höle oder loch, so wunderbarlich fundiert, darob sich viel menschen verwundern, und hat niemants gewußt, wohin sich das loch fundiert. Ist doch allenthalben das gemein gerücht gewest, das Keiser Friderich der verlorn sein wonung darin haben solte. Also hat man einen an einem seil hinab gelassen und oben an das loch ein schell gehangen, wenn er nimer weiters künne, das er die schellen leute, so wölt man in wider uffer ziehen. Und als er gar hinab kommen, hat er Keiser Friderichen in eim güldin sessel sehen sitzen mit eim grawen bart. Der Keiser hat im zugeretet und zu ihm gesagt, er söl mit niemand reden, so werd im nichts geschen, und soll seinem herrn sagen, das er in da gesehen hab. Er hat sich weiter umbgesehen und einen schönen weiten plan gesehen und vil leut umb den Keiser ston, hat sein schell geleutet, ist on schaden wider hinauf kommen und seinen herren die botschaft gesagt."

## 347  Der Kaiser überlistet den Türken

Kaiser Friedrich II. ist nicht gestorben. Er wurde lange Zeit bei den Türken gefangengehalten. In einem Tiergarten hielt sich der „Türk" schrecklich wilde Tiere, die mit vier Edelsteinen spielten, von denen der eine seinen Eigentümer unsichtbar machte, der zweite Unempfindlichkeit, der dritte Behendigkeit und der vierte schließlich Unsterblichkeit verlieh. Niemand war es bislang gelungen, die begehrten Steine an sich zu bringen, weil die Tiere jeden, der den Zwinger betrat, in Stücke rissen.

So kam der Türk auf den Gedanken, den kaiserlichen Gefangenen mit der schwierigen Aufgabe zu betrauen, wofür er frei abziehen dürfte. Friedrich gelang es, die Steine durch List aus dem Käfig zu holen, doch abgegeben hatte er sie nicht. Er war ja unsichtbar und gelangte so auch nach *Kaiserslautern*, wo er nun im Berge wartet, bis die Raben nicht mehr fliegen.

## 348  Irrkraut führt in die Irre

Eine alte Frau aus *Kaiserslautern* ging an einem schönen Vorsommertag auf den Kaiserberg, um Futter für ihre Ziegen zu sammeln. Über die Arbeit hatte sie nicht der Zeit geachtet, und die Dämmerung machte sich bereits breit. Mühsam schleppte sie den Sack voller Gras, und ihr Auge irrte umher, denn die ganze Umgebung kam ihr mit einem Male so fremd vor.

Da, am Ende des Weges leuchtete ein schwacher Schein. Aus einer Höhle drang das Licht. Sie trat ein und ging immer zu, bis sie im verzauberten Schlosse im Kaiserberg stand. Da saß Kaiser Rotbart am Tische und vor ihm kniete ein Zwerg. Die Raben flogen ein und aus. Vom Geräusch der Schritte erwachte der Zwerg, und im Nu war alle Herrlichkeit verschwunden. Das Mütterchen fand nun den Weg zurück in die Stadt. Irrkraut, auf das es getreten war, hatte seine Sinne verwirrt und es falsche Wege geführt.

## 349  Lutrina gründet Lautern

*Kaiserslautern* ist einer der ältesten Orte der Pfalz. Wer war der Gründer? Im 9. Jahrhundert wird Lautern erstmals genannt, doch ist der Flecken nicht schon älter? Eine alte Chronik nennt Cäsar als den Gründer und Attila als den Zerstörer. Doch die Sage weiß es anders. Unter Diokletian und Maximian wurden die Christen verfolgt, besonders auch in Trier, wo 20 000 Menschen sterben mußten, nur weil sie ihrer Überzeugung treu geblieben waren. Die Wasser der Mosel waren bis sechs Meilen unterhalb der Stadt mit Blut gefärbt. Viele Christen konnten sich im letzten Augenblick vor dem sicheren Tode retten. Sie flohen in die Einöde. Unter ihnen war auch eine fromme Frau aus dem Geschlechte der Assyrier, aus jenem Geschlechte, das einst Trier erbaut hatte. Lutrina hieß sie. Mit ihrer gesamten Dienerschaft fand sie Obdach bei einem Einsiedler. Der Ort wird heute noch *Einsiedlerhof* genannt. Ihre Wohnung aber erhielt den Namen Lutrea, aus dem später dann Lautern wurde.

## 350  Der Beilsteiner geht um

Zollzahlen ist für viele eine unangenehme Sache. Das ist nicht erst seit heute
so. In alten Tagen waren der Zollschranken gar viele, und es waren auch viele, die sie zu umgehen trachteten.
Doch jenen, die da durch den Hagelgrund schlichen, um den Zoll in *Lautern*
zu umgehen, ihnen kam der Ritter von *Beilstein* auf die Schliche. Er kassierte
nämlich die Zollgebühren, und er war nicht geneigt, Einbußen durch solche
Schlauberger zu erleiden. So legte er sich im Hagelgrund am Schmelzer Graben in den Hinterhalt, überfiel die Schmuggler, nahm ihnen ihre Waren ab
und warf sie in das Verlies seiner Burg. Lösegeld wollte er für seine Gefangenen haben. Kam es nicht bei, so machte er kurzen Prozeß. Er ließ die
schmuggelnden Kaufleute enthaupten.
Doch heute noch geht der Beilsteiner um und macht den Schmelzer Graben
unsicher. Er trägt seinen Kopf in der Hand zur Strafe dafür, daß er so gnadenlos mit den Kaufleuten verfuhr.


## 351  Doch erwischt

Schwere Zeiten hat die Pfalz als Grenzland durchgemacht. 1793 waren solche schrecklichen Tage, und heute noch weiß man in *Kaiserslautern* vom
„Plündererwinter" zu erzählen. Die Franzosen raubten alles, was nicht niet-
und nagelfest war, sie schreckten auch nicht vor dem Mord zurück.
Da taten sich einige Familien zusammen und flüchteten in den Dansenberger
Wald, um Leben und Hab und Gut zu retten. In einer Höhle hausten sie,
teilten die mitgebrachten Lebensmittel genau ein und glaubten sich vor Verfolgern sicher. Doch ihre Hoffnung war trügerisch, denn die Plünderer hatten von ihrer Flucht vernommen und hatten sie auch bald aufgestöbert. Vielleicht wären die Beutegierigen an der Höhle vorbeigegangen, wenn nicht
einige der mitgebrachten Hähne gerade gekräht hätten, als die Feinde nahe
waren. So ward die Höhle bald gefunden, ausgeraubt und ihre Bewohner getötet.
Noch heute heißt dieses Waldgebiet die Jammerhalde und das angrenzende
Revier Hahnenfalz. Sie liegen an der Pirmasenser Straße kurz vor der roten
Hohl. Alle sieben Jahre ist dort großer Jammer zu hören.


## 352  Nachts am Franzosenstein

In *Kaiserslautern* auf dem „Alten Friedhof" erhebt sich ein Denkmal, das an
all die Toten erinnert, die einstmals als Pfälzer Truppe unter Napoleon I.
auszogen hinüber ins ferne Rußland. Sie starben auf dem Schlachtfeld oder

kehrten heim, vom Tode gezeichnet. Von vielen Toten gibt der Stein Kunde. Um sie und um den Stein rankt sich die Sage.

Im „Fliegenden Pferd" hockten sie beisammen beim Dämmerschoppen, und sie erzählten von Elfen und Geistern und Gespenstern und was sonst noch auf dieser Erde im Verborgenen lebt. Richtig gruselig ward ihnen, als Nikolaus, der Schlosser, den Mund auftat und eine neue, höchst seltsame Geschichte erzählte.

All jene, die da fielen, versammeln sich nachts um zwölf Uhr vor dem Stein, sie schütteln sich die Hände und jagen dann auf windschnellen Rossen davon, ihre Heimat zu grüßen. Kurz vor ein Uhr treffen sie alle wieder ein, schütteln sich wiederum die Hände und jagen dann zurück zu ihren Gräbern im fernen Rußland, und wo sie sonst liegen mögen. Valentin, der Schneider, der Spötter, hatte zugehört. Er wollte von diesen Dingen nichts wissen und verpflichtete sich, gegen einen vollen Krug Wein dreimal um das Denkmal, Franzosenstein genannt, zu laufen und dabei zu sagen: „Wenn Gott oder der Teufel in der Nähe ist, möge er erscheinen." Die Wette ward angenommen. Auf ging es zum Friedhof!

Valentin ergriff die Klinke der Friedhofstür, doch siehe, die Tür öffnete sich von selbst, und eine große Schar hohlwangiger Reiter galoppierte auf ihn zu. Zurück, das war der erste Gedanke. Doch zu spät. Die Reiter sprengten an ihm vorbei, jeder sein Grabkreuz quer über dem Sattel. Unserm Schneider zitterten die Knie, doch er wollte sich nicht dem Gespött seiner Zechgenossen aussetzen und betrat trotzig den Gottesacker. Valentin taumelte dreimal um den Stein. Plötzlich stand statt des Denkmals eine baumlange Flamme vor ihm und in ihr ein ehrwürdiger Greis. Donner grollte, die Flamme erlosch. Eine Krallenfaust packte den Schneider im Nacken und eine Stimme rief: „Da bin ich, Bürschchen, du hast zum letzten Male um Wein gewettet!" Eilig wollte sich Valentin davonmachen, doch die Sohle seines Schuhes war in den Stein gesunken. Verzweiflung packte den Schneider. Er schrie, indem er sich bekreuzigte: „Jesus, Maria und Josef!" Der Griff im Nacken lockerte sich. Ohnmächtig brach Valentin zusammen. Ein furchtbarer Schrei ward gehört.

Kohlschwarz vom Scheitel bis zur Sohle, so fanden sie ihn. Wenige Tage später starb der Schneider Valentin, der ein Spötter war. Der Abdruck der Sohle am Fuße des Denkmals ist heute noch zu sehen.


## 353  Die Kapelle im Reichsforst

Jagen kann zur Leidenschaft werden, zu einer Leidenschaft, die keine Sonn- und Feiertage kennt. So war auch der Ritter Blicker vom *Nanstein* bei *Landstuhl* von der Jagd besessen. Er hatte einen Teil des Reichsforstes bei *Kaiserslautern* als Lehen vom Kaiser für treue Dienste als Soldat erhalten.

Am Abend vor Ostern hatte er wieder einmal die Treiber ins Jagdgebiet beordert. Es sollte eine fröhliche Jagd werden und wurde seine letzte Jagd. Um Mitternacht vernahm der Ritter ein immer stärker werdendes Geräusch, wie wenn ein großes Rudel Hochwild durch die Büsche preschen würde. Wie glänzte das Auge des Jägers, wie gespannt harrte er der Dinge, die da kommen sollten! Doch was kam da aus dem nahen Gebüsch? Da ritt ein schwarzer Jäger auf einem kapitalen Sechzehnender gerade auf Blicker zu. Der Ankömmling stieß ins Hüfthorn, und ringsumher erhob sich wildes Geschrei. Unzählige Rehe und Hirsche entflohen dem Dickicht. Ja, es hätte eine fröhliche Jagd werden können, wenn ... ja, wenn der schwarze Jäger nicht gewesen wäre. Der kam dem Ritter vom Nanstein immer näher, und in seiner Todesangst blies Blicker das Hüfthorn, um seine Knechte herbeizurufen. Mit solcher Gewalt stieß er ins Horn, daß ihm die Adern platzten, und er tot zu Boden fiel.

Seine Nachkommen ließen an der Stelle, an der man den Leichnam fand, eine Kapelle errichten, deren Überreste noch vor 200 Jahren zu sehen waren.

## 354 Nur dem Mutigen lacht das Glück

Die letzten Bewohner der Burgruine *Beilstein,* die zwischen *Kaiserslautern* und *Hochspeyer* liegt, waren schreckliche Raubritter, die selbst ihren Pferden die Eisen verkehrt aufschlagen ließen, um dadurch der Verfolgung zu entgehen. Straßenraub war ein gefährliches, aber auch einträgliches Geschäft. Das mit Gewalt genommene Gut verscharrte der letzte Ritter von Beilstein in seinem tiefen Keller. Die Burg sank in Trümmer, den Schatz aber hat bis heute noch niemand gehoben, denn er wird von einer riesengroßen, feurigen Kröte bewacht. Versucht haben es schon manche, an das Gold und an die Edelsteine heranzukommen.

Nachts machten sich einmal zwei von Hochspeyer auf. Mit Hacken und Spaten war bald ein tiefes Loch gegraben, doch da schlug die Uhr auf der Stiftskirche von Kaiserslautern zwölf. Die Kröte kam angehüpft, und den beiden fiel bei ihrem Anblick das Herz in die Hosen. Sie liefen, so schnell sie konnten. Die Neugier trieb sie am folgenden Tage wieder hinauf zur Burg. Das ausgegrabene Loch war mit einem großen Felsen abgedeckt.

Ein anderes Mal versuchten es ein Bursche und ein Mädel aus Kaiserslautern. Sie waren auf einem Spaziergang, hatten also nicht die Absicht, in den Besitz des Schatzes zu gelangen. Der Bursche war kurz vor der Ruine Beilstein etwas zurückgeblieben. Das Mädchen sah plötzlich einen Frosch mit einer Krone und einem goldenen Schlüssel im Maul auf sich zuhüpfen. Der Frosch übergab den Schlüssel mit der Bitte, daß das Mädchen allein zur Ruine gehen, dort aufschließen und von den Schätzen nehmen solle, soviel es tragen könne. Niemand sollte es davon etwas sagen. Das Mädchen getraute sich aber nicht allein und erzählte alles dem Burschen. Als beide an die Burg kamen, hatte das Mädchen den Schlüssel verloren.

## 355  Der Pfeile einer

Hildegard von *Hohenecken* war gerne auf der Jagd. Sie scheute keine Mühe und auch keine Zeit, wenn sie dieser Lieblingsbeschäftigung nachgehen durfte. Müde setzte sie sich einst an einen Brunnen mitten im Wald. Eine alte Frau trat an die Quelle und labte sich. Hildegards Neugier war erwacht. „Wo kommst du her, und wer bist du?" fragte sie. „Ich bin die Waldfrau und wohne in diesem Walde", gab die Frau zur Antwort. Von der Waldfrau hatte das Burgfräulein schon oft gehört, auch davon, daß sie in die Zukunft sehen könne. Also bat es die Alte, daß sie ihm doch in den Linien ihrer Hand lesen möchte. Lange stand die Frau und betrachtete die dargebotene Rechte des Mädchens, dann sprach sie: „Der Pfeile einer, die du in deinem Köcher trägst, er wird den Nibling von Flörsheim töten!" Der Nibling aber war Hildegards Verlobter. Sie machte sich nicht viel daraus und ging der Burg zu.
Unterwegs schoß sie einen Raubvogel, konnte ihn aber nicht finden. Einige Tage später kam ein Holzarbeiter angerannt und brachte die schreckliche Kunde, daß der von Flörsheim draußen im Walde mit einem Pfeile im Rükken tot liege. Hildegard ging sofort hinaus und erkannte auf den ersten Blick, daß es ihr Pfeil war, der dem Leben ihres Verlobten ein Ende setzte. Der Nebenbuhler hatte den Pfeil gefunden und traf den Flörsheimer aus dem Hinterhalt.
Wo Nibling starb, ließ Hildegard eine Kapelle errichten. Sie übergab außerdem dem Kloster *Enkenbach* eine ansehnliche Stiftung.

## 356  Die alt' Weißen

Man saß in *Kaiserslautern* in froher Runde beisammen, Männer und Frauen. Dann packte sie der Übermut in einer Wette:
Wer wagt es, auf dem Friedhof um Mitternacht von einem Grab ein Kreuz wegzuholen und es eine Stunde später wieder auf seinen Platz zu bringen? Es meldete sich eine Frau, in der Stadt unter dem Namen „die alt' Weißen" bekannt. Sie hing sich um die Mitternachtsstunde ein Bettlaken um und wandelte so im Friedhof umher. Dann holte sie das Grabkreuz und trug es — o Graus! — zu jener ausgelassenen Runde. Mit der zu Ende gehenden ersten Stunde des neuen Tages kehrte sie zum Friedhof zurück und wollte das Kreuz wieder auf den Grabhügel setzen. Sie fiel aber der Länge nach darüber und — war tot. Erst am kommenden Morgen fand man sie. Das weiße Laken deckte ihre Schuld.

# 357  Der vergrabene Schatz

In jenem unruhigen Jahr 1525 zogen die Bauern auch hinauf nach der Burg *Hohenecken.* Der Junker hatte jedoch zuvor Kunde davon erhalten. Eine Truhe voll goldener Dukaten schleppte er mit einem seiner Knechte zur Hahnhalde unweit des Schlosses. Der Knecht schaufelte ein Loch, und beide versenkten darin den Schatz. In der Burg aber hausten plündernde Bauern. Jener Ritter verbrachte die Nacht im Wald in der Nähe, da er die Truhe vergraben hatte. Seine müden Augen fanden keinen Schlaf.
Um Mitternacht knackte es in den Ästen in seiner Nähe. Er hörte einen Mann stapfen. Sollte es einer der Bauern sein, der müde und trunken heimwärts zog? Nein! Die Schritte näherten sich der Stelle, da der Schatz verborgen lag. Aha, es war der treulose Knecht! Er begann zu graben. Der Junker stürzte sich auf ihn und rief: „Du Schuft!" Er wehrte sich; aber der Ritter stach ihm den Degen ins Herz. Dann schaufelte er daneben ein Loch und legte den Leichnam hinein.
Von der Zeit an wurde auf der Hahnenhalde nächtens Stöhnen und Klagen gehört.

# 358  Der Mitwisser biß ins Gras

Im Bauernkrieg war's. Auf der Feste *Hohenecken* wohnte ein „gutbetuchter" Ritter, dem es sehr auf Mehrung seines Reichtums ankam. Seine Untergebenen mußten fronen wie bei keinem anderen Herrn. Ohne Mitleid jagte er seine Knechte mit der Peitsche zur Arbeit. Des Nachts stand er auf seinem Burgfried und schaute in die Lande; er fühlte, daß sich irgendwo ein Gewitter zusammenbraute, das über ihn kommen würde.
So war es auch. Eines Nachts rückten sie heran. Der Ritter auf dem Turm hörte sie zuerst. Er schlug Alarm, und die Besatzung eilte zu den Waffen. Er schnappte einen Knecht am Kragen und befahl ihm zu folgen. Im Rittersaal hoben beide die Schatztruhe und schleppten sie über die Zugbrücke hinaus in den dunklen Wald. Nach einer Weile kehrte der Ritter zurück, ohne den Knecht. Er murmelte in den Bart: „Niemand außer mir weiß, wo der Schatz liegt!" Die Wächter an der Brücke schreckten zurück, als sie das Gesicht des Ritters und seine blutigen Kleider sahen. Das letzte Wort des Knechtes wollte dem Ritter nicht aus dem Kopfe: „Fluch dir, Junker von Hohenecken!" Was soll's, sagte sich der Ritter, ich werde auch darüber hinwegkommen.
Er schaffte es nicht mehr, denn die Bauern stürmten die Burg, steckten sie in Brand und starben dann, denn Kurfürst Ludwig V. von der Pfalz kam zwar zur Rettung der Burg zu spät, die Bauern entwichen ihm aber nicht. Gnadenlos, bis zum letzten wurden die Bauern in der Burg und im Vorfeld niedergemacht. Droben auf seinem Burgfried inmitten des Flammenmeeres starb der Junker von Hohenecken. Ruhe hat er aber bis heute nicht gefunden, denn in

mondhellen Nächten ist er oberhalb der Retzendell unterwegs, und der ermordete Knecht ruft in die schweigende Nacht: „Fluch dir, Junker von Hohenecken!"

## 359  Der Goldschatz

Ein alter Bauer aus *Queidersbach* kam spät abends vom Viehhandel von der
Sickinger Höhe heim. Wo sich aber seine und die Straße nach Landstuhl
kreuzten, leuchtete in der Dämmerung der matte Schein eines Lichtchens.
Der Bauer glaubte, es scheine aus dem nahen Gehöft und ging darauf zu.
Das Lichtchen aber wanderte mit dem alten Mann und blieb mit einem Mal
stehen. Er trat hinzu. Vor ihm stand eine Kiste, davor ein großes Schloß. Der
Bauer öffnete Riegel und Schloß und hob den Deckel. Die Kiste war mit
Goldmünzen bis obenan gefüllt. Niemand hinderte den Alten, sich davon zu
nehmen, soviel seine Taschen zu fassen vermochten.
Daheim erzählte er von seinem Glück, und bald wußten es auch alle im Dorf.
An einem der nächsten Abende aber gingen zwei Burschen auch zu jener
Wegkreuzung. Sie sahen das Licht und folgten seinem Schein, stundenlang.
Dann verschwand das Licht. Finsternis umgab die Burschen; sie mußten weit-
ab vom Dorf das erste Leuchten des kommenden Tages abwarten. Dann aber
schlichen sie auf Umwegen heimwärts und sprachen zu keinem Menschen
von ihrem nächtlichen Erlebnis.

# Südwestpfälzische Hochfläche
# und westpfälzische Moorniederung


## 360  Die Suche blieb ohne Erfolg

Der Bauer auf dem *Einsiedlerhof* kann ein Liedchen von den Hexen singen.
Sie hatten ihm sein ganzes Vieh verhext. Als er morgens melken wollte, war
der Stall wie leergefegt. In seiner Not rief er sein ganzes Gesinde zusammen,
das ihm helfen sollte sein Vieh wiederzufinden.
Es war schon eine merkwürdige Schar, die dem „Bärenloch" zustrebte. Mit
Sensen und Mistgabeln, mit Äxten und langen Ketten bewaffnet, glaubte
man die Diebe einfangen zu können. Doch nirgends konnte das Vieh entdeckt werden, weder im „Bärenloch", noch auf dem „Kindsberg". Drei Tage lang dauerte die Suche, und als sie schließlich zu Hause wieder anlangten,
stand das Vieh schön in Reih' und Glied im Stall, frisches Futter in den Rau-
fen.
Am nächsten Tag wollte es der Bauer genau wissen. Er trieb sein Vieh auf die
Weide. Doch all sein Warten war umsonst. Die Tiere wurden nicht mehr verhext.


## 361  Des Geldes wegen

Im Forsthaus *Steigerhof* wohnte zur Französischen Revolution ein Förster,
dem es auf ein begangenes Unrecht mehr oder weniger nicht ankam. In
*Kindsbach* hatte er ein eigenes Haus. Eines Abends ging er seinem Dienste
nach. Da begegnete ihm mitten im tiefen Wald eine Kutsche, darin saß ein
reicher Spanier. Sein Bediensteter lenkte die Kutsche. Der Spanier freute sich
sichtlich, in dieser Wildnis einen Menschen angetroffen zu haben, den er
nach dem Weg fragen konnte. Und als er gar erkannte, daß er es mit dem
Förster dieses Waldes zu tun hatte, da war eitel Freude. Gerne ging der Spanier auf den Vorschlag des Försters ein, bei ihm im Forsthaus zu übernachten, denn die Sonne war bereits untergegangen.
Der Förster gab sich im Forsthaus alle Mühe, die Fremden wohlgelaunt zu
halten, denn er hatte natürlich längst erkannt, daß er es mit einem Geldmann
zu tun hatte. Er hoffte auf dessen Großzügigkeit, doch im Verlauf des

Abends kamen andere Gedanken in ihm auf ... Die beiden Gäste des Försters verließen das Forsthaus nie mehr.

Mit dem vielen Geld kam der Mord und für den Förster das unruhige Gewissen. Bald jede Nacht tobte der wilde Jäger auf dem Kindsberg und rüttelte an den Nerven des Försters. Zitternd nahm er seinen Knüttelstock und stapfte zum Fuße des Kindsbergs, drohte mit dem Stock hinauf und rief: „Soll ich dir hinaufkommen?" Sofort hörte das wilde Getue auf. So ging das wochenlang. Der Förster gab völlig entnervt seinen Dienst auf, zog in sein Haus in Kindsbach und machte dort schon bald eine Wirtschaft auf. Mit dem Blutgeld kaufte er sich einen Acker nach dem anderen und eine Wiese nach der anderen. Der Neid kursierte im Dorfe, aber auch die Angst, denn seitdem der Förster im Dorfe wohnte, war es nicht mehr geheuer. Hinter der Wirtsstube lag das Schlafzimmer des frischgebackenen Wirtes. Wenn Gäste da waren, blieb dieses Zimmer stets verschlossen. Die Gäste hörten das Krachen und Poltern hinter der verschlossenen Tür, und sie bekreuzigten sich jedesmal. Mehr und mehr wurde die Wirtschaft gemieden, auch nachdem sie etliche Male ausgesegnet worden war. Das Klopfen und Poltern blieb.

Als der Förster gestorben war, erwarb eine unbescholtene Frau das Haus. Sie ließ es vor ihrem Einzug aussegnen. Der Segen wirkte.


## 362  Der Guillotine zwar entronnen ...

In einer anderen Sage bringt der Förster nicht zwei Spanier, sondern ein reiches, französisches Ehepaar um. Es soll in seinem Hause in *Kindsbach* gewohnt haben.

Als die Franzosen ins Land kamen, zog das Ehepaar ins Forsthaus um, in der Hoffnung, dort von den eigenen Landsleuten nicht entdeckt zu werden. Das Emigranten-Ehepaar fürchtete, nach Frankreich gebracht zu werden und vielleicht auf der Guillotine enden zu müssen. Diesem Schicksal wollten die beiden zuvorkommen; sie entkamen dem Beil des Henkers, rannten aber in das Messer des Försters.


## 363  Das Männchen ohne Kopf

Ein Holzarbeiter aus *Kindsbach* marschierte nachts um die Geisterstunde durch den Ramsteiner Wald seinem Heimatdorf zu. An einer kleinen Brücke, die über einen Graben führte, stand ein Männchen ohne Kopf. Der nächtliche Wanderer erschrak und brachte in seiner Angst nur: „Guten Abend, Männchen!" über die Lippen. Das Männchen sagte nichts und ließ ihn vorbei. Am zweiten Steg, da stand es wieder, und der Holzhauer stieß wiederum den Gruß durch die Zähne und beeilte sich voran zu kommen. Das Männlein stand auch am dritten Brückchen. Dieses Mal klapperten nur die Zähne des

Mannes, vor Angst, vor Schrecken. Nun rannte er am Männchen vorbei. Klagende Rufe verfolgten ihn bis zur heimischen Haustür.

## 364  Der Lärm war kaum zu ertragen

Der wilde Jäger schützt seinen Wald vor Frevlern. Das erfuhren einige Männer, die in der Nacht östlich der „Biedenbach" in einer Talmulde Laub als Streu für ihr Vieh unberechtigt holen wollten. Sie hatten kaum die großen Laubtücher ausgebreitet, als ein gewaltiger Lärm einsetzte. Der Wind schrie durch das Tal, die Wipfel der Bäume schlugen ächzend und krächzend aneinander, in den Lüften bellte eine Hundemeute, und ganz deutlich war der Ruf: „Hoioho, hioho!" zu hören. Die Männer hielten sich die Ohren zu, denn der Lärm war kaum zu ertragen. Die Haare standen ihnen zu Berge, auch dann noch, als sie in *Kindsbach* atemlos und am Ende ihrer Kräfte ankamen. Sie nahmen sich vor, nie mehr bei Nacht Laub zu stehlen; in der Dämmerung aber sollen sie noch einige Male gesehen worden sein.

## 365  Begegnung mit dem wilden Jäger

Auf dem Nachhauseweg vom Steinbruch, in dem er sein Tagewerk vollbracht hatte, entdeckte ein Steinbrecher einige dürre Bäumchen, die er noch am selben Abend holen wollte. Er richtete Wägelchen, Axt und Säge und machte sich auf den Weg. Am Galgenhügel vorbei ging er die „Biedenbach" hinauf. Er fand die Stelle sofort und begann das vordere Bäumchen zu fällen. Kaum hatte er jedoch die ersten Axthiebe getan, als oben auf dem Landstuhler Weg lautes Wagengerassel zu vernehmen war, das von *Kindsbach* kommend immer näher und näher kam. Plötzlich hielt das Fuhrwerk mit lautem Krachen an. Totenstille weit und breit. Unheimlich wurde es dem Holzhauer. Er ließ alles liegen und stehen und kam kreideweiß bei seiner Frau an, die ihn künftig nicht mehr des Nachts in den Wald ließ, damit er nicht noch einmal den wilden Jäger hören mußte.

## 366  An jener Stelle liegt ein Schatz

Am hellen Tage schritten zwei Bahnwärter die Gleise zwischen *Landstuhl* und *Kindsbach* ab. Sie kamen gerade an den Galgenhügel, als in Landstuhl die Mittagsglocke läutete. Sie stiegen auf den Hügel, ließen sich nieder und packten ihr Essen aus. Es war ein herrlicher Tag, und die Sonne meinte es gut. Ringsum lag das Land im Frieden. An der Kaiserstraße pflügte ein Bauer den letzten Rest seines Ackers. Da geschah es. Der eine Bahnwärter sprang plötzlich auf, warf sein Brot zur Seite und schrie: „Siehst du dort bei den Tannen am Steinbruch die Monstranz? Schau, wie herrlich sie leuchtet, wie sie glitzert im Schatten der Tannen! Jetzt hebt sie sich, sie schwebt hinauf zwischen die Wipfel der beiden Bäume! Komm', wir wollen sie holen!" Und fort war er. Er rannte den Hügel hinunter, am pflügenden Bauern vorbei. Außer Atem kam der Bahnwärter bei den Tannen an. Niemand war ihm gefolgt. Er kletterte den Baum hinauf und wollte nach der Monstranz greifen. Ganz nahe war sie ihm. Doch als er zupacken wollte, entwich sie und verschwand hinter den Wolken. Enttäuscht kehrte der Mann zu seinem Gefährten zurück. Der behauptete, nichts gesehen zu haben, traute sich aber auch nicht seinen Freund auszulachen, denn er hatte etwas in den Augen, was einem fürchten ließ.

Tags darauf erzählte der Bahnwärter sein Erlebnis dem Pfarrer. „Du hättest den beiden anderen nichts zurufen sollen", meinte der Geistliche, „und wenn du den Namen Jesus genannt hättest, dann wäre dir eine Antwort geworden, die dich überrascht hätte. An jener Stelle liegt ein Schatz, der aber nur von dem gehoben werden kann, der die leuchtende Monstranz um die Mittagszeit sieht."

## 367   Die Pferde scheuten

In *Kindsbach* lag einer am Sterben. Die nächsten Verwandten schickten nach dem Pfarrer in *Landstuhl*, daß er dem Todkranken die Wegzehr und das heilige Öl geben möge. Ein Nachbar spannte an, und los ging die Fahrt. Im gestreckten Galopp jagten die Gäule am Galgenhügel vorbei. Die Kutsche quietschte in allen Ecken, und hin und wieder war ein Krachen zu hören, wie wenn hartes, dürres Holz brechen würde. Doch nichts geschah. Heil kam der Kutscher in Landstuhl an, lud den Pfarrer ein, und zurück ging die Reise in halsbrecherischem Tempo. Am Galgenhügel geschah es. Die Pferde stiegen in die Höhe, sprangen wieder auf alle Viere und schlugen mächtig aus. Das ging so eine Viertelstunde lang. Der Kutscher konnte nichts unternehmen. Neben ihm saß der Pfarrer, blaß wie das Laken auf dem Bett eines Toten, sprachlos! Doch plötzlich raffte er sich auf und forderte den Fahrer auf: „Fahre zu! Jetzt geht es ruhig weiter!" Und siehe, die Gäule zogen wieder an, als sei vorher nichts geschehen. Nirgends war etwas zu hören oder zu sehen, und doch mußte da etwas gewesen sein, das die Pferde scheuen ließ . . .

## 368   Unliebsame Begleitung

Da war auch ein Bergmann nachts unterwegs von *Landstuhl* nach *Kindsbach*. Am Galgenhügel gesellte sich einer zu ihm, der gar schrecklich roch. Er tat ganz genau das gleiche, was auch der Bergmann tat. Er holte kräftig aus, pfiff eine Melodie vor sich hin, nur den Stock trug er auf der anderen Schulter. Der Bergmann war kein Hasenfuß, doch traute er sich nicht, das Pfeifen einzustellen oder gar den Begleiter zu fragen, wohin er gehen wolle. Die Enden der beiden Stöcke berührten sich bei jedem Schritt, und das hörte sich so an, wie wenn hinter ihnen einer käme, der dauernd mit den Zähnen knirschte. Das kalte Grausen packte den Kumpel! Wie war er froh, als die ersten Häuser auftauchten und sein Mitwanderer lautlos verschwand!

## 369 Die Katze setzte ihm arg zu

Wer sich auf Freiersfüßen bewegt, achtet oft nicht der Stunde. So war es auch einem jungen Mann aus *Kindsbach* zu spät geworden. Bei seiner Angebeteten in *Bann* hatte er sich zu lange aufgehalten, und nun strebte er, weit ausholend, dem heimatlichen Dorfe zu. Er eilte den Berg hinunter, und gerade in dem Augenblick, als er den Fuß auf die Kaiserstraße setzte, sprang ihm eine Katze auf die linke Schulter. Er konnte sich wehren, wie er wollte, er brachte das Biest nicht los. Das Tier wurde von Minute zu Minute schwerer. Seine Krallen waren tief ins Fleisch eingedrungen, die Haare sträubten sich. Der Bursche schaffte es kaum mehr, so sehr drückte die fremde Last. Schweißgebadet und völlig ermattet erreichte er das erste Haus. Die Katze ließ ihn allein. Sein Stöhnen ward gehört, und hilfreiche Hände legten ihn auf die Ofenbank. Er stärkte sich und konnte schon bald seines Vaters Haus ohne Beistand erreichen.

## 370 Der Hund griff an

„So geht es all denen, die nicht bei Zeit eingehen!" (abends beizeiten zu Hause sind), meinte der Vater zu seinem gerade heimgekommenen, vor Angst schlotternden Buben. „Nun setze dich schon und erzähle mir, was du erlebt hast!" Willig nahm der Junge Platz, und nun sprudelte es aus ihm hervor, denn er fühlte sich geborgen, er war ja zu Hause und brauchte sich nicht mehr vor jenem schrecklichen Hund am Galgenhügel zwischen *Landstuhl* und *Kindsbach* zu fürchten.
Er sah diese Bestie noch vor sich stehen mit großen, feurigen Augen, den Rachen weit geöffnet, mit einer langen, krebsroten Zunge. Er nahm sich ein Herz, und immer den Blick auf das Untier gerichtet, sammelte er am Wegesrand Steine auf und stopfte damit die Taschen voll. Er wollte es dem Hund schon zeigen! Doch kaum flog der erste Stein der Bestie entgegen, als der Hund den Buben anging. Dabei wurde er immer größer, und seine Augen sprühten ein unwirkliches Feuer. Das war entsetzlich! Und wenn der Junge daran dachte, lief es ihm jetzt noch kalt über den Rücken ... Wie gelähmt

stand er vor dem Scheusal und wartete widerstandslos auf die Attacke. Er spürte heißen Atem ganz in seiner Nähe. Da gehorchten ihm wieder seine Beine. Laut um Hilfe rufend stürzte er dem Dorfe zu. Sein Vater eilte ihm als erster entgegen.

## 371 Eine schallende Ohrfeige

Die Woche war vorbei. Über Sonntag durfte der Schuhmacherlehrling aus *Kindsbach,* von seinem Meister in *Landstuhl* beurlaubt, bei seinen Eltern sein. Das nutzte der Junge weidlich aus, denn nun konnte er wieder mit seinen Kameraden herumtollen, und seine Eltern freuten sich, daß der Sohn wieder einmal heimgefunden hatte. Der Lehrling verspätete sich am Abend. Anstatt um 7 Uhr bei seinem Meister zu sein und dort das Abendbrot einzunehmen, wie dies befohlen war, trieb er sich noch in Kindsbach herum. Spät abends kam er heim. Seine Eltern richteten ihm das Essen und schickten ihn dann hinaus in die stockdunkle Nacht. Gerade ging er am Galgenhügel vorbei, da erhielt er eine schallende Ohrfeige. Er wollte zurückschlagen, sah aber niemand. Kaum hatte er den nächsten Schritt getan, als die zweite Ohrfeige auf der anderen „Backe" saß. Wieder konnte er den Schläger nicht ausfindig machen, weshalb es ihm unheimlich wurde, und er das Weite suchte.

## 372 Sie mußte am Galgenhügel vorbei

Eine Frau aus *Kindsbach* war von einem Kerwebesuch kommend mit dem Zuge in *Landstuhl* eingetroffen. Den Restweg mußte sie zu Fuß gehen. Im Kartoffelkorb lagen die feinen Kerwekleider und auch der Kerwekuchen, ohne den früher niemand vom Besuch der Heimatkerwe entlassen wurde. Der Frau schlug das Herz bis zum Halse, als sie den Galgenhügel vor sich liegen sah. Von ihm erzählte man ja so allerlei Dinge . . .
Nur zögernd trat sie näher. Da hüpfte es auch schon um sie herum, mal in größeren, mal in kleineren Abständen. Blieb sie stehen, so stand auch das merkwürdig tanzende Wesen, schritt sie zügig voran, fing das Getanze wieder an. Die Frau schöpfte Mut, machte das Kreuzzeichen und rief: „In Gottes Namen weiter!" Das Wesen hüpfte wieder mit, kam aber dieses Mal so nahe an der Frau vorbei, daß sie den Fuß daraufstellte und es mit der Hand greifen konnte. Wie erstaunte sie, als sie einen Zweig eines Ginsterbusches in Händen hielt. Das Wesen hatte sich im Nu in einen „Bremmenbusch" verwandelt.

## 373 Irrlichter über dem Landstuhler Bruch

Wo heute Kaiserstraße, Autobahn und Eisenbahn nebeneinander hinziehen, dehnte sich einst das *Landstuhler Bruch* mit all seinen Mooren, Sümpfen und Gewässern. Damals führten nur wenige Wege über Knüppeldämme.
In der Nacht konnte man oft Irrlichter über das Moor eilen sehen, einmal eins vom Katzenbacher Busch durch das Heringstal über die Neuwoogsbrükke nach dem Jammertaler Wald, wo es am Dreiweiher verschwand.
Ein Bauer war spät mit seinem Fuhrwerk auf dem Heimweg. Ein Irrlicht tanzte übers Bruch hin. Dann kam es näher. Er hielt an einer Brücke über einem Wasserlauf seine Pferde an. Das Irrlicht tänzelte vorbei. Der Bauer sah ihm nach und erkannte den Körper eines Schafes, von schöner, krauser Wolle umgeben; in ihm aber leuchtete ein Licht.
Es entfernte sich wieder. Klopfenden Herzens kam der Bauer nach Hause.

## 374 Mittäglicher Besuch

Droben auf Sickingens Burg *Nanstein* langweilte sich der Schloßwärter. Kein Gast kam den Berg herauf, kein Laut erfüllte die Ruine. Totenstille ringsum, nur Grillen zirpten, und Vögel sangen ihr Lied. Unheimlich war's. Die Sonne verschwand gerade hinter einer Wolkenbank, als vom Schloßhof her drei Ritter und drei Ritterfrauen auf den Wärter zuschritten. Rüstungen klirrten, Schwerter baumelten an den Gehängen. Immer näher kamen die Gestalten. Zu Tode erschrocken und wie im Boden verwurzelt, so stand der Wärter. Kein Ton kam über seine Lippen, hilflos ausgeliefert, wehrlos harrte er der Dinge, die er nicht wenden konnte.
Drei Meter vor ihm blieben die Wesen aus einer anderen Welt stehen, die Frauen traten vor und boten dem Burgwächter Kuchen an. Er aber konnte kein Glied rühren. Immer drängender wurde das Angebot vorgebracht. Da, wie von der Tarantel gestochen, schnellte der Bedrängte in die Höhe und ergriff das Hasenpanier.
Völlig erschöpft kam der Wärter in *Landstuhl* in seinem Hause an. Die Angst saß ihm im Genick, mit weit aufgerissenen Augen berichtete er seinen erstaunten Zuhörern. Tage darauf begruben sie ihn.
Sein Nachfolger behauptete, dieselbe Erscheinung gesehen zu haben, doch e r kam mit dem Schrecken davon.

## 375 Werwölfe

Werwölfe tauchten früher in allen Landstrichen unserer Heimat auf. Auch im *Landstuhler Bruch* gab es welche, die sich an Orten trafen, wohin sich kein Mensch traute.

Peter Holsch, aus einem Dorf jener Gegend, sollte zu ihnen zählen. Sein Jüngstes trug ein Wolfsmal auf der Brust. Die Männer trauten ihm schon lange nicht mehr, und sie suchten nach einer schwarzen Zottel am Hals oder am Arm des Peters, um ihn zu überführen. Die Frauen mieden die Familie Holsch, wie man Leprakranke meidet. In der Dämmerung schlichen einige Burschen in Peters Haus, raubten das Kind und trugen es auf eine Erhebung über dem Bruch. Man wollte den Vater prüfen. Am nächsten Morgen fanden sie Peter neben dem schlafenden Kind, das ganz bespritzt war von bläulich getrocknetem Blut. Der Peter aber war fürchterlich zugerichtet. Mußte er sein Kind gegen die Werwölfe verteidigen?

Noch geheimnisvoller wurde die Sache dadurch, daß nacheinander Männer in den Nachbardörfern starben, die noch den Tag zuvor rüstig wirkten. An Bißwunden sollen sie gestorben sein. Die Erhebung aber trägt bis heute den Namen *Wolfsberg*.

## 376  „Nimm ihn weg!"

Auch der Teufel haust in der Nähe des *Landstuhler Bruches*. In einem Hohlweg hat er sein Quartier. Vor langer Zeit wollte der Korbmacher Gustav Schratt seine Martina heiraten, doch fehlte es ihnen am Nötigsten. Sie waren arm wie eine Kirchenmaus. Da kam der Gustav auf den Gedanken, daß eigentlich der Teufel ein wenig nachhelfen könnte, und er sprach zu seiner Martina: „Laß mich das einmal machen. Was kann mir dabei schon passieren? Ich brauche nur in die Höhle einzutreten, wenn sich das Tor öffnet. Drinnen fülle ich meine Taschen mit goldenen Münzen, die so groß sind wie ein Handteller. Dann bauen wir uns ein Haus, und es wird uns an nichts fehlen. Ich werde schon die Zeit nicht verpassen!"

Er machte sich auf den Weg. Nach einer Weile folgte ihm Martina, die Holzschuhe in der Hand, weil sie auf dem Pflaster zu großen Lärm verursachten. Der Mond leuchtete ihr voran, als sie sich in die Hohl schlich. Dort war der Gustav verschwunden, dort gähnte ein dunkles Loch im Berg, und dort stand die Tür weit offen. Ein Holzschuh entfiel ihrer Hand, sie achtete es kaum. Es schlägt drei Viertel ein Uhr, und es schlägt ein Uhr, von Gustav keine Spur. Sie schreit seinen Namen, ein teuflisches Lachen antwortet. Das Tor schlägt zu, doch siehe, ein kleiner Spalt bleibt offen. Warum nur?

Da entdeckt die Verzweifelte ihren Holzschuh, der dort eingeklemmt ist. Eine Krallenhand tastet nach dem Schuh, doch umsonst. Der Teufel vermag nicht den Schuh zu entfernen. Er heult und tobt, daß die Berge erzittern. „Nimm ihn weg!" schreit der Satan. Doch Martina, als sie sieht, daß der Teufel noch nicht einmal imstande ist, den Holzschuh wegzunehmen, bekommt Mut und sagt: „Ich habe keine Angst mehr vor dir. Gib mir den Mann heraus, oder der Schuh bleibt, wo er ist, bis der erste Bauer im frühen Licht des Morgens erscheint!" Noch einmal befiehlt der Teufel, doch dann wird seine Stimme verführerisch: „Laß doch ab von diesem untreuen Mann! Letzten Sonntag küßte er eine andere. Ich weiß einen besseren für dich. Nimm doch den Schuh weg!" Da fährt Martina in die Höhe, zornig blicken die Augen: „Was hat der, eine andere geküßt? Ich kann es mir denken, wer das war. Aber jetzt soll er erst recht herauskommen. Dem werde ich heute nacht noch etwas erzählen!"

Der Teufel gibt den Kampf auf und den Gustav frei. Er sieht nicht gerade gut aus, der Gustav. Ganz angesengt ist er vom Höllenfeuer. Was er zu hören bekam, und was er später in seiner Ehe erdulden mußte, weiß keiner. Nur einmal soll er den Mund aufgetan und gesagt haben, daß er doch lieber beim Satan geblieben wäre, denn die Weiber, die es selbst mit dem Teufel aufzunehmen imstande wären, sie seien unausstehlich. Martina aber hob den Holzschuh auf, bis sie eine Greisin war.


## 377 Sickingens Würfel

Das Volk dachte sich einst die Ritter als Riesen. So ist es auch zu verstehen, daß die Sage aus den drei Quadern, die in *Landstuhl* liegen, ohne weiteres Sickingens Würfel macht, mit denen der Franz beim Spiel mit seinen Freunden würfelte. Doch nicht nur zum Spiel benutzte Franz von Sickingen diese Würfel, sie sagten ihm auch seine Zukunft voraus.

Als es einmal schlecht um ihn stand, als die Feinde anrückten, da befragte er die Würfel. Sie prophezeiten ihm eine dunkle Zunkunft. Darüber ärgerte sich der Ritter so sehr, daß er einen nach dem anderen nahm und sie alle drei den Berg hinunterwarf, wo sie heute noch liegen.


## 378 Des Sickingers Jagd

In goldenen Abendschimmern,
liegt still, vom moos'gen Stein
geziert, in Schutt und Trümmern,
Burg „*Nanstein*"im Sonnenschein.

In stummer Trauerklage
schaut sie den Berg hinab.
Dort ruht im Sarkophage
„Der Sickinger" im Grab.

Die Sonne sinket nieder;
vom Turm das Ave schallt. —
Verstummt sind Vögleins Lieder.
Nacht decket Flur und Wald. —

Da! — Welch' unheimlich Heulen,
Gelärm und Hundegebell? —
Gespenstige Schatten eilen
zur Burg hin, — windesschnell.

Der Wanderer, voll Schauern,
— bekreuzigt sich, — steht entsetzt. —
„Ha! Sieh dort!" — Turm und Mauern
erheben hoch sich jetzt. —

Erhellt sind Thurm und Fenster;
grell strahlt der Rittersaal,
wo nun die Luftgespenster
beginnen das Geistermahl.

Laut klirren Schwert und Becher,
horch! — Würfelspiel und Tanz! —
Laut jubeln dort die Zecher:
„Hoch, Sickingen! — Heil Franz!"

Da schlägt die zwölfte Stunde.
Einstürzen Mauern und Turm,
blitzschnell in weiter Runde
herrscht Wettergraus und Sturm.

Rings Zischen, Pfeifen, Heulen,
Gelärm und Hundegebell.
Gespenstige Schatten eilen
vom Schlosse, — windesschnell. —

Des Wand'rers Lippe betet:
„Das war des Sickingers Jagd!"
Hoch über der Burg nun hebet
der Mond sich in leuchtender Pracht.

## 379  Das Wasser trug ihn nicht

Auf einer Mühle in der Nähe von *Ramstein* lebte ein mit allen Wassern gewaschener Müller, dem nichts heilig war. Das Geld war sein Götze, ihm brachte er jedes Opfer. Doch die Sonne bringt alles einmal an den Tag. Die Leute munkelten, daß der Müller ein Mörder sei. Da machte er sich aus dem Staube und wollte nach Amerika auswandern. Kaum hatte das Schiff den Hafen verlassen, da begann es zu sinken. Man fand keine Ursache, und so sprach der Kapitän: „Es ist einer auf dem Schiff, den das Wasser nicht tragen will. Wir müssen losen." Da meldete sich der Müller: „Ihr könnt euch das Losen sparen. Ich bin der Mann." Sie ergriffen ihn und warfen ihn über Bord. Nun ging er in seinem Haus um und richtete Unheil an, wo er nur konnte. Sein Nachfolger mußte ihm alle sieben Jahre ein Paar blecherne Schuhe bereitstellen. Wenn sie zu festgesetzter Zeit dem Geist nicht zur Verfügung standen, dann band er drei Kühe an den Schwänzen oder an einer Kette an. Als einmal ein neuer Müller einzog, gab er einem alten Juden den Auftrag, den lästigen Geist zu vertreiben. Der tat es mit der Peitsche. Er trieb den Geist ins *Fleischackerloch* bei *Landstuhl.* Trotzdem lastete der Fluch auf der Mühle. Die Geschäfte gingen nicht gut, ein Besitzer folgte dem anderen, bis schließlich die Mühle verfiel und abgerissen werden mußte. Ein Waldrevier in der Nähe heißt Hansenweiher, in Erinnerung an diesen schlimmen Müller, der Hans hieß.

## 380 Vier Kreuzer waren ausgemacht

Über dem Moor des *Landstuhler Bruches* tanzten die Irrwische. Ein alter Mann verspätete sich bei seiner Arbeit, es wurde dunkel, und er fand einfach nicht mehr den Weg nach Hause. Er wußte nur, daß er sich zwischen *Mühlbach, Miesau* und *Hütschenhausen* befand. In seiner Not rief er die Irrlichter an, daß sie ihm den rechten Weg zeigten. Er versprach, dafür vier Kreuzer zu geben. Da tanzte ein Irrwisch herbei und leuchtete ihm bis zu seinem Haus. Dort wollte sich der Mann schnell verdrücken. Doch er hatte die Rechnung ohne den Wirt gemacht. Das Licht tanzte nämlich draußen vor dem Fenster, stieß gegen die Scheiben, daß es dem drinnen ganz angst und bange wurde. Da zahlte der Mann die vier Kreuzer, und das Irrlicht verschwand im Dunkel der Nacht.

## 381 Das Gespenst im Stall

In *Vogelbach* sahen die Leute schon oft in der Nacht zwischen zwölf und ein Uhr eine unheimliche Gestalt in ihren Ställen. Sie strich den Kühen mehrere Male über den Rücken und sprach dabei etwas, was nicht zu verstehen war. Dann verließ der unerwünschte Gast die Tiere und machte sich draußen im Garten zu schaffen. Dort stand er an einem Gartenpfahl und hieb mit der blanken Faust darauf los, Flüche und Verwünschungen ausstoßend. Pünktlich um ein Uhr verschwand das Gespenst, und von nun an gaben die Kühe anstatt Milch Blut und gingen bald darauf ein. In einem Stall war in der letzten Nacht der unheimliche Gast gesehen worden. Das war ein großes Unglück für den Bauern, der sowieso nicht allzu sehr mit irdischen Gütern gesegnet war. Zufällig traf er den Schweinehirten von *Sand,* von dem man sich erzählte, daß er mit dem Teufel einen Vertrag abgeschlossen hätte. Der riet dem ratlosen Bauern, daß er den Gartenpfahl ausreißen und die blutige Milch hineinschütten sollte. Wenn während der Zeit, in der der Pfahl neu gesetzt wurde, ein Mann mit verbundenem Kopfe vorüberkäme, dann sei der Bann gelöst. — Tatsächlich geschah es so, und die Milch der Kühe war wieder wie vorher.

## 382  Das Ritzmännchen

Mutterliebe versetzt Berge. Sie ist aber machtlos gegenüber Krankheiten, die das Kind befallen, und sie war erst recht machtlos, als es noch keine Säuglingsschwester und keinen Kinderarzt gab.
In *Vogelbach* verstopfte die treusorgende Mutter alle Ritzen und Spalten am Haus, damit ja nicht das gefürchtete Ritzmännchen herein konnte, jenes Männchen, das sich den Kleinen auf die Brust setzte, ihnen das Blut aussaugte und so den Tod der Säuglinge herbeiführte. Auch vor Erwachsenen scheute das Männchen nicht zurück. Es drückte ihnen die Kehle zu, trank von ihrem Blut, so daß sie tagelang völlig kraftlos das Bett hüten mußten. Draußen im dunklen Wald am Böswieserberg hielt sich das Ritzmännchen verborgen.

## 383  Hans mit den Blechschuhen

An der Straße von *Langwieden* nach *Landstuhl* heißt ein Gemarkungsteil „Am Torhaus". In der Nähe befindet sich auch der „Torhauser Brunnen". Diese Bezeichnungen erinnern an eine Ansiedlung, die nach der Französischen Revolution einging. In dem Torhaus wohnte der Förster, ein Mann, der es mit seinen Pflichten doch etwas zu genau nahm, denn ein Bauer durfte noch nicht einmal einen Peitschenstock schneiden. Kleinlich war der Forstmann, dazu stets schlechter Laune und ohne Rücksichtnahme. Man war nie vor ihm sicher. Plötzlich stand er vor einem. Weiß der Teufel, wie er das machte. Schleichen konnte er wie eine Katze. Doch eines Tages war er spurlos verschwunden. Es weinte ihm niemand nach.
Nur in den Nächten kehrt er wieder. Er tobt um die „steinerne Brück". Das Heranschleichen, das ihm zu Lebzeiten stets gelang, ist nun abgestellt, denn er muß Schuhe aus Blech tragen und heißt deswegen auch „Hans mit den Blechschuhen."

## 384  Ein Knecht rächt sich

In der *Tausendmühle* kehrte einmal ein Wanderbursche ein und fragte nach Arbeit. Doch dem Müller und erst recht der Müllerin wurde es angst, als sie den großen, starken Burschen sahen. Sie schickten ihn weg. So wanderte der Mann weiter und kam schließlich zum Buchhofbauern. Den Wiesbaum, der als Wanderstab gedient hatte, lehnte der Arbeitslose an einen Baum. Der Bauer und der Fremde wurden einig. Drei Heller und ein Paar neue Stiefel wollte der neue Knecht an Martini. Drei Schneller und seine ganze Kraft gab er obendrein.

Der Knecht arbeitete für zwei, und der Bauer strich sich mehr als einmal den Bart und freute sich über diesen Fang. Doch Martini rückte heran, der Tag, den der Bauer von allen Tagen des Jahres am wenigsten liebte. Er überlegte sich, wie er den Knecht losbringen konnte, ohne ihm seinen Lohn geben zu müssen. Er schickte ihn in den tiefen Ziehbrunnen und ließ einen alten Schleifstein hinunterfallen. Doch der Knecht rief von unten herauf: „Jagt mir doch die Hühner da oben weg! Die scharren mir ja den ganzen Dreck auf den Kopf." Jetzt wurde es dem Bauern erst recht angst.

Er traf am nächsten Tag zufällig einen alten Schäfer, den er um Rat fragte. Ohne langes Besinnen antwortete der: „Schicke ihn doch fort zur *Teufelsmühle*, dann hast du ihn los." So tat es der Bauer. Am nächsten Morgen wurde angespannt, und los ging die Fahrt durch die Spick, am wilden Rosenhag beim Brassehaus vorbei und über die Teufelsbrücke. Was sollte der Knecht in der halbzerfallenen Mühle dort drüben? Da wohnte doch gewiß kein Mensch mehr! Die Pferde wollten nicht mehr recht voran, sonderbare Geräusche waren zu hören. Doch weiter ging es, das enge Tälchen hinauf. Da stand plötzlich eine sonderbare Gestalt neben dem Knecht, mit dunkler Haut, die aussah, als wäre sie gegerbt worden. Ein anderer wäre vor diesem Anblick geflohen, doch der Knecht besann sich seiner Kraft und hielt dem starren Blick des anderen stand. Der Alte trat auf ihn zu: „Was willst du hier? Weißt du nicht, daß noch keiner lebend diesen Ort verließ?" Kaum hatte er ausgesprochen, da erhob sich der Knecht, ergriff den Alten und setzte ihn auf einen Schleifstein. Er drehte ein paarmal, daß der Gequälte laut aufschrie.

Im Nu wurde es überall lebendig. Aus Kellern und Fenstern stiegen sie heraus, lauter kleine Teufel. Als die den kräftigen Knecht sahen, rissen sie aus, und er rief ihnen nach: „Bringt herbei, was mein Herr bei euch bestellt hat!" Da schleppten sie Kisten und Kasten und Säcke und beluden den Wagen, daß der Knecht schon meinte, er würde zusammenbrechen. Auf seinen Befehl hin schoben sie den Wagen bis hinaus zur Teufelsbrücke. Dort erfuhr er auch, daß er es mit ehemaligen Wucherern und Geizhälsen zu tun gehabt habe, die hierher verbannt wurden und umgehen müssen. Der Bauer machte große Augen, als der Knecht in den Hof fuhr. Er sah ihn schon unter den Teufeln. Gleich verlangte der Knecht die versprochenen drei Heller und das Paar Stiefel. Eilends schickte der Bauer zum Schuster. Die Haut zweier Kälber war notwendig, so groß waren die Schuhe. Was war aber mit den versprochenen drei Schnellern?

Der Bauer zitterte vor Angst. Der Knecht nahm ihn bei der Hand und führte ihn unter den großen Nußbaum. Plötzlich drehte sich der Knecht um und machte mit seinen dicken Daumen den ersten Schneller. Das knallte, als ob einer in der Nähe die Flinte abgeschossen hätte. Hei, wie der Bauer in die Lüfte flog, so hoch, daß er kaum mehr zu sehen war! Gleich ging der zweite Schneller los, der wie ein Schuß aus einer Kanone knallte. Droben drehte sich der Bauer wie das Rad einer Windmühle. Als der dritte Schneller folgte, da war es, wie wenn ein mächtiger Donnerschlag dahinfahre und die Erde erzittern ließe. Ein Sturmwind kam auf und trug den Bauern davon. Am nächsten Tag wurde er gefunden, mitten im Walde mit gebrochenem Genick.

## 385   Das Faß am Schulberg

Seit alten Tagen rollt nächtlich über die Äcker am Schulberg in *Miesau* ein großes Faß. Niemand wagte bisher danach zu sehen. Zu gewohnter Stunde aber hörte man es donnern.

Nur einmal machte sich ein Bursche auf den Weg und verbarg sich im Gebüsch am Fuß des Berges. Hinter einem Sack hielt er den Schein einer Laterne versteckt. Dann kam das Faß angerollt — und blieb in seiner Nähe liegen. Er leuchtete hinein und stieg auch in des Fasses Rundung. Kaum war dies geschehen, so schloß sich die Öffnung, und das Faß rollte bergan. Am anderen Morgen lag der Bursche blutüberströmt oben am Berg.

## 386   Das geheimnisvolle Lämpchen

Bei *Miesau* dehnt sich das Bruch. Eines Abends kamen auf dem Weg von *Mühlbach* her zwei Männer heimwärts gegangen. Sie sprachen von des Tages Arbeit. Dämmerung umfing sie schon. Da gewahrte der eine über dem Bruch ein Licht, und auch der andere erkannte seinen Schein. Die beiden Männer erzählten dies daheim und auch am Wirtstisch. Nur zögernd wollten die andern es glauben. Dann aber überzeugten sie sich an den folgenden Abenden von dem Lichtschein über dem Moor.

Jedoch, man wollte es genau sehen, vielleicht sogar danach greifen. Zwei beherzte junge Männer machten sich auf den Weg. Sie kamen auch an den Wald, hinter dessen Gesträuch über dem Moor das Licht leuchtete. Doch wagte keiner einen Schritt auf des Bruches schwankenden Boden.

An einem folgenden Abend kamen jene zwei Männer wieder von Mühlbach zurück und sahen auch diesmal das Licht über dem Bruch tanzen. Was das nur sein mochte? Sie faßten Mut, gingen vom festen Weg ab, am Waldrand entlang und dann dem Licht entgegen.

Keiner sah die beiden Männer mehr. Doch auch das Licht leuchtete seit der Zeit nicht mehr über dem Moor.

## 387 Der Goldring

Eine Frau aus *Miesau* trug einen kostbaren goldenen Ring, und man gab ihn ihr nach ihrem Tode mit ins Grab.

Zwei Gesellen beschlossen aber, den Ring an sich zu bringen. Sie gingen des Nachts zum Friedhof. Da sie den Sarg öffneten, stand die Tote auf. Die Diebe flüchteten und ließen alles liegen.

Die vom Tod auferstandene Frau ergriff die Laterne, ging nach Hause und klopfte an die Haustür. Der Mann öffnete das Fenster und fragte herab: „Wer ist da?"

„Deine Frau", kam als Antwort zurück. Er erschrak, sagte aber: „Das ist nicht möglich; eher liegt mein Schimmel in der Wiege." Damit schlug er das Fenster zu. Die Frau ging zu ihrem Grab zurück. Doch der Bauer fand keine ruhige Stunde mehr.

## 388 Unverhofftes, spätes Glück

Der alte Adam von *Wiesbach* war ein fleißiger und rechtschaffener Mann. Er hätte aber nichts einzuwenden gehabt, wenn er auf seinem Acker bei der Harzofer Klamm unverhofft einen Beutel voller Gold gefunden hätte. Überhaupt drehten sich seine Gedanken schon von Jugend an immer wieder um die Schatzsuche. Er wollte die verborgenen Schätze im Acker heben, zurückgelassene Kriegskassen leeren oder die Geldtruhe eines Geizhalses aufspüren. Dabei traute er sich schon den Mut zu, dem großen Hund oder der gräßlichen Kröte mit den glühenden Telleraugen entgegenzutreten.

Doch niemals hatte er Glück, und nun war er alt geworden. Eines Tages stand er auf seinem Acker und hackte Kartoffeln. Er wollte unbedingt fertig werden mit dieser Arbeit, und so kam die Dunkelheit über ihn. Todmüde setzte er sich an den Rain und stopfte seine Pfeife. Doch er konnte den Tabak nicht zum Brennen bringen, weil er Feuerstein, Zunder und den Schlagstahl vergessen hatte. In der Furche gewahrte er gleich darauf rote Glut, scharrte sie in seine Pfeife und hoffte nun rauchen zu können. Der Tabak aber brannte nicht an. Verärgert steckte der alte Adam die Pfeife in die Tasche und begab sich auf den Heimweg. Zu Hause klopfte er die Pfeife aus und fand, was ihm bisher nie vergönnt war, einen Goldklumpen. Er war plötzlich nicht mehr müde und eilte hinaus zu seinem Acker. Aber vom Golde war nichts mehr zu sehen. Erst die Ernte brachte ihm wieder einen kleinen Schatz.

## 389 Mallach wütete

Zwei Männer aus *Bechhofen* arbeiteten im Forstbezirk Hackbank. Der Waldhüter war bei ihnen. Er schnitt sich, als schwarze, unheildrohende Wolken

aufzogen, ein Haselzweiglein und schob es in den Mund. Gleich darauf öffnete der Himmel seine Schleusen, Blitze zuckten, Donner krachten. Die drei flüchteten unter das schützende Blätterdach einer mächtigen Buche. Aber da fühlten sie sich nicht sicher, weshalb sie schon bald in langen Sätzen zur nahen Fichtenschonung eilten. Kaum hatten sie den neuen Unterschlupf erreicht, als ein greller Blitz niedersauste, dem auf dem Fuß ein ohrenbetäubender Krach folgte. Die Buche war in der Mitte gespalten. Die beiden Männer waren so erschrocken, daß sie Reißaus nehmen wollten. Doch der Waldhüter hielt sie zurück: „Keine Angst, ich bin ja bei euch! Mallach tut euch nichts. Er streitet sich wieder einmal mit den Karlsberggeistern. Habt ihr gesehen, wie sie davoneilten, als er seinen gefürchteten Donnerkeil unter sie warf? Seht, dieser Haselzweig hat uns drei beschützt. Ohne den Zweig hätte er uns rücksichtslos unter der Riesenbuche erschlagen."
Die beiden Männer glaubten in ihrer Angst gerne, was ihnen da der verschmitzte Waldhüter vorgesetzt hatte. Sie blieben, bis das Wetter vorbei war, und Mallach sich zu verdienter Ruhe niedergelegt hatte.

## 390 Wehe, wer das Brot mit Füßen tritt!

„Wer tut den Schritt ins Korn,
den trifft der Muhme Zorn!"

So steht's zu lesen, und man richtet sich danach, nicht nur im Dorf der Ackerbauern. Auch die Städter wissen um die Heiligkeit des heranwachsenden täglichen Brotes. Die Muhme schützt die wogenden Kornfelder und verjagt die Frevler.
Woher sie wohl kommt, die alte Frau im Korn? In *Fehrbach* weiß man das ganz genau.
Die Schweden waren im Lande. Der Dreißigjährige Krieg hatte aus den Kriegern eine blutrünstige Soldateska gemacht. Plünderung, Vergewaltigung und Mord waren an der Tagesordnung. Sie kamen von Osten und überfielen ein einsames Gehöft in der Nähe des Dorfes. Bauer und Knechte wurden überrascht. Fürchterlich hausten die Schweden. Sie vermuteten Schätze, die irgendwo vergraben liegen sollten. Doch keiner der Gemarterten sagte ein Sterbenswörtlein, bis der Bauer die Hilferufe seines jungen Weibes vernahm. Er bat darum, seine Fesseln zu lösen, und kaum war das geschehen, als er in wildem Zorne nach dem Dreschflegel griff und daraufoldrosch in blinder Wut . . .
Sein Leben und das der anderen Hofbewohner war besiegelt. Sie starben, und ihre Leiber verkohlten in den Flammen des brennenden Hofes.
Totenstille herrschte. Die Mörder waren abgezogen. Ob niemand diesen Tag des Todes überlebte? Doch, denn im nahen Kornfeld saß die alte Muhme, die im Altenteil gewohnt hatte. Nachdem sie das wilde Lärmen und die

Schmerzensschreie im Hof vernommen hatte, kroch sie aus ihrem Stübchen, ging vorsichtig die Mauer entlang, wie ein scheues Reh nach allen Seiten sichernd. Sie gelangte sicher ins schützende Kornfeld. Ganz in ihrer Nähe entdeckte sie das perlgraue Huhn, das schon eine ganze Weile auf dem Hofe vermißt worden war. Zwölf Küken waren bei ihm. Die Alte fand in ihrer Schürze eine alte Brotkruste, zerkrümelte sie und warf sie der jungen Brut hin.

Drüben im Hof prasselte die feurige Lohe gen Himmel. Aufregung und Anstrengung waren zuviel für die Muhme. Sie schlief ein zu ihrem letzten Schlaf.

Wochen später schnitten die Mäher aus dem Dorfe das Korn und fanden sie. Sie stöberten auch das perlgraue Huhn mit seinen Jungen auf. Die alte Muhme fand ihr Grab in geweihter Erde, das Huhn einen Platz bei einem Bauern. Sonntagskinder sehen die Muhme heute noch. Sie schreitet um die Mittagsstunde durch das wogende Kornfeld und neigt sich dabei über die geöffnete Schürze, so, als wollte sie deren Inhalt beschützen. Wer am Rande des Feldes stille verweilt, sieht die Muhme auf sich zukommen, langsam und bedächtig, fast feierlich. Ihr folgt das perlgraue Huhn. Sie öffnet die Schürze und zeigt die Kücken, zwölf an der Zahl. Dann tritt sie wieder zurück ins Feld und entschwindet schließlich ganz.

Wehe dem aber, der das Korn mit Füßen tritt! Die Kornmuhme verjagt ihn, und er kann nie mehr glücklich werden. Ja:

„Wer tut den Schritt ins Korn,
den trifft der Muhme Zorn!"

# 391 Der alte Kirschbacher geht um

Geizig und brutal war der Besitzer des *Kirschbacher Hofes.* Das Gesinde und auch die Verwandten sahen ihn „am liebsten von hinten". Alle wollten mit ihm nichts zu tun haben. Nun, auch seine Jährchen waren gezählt; die Uhr war abgelaufen. In der guten Stube starb er in einer stürmischen Novembernacht.

Schon bei der Beerdigung geschahen recht merkwürdige Dinge. Ein Holzstoß in der Nähe des Sarges stürzte plötzlich zusammen, ohne jeden Grund. Droben am Fenster aber stand der Unhold und zeigte denjenigen, die mit seiner „Leich" gingen, ohne Leidtragende zu sein, denn niemand weinte ihm eine Träne nach, die lange Nase. Erschreckt wollten sie fliehen, doch sie blieben, denn sie wollten sehen, wie er auf Nimmerwiedersehen in der Grube verschwand. Wie sollte dies aber geschehen? Er stand doch droben am Fenster! Man öffnete den Sargdeckel und stellte fest, daß er in seinem letzten Hause noch zugegen war, der alte Kirschbacher. Also trug man ihn hinaus, verscharrte ihn eilends und ging erleichtert nach Hause.

Nun ging er um, der alte Kirschbacher.

Eine Frau war auf dem Heimweg. Dunkelheit umfing sie. Schneller wurden die Schritte, Schweiß trat aus den Poren, die Angst saß im Genick. War da vorne nicht ein Fuhrwerk zu hören? Kam es nicht näher? Sollte ihr Mann, entgegen jeglicher Erfahrung, sie abholen wollen? Wenn er es nur wäre! Sie erkannte nur kurz Wagen und Pferde, dann stieg eine Feuerlohe zum Himmel, und in ihr sah sie die geängstigte Frau den Kirschbacher, höhnisch grinsend und seitwärts im Gebüsch verschwindend. Völlig ermattet, am Ende ihrer Kräfte erreichte die Frau den heimischen Hof.

An einem trüben Morgen im Winter sah ein Knecht eine Gestalt um einen Baum an der Straße laufen. Er erkannte, als er näher gekommen war, den Kirschbacher. Unberührt lag der Neuschnee um den Baumstamm.

Wer im Kirschbacher Wald für die Feuerstelle zu Hause sorgte, dem machte der Kirschbacher arg zu schaffen. Er ließ sich ein Stück Weges tragen.

Als einst die Drescher auf der Tenne des Kirschbacher Hofes die Körner aus den Ähren droschen, ein neuer Besitzer mit neuem Gesinde war eingezogen, vertrieb sie der Kirschbacher, indem er vom Dachstuhl herunter Ziegel- und Lattenstücke warf.

Ein beherzter Bursche setzte dem Treiben des alten Kirschbachers ein Ende. Er stach mit dem Messer zu, und seitdem war der Kirschbacher erlöst.


## 392   Ein Feind rückt heran


„Feindliche Reiter sind auf dem Anmarsch nach *Mittelbrunn.* Sie sollen das Dorf plündern und zerstören!" So lautete die Schreckensbotschaft im Dreißigjährigen Kriege, die eine ganze Ortschaft aufscheuchte, wie wenn der Wolf in eine Schafherde eingebrochen wäre. Was ihnen lieb und wert war, schafften die Mittelbrunner in die nahen Wälder. Da gab es niemanden, der untätig blieb. Eile war geboten!

Doch über der Rettung von eigenem Hab und Gut, vergaß man auch nicht die Kirchengeräte in Sicherheit zu bringen, auch nicht die Glocken. In aller Eile wurden sie in einem tiefen Brunnen versenkt.

Die Feinde kamen. Sie führten ihren Befehl getreulich aus. Nur ein kleines Häuschen blieb verschont, in dem eine Mutter ihre schwere Stunde erwartete. Ein Landsknecht, der die Anweisung bekommen hatte, jenes Haus anzuzünden, konnte es nicht übers Herz bringen, die Lunte anzulegen. Vielleicht hatte er auch Frau und Kind. Er täuschte den Befehlshaber, indem er an den vier Ecken der Hütte ein Feuerchen entfachte und es mit nassen Tüchern abdeckte, so daß es ganz ordentlich qualmte.

Die Glocken aber wurden auch später nicht mehr gefunden, obwohl man die Stelle kennt, denn dort bleibt kein Schnee liegen.

## 393 Der Schlapphut geht um

Den Geist der Sickinger Höhe kennt dort jedes Kind. Es ist der Schlapphut oder der Irrwisch. Er ist ein stets wandelnder Geist mit Augen, so groß wie Zinnteller. Eine hünenhafte Gestalt mit einem derben Schwarzdornstock. Er ist hin und da von einem schwarzen Hund begleitet. Zeit und Weg scheinen dem Schlapphut vorausbestimmt zu sein, denn er läßt sich in stürmischen Nächten im März und November und in der Adventszeit auf dem Weg vom Klingelfelsen bei *Großbundenbach* durch den Ochsengrund über *Käshofen*, die Wacholderhöhe bei *Kleinbundenbach*, durch die Etzenbach- und die Pendelerklamm über *Wiesbach*, das Herritztälchen hinauf nach *Martinshöhe* bis zur „Alten Hütte" bei *Knopp* sehen.

Seinen Namen erhielt das Gespenst von dem dreispitzigen, breitkrempigen Hut. Wo es haust, konnten einige Fuhrleute ausmachen, die von *Wallhalben* nach *Martinshöhe* unterwegs waren. Sie sahen ihn, das Feuer schürend, an der „Alten Hütte", einer zerfallenen Ziegelei.

Es macht ihm Spaß, Fuhrwerke und Wanderer stundenlang in die Irre zu führen, die Pferde anzuhalten oder sie anzutreiben, daß sie wie Furien über die Wege jagen und so manches Unglück verursachen. Besonders die von *Martinshöhe* und von *Krähenberg* können davon ein Liedchen singen. Wer sich nicht fürchtet, dem tut der Schlapphut nichts zuleide. Wer ihn aber anspricht, der glaubt von ihm geprügelt zu werden. Betrunkene kann er überhaupt nicht leiden. Ihnen springt er in das Genick und läßt sich von ihnen tragen, bis sie zusammenbrechen. Einem Mann aus *Gerhardsbrunn* setzte er so zu, daß er ein Bein brach.

Vater und Sohn waren einmal unterwegs von *Biedershausen* nach *Zweibrükken*. In der Eselsklamm sahen sie vor sich ein Licht. Sie freuten sich, auf dem langen Wege Gesellschaft zu bekommen. Je näher die Pferde dem Licht kamen, desto unruhiger wurden sie. Das Licht umkreiste den Wagen, die Pferde scheuten und rannten die Böschung hinunter. Glücklicherweise war ihnen nichts passiert. Man fand zurück auf den Weg und wollte gerade die Fahrt fortsetzen, als der Sohn einen großen, schwarzen Mann beim Handgaul gewahrte und neben ihm das Licht. Der Junge hieb mit der Peitsche auf den Schatten ein, und siehe da, das Licht erlosch, und Vater und Sohn kamen wohlbehalten in der Stadt an.

Der Schneider Valtin von *Knopp* lernte den Irrwisch als Katze kennen, die vor seinen Pferden umherschlich. Zwischen den Pferden hindurch drosch er mit der Peitsche in der Linken auf das Biest los. Er hörte nur noch: „Es war dein Glück, daß du nicht mit der Rechten gehauen hast!" Dann war die Katze verschwunden. Valtin wußte, daß er dem Schlapphut begegnet war.

Eine Frau aus *Martinshöhe* gelobte sich, niemals des Nachts in der Nähe von aufgesetztem Sterholz Holz zu lesen, denn ihr erschien der Schlapphut als Hund, der ihr immer im Wege stand, wohin sie sich auch wenden mochte. Sie folgte dem Tier und kam erst gegen Morgen vor *Gerhardsbrunn* an. So lange hatte sie der Irrwisch kreuz und quer geführt. — Eine andere Frau aus demselben Dorf hatte sich in *Knopp* verspätet und kam so erst spät an der „Alten Hütte" vorbei. Da stand, wie aus dem Boden gewachsen, der Schlapphut vor ihr. „Jesus, Maria und Josef!" rief die Frau, und der Geist verschwand in der Hütte.

Der Irrwisch verhexte einmal einem Bauern aus *Martinshöhe*, der von *Knopp* kam, die Füße, so daß der Mann sich einfach nicht mehr zurechtfand, planlos umherirrte und schließlich am Morgen im Krähenberger Wald stand.

Der Hannes von *Mühlbach* hatte sich für einen Tag zuviel vorgenommen. Er arbeitete zwar wie ein Besessener, doch die Dämmerung kam, und er stand noch im Bruch. Wie sollte er nun unbeschadet nach Hause kommen? Zu beiden Seiten des Pfades lauerte doch der Tod! Da fiel ihm ein, daß er vom Schlapphut auch schon manches Gute gehört hatte. Also sprach er: „Irrwisch, wenn du mir altem Mann heimleuchtest, gebe ich dir drei Kreuzer!" Gleich legte sich eine Hand auf seine Schulter, ein Licht leuchtete vor ihm, und er kam schadlos vor seinem Hause an. Schnell hinein und die Haustür zu, dann brauche ich die Kreuzer nicht zu geben! dachte der Hannes. Aber da fuhr es um das Haus, die Fensterscheiben klirrten, und im Herd rauchte es ganz fürchterlich. Der Hannes zahlte, und sofort wurde es still.

Auch dem Hannickel von *Battweiler* half einmal der Schlapphut. An einem Hinterrad seines Wagens war der Nagel verlorengegangen, und das Rad drohte von der Achse zu rutschen. „Irrwisch, komm' und hilf mir!" bat er, und ein Licht kam angetanzt und zeigte ihm die Stelle, wo der Nagel lag. Einen Kreuzer hatte der Hannickel versprochen, der Irrwisch holte ihn ab, noch ehe die Pferde ganz abgeschirrt waren. Das Butterbrett, auf dem das Geld angeboten wurde, soll nachher schwarzbrandige Flecken gehabt haben.

Die Hochzeit war beschlossene Sache zwischen der Jungfer Marie aus *Wiesbach* und dem Sepp aus *Martinshöhe*. Zwischen beiden Orten war jeweils der Treffpunkt. Letztmals war die Plauderstunde etwas lang geworden. Zwölf Uhr hatte die Glocke schon verkündet, als sie sich trennten. Die Marie machte sich auf den Heimweg, ohne Furcht und ohne Bangen. Doch in der Klamm konnte sie den schmalen Steg nicht finden, trotzdem sie schon oft darübergeschritten war. Da dachte sie an den Schlapphut. Sie bat ihn, daß er sie doch nach Hause bringen möge. Ein Licht leuchtete ihr über das Brücklein; ein kurzes Dankeswort, und bald war das elterliche Haus in Sicht. Erst bei der Hochzeit gab sie das Erlebnis kund.

Eine Näherin aus *Kleinbundenbach* war einst in *Käshofen* beschäftigt. Es war schon spät, als sie sich auf den Heimweg machte. Da sprang vor ihr ein Hase aus dem Gebüsch immer vor ihr her, führte sie irre, daß sie nicht mehr ein noch aus wußte. Erst am Morgen konnten sie die besorgten Verwandten in Empfang nehmen. Der Schlapphut war schuld daran.

Ein Torfstecher aus *Kindsbach* kam einmal völlig verstört heim. Er erzählte folgende Geschichte: „Ich hatte meinen Sack mit trockenem Torf gefüllt und machte, daß ich nach Hause kam. Doch die Last wurde mit jedem Schritt schwerer und schwerer. Mir trieb es den Schweiß aus allen Poren, die Kräfte ließen nach, und endlich sank ich zusammen. Ich konnte mit dem besten Willen keinen Schritt mehr tun. Den Sack warf ich von mir, und als ich hinschaute, sah ich einen großen Hund mit feurigen Augen daraufsitzen. Mir wurde unheimlich zumute. Ich nahm meinen Stock und schlug nach dem Tier, so gut ich konnte. Da wurde es immer größer. Ich raffte mich auf und lief, was die Beine noch hergeben konnten. Wer das war? Das war bestimmt der Schlapphut."

Es war schon geraume Zeit her, daß man das letzte Laub im Walde bei *Kindsbach* holen durfte. Das Vieh stand schon auf blankem Boden. Die Streu war zu Ende gegangen. „Wenn die es nicht erlauben, dann holen wir ohne Erlaubnis!" meinte ein Arbeiterbauer zum anderen. Er hatte schon einen günstigen Platz ausgekundschaftet. Dort in der „Biedenbach" lag das Laub knietief. Dort brauchte man nur aufzufassen. Das Zusammenrechen konnte man sich sparen. Also die Laubtücher herbei und des Nachts Laub gemacht. Kaum begannen sie aber mit der Arbeit, als plötzlich ein Sturm losbrach. In den Lüften heulte es, als sei der wilde Jäger unterwegs. Das war den beiden nun doch nicht einerlei. Noch nicht einmal ihre Rechen und Tücher nahmen sie mit, so sehr hatte ihnen der Schreck Beine gemacht.

Zwischen der „Hub" und *Hauptstuhl* springt der Schlappmann dem nächtlichen Wanderer auf den Rücken und läßt sich von ihm eine Strecke tragen. So heimlich wie er gekommen, so heimlich verschwindet er auch wieder. Er soll aber nur Leute belästigen, die ein nicht ganz reines Gewissen haben.

Der alte Danner aus *Battweiler* wollte von einem Fest in *Großbundenbach* heimfahren. An einer Kreuzung wußte er plötzlich nicht mehr, ob er nun rechts oder links abbiegen sollte. Er fuhr auf gut Glück in den linken Weg. Da kam ihm ein großer Mann mit einem eckigen Hut entgegen. Den fragte er nach dem rechten Weg. Der Fremde warnte den Danner, diesen Weg weiter zu befahren. Doch Stolz und Mißtrauen ließen es nicht zu, daß gewendet wurde. Die Gäule griffen aus, blieben aber nach einer Weile mit einem Ruck stehen. Sie befanden sich bereits in einem dichten Gestrüpp, aus dem sie der Danner erst beim Morgengrauen befreien konnte. Des Schlapphuts gutgemeinter Rat war in den Wind geschlagen worden.

Nach Mitternacht ritt ein Mann aus *Battweiler,* von der *Contwiger Höhe* kommend, über den „Scheelwieserkopf". Da stieg sein Pferd in die Höhe vor einer dunklen Gestalt. „Bist du ein Kind Gottes, so komm' zu mir; bist du aber des Teufels, so weiche von mir", rief der Reiter, und die Gestalt verschwand.

Auch ein alter Mann aus *Labach,* der in Mühlbach arbeitete und auf dem Heimweg war, machte mit dem Schlapphut Bekanntschaft. Er sah in der Nähe der alten Ziegelei einen Steinhaufen liegen, bei dem ein Licht brannte. Als der Alte herankam, rief ihm eine Stimme zu: „Warte einmal!" Der Schlapphut kam auf den Maurer zu und bedeckte dabei das Gesicht mit beiden Händen. Durch die Finger war aber ein feurig glühendes Gesicht zu erkennen.

Der Geist nahm den nächtlichen Wanderer bei der Hand und führte ihn die ganze Nacht hindurch kreuz und quer, und erst am nächsten Morgen fand er heim.

Ein Mann aus *Labach*, der abends heimging, gewahrte plötzlich neben sich einen schwarzen Hund, der ihm nicht von der Seite weichen wollte. Als der Mond aufgegangen war, bemerkte der Mann, daß das Tier Haare aus purem Gold hatte.

Der Großvater eines Mannes aus *Labach*, der damals noch in der „Alten Hütte" arbeitete, erzählte, daß der Schlapphut mehr als einmal bei ihnen vorbeigekommen sei. Ohne ein Wort zu reden, habe er sich vor das Feuerloch gestellt. Dabei sei deutlich sein dreieckiger Hut sichtbar geworden. Wer sich heute noch auf der Sickinger Höhe verirrt, dem sagt man: „Der Schlapphut hat dich gehabt."

## 394   Der Teufel will keine Reue

Wen der Teufel einmal in seinen Klauen hält, den gibt er nicht mehr so schnell frei. Das mußte ein Bauer von *Großbundenbach* erleben. Er hatte sich eine Schuld aufgeladen, von der niemand sonst wußte. Nachts kam er zur Kirche, um mit seinem Gott ins Reine zu kommen. Gerade öffnete er die Kirchentür, als ihm ein Wildschwein zwischen die Beine sauste und ihn in rasendem Galopp dreizehnmal um die Kirche trug.

Der Küster fand den Bauern am nächsten Morgen mit zertrümmertem Schädel an einem Pfeiler liegen. Die Spuren des nächtlichen Rittes und verstreute Wildschweinborsten deuteten darauf hin, daß der Teufel den reuigen Sünder zu Tode geritten haben mußte.

## 395   Die Geister verfolgten ihn

„Die der Ahnen Gut verprassen, werden niemals Schätze fassen!" sprach das Licht im „Alten Jätten", in einem stattlichen Haus in *Kleinbundenbach*. Die Vorfahren hatten durch ihrer Hände Arbeit ein stattliches Vermögen zusammengebracht. Dem Sohn aber glitten die Taler gar zu leicht durch die Finger. Er fand deswegen des Nachts im Traume keine Ruhe. Er hörte, wie die Hand des verstorbenen Vaters an seine Tür klopfte und sah auch das Licht, das in dessen Sterbekammer leuchtete. Das war in jeder Nacht so. Was nützte die Aussegnung des Hauses? Gar nichts! Die Geister ließen den liederlichen Sohn nicht zur Ruhe kommen.

So zog er aus, hinüber nach Amerika, dort wollte er sein Glück machen und endlich einmal wieder die ganze Nacht durchschlafen. Er fand aber weder das eine, noch das andere. Er fand nur ein frühes Grab in fremder Erde.

## 396    „Wohin soll ich ihn tun?"

Es ist von Übel, wenn ein Bauer versucht, dem anderen eine Furche zu holen. Das sagte auch der alte Stephan aus *Mörsbach*, dem der Nachbar Michel immer wieder von seinem Land rauben wollte. Es kam zum Prozeß, den Stephan verlor, weil er nicht beweisen konnte, daß der Michel den Grenzstein versetzt hatte. Noch im Gerichtssaal fluchte Stephan dem Nachbarn: „Nach deinem Tode sollst du umgehen mit dem Stein auf dem Buckel und in den Wind hineinfragen: ‚Wohin soll ich ihn tun, wohin?'"
Jahre später starb der Dieb, und der Fluch ging tatsächlich in Erfüllung. Wer nachts am Tubusberg vorbeikam, der sah den Geist des Michels, wie er vornübergeneigt den Grenzstein schleppte und die Frage ausstieß: „Wohin soll ich ihn tun, wohin?"
Der Lehrer von Mörsbach wollte der Sache auf den Grund gehen. Er postierte sich um die Mitternachtsstunde am Berg, sah auch die Gestalt und hörte die Frage. Er gab zur Antwort: „Dorthin, wo du ihn geholt hast!" Und siehe da, am nächsten Tag stand der Stein am rechten Platz, und vom Michel ward seitdem nichts mehr gesehen und gehört.

## 397    Eine Geisterbeschwörung

An einem schönen Morgen im Herbst zog ein Schweinehändler von Ort zu Ort auf der Sickinger Höhe. Das Geschäft ging, der Beutel füllte sich. Der Mann freute sich seines Daseins. Er kehrte am Abend in *Winterbach* in einem Gasthof ein, versorgte seine Tiere im Stall des Wirtes, auch seine beiden Hunde, und begab sich dann in die Gaststube, wo er einen etwas mürrischen Wirt antraf, einen Wirt, dem der Neid auf dem Gesicht stand. Er hatte schon bemerkt, daß er da einen Gast bekam, der über viel Geld verfügte und es auch bei sich trug. Soviel müßte man haben, dann könnte man das Küfergeschäft, das man nebenbei betrieb, einstellen und sich ein schönes Leben machen! Wie wär's, wenn . . . ?
Der Gedanke fraß sich fest, der Plan erstand. Er zeigte dem Händler sein Zimmer und wußte, daß der den nächsten Morgen nicht mehr erleben wird. In der Nacht schlich er die knarrende Stiege hinauf und traf den Schlafenden mit dem Küferhammer so fest, daß er keinen Laut mehr von sich gab. Auch die Hunde ereilte das gleiche Los. Mit den Schweinen ließ sich der Mörder Zeit, denn er hatte aus dem Munde des Gastes erfahren, daß man nicht so schnell Nachforschungen anstellen werde.
Mit dem erbeuteten Geld verstand der Wirt zu wuchern. Er rührte keinen Küferhammer mehr an. Doch des Nachts quälte ihn die Tat, er konnte kaum mehr schlafen und wurde von Tag zu Tag schmäler und hohlwangiger. Der Tod holte ihn aber noch nicht, denn er sollte schon auf Erden für die verruchte Tat büßen.

Er hatte einen bösen Lebensabend und einen schweren Tod. Nach seinem Sterben ging der Geist des Mörders zurück zum Haus, da polterte und krachte es, da waren wuchtige Hammerschläge und lautes Stöhnen vernehmbar. Die Bewohner der Wirtschaft trauten sich nicht, von dem jede Nacht wiederkommenden Geist zu erzählen, bis einmal nach langer Zeit eine neue Magd plauderte.

Die Neugier trieb viele zur Wirtschaft, und sie bestätigten die Aussage der Magd. Das Haus muß verkauft werden, sagten sich die Erben, und ein Müller aus *Wallhalben* war auch bereit, es auf Abriß zu übernehmen. Gerade sollte der Verkauf getätigt werden, als ein Handwerksbursche in die Stube trat und von der ganzen Angelegenheit erfuhr. Der wußte von einem Geisterbeschwörer im Lothringischen drüben, der Varis von Berg hieß. Den holte man herbei. Er verlangte einige kräftige Männer, die ihm bei seinem gefährlichen Vorhaben beistehen sollten. Sie standen draußen vor dem Fenster, einen Strick und eine schwere Ochsenkette bereithaltend. Der Varis war drinnen in der Stube und wartete auf den Beginn der Geisterstunde. Punkt zwölf Uhr vernahmen die draußen einen lauten Krach und Hammerschläge. Der Varis rief sie herbei. Die Männer stürmten in das Zimmer und sahen, wie der Varis von einer unsichtbaren Hand hin- und hergeschleudert wurde, wie er um sich schlug und sich wehrte. Den Männern erging es genauso, als sie dem Varis zu Hilfe eilen wollten. Auch sie erhielten Schläge. Der Geisterbeschwörer bekam die Kette zu fassen, sprach ein Wort, das keiner verstand, und versuchte mit der Kette ein Kreuzzeichen zu beschreiben. In fliegender Hast wickelte er die Kette zusammen, und so ward der Geist gebunden.

Sie machten sich auf den Weg hinaus an einen abgelegenen Ort gegen *Reifenberg* zu. Dort ließ der Varis eine Beschwörungsformel hören, wickelte die Kette um eine Weide und steckte ihre Enden in den Boden. Zurück ging es zur Wirtschaft. Die Männer ergriffen auf Anweisung des Varis' die Spaten und gruben hinter dem Haus den Leichnam des Händlers und die Kadaver der Hunde aus. Nun erst wußten sie, weshalb der Geist hatte erscheinen müssen. In der folgenden Nacht vernahm man die Hammerschläge von weit draußen, von der Stelle, an die der Geist fortan gebannt war. Von dort erklangen lange Jahre hindurch die Schläge des ruhelosen Mörders.


## 398   Kiefernickel

Alte Leute aus *Reifenberg* erzählten die seltsame Geschichte von dem mörderischen Gastwirt Kiefernickel, der in einer Schlucht von einem wandernden Juden gebannt wurde. Deshalb heißt das enge Tal: Kiefernickelsklamm. Der Gebannte stöhnt und ächzt, wenn der Wind durch die Kronen fährt. Er schlägt mit dem Hammer auf die Steine, wenn das Wasser herunterklatscht auf blanke Felsen.

Es ist lange her, seit dies passierte: Am Ende des Dorfes Reifenberg wohnte der reiche, geizige, spindeldürre Wirt Kiefernickel, bei dem sie alle verkehrten, die auf irgendeine „krumme Tour" zu Geld und Reichtum gekommen waren. Ein wohlhabender Metzger aus dem Rheinland machte in der Wirtschaft Station. Der Mund wurde gesprächig, nachdem einige Schoppen hinuntergespült waren. Er prahlte von seinem guten Geschäft, er verwies auf die gefüllte Geldkatze, und das hätte er nie tun dürfen. Denn nachdem er zu Bett gegangen war, beratschlagten der Wirt und seine Frau, wie sie zu dem Geld des Fremden kommen könnten. Sie gingen in die Kammer und kamen mit einem schweren Hammer und einem Sack wieder. So starb er, der Metzger, und sein Leichnam liegt draußen in einer abgelegenen Schlucht.

Es vergingen Jahre. Niemand hatte das Verschwinden des Metzgers bemerkt. Die beiden Mörder glaubten schon, daß das Wissen um ihre schreckliche Tat mit ihnen ins Grab sinke. Doch gemach. Eines Abends klopfte ein junger Reiter an die Pforte und begehrte Unterschlupf vor dem tobenden Wetter. Sie saßen beisammen beim Würfelspiel, der Wirt und sein Gast. Sie kamen ins Gespräch. Der Gast verlangte, daß der Wirt ihm helfe, einen Kerl zu beseitigen, der keinen Groschen wert sei. „Ihr kennt Euch doch aus in solchen Dingen", sprach der junge Reiter, „es wäre ja sowieso nicht Euer erster Mord!" Dagegen verwahrte sich der Mörder. Der andere aber griff ihm an den Hals und rief: „Gut denn! Weil du mich nun auch noch angelogen hast, deswegen gehört deine Seele mir! Sie wird mir auf der Stelle folgen!"

Als die Wirtin, geweckt durch den Lärm, die Treppe heruntergewackelt kam, da lag ihr Mann mit dem Gesicht im Genick. Die Luft war angefüllt von beißendem Schwefel. Die Leichenträger kamen und wollten den Sarg aus dem Hause schleppen, da entdeckten sie den Wirt und Mörder am Fenster des Zimmers, in dem der Mord geschah. Alle nahmen sie Reißaus, und so konnte der Wirt nicht beerdigt werden. Draußen am Rabenstein verscharrten ihn die Henkersknechte. Niemand traute sich mehr in die Schenke. Einsam lag sie, einsam wurde es auch um die Alte, die dort keinen Augenblick mehr Ruhe finden konnte. Viele ahnten das Geschehene, keiner traute sich aber den Mund aufzutun.

Ein alter Jude kam in die Wirtschaft, trank vom besten Wein; er kannte die Geschichte. Er hieß die Frau all ihr Gold zusammenzutragen, dann wolle er dafür sorgen, daß der Kiefernickel zur Ruhe käme. Er las in einem dicken, schwarzen Buch und schwang die Geißel nach allen Seiten. Da erschien des Toten Geist und stand mitten im Zimmer. Er rief: „Wer will mein Gold holen?" Es kam zum Kampfe zwischen Geist und Jude. Mit der Geißel hieb der Jude um sich und stieß den Bannspruch aus. Der Geist entwich, und am Morgen fanden Handwerksburschen die Frau unter dem Türrahmen stehend — tot.

# 399 Rendezvous und Tod an der Kanzel

Der hochaufragende Fels am Ende des Höhenzuges zwischen *Ober-* und *Niederauerbach* wird „Die Kanzel" genannt. Die Höhle am Fuße war einst der Beginn eines unterirdischen Ganges hinüber zum ehemaligen Kloster *Marienstein* bei *Zweibrücken*. Ein übergroßer schwarzer Kater soll den Eingang bewachen, damit ja keine arme Seele mehr zurückfindet zum Kloster.
Diesen unterirdischen Weg beschritt einst eine Nonne, die wider ihren Willen Nonne geworden war. Das war etwa 200 Jahre vor dem Dreißigjährigen Krieg. Da wohnte in Zweibrücken ein Syndikus, der eine wunderschöne Tochter besaß. Ein Ritter sah das Mädchen gern, und auch sie war ihm in Liebe zugetan. Doch die Eltern hatten die Hand im Spiel und wollten in eine Ehe zwischen den beiden nicht einwilligen. Sie steckten ihre Tochter ins Kloster. Der Ritter aber brachte heraus, wo sich die Liebste aufhielt und schickte ihr durch einen Boten einen Brief, in dem er um eine Zusammenkunft bat. Dem Mädchen ging das Herz auf. Es mußte sich mit dem Ritter treffen. Wie aber anstellen?
Sie erzählte einer älteren Nonne von ihrem Geschick. Die beiden beratschlagten, und man kam überein, daß nur der unterirdische Gang zu einer Zusammenkunft geeignet wäre. Dem Ritter ward Nachricht, und mehr als einmal trafen sich Ritter und Nonne an der Kanzel, ohne daß jemand auf das allabendliche Rendezvous aufmerksam wurde. Pünktlich um zwölf Uhr verließ die Nonne den Geliebten.
Einmal in der Nacht, da kam der Ritter nicht. War ihm etwas zugestoßen? Wo sie auch suchte, nirgends war er zu entdecken, wie sie auch rief, es wurde ihr keine Antwort. Lange suchte die Enttäuschte, bis die Glocke die zwölfte Stunde schlug. Da strauchelte ihr Fuß, und sie stürzte in den Abgrund und blieb mit zerschmetterten Gliedern liegen. Am nächsten Tag fanden Wanderer ihre Leiche und begruben sie bei der Kanzel.
Ihre Seele möchte gern zurück ins Kloster, doch der Kater wehrt ihr. In der Geisterstunde irrt deshalb die arme Seele in der Gegend umher. Längst sind die Mauern des Klosters gebrochen und die Höhle verschüttet. Aber immer noch irrt die Jungfrau an der Kanzel umher, bis sie ihre Freveltat restlos gebüßt hat.

# 400 Das Freudenbächlein

Zwei Riesen saßen einst in der Gegend um *Oberauerbach*. Der eine, der Dollhenrich, hatte seine Wohnstatt in der Schlucht des Faulberges aufgeschlagen. Der andere lebte auf dem Gentersberg im Schnokebusch und hieß deshalb der Schnokehannes. Die beiden vertrugen sich nicht immer.
Der Dollhenrich half den Oberauerbachern gern aus der Not, dem anderen aber begegnete man lieber nicht. Er war ein eigenartiger Kauz, launenhaft

und stets zu allerlei Grobheiten aufgelegt. Einmal trat er dem Dollhenrich zu nahe, und der rächte sich dafür, daß er sein neues Haus zerbrach und darüber so lachen mußte, daß ihm das Wasser aus Nase und Mund und Augen lief, woraus das Freudenbächlein wurde.

## 401  „Man lasse dem Hunde sein Vergnügen"

Die Ritter und die Fürsten, die einst unser Land beherrschten, hielten vielfach nicht viel vom Leben und vom Eigentum ihrer Untergebenen. Ein Beispiel hierfür ist der Vorfall, der sich einmal in *Niederauerbach* abgespielt hat. In der Mitte des Dorfes wuchs in alter Zeit eine Linde, ein uralter Baum mit Riesenästen. Um ihn stand eine Bank, an der sich nach Feierabend die Dorfbewohner zur Plauderstunde trafen. Außerdem war ihr Stamm so etwas wie ein Schwarzes Brett, denn dort wurden die Verordnungen und die Gerichtsentscheidungen angeheftet. Die „Pasquill-Linde" nannten die Leute den Baum, weil man dort die Taten des Verurteilten lesen konnte. In der Nähe der Linde lag das Arrestlokal, Betzekammer geheißen, in dem die Landstreicher, auch Verbrecher und ungehorsame Leibeigene so lange festgehalten wurden, bis sie nach Zweibrücken überführt werden konnten.
Einst spielten Kinder unter der Linde. Ein Graf aus der Gegend ritt mit seinem Gefolge gerade vorbei auf die Jagd. Ein Hund riß sich los und stürzte sich auf eines der spielenden Kinder. Ein Jäger aus der Jagdgesellschaft wollte das Tier wegreißen, doch der Herr Graf verwandte kaum einen Blick und gab den Befehl: „Man lasse dem Hunde sein Vergnügen!" Der Jäger ließ ab. Das Tier zerfleischte das wehrlose Kind, und die ganze Jagdgesellschaft sah zu und amüsierte sich noch.
Der Hund fand nach dem Tode keine Ruhe. Zwischen zwölf und ein Uhr in jeder Nacht geht er den Weg von der „Betzekammer" zum Kirchhof, hin zum Grabe des Kindes.

## 402  Der häßliche Syndikus und die schöne Lisbeth

Nahe dem unteren Tor in *Zweibrücken* wohnte einst ein Syndikus, dessen Häßlichkeit genauso sprichwörtlich war wie auch sein Reichtum und seine Gescheitheit. Von der Religion hielt er herzlich wenig. Die Glocken riefen ihn nie zum Gottesdienst. Doch sozusagen über Nacht schien sich seine Gesinnung grundlegend gewandelt zu haben, denn regelmäßig wurde er in der Kapelle am Kreuzberg, außerhalb der Stadt, gesehen. Darüber gingen natürlich Gerüchte um, niemand konnte aber mehr als nur Mutmaßungen äußern. Und gerade das, was niemand für möglich hielt, trat ein: An einem schönen Sonntag verlas der Pfarrer von der Kanzel das Aufgebot, das von der bevorstehenden Hochzeit des Syndikus' mit dem schönsten Mädchen der Stadt kündete. Die blutarme Lisbeth mußte dem Drängen ihrer Mutter nachgeben, obwohl sie viel lieber einen Jägersmann gefreit hätte. Der Reichtum des künftigen Schwiegersohnes stak der armen Mutter Martha in der Nase, sie sah nur noch Geld und vergaß dabei das Glück ihrer Tochter. Nach der Hochzeit zog sie in das Haus des jungen Ehepaares, starb aber bald darauf. Ob eines natürlichen Todes ...?

Auf jeden Fall sah man die Lisbeth künftig nur noch mit verweinten Augen und blassem Gesicht. Sie traf sich heimlich in der Nähe ihres Hauses mit dem Jägerburschen, lange Zeit hindurch, ohne daß der Syndikus etwas bemerkte. Doch einmal wurden sie von dem schlauen und eifersüchtigen Ehemann überrascht. Der Jäger floh und ward nie mehr gesehen. Der Syndikus ging nächsten Tages mit seiner Frau hinaus an den Steinbruch. Lisbeth kehrte nie wieder zurück. Mit dem Dolch im Herzen fand man sie. Der Syndikus besaß soviel Macht und wurde so sehr gefürchtet, daß niemand es wagte, von einem Mord zu reden.

Dem Herzog kam die Angelegenheit zu Ohren. Sofort schickte er eine Abteilung Soldaten zum Haus des Mörders, ihn zu verhaften. Auf dem Boden liegend mit abgeschnittenem Hals, so fanden sie ihn. Das war fürchterlich, selbst für einen rauhen Soldaten. Und weil es so war, flohen die Krieger. Unten auf der Straße wagten es einige, doch noch einmal zum Haus zurückzuschauen. Was sie sahen, ließ ihnen das Blut in den Adern erstarren: Da stand der Syndikus am Fenster mit dem Kopf im Arm. Er verbeugte sich fortwährend und schnitt fürchterliche Grimassen. Wir verstehen, daß für einige Tage das Haus gemieden wurde.

Doch der Herzog befahl, daß man den Selbstmörder hinaustragen solle in ungeweihte Erde. Den Sargträgern erging es wie den Soldaten. Als sie hinaufschauten, stand der Syndikus am Fenster. Das ging doch nicht mit rechten Dingen zu! Jedesmal wenn sie den Deckel des Sarges hoben, lag der Tote vor ihnen und jedesmal, wenn sie den Deckel wieder auflegten, stand er am Fenster. Also trug man die Leiche im offenen Sarg hinaus.

Sonntagskinder wollen gesehen haben, wie der Syndikus, gleich nachdem seine Leiche bestattet worden war, mit dem Kopf unter dem Arm in Richtung Steinbruch davonging, wo er heute noch hin und wieder zu sehen ist.


## 403   Reiterbrunnen

Der kaiserliche General Gallas belagerte im Jahre 1635 die Stadt *Zweibrükken*. Bei einem mißglückten Ausfallversuch der Verteidiger wurde ein Reiter der Zweibrückischen abgeschnitten und verfolgt. Er sprengte durch das sumpfige Wiesental zwischen *Kirrberg* und der *Karlslust*, die Feinde hinter ihm her. Immer kürzer wurde der Abstand. Plötzlich sah der Gejagte vor sich drei weiße Gestalten, die ihm zuwinkten. Noch einmal gab er dem Pferd die Sporen. Als er an die Stelle kam, wo die drei winkten, versanken Roß und

Reiter im Sumpf und kamen nie wieder an die Oberfläche. Die mit Schilf überwucherte brunnenartige Vertiefung erhielt den Namen: Reiterbrunnen.

## 404 Die Kirschen von Tschifflik

Der Polenkönig Stanislaus Leszczińsky verlor Krone und Heimat. Er wurde als Flüchtling in *Zweibrücken* aufgenommen und schuf dort aus einem wenig gepflegten Wald den Park Tschifflik und baute ein Schloß. Es gefiel ihm und seiner Tochter Marie gut in der neuen Heimat. In der Umgebung erzählte man sich von den herrlichen Rosen, die Marie züchtete, und von dem Kirschbäumchen, das sie ganz besonders pflegte. Sie war noch jung, die Marie, als sie schon die Hand zum Ehebund reichen mußte. Sie heiratete den noch jüngeren König Ludwig XV. von Frankreich. Nun mußte sie ein zweites Mal fortziehen, wieder in ein fremdes Land.

Einmal saßen der König und die Königin an der Tafel, als ein fremder Kammerherr eintrat mit einem Teller herrlicher Kirschen, den er der Königin hinreichte mit den Worten: „Dies sendet Ihr Herr Vater. Er hat den Teller selbst gefertigt aus Binsen, die an Tschiffliks Bach stehen, und ihn mit Kirschen von Ihrem Lieblingsbaume gefüllt!" Da freute sich die Königin, gleichzeitig aber setzte das namenlose Heimweh wieder ein. Der König war in blendender Laune, als er sich seiner Gemahlin zuneigte und sprach: „Nimm die Feder, meine Liebe, und tauche sie in den schwarzen Saft dieser Kirsche! Damit schreibe an deinen Vater, daß ich ihm zwar die Krone Polens nicht wieder gewinnen konnte, wohl aber solle ihm die königliche Würde für immer bleiben! Dazu sind ihm als eigenes Land die Herzogtümer Lothringen und Bar übergeben, die jedoch nach seinem Tode wieder mit Frankreichs Krone vereint werden."

Marie dankte ihrem Gatten für diese Entscheidung, flocht aus den Stielen der Kirschen ein zierliches Tellerchen, worauf sie das Schreiben legte, und übergab beides dem harrenden Kammerherrn. So brachte ein Kirschbaum dem Lande Lothringen eine glückliche Zeit, denn Stanislaus regierte mit Güte und großem Wohlwollen. Sein Land kam zu einem bis dahin nicht gekannten Wohlstand.

## 405 „Die Buben hausen"

Herzog Samuel Leopold legte am 18. Juni 1720 den Grundstein zu einem neuen Residenzschloß in *Zweibrücken*. Aus jenen Tagen stammt folgende Sage: Kriege waren über das Land gefegt. Schreckliche Seuchen dezimierten die Bewohner von Zweibrücken und der umliegenden Dörfer. Der Herzog überlegte sich lange, wie er diesem Übelstand abhelfen könne. Schließlich glaubte er die Lösung gefunden zu haben, indem er Tiroler und Schweizer in sein Land rief. Die kamen auch in hellen Scharen. Sie waren willige Arbeiter. In den Steinbrüchen am Bubenhauser Berg brachen sie die Steine für den Neubau. Die Tiroler schlugen gleich bei ihrer Arbeitsstätte Hütten auf, in denen sie auch die Nacht zubrachten.

Andere Menschen — andere Gewohnheiten. Nachdem die Tiroler ihr Tagewerk vollbracht hatten, saßen sie gesellig beisammen, meist vor ihren Behausungen, sangen und machten Musik dazu und tanzten auch einmal. Das war für die Zweibrücker etwas Neues. Sie hörten den Lärm, kamen auch herbei, hörten zu und spendeten Beifall. Doch mit der Zeit gewöhnten sie sich daran und kamen nicht mehr hinaus zu den Steinbrüchen. Wenn aber der Krach bis hinein in die Stadt zu hören war, dann sagte wohl der eine zum anderen: „Hörst du sie wieder? Hörst du, wie die Buben hausen?" So bekam die neue Ansiedlung draußen an den Steinbrüchen den Namen *Bubenhausen*. Warum die Tiroler Buben genannt wurden? Nun, weil sie durchweg kleine Leute gewesen sein sollen.

## 406   „Heute ist der Tag der Rache!"

Bei *Riedelberg* existieren die beiden Gewannennamen „Witzelsäule" und „Bodemsmühle". Sie weisen darauf hin, daß einst zwischen Riedelberg und *Einöderwiesenhof* das Schloß *Witzelsäule* stand, eine gar prächtige Burg mit einem sehr jähzornigen Besitzer. Ihm gehörte auch die *Bodemsmühle* nahe der Burg. Der Pächter der Mühle mußte an den Ritter den Pachtzins abführen, der nicht niedrig bemessen war. Doch in guten Jahren brachte der Müller die Summe zusammen. Da gab es ein Jahr des Mißwachses, und als der Zahltag an den Himmel kam, mußte der Pächter seinen Herrn um Zahlungsaufschub bitten. Er kam aber mit seinem Anliegen an den Falschen, denn kaum hatte der Ritter vernommen, was man da von ihm verlangte, als er im Jähzorn zur Peitsche griff und den Müller samt seiner Familie aus der Mühle trieb und ihnen sogar noch die Hunde nachhetzte. Bitter kalt war es draußen, der Schnee lag knietief. In einem Bauernhof fanden die Flüchtlinge eine kurze Bleibe. Frau und Kind starben dem beklagenswerten Mann weg, weil sie sich eine Erkältung zugezogen hatten.

Rache wollte der Müller nehmen, und sei es erst nach Jahren und koste es auch sein eigenes Leben. Er ließ sich bei den Landsknechten anwerben und kam auf diese Art in der weiten Welt herum. Es war ihm nicht unrecht, daß ihn der Ritter von *Walschbronn,* der mit dem von Witzelsäule wegen Grenzstreitigkeiten übers Kreuz war, als Rittersknecht in Dienst nahm. Offene Fehde brach aus, und der von Walschbronn rückte in einer mondhellen Nacht mit seinen Knechten gegen Witzelsäule vor. Es kam zu erbittertem Kampf, und es sah lange schlecht um die Sache des Angreifers aus.

Da trat der Müller vor den Ritter und sprach: „Ich weiß eine geheime Pforte, durch die wir leicht eindringen und die Burg nehmen können." Leise rückten sie heran, öffneten das Türchen und drangen ein, der Müller vorneweg. Im Schloßhof traf er auf seinen Erzfeind. Mit dem Ruf: „Heute ist der Tag der Rache!" stürzte er sich auf den Witzelsäuler und erstach ihn. Nach und nach wurde die ganze Besatzung überwältigt, die Burg und die Mühle restlos zerstört. Nur spärliche Reste sind heute noch anzutreffen.

# Das Nordpfälzische Bergland

## 407 Der Lapphut

Ein Bergmann aus *Waldmohr* erzählte einmal folgende Geschichte: „Ich hatte Mittagsschicht in der *Bexbacher* Grube. Es dunkelte schon, als ich mich auf den Heimweg machte. Es war mir bekannt, daß der Wald von Waldmohr verrufen war. Deshalb faßte ich auch den Grubenstecken fester. Ich glaubte schon, noch einmal unbehelligt davongekommen zu sein, doch da räusperte sich jemand neben mir. Da ging einer mit einem breitrandigen Hut und langem Mantel. Der Lapphut! Donnerwetter! Wie fuhr es mir da in die Knie! So hatte ich mich noch nie in meinem Leben gefürchtet. Was wollte der Kerl nur von mir? Wenn er doch den Mund aufgetan hätte! Er tat mir nicht den Gefallen. Ich lief, doch er blieb bei mir, ohne seine Schritte zu beschleunigen. Am Wegkreuz sank ich nieder, ganz einfach deshalb, weil mich meine Beine nicht mehr tragen wollten. Ich schickte ein Stoßgebet zum Himmel. Kaum war es über den Lippen, als mich ein eiskalter Wind streifte, obwohl wir im Hochsommer lebten. Eine feurige Kugel sauste durch die Luft und zerplatzte über den Bäumen. Ich suchte, so schnell es gehen wollte, nach Hause zu kommen." „Mein lieber Freund!" sprach da der Nachtwächter, „du kannst von Glück reden, daß du ohne jeden Schaden diese Begegnung überstanden hast. Ich weiß von vielen, denen der Lapphut über den Weg lief, die nicht wie du ungeschoren blieben."

## 408 Der Geist kann keinen Spott ertragen

Ja, der Lapphut war nicht einerlei! Das merkte ein Bergmann aus *Brücken*, der, vom Militär heimgekehrt, über den Geist spottete. Mehrere Knappen waren auf dem Heimweg und sahen in einer Wirtschaft in *Kübelberg* noch Licht. Der ehemalige Soldat trat ein, um noch geschwind einen Becher Bier zu sich zu nehmen. Die anderen gingen weiter.
Als er die Gasstätte verließ, war es draußen so nebelig, daß er die Straße verfehlte und in den Graben stolperte. Da sprang ihm etwas auf den Rücken und forderte: „Nun lauf, wenn dir dein Leben lieb ist!" Was half das Schreien um Hilfe? Es verhallte ungehört. Er spürte eine Faust im Nacken, daß ihm die Knie weich wurden. „Stehe auf", rief der unheimliche Gast, „oder ich drehe dir den Hals herum!"

So lief der Spötter und lief, bis er halb ohnmächtig zusammensackte. „So, nun kannst du wieder über den Lapphut spotten!" Ein Hohngelächter, und der Geist war verschwunden. Der Bergmann aber trug ein schwaches Herz und graue Haare davon. Er lästerte nie mehr.

## 409  Der Fillerhannes

In der *Klingenmühle* zwischen *Kübelberg* und *Schmittweiler* lebte eine wunderschöne Müllerstochter. Die Burschen der umliegenden Dörfer verdrehten die Augen, wenn sie das Mädchen sahen. Besonders der Fillerhannes aus *Dittweiler* war ein häufiger, gar zu häufiger Gast in der Mühle. Die Maid aber wollte nichts von ihm wissen und heiratete einen anderen.

Die Ehe war glücklich, doch der Hannes umschlich weiterhin die Mühle und sann auf Rache. Er war ganz heruntergekommen, hielt nichts mehr auf sein Äußeres und versuchte durch Schnaps seine Gefühle zu unterdrücken. Und das hätte er nicht tun sollen, denn der Alkohol, zu reichlich genossen, verführt den Menschen zu Taten, die er hernach oft bitter zu bereuen hat.

In Kübelberg war Kirchweihe. Der Müller ging voraus, weil die Frau des Hauses mit ihren Arbeiten noch nicht ganz fertig war. Da stieg der Hannes in die Mühle ein und ermordete die Geliebte.

Er findet deshalb heute noch keine Ruhe. Er springt dem Wanderer in nächtlicher Stunde auf den Rücken und läßt sich von ihm tragen. „Der Fillerhannes wiegt schwerer als zwei Zugochsen", sagen die Dörfler.

## 410  Der Warner

In der *Wellesweiler* Grube erschien des öfteren der „alte Mann", der die Kumpels vor nahenden Wettern warnte. Die Jugend hielt die Rede davon für ein Hirngespinst der älteren Bergleute, bis einmal einer tatsächlich den Warner sah, wie er an ihm vorbeischritt mit eisgrauem Bart und einer Grubenlampe, die einen seltsamen, bläulichen Schein warf.

Und wirklich, bald danach wäre es zu einem Unglück gekommen, wenn die ablösende Schicht nicht gewarnt worden wäre. Derjenige, der den „alten Mann" gesehen hatte, stammte aus *Kübelberg.*

## 411  Ein welkes Nußbaumblatt

Hexen sollen früher ihr Unwesen getrieben haben. Niemand war vor ihnen sicher, nicht einmal der Säugling in der Wiege. Ihm saugte die Hexe das Blut aus der Brust. Da half kein Weihwasser und auch keine geweihte Kerze.

Das wußte der Bauer in *Kübelberg* sehr wohl, doch wollte er es auf keinen Fall dulden, daß seinem Jungen solches widerfahre. Er ging dem Teufel vor die Schmiede, wenn es sein mußte; so kannten ihn die Dorfbewohner.

In drei aufeinanderfolgenden Nächten wurde er durch den herzzerreißenden Schrei seines Jüngsten aus dem Schlafe aufgeschreckt. Für ihn stand fest: eine Hexe plagte das Kind! Also hieß es Augen und Ohren offenhalten. In den nächsten Nächten schlief der Junge durch, und der Bauer glaubte schon, die fürchterliche Gefahr sei vorüber.

Seine Frau legte gerade den Kleinen zu Bett, als ein Windstoß ein unscheinbares, welkes Nußbaumblatt hereinwehte. Der Bauer ließ es nicht aus den Augen, und als das Gesinde zur Ruhe gegangen war, nahm er es zwischen die Finger, besorgte hastig Hammer und Nagel und heftete das Blatt an den Stollen der Bettlade.

Um Mitternacht erwachte der Bauer durch ein lautes Stöhnen, das aus dem Zimmer des Kleinen kam. Flugs verließ er das Bett und eilte zu seinem Kind. Der Junge schlief friedlich, ein Lächeln auf den Lippen. Vor dem Bett aber lag ein Weib, und im Schein der Laterne erkannte der Bauer die Frau des Abdeckers. Sie galt schon seit langem als Hexe, aber niemand konnte ihr etwas nachweisen. Nun hatte sie der Bauer erwischt. Mit dem linken Ohr war sie an der Bettstatt angenagelt und konnte deshalb nicht entkommen. Sie endete auf dem Scheiterhaufen.

## 412  Burg und Dorf Steinbrück

Zwischen *Steinbach* und *Brücken* lagen einst Burg und Dorf *Steinbrück*. Beide gingen im Dreißigjährigen Krieg unter. Als die Burg belagert war und jede Rettung der Besatzung aussichtslos schien, da versenkte der Burgherr die goldene Wiege, in der auch er einst lag, in den Brunnen, damit sie nicht in die Hände der Feinde fiele.

Die wenigen Bewohner des Dorfes, die Plünderung, Brandschatzung und das Morden überstanden, bauten neu auf, die einen nördlich ihres Dorfes, die anderen südlich davon. Aus Steinbrück wurden die beiden Dörfer Steinbach und Brücken.

Zur Mittagszeit zeigte sich fortan die Wiege an der Oberfläche des Wassers im Brunnen. Heute soll sie nur noch alle sieben Jahre sichtbar werden, und nur Sonntagskinder haben das Glück, sie zu sehen.

## 413  „Schallt vom Kirchturm ‚eins' herab"

Selbstmörder sind von einem bösen Geist besessen, behaupteten unsere Vorfahren. Sie dürfen deshalb nicht dort beigesetzt werden, wo diejenigen liegen, die ihren Lebenskampf bis zum Ende gekämpft haben. Draußen vor der

Mauer, in ungeweihter Erde warten sie auf das letzte Gericht. Sie versammeln sich des Nachts zu großen Gelagen, bei denen der Satan die Regie führt.

Ein solcher Festplatz liegt auf der Wiese am „Sempter Eck" bei *Dittweiler*. Hier treffen sie sich, der eine mit dem Dolch im Herzen, der andere mit dem Strick am Hals, der dritte aufgedunsen vom Gift, das seinem Leben ein Ende setzte. Alle erscheinen, wie sie vom Leben Abschied nahmen. Und der Teufel hebt den Schürhaken und gebietet Ruhe und spricht:

> „Laßt uns heute lustig sein!
> Liegt man doch jahraus, jahrein
> mäuschenstill im Kämmerlein.
> Jeder soll hier treu erzählen,
> was ihn weiland hergebracht,
> wie gehetzt, wie zerfetzt ihn die tolle Lebensjagd!"

Da stehen sie auf, einer nach dem anderen und erzählen von ihrem Ende, und nach jeder Rede erhebt sich wüstes Geschrei, und der glühende Wein in ausgebohrten Kuhklauen rinnt durch die Kehlen. Ein schreckliches Fest, wie es nur der Satan ausklügeln kann! „Doch schallt vom Kirchturm ,eins' herab, da stürzen die Geister sich heulend ins Grab." Jedes Jahr aber soll sich die Gesellschaft, die da feiert, um einige vermehren.

## 414   „Ette, mach's Buch zu!"

Zwei arme Handelsjuden aus *Börsborn* hörten eines Tages von einem reichen Sohn Israels, daß an einer gewissen Stelle auf der *Heidenburg* bei *Oberstaufenbach* eine große Kiste Geldes vergraben liege. Also machten sich am nächsten Morgen die beiden, zusammen mit dem Sohne des einen Juden, auf den Weg über den Glan hinüber. Einen ganzen Tag lang arbeiteten sie, daß ihnen der Schweiß aus den Poren lief. Am Abend stießen sie tatsächlich auf die Kiste. Die Freude war groß. Man vergaß aber nicht, dem Herrgott für den Fund zu danken. Darüber wurde es spät.

„Daß mir ja keiner den Mund auftut, wenn die Geisterstunde anbricht", befahl der älteste Jude. Um Mitternacht erhob sich ein mächtiger Sturm. Ein imposantes Schauspiel bot sich den Schatzgräbern, denn da rollte eine rote Kutsche heran, die von zwei herrlichen Rappen mit silberbeschlagenem Geschirr gezogen wurde. Drinnen im Wagen saß ein großer Mann mit feurigen Augen. Der junge Jude sah ihn, und die Gänsehaut kroch ihm den Rücken hoch. „Ette (Vater), mach's Buch zu!" schrie er. Da verschwand das Gefährt in dem ausgeschaufelten Schacht und mit ihm auch die Kiste. Ein Heulen und Wehklagen erfüllte die Luft und eine Stimme rief: „Ihr habt mich nicht erlöst, also muß ich weitere sieben Jahre um den Berg fahren!" Die Juden aber zogen enttäuscht ab.

## 415 Die vergrabenen Glocken

Auf den Kirchenäckern bei *Krottelbach* stand einmal eine Kirche. Als die Feinde anrückten, versenkten die Bewohner des Dorfes die Glocken in einem Brunnen am Rande des Waldes. Der Krieg wischte manches Menschenleben aus, so daß bei Friedensschluß niemand mehr da war, der den Zufluchtsort der Glocken gekannt hätte.

Sie läuten aber heute noch tief in der Erde zu bestimmter Stunde am Sonntag. Nur Sonntagskinder hören sie.


## 416 Der Alte mit den Ketten

Es gibt Geister, die den Holzfrevel bestrafen, oder die Menschen von diesem Diebstahl abzuhalten wissen. Das merkten zwei Männer aus *Wahnwegen*. Sie gingen am Abend hinaus in den Wald, um sich etwas Holz zu besorgen. Kaum hatten sie ihr Bündel auf den Rücken geladen, als hinter ihnen ein Mann auftauchte, der eine Menge Ketten nach sich schleifte. Da machten sie, daß sie nach Hause kamen. Am nächsten Tag lag ihr Holz noch an der Stelle, daneben aber türmte sich ein großer Haufen Ketten. Der Alte aber war verschwunden.


## 417 Pferdskopf

Ein Bauer aus *Langenbach* südwestlich von *Kusel* pflügte seinen Acker in glühender Mittagshitze. Das gab Durst. Er ließ die Pferde stehen und ging zur nahen Quelle am Waldesrand. Als er sich niederbückte, um zu schöpfen, da öffnete sich die Erde und eine Kiste, in der ein Schlüssel stak, tauchte auf. Wenn der Teufel persönlich auf ihn zugekommen wäre, hätte er nicht ärger erschrecken können. Spornstreichs rannte er zu seinem Gespann und ackerte weiter.

Der quälende Durst ließ ihn jedoch bald die Angst und den Schrecken vergessen. Wieder ging er hin. Da sah er einen Pferdekopf mit weit offenem Rachen. Das war zuviel. Die Pferde an den Wagen spannen und den Ort eiligst verlassen, war eins. Daheim zog der verängstigte Bauer seinen besseren Anzug an und ging zum Pfarrer nach *Konken*. Der kannte die geheimnisvolle Stelle schon längst: „Du hättest drei Brotkrümchen neben die Quelle legen und die drei höchsten Namen aussprechen sollen, dann wärest du jetzt der reichste Bauer weit und breit. Nun aber ist es zu spät." Der Pfarrherr lehrte den Bauern schnell ein Gebet, das er jedesmal verrichten solle, wenn er in Gefahr käme. Tags darauf pflügte er einen Acker fertig. Auch dieses Mal erschien die Kiste, aber ohne Schlüssel. Schnell kniete er nieder und betete das

Sprüchlein. Da verschwand die Kiste und wurde seitdem nicht mehr gesehen. Der Ort, der mitten in der Gewanne „Hirschacker" liegt, heißt heute noch „Pferdskopf".

## 418 Die weiße Frau und der Pfarrer

Auch der Pfarrer in vollem Ornat wurde schon auf der Brücke gesehen. Er liest in einem Brevier und schwebt von einem Ende des Überganges bis zum anderen, denn er hat keine Füße. Mit einem weithin klingenden Kettengerassel erscheint neben ihm die weiße Frau, die Hände mit schweren Ketten gefesselt. Auf den Armen trägt sie ein Kind. Es ist ein Bild des Jammers, wie sie das Kind ans Herz drückt und dabei laut weint. Wenn es vom Kirchturm in *Konken* ein Uhr schlägt, lösen sich die Gestalten in nichts auf.

## 419 Im Fegefeuer

Ein Jude, der ein nicht ganz reines Gewissen hatte, wollte einmal des Nachts über die Seufzerbrücke östlich *Ehweiler*. Mitten auf der Brücke blieb sein Gaul stehen und ließ sich nicht mehr dazu bewegen, einen Schritt voran zu tun. Dem Juden wird es heiß, nicht nur weil ihm die Angst im Genick hockt, sondern weil auch von allen Seiten Flammen auf ihn einschlagen. Ein fürchterliches Kettengerassel übertönt das Prasseln des Feuers.
Erst als die Geisterstunde vorüber war, konnte der Jude den Ort seines Fegefeuers als besserer Mensch verlassen.

## 420 Ein unheimlicher Begleiter

In einer stürmischen Winternacht ging ein Mann aus *Konken* über die Brühlsbrücke. Da schlich sich aus dem nahen Gestrüpp ein großer, schwarzer Hund heran. Ohne einen Laut von sich zu geben, begleitete er den Wanderer und versuchte immer wieder den Mann von der Straße abzubringen. Doch der blieb auf dem Wege und tat auch nichts gegen den Hund. Und das war sein Glück.
Als er nämlich daheim von seinem unheimlichen Begleiter erzählte, da machten seine Zuhörer ganz erschrockene Gesichter, und einer sagte: „Du hast Glück gehabt. Wenn du dem Drängen des Hundes nachgegeben und von der Straße ins Feld gegangen wärest, oder wenn du den Hund geschlagen hättest, dann stündest du jetzt nicht hier. Ich weiß das bestimmt, denn vor vielen Jahren schlug ein Mann den Hund und ist ihm dann nachgerannt. Er ist nie wiedergekehrt."

## 421 Das riesengroße, graue Pferd

Der Müller von *Schellweiler*, der mit seinem Sohn und einem Nachbarsbuben in *Ehweiler* Besuch gemacht hatte, ging spät abends über die Seufzerbrücke. Da fingen die Knaben plötzlich an zu schreien und zu winken. Der Müller konnte sich mit dem besten Willen das Verhalten der Buben nicht erklären, denn er sah nirgends eine Gefahr. Er wäre ihr auch mannhaft begegnet, denn er scheute sich vor niemand. Schnell nahm der Mann die Buben auf die Arme und trug sie davon. Daheim lagen sie in ihren Bettchen, und keiner konnte reden, so sehr saß ihnen der Schreck noch in den Gliedern. Erst gegen Morgen erzählte der ältere: „Vater, sahst du denn nicht das riesengroße, graue Pferd, das mit weit aufgerissenem Maul auf uns los kam? Es spie Feuer wie ein Drache und schlug mit den Hufen nach uns. Wir glaubten, unser letztes Stündchen habe geschlagen."

## 422 Kloster Wyrsweiler

In der Lichtenberger Amtsbeschreibung lesen wir: „Im Osterthall über dem Dorf Saal liegt ein rond Weltgen, das Ortte gefell genannt, davon sagt man für wahrhaftig, daß beim selben Weltgen solle ein herrlich schön Kloster gestanden haben, welches untergegangen und in Abgrund versunken ist von wegen des gottlosen und heillosen Lebens, so sie im selben Kloster geführet haben und ist noch heutigen Tages daselbst wohl zu sehen, daß es nicht ohn ist; es muß ein groß Gebäu do gewesen sein, weil der Begriff der Gruben, darein es gesunken, so weitläufig und groß ist. Es ist noch des Orts fast unheimlich und nicht gut doselbst bei Nacht zu wandern, denn die bösen Geister sich bisweilen sehen und mit Geschrei verlauten lassen."
Im Ostertal bei *Niederkirchen* soll tatsächlich das Kloster *Wyrsweiler* gestanden haben. Es wurde gegründet von drei Schwestern, die auch die Kirchen in Niederkirchen, *Oberkirchen* und *Konken* schufen. Sie nahmen den Schleier, nachdem ihre drei Geliebten vom Kreuzzug nicht mehr heimgekehrt waren. Durch große Schenkungen wurde das Kloster sehr reich, und dies bedeutete seinen Untergang. Die Nonnen hielten sich nicht mehr an die klösterlichen Regeln. Eines Abends — man rüstete gerade zum Advent — da zog es von Westen heran, erfüllte die Luft mit angsterregendem Brausen, dichte Nebel breiteten sich aus und erschwerten das Atmen. Hinter dem Nebelvorhang vollzog sich die Tragödie. Als er sich verzog, war das Kloster verschwunden, nur der Kessel auf dem Bergvorsprung erinnerte an einstige Pracht.

## 423 Heilendes Wasser

In *Diedelkopf* bei *Kusel* steht auf einem Gedenkstein zu lesen: „Von Gottes Gnaden Johannes, Pfalzgraf bey Rheyn, Herzog von Bayern, Graf zu Veldenz und Sponheim hat diese Salzsod mit gutem Bedacht aufgefangen und dies Thor bawen lassen. Anno 1597." Demnach mußte Diedelkopf also einmal ein Bad gewesen sein. Wie es entstand? Die Sage gibt uns Auskunft.

Einst befand sich Pfalzgraf Johann von der *Lichtenburg* an einem heißen Sommertag auf der Jagd. Da befiel ihn plötzlich ein heftiges Fieber. Er stieg vom Pferde mit brennender Kehle. Nirgends gab es Wasser, denn die Sonne hatte den Bachlauf ausgetrocknet. Was hätte er um einen einzigen Schluck Wasser gegeben! Da brach ein Hirsch durchs Unterholz und nahm seinen Weg zu einer Quelle. Der Graf sah es ganz genau, wie sich das Tier am Wasser labte. Mit letzter Kraft schleppte er sich hin und trank und trank. Das Fieber war mit einem Schlag vorbei. Aus Dankbarkeit ließ der Burgherr die Quelle fassen und in einen Brunnen verwandeln.


## 424   Beim ersten Hahnenschrei

„Wenn's nicht anders geht, dann soll mir eben der Teufel helfen", meinte ein armer Tagelöhner aus dem oberen *Glantal*. Er war arm wie eine Kirchenmaus, und was er aus seinen paar Äckerchen erwirtschaftete und als Tagelohn nach Hause brachte, reichte kaum für das tägliche Brot, geschweige denn für ein bescheidenes eigenes Häuschen. Und gerade daran hing sein Herz. Das wußte der Teufel. Er besuchte den Tagelöhner, als er wieder einmal recht niedergeschlagen dem Dorf zustrebte. „Gib mir deine Seele, und ich verspreche dir, daß bis zum ersten Hahnenschrei dein neues Haus draußen am Ortseingang auf deiner Wiese stehen wird!" „Was geschieht aber", meinte der Taglöhner, „wenn das Haus bis zum festgesetzten Termin nicht fertig ist?" „Dann ist unser Vertrag nichtig, und du kannst den Bau fertigstellen."

Als der Tagelöhner einschlug, blitzte der Schalk aus seinen Augen. Sofort ging der Teufel ans Werk. Es war eine Wonne zuzuschauen, wie die Mauern wuchsen, wie der Dachstuhl im Nu aufgeschlagen war. Ziegel reihte sich neben Ziegel. Der neue Tag kündigte sich an, als der Teufel vom Dache rief: „Ich schaffe es; noch bevor der erste Hahn kräht, wird das fertige Haus dir gehören!" Der Tagelöhner sah, daß nur noch drei Reihen Ziegeln zu legen waren, da fing er an zu krähen, so laut er konnte, und alle Hähne in der näheren Umgebung fielen ein.

Der Teufel sah sich betrogen. Er stieß einen fürchterlichen Fluch aus und verschwand in einer dichten Schwefelwolke.


## 425   Des Nachts um die zwölfte Stund'

Nahe beim Dorf *Wahnwegen* lag einst ein Hof, über den der Krieg ging. Ruinen blieben übrig, rußgeschwärzte Mauerreste! Die Bewohner starben durch Mörderhand. Nur ein Kind und ein junges Geißlein sollen die Tage voller Schauder überlebt haben. Aber niemand hat sie zu Lebzeiten je gesehen. „Des Nachts um die zwölfte Stund'" hört man das Meckern des Zickleins und vernimmt das Weinen des armen Kindes.

## 426   Gelbe Ameisen

Früher machte man sich keine Gedanken darüber, welcher Bodenbelag für die einzelnen Zimmer gewählt werden sollte. Man fuhr ganz einfach Lehm an, breitete ihn aus und stampfte ihn. Auch Steinplatten standen hoch im Kurs. Auf der *Lichtenburg* war das nicht anders. In der guten Stube des Amtshauses lagen einige Steinplatten um den Ofen herum. Eines Tages kroch eine Unmenge gelber Ameisen aus den Fugen zwischen den Platten heraus. Die Überraschung war groß bei den beiden alten Leuten. Sie fuhren von den Stühlen hoch, so schnell wie es die alten Glieder noch zuließen, knieten sich nieder und wollten die Tierchen in die ausgebreitete Schürze fegen, doch es gelang ihnen nicht. Keine einzige Ameise ließ sich greifen, weshalb auch der Opa schrecklich zu fluchen begann. Mit einem Schlag waren die Ameisen verschwunden; der Fluch hatte sie vertrieben. Hätte sich der alte Mann beherrschen können, die Tier wären dann zu purem Gold geworden, und die beiden hätten für ihre letzten Jährchen ausgesorgt gehabt. Was half die Reue? Die einmalige Gelegenheit war vorüber, nutzlos verstrichen. Die Ameisen zeigten sich nie wieder, nur war zu bestimmter Zeit ein Licht über den Steinplatten zu sehen.

## 427   Ein Fingerchen gab Auskunft

Der Aberglaube war bei unseren Altvordern weit verbreitet. Er trieb stellenweise seltsame, ja tödliche Blüten. Ob wir heute völlig frei von Aberglauben sind? Wir bilden uns immer ein, moderne Menschen zu sein, trotzdem erwischen wir uns hin und wieder bei einem Aberglauben, den wir längst überwunden wähnten. Wir lächeln beispielsweise darüber, daß man früher fest davon überzeugt war, Dämonen mit viel Lärm verscheuchen zu können. Uns graust es aber, wenn wir hören, daß ein Finger eines noch nicht geborenen Kindes Aufschluß geben könne, ob zur Nachtzeit die Bewohner eines Hauses schliefen oder nicht. Brannte das Fingerchen, so konnte man den Einbruch wagen, verlosch es aber, war es nicht ratsam einzusteigen, denn irgend jemand war dann noch wach.
Eine Räuberbande wollte einst um jeden Preis in den Besitz eines solchen Fingerchens kommen. Nun wohnte in der Nähe von *Thallichtenberg* bei der *Lichtenburg* in einer halbzerfallenen Hütte ein Schäfer mit seiner Frau, die schwanger war. Sie war das Ziel der wilden Horde. In einer stürmischen

Nacht drangen die Räuber ins Haus und handelten mit dem Schäfer den Preis für seine Frau aus. Es war ein Judaslohn, und deswegen mußte der Schäfer nach seinem Tode umgehen. Er zeigte sich als Hund mit feurigen Augen oder als schwarzes Kalb. Irgendeine mitleidige Seele muß ihn wohl erlöst haben, denn er wurde schon seit langer Zeit nicht mehr gesehen.

## 428    Verpaßte Gelegenheit

Das Streben nach Glück und Reichtum ist ein legitimes Recht des Menschen. Er versucht auch außerhalb des normalen Gelderwerbs über seinen Beruf zusätzliche Möglichkeiten zu erschließen, die ihm in Lotto und Toto, in der Lotterie, in Spielbänken usw. angeboten werden. Im geheimen hofft der Mensch immer, an überraschenden Reichtum heranzukommen. Schatzgräber gibt es nicht erst heute.

Einstmals träumte die Frau des Wendel Loch, daß unter dem Palas der *Lichtenburg* ein Goldschatz begraben liege. Er sei mit Hilfe des Teufels dort versteckt worden, der ihn auch in der Gestalt eines großen Hundes bewache. Sobald man zu graben anfinge, würde der Hund sich zähnefletschend und laut bellend nähern. Derjenige, der trotzdem weiter nach dem Schatz grabe, ohne Angst, könne ihn auch heben.

Also machte sich am nächsten Tag der Wendel mit zwei Freunden an die Arbeit. Mühsam schaufelten sie eine weite, tiefe Grube und wollten schon aufgeben, als sie auf eine Steinplatte stießen. Mit neuem Eifer gruben sie weiter, bis sie plötzlich deutlich das Bellen eines Hundes aus der Tiefe vernahmen. Erschrocken hielten sie inne, das Bellen wiederholte sich. Da griffen sie nach ihren Schaufeln und flüchteten, als sei der Teufel hinter ihnen her. Zu Hause erinnerten sie sich, daß sie den Schatz doch hätten heben können, wenn sie ohne Furcht weitergegraben hätten. Sie gingen erneut ans Werk, ergebnislos, denn sie hatten die einmalige Chance nicht genützt.

## 429    Eine gute Idee ist eine Burg wert

Im Jahre 1635 wurde die Burg *Lichtenberg* von Kroaten belagert. Die einzige Möglichkeit, die Feste zu nehmen, lag auf der Ostseite, dem Dorf *Körborn* zu, denn an allen anderen Seiten wehrten dicke Ringmauern und Felsen jedem Angriff. Die Kroaten waren mehr als einmal schon zum Sturm angetreten, doch jedesmal ohne Erfolg. Also verlegte man sich auf Aushungern.

Es sah lange so aus, als sollten die Belagerer zum Ziel kommen, denn es war ihnen gelungen, die Wasserzufuhr für die Burg abzuschneiden. Nur noch drei Schweine saßen in einem Stall auf der Burg. Die Situation war aussichtslos, sie sollte aber durch List wesentlich gebessert werden. Die Verteidiger ließen die Schweine auf dem Wall spazierengehen und warfen Knochen vor die Füße der Kroaten. Siehe da, sie gaben es auf, die Feste auszuhungern und zogen ab.

## 430  „Komm' mit!"

Als die *Lichtenburg* noch bewohnt war, kam eines Tages eine junge hübsche Zigeunerin zum Brunnen. Der Sohn des Grafen von der Lichtenburg ritt abends spät am Brunnen vorbei. Plötzlich scheute das Pferd und warf den Reiter ab, der sich dabei arg weh tat. Die Zigeunerin eilte herbei und leistete Erste Hilfe. Sie führte den Grafensohn auch bis zum Tor der Burg, nachdem er sich einigermaßen erholt hatte. Dem Vater war es klar, daß die Zigeunerin nicht ganz unschuldig an dem Sturze war, daß da geheime Kräfte mitspielten, und daß die Helferin irgend etwas im Schilde führte, vielleicht sogar Böses. Er schimpfte kräftig und war sehr verwundert, als der Sohn die „Hexe" sogar noch in Schutz nahm.
Täglich ritt nun der junge Graf an den Brunnen und gewann die Schönheit lieb und wollte sie heiraten. Das erfuhr der Vater. Eine Zigeunerin Gräfin von Lichtenburg? Unmöglich! Da mußte etwas unternommen werden! Aus den Augen, aus dem Sinn, dachte der Graf und bestimme gleich sieben seiner Knechte, die die Zigeunerin beseitigen sollten. Sie schlichen heran und überwältigten das wehrlose Weib und warfen es hinab in den Brunnen.
Ahnungslos kehrte am Abend der Sohn zurück und wunderte sich, die Geliebte nicht am Brunnen zu sehen. Er stieg ab und hörte, wie es aus dem Brunnen rief: „Komm' mit!" Der Ruf wiederholte sich. Als der junge Reiter sich über den Brunnen beugte, glaubte er die Geliebte zu sehen und meinte von ihr gerufen zu werden. Ohne Besinnen sprang er hinab.
Seitdem vernehmen Leute, wenn sie um Mitternacht am Brunnen vorbeikommen, das sehnsüchtige „Komm' mit" der Zigeunerin.

## 431  „Im Bruderwald lag ich begraben"

Im Dreißigjährigen Krieg wollten die Bewohner von *Altenglan* ihre Glocke nicht in die Hände der Feinde fallen lassen. Sie schleppten sie deshalb in den Bruderwald und bedeckten sie mit dem Laub der Bäume.
Jahre zogen ins Land, immer noch wütete der Krieg. Die Bewohner starben oder wurden vertrieben. Als endlich die Waffen ruhten, da wußte niemand mehr von der Glocke und ihrem Versteck.
Eines Tages hütete ein Schweinehirt seine Herde im Bruderwald und siehe da, ein Schwein wühlte die Glocke ans Tageslicht. Darüber herrschte große Freude in der Gemeinde. In festlichem Zuge wurde die Glocke heimgebracht; doch bevor man sie in den Turm hängte, grub man die Worte in ihren Mantel: „Im Bruderwald lag ich begraben, ein Schwein hat mich heraus-

gegraben. Sie luden mich auf en halben Wage(n) und fuhren mich nach Altenglan."

## 432 Zweierlei Rehböcke

Das Dorf *Blaubach* nördlich *Kusel* feiert alljährlich seine „Reweschnitterkerwe". Weshalb die Kirchweihe einen solchen Namen erhielt, soll erzählt werden. Es sei noch vorausgeschickt, daß es nicht die Blaubacher waren, die ihrer Kerwe diesen Namen gaben.

Das Dorf zählte früher zum Herzogtum Zweibrücken. Eines Tages kam die herzogliche Order, daß möglichst bald ein Rehbock abzuliefern sei, wollte man nicht die Gunst des hohen Herrn verscherzen. Da die Blaubacher großen Wald hätten, sei die Lieferung des Tieres durchaus zuzumuten, meinte der Bote. Die Blaubacher waren nun keineswegs erbost. Oh, nein, sie fühlten sich sogar am Bart gekitzelt, weil sie für würdig befunden wurden, dem Herzog einen Rehbock zu liefern. Was sie mit besonderem Stolz erfüllte, war die Bemerkung des Kuriers, daß sie doch einen ausgedehnten Wald besäßen. Also wußte der Herzog um ihre Güter. Außerdem freuten sie sich, daß sie dem hohen Herrn auf diese Weise Dank sagen konnten für die erst kürzlich eingetroffene Erlaubnis, eine eigene Kerwe halten zu dürfen.

Kaum hatte der Bote dem Dorf den Rücken gekehrt, als der Büttel durch die Straßen ging und alle Bürger auf die Ratsstube lud. Dort wurde den erstaunten Bewohnern geraten, sofort auszuschwärmen und besagtes Tier herbeizubringen. Man strömte zum Gemeindewald und suchte — und fand. Einen besonders großen Rehbock sogar. Der Schulz und zwei angesehene Bürger warfen sich in ihren Sonntagsstaat und machten sich auf die Reise.

Als sie die herzogliche Kanzlei betraten, war zufällig der Herzog höchstpersönlich zugegen. Der Schulz aber hatte eine Rede an den Herrn Kanzleirat vorbereitet und stand nun da wie das Kind vor dem Dreck. Einen Satz brachte er doch noch zuwege: „Durchlauchtigster Landesvater! Indem daß wir Bürger von Blaubach treue Untertanen sind und den Befehl erhalten haben, einen Rehbock abzuliefern, haben wir einen gefangen und legen ihn Eurer Durchlauchtigsten Hoheit untertänig in die Hände!" Er gab dem Herzog eine kleine Holzschatulle hin, die mit einem Bastband umwickelt war. Der hohe Herr stutzte und wußte nun nicht recht, ob er sich freuen oder ärgern solle. Zum Kanzleirat gewendet, sprach er: „Nehm Er einmal das Ding ab, und schaue Er nach, um was für einen Bock es sich da dreht!" Der öffnete die Schachtel und ein Hirschkäfer ward sichtbar. Der Herzog kannte die Landessprache und redete die Abgesandten freundlich an: „Nehmt meinen Dank entgegen. Wie wäre es, wenn ich euch Hörner in euer Wappen setzen ließe?" Der Schulz wehrte ab und meinte, die Blaubacher hätten zu danken, weil sie eine eigene Kirchweih feiern dürften. Die Abgeordneten wurden in Gnaden entlassen.

Von dem Rehbock sprach keiner mehr. Der gute Wille ist den Blaubachern nicht abzusprechen, denn bei ihnen heißt halt ein Hirschkäfer Rehbock oder Reweschnitter. Und so bekam auch die Kerwe ihren Namen von den Bewohnern der Nachbardörfer, die sich eins ins Fäustchen lachten, und der Herzog wahrscheinlich auch.

## 433  Das Glück stand vor der Tür

Der große Krieg war zu Ende gegangen. Nicht in alle Winkel des Landes war die frohe Kunde gedrungen. So auch nicht nach *Bedesbach,* wo nur noch ein einziges Haus stand. Zwei alte Leute bewohnten es. Allabendlich saßen sie auf der Bank vor der Hütte und warteten auf den Sohn, den ihnen der Krieg geraubt.

Eines Tages bemerkten sie, wie sich auf der Straße von *Kusel* her ein Mann näherte. Auch er mußte sie schon erkannt haben, denn schneller wurden seine Schritte. Durch viele bittere Erfahrungen mißtrauisch geworden, zogen sich die beiden Alten zurück. Der Mann näherte sich dem Haus und wollte eintreten. Doch alle Türen blieben verschlossen. Einen ganzen Tag und eine lange Nacht blieb er bei dem Haus. Er klopfte und rief, aber niemand gab ihm Antwort.

Am nächsten Morgen schritt er durch die leeren Dorfstraßen. Niemand begegnete ihm, und niemand gab ihm die gewünschte Auskunft. Eine zweite Nacht brachte er auf der Steinbank vor dem Elternhaus zu. Er hatte doch die beiden Alten gesehen! Oder war es nur ein Wunschbild, das ihm seine Phantasie vorspiegelte? Am nächsten Morgen machte er sich auf, enttäuscht und traurig.

## 434  Der Wolfsfels

Im *Steinalbtal,* nicht weit von *Ulmet,* ragt aus einer Wiese der Wolfsfels. Er erhielt seinen Namen damals, als hier noch Wölfe hausten. Eine der Bestien verfolgte einmal ein Reh, das über den Felsen hinaussprang und sich unversehrt in Sicherheit bringen konnte. Der Wolf setzte nach und stürzte sich dabei zu Tode. Er soll unter dem Felsen begraben liegen.

## 435  Hahnenschrei, Wachtelschlag, weiße Lilie

Nördlich von *Kusel* liegt die *Steinalb,* auf deren Ostseite eine Höhle zu sehen ist, die das Volk die Wildfrauhöhle nennt. Die Hunnen zogen nach der Schlacht auf den Katalaunischen Feldern durch dieses Gebiet und ließen eine

Wildfrau zurück, die sich in der Höhle wohnlich einrichtete. Sie ernährte sich von Wurzeln und Kräutern, von rohem Tierfleisch, ja selbst von kleinen Kindern, die sie auf ihren nächtlichen Raubzügen stahl. Ungeheuer groß war sie und schrecklich anzusehen. Sie trug Felle von Tieren, unter denen ein langes Messer und eine mächtige Keule verborgen waren. Rabenschwarzes Haar fiel ihr über die Schultern, die Augen konnten einem Furcht und Schrecken einjagen. Die Höhle verschloß sie mit einem riesigen Felsblock, den selbst viele Männer nicht von der Stelle bewegen konnten. Wölfe und wilde Tiere erlegte sie genauso leicht wie den Hirsch oder das scheue Reh. Das Fleisch kleiner Kinder aß sie am liebsten. Die Dörfer des Glantales mußten mehr als einmal ihren Besuch dulden. Schrecklich ertönte ihr Ruf durch die Nacht: „Ho! Ho! Die Wildfrau ist dooooo!" Über die Dächer gelangte sie in die Häuser der armen Leute und raubte die Kinder aus der Wiege.

In einer Nacht zog sie nach *Rathsweiler,* stieg durch den Kamin ein und nahm das erst einige Tage alte Kind mit. Als es Tag wurde, verfolgten die bedauernswerten Eltern die Spur der Unholdin und kamen bis vor die Höhle. Drinnen schrie ihr Kind. Die Wildfrau erschien und ließ sich auch nicht durch die Tränen der Eltern erweichen. Sie zerriß das Kind und warf es ihnen vor die Füße. Welch ein Jammer, welch eine Klage! Schon in der folgenden Nacht war der Schrecken des Tales wieder unterwegs, dieses Mal wieder nach Rathsweiler, wieder zum selben Haus. Durch den Rauchfang stieg die Wildfrau ein, trat in das Schlafzimmer und packte den Vater des Kindes, warf ihn auf ihre Schultern, und los ging es zur Höhle. Was half es, daß er sich wehrte? Gegen die Riesenkraft dieser Frau konnte er nichts ausrichten. Sie legte ihre Beute in der Höhle ab und sprach: „Ich tue dir nichts zuleide, du bist aber von nun an mein Gefangener und wirst nie mehr zu den Behausungen der Menschen zurückkehren!" Was blieb dem Mann anderes übrig, als sich in sein schlimmes Schicksal zu fügen?

Die Höhle durfte er niemals verlassen. Wenn die Wildfrau unterwegs war, dann rollte sie den Stein vor den Eingang. Wochen und Monate vergingen, ohne daß jemand in Rathsweiler wußte, wohin der Mann gekommen war. Die beiden in der Höhle verstanden sich gut, weil der Mann glaubte, daß er nur auf diesem Wege einmal wieder in Freiheit kommen könnte. Eines Tages vergaß die Wildfrau, den Stein vorzuwälzen, und nach ihrer Rückkehr war die Höhle leer. In blinder Wut nahm sie ihr erst wenige Wochen altes Kind und folgte den Spuren des Flüchtigen. Der Vorsprung war aber schon zu groß. Als das die Wildfrau einsah, zerriß sie ihr eigenes Kind und warf die Teile in alle Winde. Ein fürchterliches Wutgeschrei war zu hören.

Einige Zeit später kam der Gaugraf des Landes in dieses Gebiet. Er hatte gehört, daß sich hier noch zahlreiche Eber aufhielten, denen er nun mit seinem Gefolge zu Leibe rücken wollte. Die Wildfrau trat ihm entgegen. „Wer bist du?" fragte er und wich keinen Schritt vor dieser unheimlichen Frau zurück. „Du fragst noch? Hast du schon jemals von der Wildfrau gehört? Weißt du nicht, daß sie nach dem Blute ihrer Feinde dürstet? Weiß du nicht, daß ihre

Feinde die Menschen und die Tiere sind? Wenn dir also dein Leben lieb ist, dann fliehe! Renne um dein Leben!" Sie warf die Keule und traf gleich mehrere aus der Jagdgesellschaft tödlich. Der Gaugraf aber faßte den Speer fester und traf auch gut. „Mir geschieht mein Recht!" schrie die Wildfrau und sank zu Boden. In ihrer Höhle wollte sie sterben.

Man trug sie hin. Bevor sie die Augen für immer schloß, sagte sie: „Lange genug war ich der Schrecken des Tales und seiner Menschen. Wenn sie von meinem Volke gewesen wären, hätte ich ihnen kein Leid zugefügt. Ich wäre ihre Wohltäterin geworden. Es gibt drei Dinge, die alles Glück auf Erden in sich schließen: Der Hahnenschrei, der Wachtelschlag und die weiße Lilie. Erkenne den Sinn dieser drei, und du wirst ein goldenes Schar am Pfluge führen!"

Heute noch soll der Geist der Wildfrau umgehen. Sie wurde schon als Flämmchen gesehen, das hin- und herschwebt und den Wanderer irreführt. Hundegebell und rasende Jagd wecken die Bewohner der Dörfer. Wenn die Abendbetglocke ertönt, wurde schon oft ein Wehgeschrei gehört. Jeder weiß, wer es ausstößt.

Als am Abend die Knechte des Fronbacherhofes die Tiere in die Ställe trieben, fehlte ein junger Stier. Am nächsten Morgen suchten und fanden sie ihn, wie er andauernd gegen einen Baumstamm losrannte. Ein Wolf lag dort, den der Stier überwältigt hatte. Nach Meinung der Leute hatte die Wildfrau wohl auch hier die Hand im Spiele.

## 436   Kroaten machten kurzen Prozeß

Im *Baumholder Loch* wurde im Dreißigjährigen Kriege ein Dorf mit dem Namen *Ruppertsweiler* dem Erdboden gleich gemacht. Als die Feinde anrückten, fanden sie ein leeres Dorf, denn die Bewohner waren vor den wilden Kroaten geflohen. Nur einen Mann, einen Müller, trieben die Soldaten auf. Er hatte die Absicht, nach dem Abzug der Feinde die einzelnen Verstecke zu plündern und die Schätze an sich zu bringen. Doch auch die Kroaten suchten nach Geld. Sie verlangten von dem Müller, daß er sie umgehend zu den Schätzen führe. Er ging voran, hinaus in den Wald und begann zum Scheine zu graben. Doch die Soldaten konnten nicht stundenlang warten und wollten es auch gar nicht. Deswegen erschlugen sie den Müller.

Um Mitternacht geht er noch um in seinen weißen Hosen mit dem Spaten auf der Schulter. Er macht das ganze Baumholder Loch unsicher. Wer aber nach den Schätzen suchen will, die damals von geängstigen Leuten vergraben wurden, der nehme sich ja in acht, daß er die Kisten und Truhen, die Töpfe und Bottiche nicht berühre, denn sonst wird sich die Erde öffnen und mit einem furchtbaren Krach den Schatzsucher verschlingen.

## 437 Brudermord

Am Kirchfelsen über *Oberstein* steht die alte Felsenkirche. Sie ist in den Felsen gesprengt, auf dessen Gipfel die Trümmer der Burg Oberstein liegen. Hier lebten einst zwei Brüder. Graf Emich war in die Tochter des Ritters von der *Lichtenburg* bei *Kusel* verliebt. Der Vater hatte nichts dagegen einzuwenden. Der Bruder aber wollte von der Verbindung nichts wissen. Emich mußte eines Tages eine lange Reise antreten. Wyrich, der Bruder, kam durch Zufall bei einem Jagdzug bis vor Lichtenburg. Dort wurde ihm gern aufgetan. Nun sah er erstmalig Berta, von der sein Bruder schwärmte. Er verliebte sich. Als Emich zurückkehrte, lockte ihn der eifersüchtige Bruder zum Fenster und stürzte ihn in den Abgrund.

Die Reue kam zu spät; dem Mörder ließ der Brudermord keine Ruhe. Ziellos wanderte er umher. So kam er einmal zu einem Klausner, der ihm riet, genau das zu tun, was ihm ein Traum in den kommenden Nächten sage.

So sahen die Leute den Mörder, wie er auf halber Höhe des Felsens eine Grotte aus dem Stein meißelte. Dort hinein baute er die Kapelle. Noch bevor der erste Gottesdienst abgehalten werden konnte, fand man Wyrich tot an den Stufen des Altares liegen, Friede auf dem Antlitz. Berta aber ging, nachdem ihr Vater gestorben war, in die Klause am *Disibodenberg*.

## 438 Die Freifrauhöhle

Nahe der Ortschaft *Offenbach am Glan* liegt eine Freifrauhöhle oder das Frifraloch. Adler sollen vor vielen, vielen Jahren diese Höhle mit ihren starken Schnäbeln ausgehauen haben. Die Freifrau Anna von Offenbach wohnte dort als Einsiedlerin. Wer in der Adventszeit um Mitternacht an der Grotte vorbeikam und darin ein Licht leuchten sah, der war gläubig. Wer es aber nicht sah, dem waren die Glaubenssätze der Religion gleichgültig.

Droben auf dem Hinterberg sieht der Gläubige in den Adventsnächten das Kloster St. Benedikt, die herrliche Klosterkirche mit den drei Türmen, die alte Stadtkirche, die Stadtmauern und alle die zahlreichen Häuser mit den hohen Giebeln. Er sieht voller Erstaunen die alte zweischiffige Kirche von *Hirsau* und hört deren wohltönendes Geläute. Chöre der Benediktiner und Psalmen der Freifrau dringen an sein Ohr, so überirdisch schön, daß ihn von nun an die Sehnsucht nach dem Jenseits nicht mehr losläßt.

Nahe des Frifraloches aber erhebt sich ein Felsen, daran die Vögel ihre Schnäbel wetzen, wenn sie von ihrer weiten Reise nach dem Süden heimgekehrt sind. Erst dann erfreuen sie die Menschen mit ihren herrlichen Liedern.

## 439  Hirsauer Glocken

Drei Glocken des Kirchleins *Hirsau* nahe *Hundheim* riefen jeden Sonntag die Gläubigen zum Gottesdienst. Da kam der Dreißigjährige Krieg und damit viel Leid, Sorgen und Kummer. Wohin mit den Glocken? In den sumpfigen Wiesen am Glan fanden sie einen Unterschlupf. Sie wurden nicht entdeckt, doch als der schreckliche Krieg zu Ende war, fanden die Leute nur noch zwei von den ehemals drei Glocken. Wo war die dritte geblieben? Niemand weiß es, und doch ist ihre Stimme leise und geheimnisvoll zu hören, wenn ihre beiden Schwestern an Sonn- und Feiertagen zu läuten beginnen.


## 440  Der Mutter Fluch

Es war keine Seltenheit, daß sich ein fürstlicher Sohn wider seinen eigenen Vater erhob und ihm den Fehdehandschuh vor die Füße warf. Graf Heinrich war ein solch abtrünniger Sohn. Doch er verlor die Fehde und bekam Gelegenheit, im väterlichen Verlies über seine Taten nachzudenken. Heinrich bereute, der Vater aber blieb hart trotz flehentlicher Bitten der Mutter. Der Vogt des Schlosses wollte aus irgendeinem Grunde keine Versöhnung. Er lag dem Vater in den Ohren und erhielt auf Drängen hin sogar den Befehl, den Gefangenen zu töten. Die Mutter hörte von der Freveltat, sie fluchte dem Mörder. Nie solle er Ruhe finden, und das Blut ihres geliebten Sohnes dürfte nie von der Wand der Mordkammer verschwinden.
So geschah es auch. In der Turmkammer zu Lauterecken ist es heute noch zu sehen. Nach den Aussagen alter Leute verfluchte die Gräfin auch *Lauterecken,* und der Fluch soll heute noch wirksam sein.


## 441  Glänzend pariert

Er war ein wackerer Priester und ein guter Prediger, der Pfarrer von *Grumbach.* Mehr als einmal saß er auf Befehl mit dem Wild- und Rheingrafen auf dessen Schloß zusammen bei Kartenspiel und vollen Humpen. Der Gastgeber wollte und konnte es nicht übers Herz bringen, daß der Pfarrer am folgenden Morgen auf der Kanzel stand ohne jede Spur von Müdigkeit, während er in der Bank einschlief. Der Pfarrer mußte doch hereinzulegen sein!
Also bestellte der Graf seinen Gast wiederum zu einem ausgedehnten Zechgelage, in dessen Verlauf beschlossen wurde, daß der Pfarrer am nächsten Morgen unvorbereitet die Kanzel zu betreten und auf einen Zettel hin, den er dort vorfände, zu predigen habe. Der Rheingraf ließ einige Blätter zur Kanzel bringen, auf denen nichts stand. So hub der Pfarrer an: „Auf der ersten Seite ist nichts, auf der zweiten ist nichts und aus nichts hat Gott die Welt erschaffen." Es folgte eine Predigt über die Schöpfung.

Der Graf gab nicht auf. Er vermutete, daß dem Pfarrer hinterbracht worden war, daß er leere Blätter vorfinden würde. Am nächsten Samstag fand dasselbe Gelage statt. Der Rheingraf bot eine große Summe, wenn der Pfarrer auf der Kanzel dreimal „Trumpf" sage. Der Pfarrer gewann, denn er hielt eine Predigt über die Völlerei und die Gelage auf dem Schloß und rief aus: „Da sitzen sie die ganze Nacht beim Kartenspiel, und da heiß's nichts als Trumpf und Trumpf und nochmals Trumpf!"

Schon am nächsten Samstag war er wieder Gast. Noch wüster wurde die Zecherei, noch länger saßen sie beisammen. Der Graf hielt den Prediger zurück, damit er sich nicht auf seine Ansprache vorbereiten könne. Doch wiederum zog sich der Pfarrer glänzend aus der Affäre. Auf der Kanzel angekommen, öffnete er den Mund: „Ich bin voll! Ich bin voll, aber nicht voll süßen Weines wie die Grafen von Grumbach, sondern voll des heiligen Geistes!" Und jetzt gab es der Graf auf.

## 442   Ein großer, eiserner Schlüssel

Tiefe Nacht lag über Berg und Tal, als ein Knecht mit seinem Fuhrwerk auf der Straße unter dem „Alten Schloß" bei *Wolfstein* fuhr. Was hatten nur die Pferde? Warum wurden sie so unruhig? Jetzt blieben sie sogar noch stehen. Da halfen keine Peitschenhiebe und kein gütliches Zureden. Also stieg der Fuhrmann ab, um nach der Ursache zu forschen. Er brauchte nicht weit zu gehen, denn gleich vor den Hufen der Pferde lag ein großer, eiserner Schlüssel. Gerade als er sich bücken wollte, verschwand der Schlüssel. Egal, woher er war und wohin er gekommen, der Knecht mußte heim. Aber die Pferde zogen nicht an. Wiederum lag der Schlüssel mitten auf der Straße. So ging das dreimal hintereinander. Der Knecht stieß einen kräftigen Fluch aus — Knechte verstehen etwas davon — und nun hemmte kein Schlüssel mehr die weitere Fahrt.

## 443   Die Waldjungfrau

Einem Mann aus *Wolfstein* begegnete an der „Nassen Dell" ein gar schönes Fräulein mit einem hübschen, grünen Kleid und feinen Zeugschuhen. Merkwürdigerweise waren die Schuhe wie frisch gereinigt, obwohl es doch vorhin erst aufgehört hatte zu regnen, und der Boden schmutzig und weich war. Als der Mann das Fräulein anredete, da verschwand es, wie wenn es der Erdboden verschluckt hätte.

Da war auch einer unterwegs von *Offenbach* nach Wolfstein und schnitt sich ein Christbäumchen ab, weil eben Weihnachten vor der Tür stand. In der „Nassen Dell" sah er ein viel, viel schöneres Bäumchen, warf das erste zur Seite und wollte das schönere abschneiden. Da ertönte plötzlich ein Wehgeschrei, so schlimm, daß es ihm das Herz zusammenkrampfte. Er rannte davon. Woher aber kam die Stimme? Er hatte doch vorher nach allen Seiten gesichert, weil er wußte, daß man Christbäumchen nicht gerade so „mir nichts dir nichts" holen durfte. Ganz nahe am Bäumchen hatte er das Wehgeschrei vernommen. Sollte es die Waldjungfrau gewesen sein?

Ähnlich erging es einem Mann aus Offenbach, der in den Wald ging, um eine Tanne zu fällen. Lange irrte er umher und konnte keinen Baum finden, der ihm gefallen hätte. Da hörte er eine Stimme. Er ging darauf zu und sah eine gutgewachsene, schlanke Tanne, die ihm gleich gefiel. Er griff zur Axt und holte zum ersten Schlage aus. Doch mitten im Schwung hielt er ein, denn aus der Tanne war eine wunderschöne, weiße Jungfrau geworden. Sie bat den Mann, daß er ihr Leben schone, und er ließ von ihr und suchte sich eine andere Tanne.

## 444   Ungenützte Chance

Eines Tages machten sich zwei Mädchen aus *Wolfstein* auf den Weg hinauf auf den Königsberg, um Holz zu lesen. Während der Arbeit verloren sie sich aus den Augen. Die eine Leserin trat in ein dichtes Gestrüpp und fand darin frischen Kot eines Pferdes. Waren Reiter unterwegs? War es gefährlich weiterzusuchen? Irgendwo mußte doch der Reiter stecken! Das Mädchen eilte zurück zur Freundin, und beide machten sich auf den Heimweg.

Daheim erzählte das Mädchen sein Erlebnis. Da fuhr die Mutter vom Stuhl auf und sprach: „Was bist du doch eine dumme Gans! Warum nahmst du nicht den ganzen Kot mit nach Hause? Weißt du, was du da ahnungslos liegen ließest? Die Pferdeäpfel stammten vom Rosse des wilden Jägers und waren pures Gold!"

## 445   Die Hexe kam als Katze

In seiner Färberküche arbeitete noch spät abends der Hammichel aus *Wolfstein*. Durch den Türspalt zwängte sich eine kohlrabenschwarze Katze herein und tat gar zutraulich. Sie strich dem Hammichel um die Beine und schnurrte, daß der Färber von seiner Arbeit aufsah und fragte: „Was tust du denn da?" Der Hammichel fiel aus allen Wolken, als die Katze sagte: „Ich will mich nur ein bißchen wärmen." Der Färber dachte sofort an Hexerei oder an sonstige geheimnisvollen Kräfte, über die der Mensch keine Gewalt hat. Deswegen schüttete er kurzerhand die heiße Farbbrühe über das Tier. Die Katze war plötzlich verschwunden.

Am nächsten Tag hörte der Hammichel, daß eine Frau, der man schon lange nicht mehr recht traute, mit Brandwunden zu Bett liege.

## 446  „Dein Vieh geht im Schare"

„Beyer, deine Ochsen gehen im Schaden!" rief eine Stimme vom viereckigen
Stein auf der Schloßwiese bei *Altwolfstein* dem Hirten zu. Der drehte sich um
und sah tatsächlich, daß seine Ochsen auf fremdem Land weideten. Als er an
die Stelle kam, an der noch vorhin der Stein mit dem Ring stand, da war der
Ort leer.
Ein anderer Mann fand auf dem „Herrenacker" einen großen Kessel voll
gelber Ameisen. Er hatte schon davon gehört, daß diese Sorte von Ameisen
Geld bedeutete, viel Geld. Also griff er zu, doch eine Stimme rief ihm zu:
„Ri, ra, rare, dein Vieh geht im Schare." (Schaden). Der Mann wendete den
Kopf. Das Vieh war aber noch nicht auf fremdem Land. Als er wieder den
Kessel suchte, da war dieser verschwunden.


## 447  Einer rief den anderen

Auf Burg *Neuwolfstein* war einst ein tiefer Brunnen. Schon lange ist er zugeschüttet. Doch als man aus ihm noch Wasser schöpfte, kamen eines Nachts
französische Reiter angeritten. Sie kamen vom Wege ab, und der erste stürzte hinab in die Tiefe. Nur ein dumpfer Laut war zu hören. Der nachfolgende
Reitersmann glaubte, das bekannte „Komm" zu hören. Auch er stürzte hinunter. So folgte einer dem anderen, bis alle 30 Reiter den Tod im Brunnen
gefunden hatten.


## 448  Meide den Ort um Mitternacht!

Südlich *Wolfstein* steht das Kirchlein *Zweikirchen*, das wahrscheinliche Über-
bleibsel des im Dreißigjährigen Krieg untergegangenen gleichnamigen Dorfes. Wer nachts um zwölf Uhr an der Kirche vorbeikommt, muß damit rechnen, daß ihm ein kleines, verkrüppeltes Männlein auf den Rücken springt
und ihm die Kehle zudrückt. Erst wenn der Wanderer eine bestimmte Strek-
ke vom Kirchlein entfernt ist, erst dann springt das Männlein wieder ab.
Wenn die Eulen im Turm der Kirche heulen, glauben die Leute das Geschrei
der bei der Zerstörung des Dorfes ermordeten Kinder zu hören.


## 449  Es waren Menschenknochen

Zwischen *Roßbach* und *Rutsweiler* lag einmal ein großer Haufen Knochen.
Ein Mann aus der Gegend kam eines Tages angefahren und lud sie auf, weil
er meinte es handele sich um Tierknochen. In der Stadt wollte er sie mahlen

lassen. Doch kaum waren die ersten Knochen zwischen die Walzen geraten, als es einen fürchterlichen Knall gab, und die Mühle mit samt ihren Nebengebäuden zusammenstürzte. Heulende Stimmen von Männern, Frauen und Kindern vereinigten sich zu einem höllischen Konzert.

Anstatt Tierknochen hatte der Mann die Reste der unglücklichen Bewohner von *Allweiler* zur Mühle gebracht. Von dem Dorfe weiß man nur noch, daß es einmal bestanden hat.

## 450  Eine blutgierige Bestie

Lange Zeit hindurch machte ein blutgieriger Wolf die Gegend um *Roßbach* unsicher. Sieben Kinder waren ihm schon zum Opfer gefallen, ohne daß man der Bestie habhaft werden konnte. Eines Tages pflügte ein Bauer aus dem Dorf auf dem „Stein". Plötzlich rannte der Wolf, aus dem nahen Walde kommend, auf den Bauern zu und fletschte die Zähne. Der Bauer war kein Angsthase. Er griff zur Peitsche und schlug darauflos, daß der Wolf laut aufheulte. Immer fürchterlicher wurden die Hiebe, und der Bauer schrie: „Wart' nur, du Wolfsvieh, ich krieg' dich!" „Du kriegst mich nicht!" schrie der Wolf mit menschlicher Stimme und eilte dem Walde zu. Seitdem hat ihn keiner mehr gesehen.

## 451  Die Schütze-Kathrin

Die Schütze-Kathrin von *Roßbach* stand im Bunde mit dem Teufel. Sie konnte sich deswegen in allerlei Tiere verwandeln. In den Ställen richtete sie manches Unheil an. Der alte Steinbauer sah einmal, wie eine Katze in seinen Stall schlich. Er ergriff einen Prügel und warf nach ihr. Am nächsten Tag ging die Kathrin am Stock.

## 452  Eine Ohrfeige

In später Nacht erschien einem Mann, der von der *Schmeißbacher Mühle* nach *Immetshausen* unterwegs war, an der *Zweikirche* ein Mensch ohne Kopf. „Warum stehst du so da, als ob du nicht auf drei zählen könntest?" fragte der Wanderer. In dem Moment erhielt er eine Ohrfeige, daß er alle Engel im Himmel singen hörte. Völlig entkräftet von anstrengendem Lauf kam er daheim an. Er legte sich zu Bett und starb schon nach sechs Wochen.

## 453  Alle Schuld rächt sich

Im „Grohloch" bei *Roßbach* wurde in den Abendstunden schon des öfteren ein Mann gesehen, der mit einer Hacke in der Hand von Grenzstein zu

Grenzstein geht. Er versetzt jedem Stein einige Schläge und wird dabei zusehends kleiner, bis er schließlich ganz im Erdboden verschwindet.

## 454 Ruhelose Seelen

Ein Wirt aus *Roßbach* wurde einmal mitten in der Nacht durch einen Höllenlärm auf der Straße geweckt. Er riß das Fenster auf, konnte aber keinen Menschen auf der mondbeschienenen Straße entdecken. Und trotzdem ließ der Krach nicht nach. Er war kein Hasenfuß, doch das ging über eines Menschen Kraft. Nun schrie es auch noch: „Hau zu! Hau zu!" Wer das war? Das waren die armen Seelen der Bewohner von *Allweiler*, die im Dreißigjährigen Kriege ermordet wurden.

## 455 In geweihter Erde

In der *Roßbacher Mühle* war jahrelang ein leises Stöhnen zu hören, das aus einer Ecke des Kellers kam. Als durch einen Brand fast das gesamte Anwesen in Schutt und Asche sank, grub man an der Stelle nach. Man fand einige Menschenknochen, ein Paar Damenpantöffelchen und eine kleine Hacke. Nachdem die Reste auf dem Friedhof bestattet waren, hörte das Stöhnen auf.

## 456 Der Tote erinnert an sein Versprechen

Ein Gelübde kann auch über den Tod hinaus seine Gültigkeit behalten. Die Nachfolger eines Müllers aus *Roßbach* waren Zeugen hierfür. Der Müller hatte noch zu Lebzeiten versprochen, jedes Jahr den Armen Mehl und Brot im Werte von 25 Gulden zu schenken. Eines Nachts sah nun der Sohn, wie der Vater, nachdem ihn schon jahrelang der Rasen deckte, in der Mühle erschien und sich am Mehlkasten zu schaffen machte. Am Morgen fragte er die Mutter: „Haben die Armen heute schon ihr Almosen bekommen?" Als die Mutter verneinen mußte, erzählte er sein Erlebnis. Schnell taten sie, wie der Müller versprochen, und der Tote hatte seine verdiente Ruhe wieder.

## 457 Die Wolfskirche

Warum man den Turm im alten Friedhof zwischen *Bosenbach* und *Friedelhausen* Wolfskirche nennt? Die Sage weiß es. Einst rannte ein Reh den Berg herab um sein Leben, denn dicht hinter ihm folgte der Wolf. Das Reh setzte über den Bach und eilte die Höhe hinauf. Mit zitternden Flanken nahm es

Zuflucht in dem Kirchlein und sank todmüde vor dem Altar nieder. Der Wolf kam hinterher, doch kaum war er durch die Kirchtentür gejagt, als er mit lautem Geheul kehrt machte und zurücklief in den Wald.

Seitdem nannte man das Gotteshaus die Wolfskirche, und das blieb so bis auf den heutigen Tag.

Der Turm trug einst silberne Glocken, die irgendwo begraben liegen. Hinter der Mauer des Friedhofes steht ein Stein, in den ein Bild eingemeißelt ist, das wohl an diese Sage erinnern soll. Es zeigt ein Raubtier, wie es gerade ein Lamm oder ein Reh niederdrückt.

## 458  Der Teufel durchkreuzte den Plan

Der Teufel wehrt sich gegen Frömmigkeit, Gottvertrauen, und das Gute im Menschen ist ihm ein Greuel. Er geht dagegen vor, und er ist nur dann zu überwinden, wenn ihm Standfestigkeit oder Schläue gegenüberstehen.

Einstmals plante die Veldenzerin auf dem heutigen Veldenzköpfchen, einer Erhebung in der Nähe von *Lauterecken*, eine Kapelle zu errichten. Davon erfuhr der Teufel. Ihm ging es gegen den Strich, daß sich dort oben fromme Menschen zum Lobe Gottes versammelten. Und nun gar noch eine Kapelle!

Von den Leuten aus *Medard* erfuhr der Satan, daß sie ohne Lohn die Steine zum Kirchenbau brechen, und die von *Erdhausen* die Steine kostenlos zum Bauplatz transportieren wollten. Dazu durfte es nicht kommen!

Am nächsten Sonntag fanden die Pilger bereits den Weg hinauf zur Bergkuppe versperrt. Ein reißender Bach verhinderte das Weiterkommen. Schwefelgestank lag in der Luft, weshalb man auch gleich wußte, daß der Teufel die Hand im Spiel hatte.

Man baute die Kapelle hinunter in das Tal, über den Bach aber schlug man eine Brücke, die man zum Ärger des Satans Teufelsbrücke nannte.

## 459  Tu's nit!

Vor vielen Jahren lebte in *Lauterecken* ein fürstlicher Leibförster mit Namen Gotthold Amadeus Busch. Er war über die Maßen geizig. Dem Bettler an der Haustür gab er einen Fußtritt, und er selbst gönnte sich nicht einmal an Sonntagen einen herzhaften Schluck in der Wirtschaft.

Nun hörte er, rein zufällig, daß man im Glantal unterhalb der Stadt im „Großen Krieg" vor den anrückenden Kroaten einen großen Schatz begraben hätte. Den mußte er haben! Wie aber sollte er ihn finden? Er überlegte hin und her, und da kam ihm plötzlich der Gedanke, daß der Satan ihm helfen müsse.

Um Mitternacht treffen sich die beiden, ein Vertrag wird ausgehandelt und mit Blut besiegelt. In der folgenden Nacht macht sich Busch, den sie alle den

Bächelbusch nennen, weil er am Bach (Lauter) wohnt, um elf Uhr auf die Beine, im Rucksack die vorgeschriebenen Wunderkräuter und die Knochen, in der Faust den Spaten. Beim ersten Glockenschlag, der die Mitternachtsstunde verkündet, hält der Schatzgräber an. Er entfacht mit den Kräutern ein Feuer, legt die Knochen kreuzweise darauf und spricht die Beschwörungsformel. Er will gerade mit dem Graben beginnen, da öffnet sich plötzlich die Erde und verschluckt den Geizhals. Ob er sich nicht genau an den Vertrag gehalten, oder ob ihm der Teufel ein Schnippchen geschlagen hatte? Wer weiß?

Die Vertiefung in der Erde hieß fürderhin Bächelbusch-Graben, und wer jemals dort vorbeiging, Geldgier im Herzen, dem flüsterte der Bächelbusch zu: „Tu's nit!"

## 460   Schutzgeist aller Kreaturen

Fuhrleute mußten sich früher mit ihrem Gespann herumärgern, heute spielen ihnen Fahrzeuge manchen Streich. In welcher Zeit sie wohl besser daran waren? Wenn der Motor streikt, ist die Reparaturwerkstatt zuständig. Wenn Pferde Schwierigkeiten bereiteten, nahm mancher Fuhrmann die Peitsche zu Hilfe, oft im Übermaß. Arme, fast wehrlose Tiere! Stand ihnen denn niemand bei, wenn sie über ihre Kräfte gefordert wurden?

Einstmals belud ein Bauer aus *Oberweiler* seinen Kastenwagen mit Kornsäkken so sehr, daß die Pferde schon auf ebener Strecke schwer zu ziehen hatten. Wie sollten sie die Steigung im Landscheid überwinden? Sie würden es schon schaffen, meinte der Bauer zu seiner Frau gewandt. Die neue Peitsche wird nachhelfen, so dachte der Bauer. Man konnte doch den Pferden einiges zumuten, zumal sie nunmehr einen halben Winter im Stall gestanden und ausgeruht hatten.

Vor der Steigung legte der Bauer eine kurze Verschnaufpause ein. Dann ging es los mit „Hü" und Peitschenknall. Mit letzter Kraft legten sich die Pferde ins Geschirr. Die Peitsche fuhr mit aller Gewalt über ihre Rücken, doch langsamer und langsamer bewegte sich die schwere Ladung den Hang hinan. Der Bauer geriet aus dem Häuschen und traktierte die Tiere, daß es Gott erbarm'. Da tauchte der Schutzgeist aller Kreaturen, das „Weiße Männchen", auf und nahm sich den Tierquäler auf seine Art vor. Es half den Pferden die Fuhre bis zur Höhe zu bringen. Erst dann ließ es auch von diesem rabiaten Fuhrmann ab.

Dem Müller in *Eßweiler* blieb der Mund offenstehen, als er den Fuhrmann erblickte. War er unter die Räuber gefallen? Aus Mund und Nase blutend, blaue Flecken am ganzen Körper, so bat der Bauer um Hilfe. Erst wollte er mit seinem Erlebnis nicht so recht herausrücken, weil er sich schämte. Doch nach und nach konnte sich der Müller einen Reim darauf machen, und weil er von ganz anderem Holze geschnitzt war, schalt er den Fuhrmann tüchtig aus.

Das Geschehen machte die Runde in den nahen Ortschaften, und kein Fuhrmann traute sich mehr, sich mit dem „Weißen Männchen" anzulegen.

## 461 Die goldene Kutsche

Ein Mann ging des Abends von *Kaiserslautern* durch den Reichswald gen *Schwedelbach*. Er trug unterm Wams seinen kargen Lohn. Üble Gesellen lauerten ihm auf und beraubten ihn seines Geldes. Geängstigt und geschlagen eilte er heimwärts. Er mußte die alte Römerstraße überqueren. Dort aber näherte sich ihm eine goldene Kutsche. Ein Vornehmer lehnte sich heraus und reichte unserem nächtlichen Wanderer einen Beutel mit Gold. Ehe er sich bedanken konnte, war das Gefährt verschwunden.

## 462 Mit Schere und Strickspieß

Zwei Handwerksburschen, ein Schneider und ein Stricker, trafen sich auf der Landstraße, die von Kaiserslautern nach Kusel führt. Sie kamen ins Gespräch, redeten von guten und schlechten Zeiten, von schönen und weniger schönen Erlebnissen, von ihren Berufen. Über die Frage, welcher Beruf wohl der bessere sei, gerieten sie in Streit. Schimpfworte flogen herüber und hinüber. Das ging so weit, daß sie wutentbrannt zu Strickspieß und Schere griffen und aufeinander losgingen. Der Schneider zielte auf die Handgelenke seines Gegners, der Stricker auf den Hals des Schneiders. Blut floß. Die Wut stieg. Immer verbissener wurde der Kampf. Der Feldschütz, der die beiden Kampfhähne trennen wollte, hätte beinahe sein Leben eingebüßt, denn zu zweit gingen sie auf ihn los. Er rannte nach *Schwedelbach*, Hilfe zu holen. Am Waldesrand fand man die beiden. Dem Schneider schoß das Blut aus der Halsschlagader, dem Stricker aus den Pulsen. So verbluteten die beiden; niemand konnte ihnen mehr helfen. Man begrub sie an der gleichen Stelle. Ein Kreuz mit eingemeißelter Schere und einem Strickspieß erinnert heute noch an diesen tödlichen Streit.

## 463 Er braucht nicht mehr umzugehen

Wer früher um Mitternacht über den Schellenberg in der Gemarkung *Weilerbach* ging, dem begegnete ein Mann, der unter der Last eines großen Grenzsteines stöhnte und immer wieder rief: „Wo soll ich ihn denn hinlegen, wo soll ich ihn denn hinlegen?" Das hörte sich so fürchterlich an, daß dem

Wanderer die Gänsehaut über den Rücken kroch, und er schleunigst davonrannte.

Einmal wollte es ein junger Bursche genau wissen. Er fürchtete sich nicht vor Gespenstern, vor Teufeln, vor niemandem. Um Mitternacht war er an besagtem Platze und richtig, der Grenzsteinverrücker schleppte unter lautem Gestöhne den Stein und stieß immer wieder dieselbe Frage aus. Der Bursche rief den Mann an: „Trage ihn doch dorthin, wo du ihn geholt hast!" Seit der Zeit braucht der Geist nicht mehr umzugehen.

## 464 Der Reiter

Es war in der Notzeit des Dreißigjährigen Krieges, als viele fremde Söldner sich in unserem Land umhertrieben. Ein kleiner französischer Reiterspähtrupp verfolgte einige schwedische Husaren. In der Gegend von *Weilerbach* schienen die Schweden den Franzosen in die Falle zu gehen. Sie hatten den Eulenkopf umritten und kamen über *Erzenhausen* durchs Tal daher. Die Franzosen aber sprengten den Steilhang herab. Man wich geschickt einander aus, und die Schweden erreichten zuerst den Schutz Weilerbachs. Da stürzte einer von ihnen mit seinem Pferd in einen Brunnen. Nie mehr hat man ihn gesehen. Später deckte man den Brunnen zu und pflanzte eine Dornenhecke darum. Wenn aber heute noch um Mitternacht die Glocke schlägt, bläst jener Reiter, auf seinem Schimmel sitzend die Trompete und endet erst mit dem letzten Glockenschlag.

## 465 Die Hand mit den drei Schwurfingern

Auf Burg *Randeck* im Alsenztal ging es hoch her. Der von Randeck folgte genau den Spuren seiner Vorfahren; er war ein Raubritter, vor dem das ganze Tal zitterte. Heute war Besuch auf Randeck eingetroffen, lieber Besuch sogar. Drunten im Tal wußten sie schon, daß wieder einmal ein Streich besprochen würde, denn der Ritter von Leiningen war die Höhe hinaufgeritten. Droben auf der Burg kreisten die Becher. Der Entschluß der beiden Spitzbuben stand fest: In zwei Tagen wollten sie an einer besonders engen Stelle im Tal aus dem Hinterhalt die Klosterknechte aus *Eußerthal* überfallen. Der von Randeck hatte nämlich erfahren, daß die Knechte in Mainz bei einem Goldschmied wertvolles Kirchengerät für das Kloster abgeholt hatten.

Späher verkündeten, daß die Ahnungslosen schon bald zu sehen wären. Tatsächlich bogen sie nach einer kurzen Weile um das Wäldchen und kaum gedacht, waren sie von den Pferden gestoßen oder verjagt worden. Die Beute war sicher.

Doch die beiden Anführer hatten sich zu früh gefreut. Obwohl sie und ihre Mannen vermummt waren, kannte man schon nach kurzer Zeit ihre Namen, und der Bischof von Speyer schickte sich an, gegen die beiden vorzugehen. Der Randecker wurde festgesetzt. Er schwor vor den Richtern, dem Bischof und dem Abt von der Beute nichts genommen zu haben. Man ließ ihn frei. Der Randecker verstarb schon bald. In seiner Burgkapelle fand er sein Grab. Als am Tage nach dem Begräbnis der Kaplan die Sterbemesse zelebrieren wollte, fand er eine geborstene Grabplatte vor, aus deren Spalt die Hand des Toten mit den ausgestreckten drei Schwurfingern ragte. Der Tote hatte einen Meineid geleistet, das wußte der Kaplan sofort. Er berichtete davon dem neuen Burgherrn. Dieser ließ die Hand in den Sarg legen und den Spalt sorgfältig zuschmieren. Dann erst fand die Messe statt. Doch schau, schon während der Feier verbreitete sich wieder der Riß in der Platte, und die Hand kam hervor. Der Ritter ließ erneut dieselben Maßnahmen durchführen, wie das erste Mal. Doch dreimal wiederholte sich der Vorgang. Da besann sich der Burgherr, gab die gestohlenen Geräte zurück und betete fortan für seinen Vorgänger. Die Hand fing an zu welken, sie versank mit den Tagen im Grabe. Der Stein aber schloß sich, als sei er nie gesprungen gewesen.

## 466   Wulff Randegg

Im silbernen Felde der Krähe Flug ...
Die Würfel, die Dirne, der Sattel, der Krug ...
Leben und Tod zu reißen vom Strauch.
Das war Wulff Randegg. Das war sein Brauch.
So hielten's die Väter, so hielt er es auch.
Kam just ein Kaufmannszug vorbei,
Wulff Randeggs Dolch stieß blanken Schrei.
„Verlaub, die Herren tragen schwer."
Er lachte und machte die Geldkatzen leer.

Stand wo in Ähren Bauernschweiß
Wulff Randegg gab ihn der Hufmahd preis.

Verdroß ein Hungernest ihn baß,
er hob es aus mit Spott und Spaß,
und nicht genug, er setzte jach
den roten Hahn auf Dach und Fach
Bat noch so heiß der Wittib Blick,
entriß er doch ihr Geiß und Strick.

Wie breiter Schatten fiel er ins Land.
Wo einer die Spur Wulff Randeggs fand,
die hufgesäte Spur im Sand,
drei Kreuze schlug er mit zitternder Hand.

Ein Tag, gewiegt in Gold und Bau,
geschmiegt in den Mantel der hohen Frau.
Es singt das Licht. Marienleis
tönen die Harfen der Wälder Preis.
Sie tragen dahin den Heiland und Herrn,
daß er sie segne nah und fern,
segne die Flur und segne den Wald . . .
Wulff Randegg hält im Hinterhalt. — — —

Am Bildstock kniet der Beter Zug.
Gesang ist hell wie Taubenflug.
Fühlen sie alle der Gnade Strahl,
Volk und Mönche vom Münstertal.
Im Busch das Auge zückt den Stahl . . .
Ein Pfiff durch die Zähne. Schon sitzen sie auf.
Ein Griff ans Visier. Sie fassen den Knauf
und spornen die Hengste zu rasendem Lauf.

Wie eine Lanze stößt der Ritt.
Im Nacken reitet Satan mit.
Der Beter Zug erstarrt im Knie.
Zerbricht die fromme Melodie.
Und Ohr und Auge, die ferne sind,
Entsetzen schlägt sie taub und blind . . .
Nur einer Stimme ruhiger Glanz
fließt tröstlich über die Monstranz . . .
und richtet auf und geht wie Wein
in ihrer Herzen Ohnmacht ein.
Und wieder hält die Melodie.
die weißen Schwingen über sie.

Das Pektoral von des Priesters Herz,
wer reißt es herab? Er sieht nur noch Erz.
Monstranz und Himmel, beschlagnes Brevier,
das rote Gold macht ihn zum Tier.

Wie eine Kirchensäule steht
der Abt hochragend im Gebet
und seine greise Hand umschient
den Leib des Herrn, dem er dient.

Und furchtlos taucht des Priesters Blick
in den Wulff Randeggs. — Der weicht zurück.

Wulff Randegg, du hast die Hand am Knauf,
Wulff Randegg, was hebst du die Hand nicht auf?

Es traf ihn der Bann, es traf ihn die Acht,
Wulff Randegg hat Papst und Kaiser verlacht.

Kam eine Nacht, der Femaxt Hieb
drei Kerben in den Rennbaum schrieb,
drei Späne breit, drei Kerben tief,
die erste steil, die zweite schief,
die dritte quer darüberlief,
darinnen stak der Königsbrief.
Wulff Randegg er zum Freistuhl rief.

Unter die Linde sie treten zum Thing,
hohe Gestalten mit ernstem Blick;
auf dem Steintisch Schwert und Strick.
Der auf Randegg steht nicht im Ring. —
Erhebt sich der Graf. Erz das Gesicht,
wirft er den Weidenstrick aus dem Gericht.

„Am nächsten Baum!" Das ist ein Spruch.
Wulff Randegg schluckt den eignen Fluch
und spuckt ihn aus . . .Kalt wird der Fisch
und schal der Trunk am Eichentisch.

Im silbernen Felde der Krähe Flug . . .
Hungriger Krähen lärmender Zug
stößt herüber vom Eulenbruch,
umgiert den Baum am hohen Bug . . .

Wann es geschah? Bei Tag? Bei Nacht?
Im Baum der Femdolch hält die Wacht.

Und wieder begräbt die stürzende Wand
unheimlicher Nacht das herbstliche Land.

Die Waldung stöhnt. Es höhnt der Sturm.
Die Dohlen umflattern zerfallenen Turm.
Es riecht nach Tod. Die Käuze schrein.
Geh' nicht vorbei am Henkerstein,
geh' nicht vorbei am Hungerbruch,
geh' nicht vorbei am Galgenbug!

Ku-i-witt! Ku-i-vitt! Hu-hu-hu-hu!
Lautlose Hufe geistern dazu.

Ein Tubaschrei im Sturm zerbricht.
„Erbarmen, Erbarmen im jüngsten Gericht!"

„Sahst du den schwarzen Reiter nicht,
den schwarzen Reiter ohne Gesicht?— — —
Im linken Arm . . . zurück! zurück!
Das Haupt! Das Haupt! Dich tötet der Blick!" — —

Im silbernen Felde der Krähe Flug . . .
Die Würfel, die Dirne, der Sattel, der Krug . . .
Leben und Tod zu reißen vom Strauch.
Das war Wulff Randegg. Das war sein Brauch.
Gott schlug die Väter, Gott schlug ihn auch.


# 467   Also tanz' auf deinem Rock . . .

Schon in der Bibel steht vom gerechten und ungerechten Verwalter zu lesen.
Beide gibt es, seit Menschen über eigenen Besitz verfügen. Auch in den Klöstern fungierten Verwalter, weil die Mönche den Riesenbesitz oft nicht mehr
überblicken konnten. Zu den reichsten Klöstern zählte wohl jenes am *Disibodenberg.*
Der erste Verwalter war ein gütiger Mensch. Er sah auch einmal darüber
hinweg, wenn ein Bauer wegen einer Mißernte nicht den geforderten Zins
entrichten konnte. Im nächsten Jahr mußte der Ausgleich gegeben sein, denn
der Verwalter mußte ja Rechenschaft geben. Er war kein Halsabschneider,
und der Abt war mit seiner Tätigkeit sehr zufrieden.
Nach dem Tode dieses, auch bei den Bauern beliebten Verwalters, stellt der
Abt auf Probe einen neuen Mann ein, einen mit strengem Blick und dünnen
Lippen. Er ritt im Lande umher und peinigte die Untertanen des Klosters.
Hätte er die Flüche und Verwünschungen vernommen, er wäre bestimmt in
sich gegangen.
In der Karwoche ritt der neue Herr in den Klosterwald Budenhart zum Köhler Klaus, der seiner Verpflichtung, dem Kloster gegenüber, nicht ganz nach-
gekommen war. Anstatt sechs Maß Waldbienenhonig konnte er nur vier
abliefern, weil durch das miserable Wetter im letzten Sommer der Ertrag
stark geschmälert war. Im kommenden Sommer wollte er den fehlenden Ho-
nig nachliefern, wie dies bislang möglich war. Da kam er aber bei dem neuen

Verwalter schlecht an. Der hatte ein Herz von Stein, verprügelte den Köhler und nahm ihm gar noch die einzige Ziege weg.

Der Köhler aber wußte sich zu helfen. Am Karfreitag ging er vor Sonnenaufgang zum nächsten Haselstrauch, schaute nach Osten und schnitt einen kräftigen Stock ab, darauf bedacht, ja nicht mehr als drei Schnitte zu tun. Zu Hause nahm er seinen alten Kittel, hängte ihn auf und gab ihm mit der Haselgerte ausgiebige Dresche, dabei sprechend:

> „Böser Faut von Disenberg,
> nimm zur Strafe diesen Merk:
> also tanz' auf deinem Rock
> jetzo dieser Haselstock!"

Zur gleichen Zeit stand der Verwalter vor dem Abt und erstattete in wohlgesetzten Worten seinen Bericht, wobei er nicht vergaß, sich selbst über den Schellenkönig zu loben. Plötzlich begann er zu schreien, machte Verrenkungen und drehte sich im Kreise, griff hier und dorthin, gebärdete sich also wie einer, bei dem es im Hirnstübchen nicht ganz mit rechten Dingen zuging. Der Abt starrte erschrocken seinen Verwalter an, und weil er mit seinem seltsamen Getue gar nicht aufhören wollte, mußte der Abt annehmen, der böse Geist sei in den Verwalter gefahren. Er rief nach den Knechten, die den Unglücklichen ins Freie beförderten. Ein neuer Verwalter zog ein, der dem ersten in nichts nachstand. Der Köhler hatte dies bewirkt.

## 468   Bis zum „Amen"

Esel sind störrische Tiere. Man könnte sie Individualisten nennen, denn was sie nicht wollen, tun sie nicht, und wenn du sie trotzdem zwingst, spielen sie dir einen Streich, so wie jenem Jungen aus der *Niedermühle* beim *Disibodenberg*.

Ihm war vom Müller aufgetragen worden, mit dem Esel einen Sack Mehl nach *Staudernheim* zu bringen. Beim Aufladen gab es schon Schwierigkeiten. Der Esel schlug aus, schüttelte mit dem Kopf und ging rückwärts anstatt nach vorne. Endlich glaubte der Junge über das Grautier gesiegt zu haben, denn willig folgte es über den Eselsweg, den Klosterweg, am Staudernheimer Loch vorbei bis zum Nachbardorf. Auf dem Steg, der über einen tiefen Bach führte, blieb der Esel stehen, gütliches Zureden nützte nichts. Kaum hatte der Junge dem Lasttier einen Tritt versetzt, bäumte es sich auf, und der Mehlsack fiel in den Bach: Milchig weiß wurde das Wasser, denn der Sack zerriß, als er beim Hinunterpurzeln auf die Kante eines Brettes aufschlug. Da war nun guter Rat teuer. Acht Gulden sollte der Junge beim Müller abliefern, nun aber wird er mit leeren Händen vor den hartherzigen Mühlenbesitzer treten müssen. Dem Jungen kamen die Tränen, er zerrte den Grauschimmel vom Steg und machte sich niedergeschlagen auf den Heimweg. Der Esel aber freute sich, denn es ging nach Hause, in den Stall, zur Futterkrippe.

Die beiden zogen, es war mittlerweile dunkel geworden, über den Klosterweg zum Eselspfad. Plötzlich stand ihnen eine hochgewachsene Gestalt im
weißen Klostermantel im Weg. Herrisch war die Gebärde, auch der Ton:
„Binde deinen Esel an den Baum und folge mir!" Der Knabe gehorchte,
stieg mit dem Mönch den Berg hinan, hinauf zu den Ruinen des ehemaligen
Klosters. Der Fremde öffnete eine Tür, schritt durch einen langen, dunklen
Gang und gelangte schließlich in einen großen Raum, in dem drei Kisten
standen, vor denen ein riesiger Hund mit übergroßen Augen und einer feurigen Zunge lag. Dem Jungen fiel bei seinem Anblick das Herz in die Hose. Er
wollte umkehren, doch der Mönch nahm ihn bei der Hand: „Sieh genau hin!
Die erste Truhe birgt Gold, die zweite Silber und die dritte Kupfer. Du bist
ein braver Junge, das weiß ich, und deshalb will ich dir helfen! Greife zu und
fülle deine Taschen, doch merke wohl, daß du diesen Raum verlassen haben
mußt, wenn ich mit dem Vaterunser zu Ende gekommen bin. So lange wird
dir der Hund nichts antun, denn ich habe Gewalt über ihn!"
Der Junge wagte erst keinen Schritt, doch als der Pater zu beten begann, verlor der Hund seine Größe und ein normalgewachsenes Tier lag an seiner
Stelle, das gar kläglich winselte. Schnell raffte der Bub zusammen, ohne zu
sehen, von welcher Kiste er nahm.
Der Mönch setzte gerade zum „Amen" an, da sprang der Junge zur Tür,
und kaum war er draußen, schlug das Tor zu. Er fand seinen Esel und trat
wesentlich erleichtert den Heinweg an.
Zu Hause gab es Schelte, denn Esel und Junge waren über Gebühr lange unterwegs gewesen. Doch als der Knabe das Geld auf den Tisch zählte, war der
Müller zufrieden. Es waren lauter Kupferstücke — in seiner Angst hatte der
Junge die dritte Truhe gewählt — und beide mochten zählen so oft sie wollten, es waren genau acht Gulden.

## 469    Der Fluch des Heidenkönigs

Der Bauer vom *Heddarter Hof* und sein Nachbar Kasper trafen sich zu einem
Gespräch. Der Nachbar klagte, sein Korn am Heidhübel sei ihm verdorben.
„Kein Wunder", sprach der Heddarter, „dort liegt ein König aus grauer
Vorzeit begraben. Zwei Hügel sind seit dieser Zeit geblieben. In dem einen
ruht der Heidenkönig, und in dem andern ist der Goldschatz verborgen."
„Was aber hat das mit meinem Korn zu tun?"
„Wisse, auf dem Heidhügel liegt ein Fluch: Zwei Burschen wollten einst den
Schatz heben. Man fand sie am folgenden Tag, vom Blitz erschlagen, vom
Strahl gezeichnet."
Diesem Gespräch im Hof des Bauern hatten auch Andreas, der Knecht, und
der Bub gelauscht. Die Bangnis schlich mit dem Kind und ließ es am Abend
nicht zur Ruhe kommen. In der Nacht aber nahm Andreas Hacke und
Schaufel und schlich im Schein einer Laterne zum Heidhügel. Der Junge

kam ihm nach, um zu sehen, wie Andreas zwischen den Hügeln grub. Er vernahm den Freudenschrei, den jener ausstieß und sah, wie er aus dem geschaufelten Loch sprang. Da aber bannte den Jungen ein Schatten, der langsam vom Hügel herabwallte. Er gehörte einem riesigen Manne zu. Der Junge lief eilends heim und erreichte außer Atem den Hof.

Am nächsten Morgen lag der Bub mit Fieber im Bett. Andreas aber wurde mit zerschlagenem Schädel in jener Grube über einer Steinplatte gefunden. Darunter klang es hohl; doch niemand wagte, die Steinplatte zu heben. Der Heidenkönig hatte sein Grab und jenen Schatz geschützt.

## 470 Wo die Not am größten ...

Ein armer Schuster aus *Mühlbach* erwarb mit seinen letzten Groschen ein schmales Waldstück am Hange des *Potzberges*. Es war ein gar saures Stück Arbeit, das neuerworbene Land zu roden. Korn säte der Schuster, doch der Boden war so armselig und so trocken, daß das Getreide nur armhoch wurde. Wie sollte das weitergehen, wo doch zu Haus sieben Kinder auf's Brot warteten?

Der Schuster ließ sich aber nicht entmutigen. Nach der mageren Ernte machte er sich erneut daran, den Boden zu bearbeiten und die Steine zusammenzulesen. Dabei wurde er einmal arg müde und schlief ein. Er erwachte erst, als schon die Sterne am Himmel standen. Was half es, daß er sich ärgerte? Die Stunden waren dahin. Doch siehe, da vorne leuchtete ein blaues Flämmchen. Erschrocken sah der Schuster, wie das Licht, nachdem es ein paarmal hin- und hergeschwankt war, unter seinem Steinhaufen, den er in mühevoller Arbeit am Nachmittag zusammengetragen hatte, verschwand. Zögernd nur begann er den Haufen abzutragen. Mancher Stein war sehr schwer, schwerer als man nach seiner Größe annehmen konnte. Unter dem Steinhaufen aber entdeckte der arme Mann eine Silberader, die so mächtig war, daß sich der Abbau lohnte.

Später stellte sich heraus, daß es zwar nur eine Quecksilberader war, doch alle Not und alle Sorgen waren gewichen. Gottes Hilfe kam nicht zu spät.

## 471 Die Christen erfuhren des Himmels Hilfe

Die *Heidenburg* bei *Oberstaufenbach* war einst von Heiden bewohnt, die eines Tages von Christen belagert wurden. Es half kein Sturm, und es half auch kein Einsatz bis zum Letzten. Es gab Verluste auf beiden Seiten; bei den Angreifern waren sie am größten. Ein Priester mahnte zum Ausharren, denn viele der Belagerer wollten den aussichtslosen Kampf bereits aufgeben.

Da scharrte an einem Morgen ein blindes Pferd, und siehe da, aus dem steinigen Boden sprudelte ein munterer Quell. War das nicht ein Zeichen des

Himmels? Lag hier nicht der Schlüssel zum Erfolg? Man grub dem Wasser nach, das in immer größeren Strömen zur Oberfläche kam. In dem Maße, in dem das Wasser bei den Belagerern zunahm, im selben Maße nahm es droben im Burgbrunnen ab. So mußten sich die Heiden ergeben, denn Wasser ist so wichtig wie Nahrung. Von der Burg ist heute nicht mehr viel zu sehen.

## 472   Sie vergaß den Schlüssel

Eine alte, an Erfahrungen reiche und weise Frau aus *Oberstaufenbach* wußte um die geheimnisvollen Kräfte, die der Schlüsselblume innewohnen. Nur einem armen Mädchen erzählte sie hin und wieder von sagenhaften Dingen. So redete einmal die Alte von dem Berg am Rande des Dorfes. Er sei angefüllt von Schätzen, die von Heidenkönigen hier in Sicherheit gebracht worden seien. Mit der Blume, die da Himmelsschlüssel heißt, könnte man den Berg aufschließen. Doch die richtige Blume blühe nur einmal um Mitternacht.

Tag und Nacht machte sich das Mädchen nun seine Gedanken über Reichtum, über ein bequemes Leben und viel Glück. In einer Nacht träumte es von der herrlichen Burg auf dem Berg und von der Glücksblume, die am Hang blühte. Als es nach ihr greifen wollte, erwachte es. Sollte ihm heute nacht das Glück hold sein? Schnell fuhr es in seine Kleider und eilte aus dem Dorf dem Berge zu.

Schon von weitem sah das Mädchen am Hang ein helles Licht. Gerade schlug die Glocke die zwölfte Stunde, als es sich bückte und die Blume an sich nahm. Ein riesiges Tor tat sich vor ihm auf, als es das Schloß nur mit der Wunderblume berührte. Frei war der Weg hinein in die Schatzkammer, hinein ins Glück. Doch eine mahnende Stimme rief: „Vergiß den Schlüssel nicht!" Allein das Mädchen achtete kaum der Warnung, es eilte vorwärts von Truhe zu Truhe und füllte die Schürze mit reichen Schätzen. Den Schlüssel hatte es vor lauter Geldgier vergessen.

Als es draußen vor dem Eingang stand, da fiel das Tor zu, und damit ward der Schlüssel für immer verloren. Er lag drinnen in der ersten, großen, mit Schätzen angefüllten Kammer. Der Schreck fuhr dem Mädchen derart in die Knochen, daß es die Schürze losließ, und das Gold und die Edelsteine zwischen die Steine fielen. Niemals mehr blühte die Schlüsselblume zur Mitternacht.

## 473   „Hier, Teufel, hast du das Geld!"

Solange seine Eltern lebten, fühlte sich ein Bauer von *Fockenberg-Limbach* ganz wohl in seinem Junggesellendasein. Doch als sie gestorben waren, sah er sich erstmals ernsthaft nach einem Ehepartner um. Er fand eine junge Wit-

we, die drei Kinder mit in die Ehe brachte. Weil ihm selbst Kinder versagt blieben, konnte der Bauer diejenigen seiner Frau nicht leiden. Er drangsalierte sie, wann er nur konnte. Sie sollten von seinem Geld keinen Heller erben, das schwor er sich, als er einmal krank darniederlag. Und diesen Vorsatz führte er auch aus an einem Tag, an dem er glaubte, allein zu Hause zu sein. Er nahm die Geldkatze und trug sie in die Scheune, verbarg sie in einer Höhle, auf der eine eiserne Platte lag und rief: „Hier, Teufel, hast du das Geld! Gib es nicht wieder heraus, bis mit dem Schlüssel geöffnet wird, mit dem ich auch zugeschlossen habe!"
Sein Sohn hörte und sah, was der Vater trieb. Als der Bruder nach Hause kam, erzählte er ihm den Vorfall. Zu zweit machten sie sich daran, die Platte zu heben, doch umsonst. Der Vater starb schon bald darauf. Wie kommen wir zu dem Geld?, fragten sich die beiden. Sie packten den Toten, setzten ihn auf die Platte und sagten: „Teufel, hier ist der Schlüssel, mit dem zugeschlossen wurde!" Sogleich drehte sich die Platte zur Seite, und der ersehnte Reichtum lag vor den Brüdern ausgebreitet.

## 474   Aussage vor Gericht

Einst lagen sich die Gemeinden *Reuschbach* und *Obermohr* in den Haaren wegen des Waldes auf dem Reichelsberg. Die Angelegenheit wurde dem Reichskammergericht vorgetragen, das auf die Aussage des alten Schulz vom *Pohrbacherhof* hin entschied, daß der Wald den Obermohrern gehöre.
Die Reuschbacher nahmen es dem Schulz arg übel, und sie wünschten ihm, daß ihn der Teufel holen, und er im Grab keine Ruhe finden möge. Der Wunsch ging in Erfüllung, denn wer um Mitternacht am Reichelsberg vorüberkam, dem sprang der Schulz in den Nacken, und er jagte die Pferde, daß sie mit bebenden Flanken im Stall ankamen.

## 475   Sie ist schuldig an ihrem Tode

Am Fußpfad von *Miesenbach* nach *Schwedelbach* steht ein steinernes Kreuz, in das eine Schere und Stricknadeln eingemeißelt sind. Nach der Sage liegen an der Stelle ein Stricker und ein Scherenschleifer begraben. Beide liebten ein Mädchen aus Schwedelbach. Die schlaue Eva verstand es, sie an der Nase herumzuführen.
An einem Sonntag ging sie mit dem Stricker den Pfad entlang hin zum Hexenplatz, wie die Leute den Ort nennen, an dem heute das Kreuz steht. Der Scherenschleifer erfuhr von dieser Zusammenkunft, legte sich voller Eifersucht in den Hinterhalt und tötete den Rivalen. Doch auch der Scherenschleifer erhielt bei dem Kampf eine gefährliche Wunde. Trotzdem verfolgte er das Mädchen, das in seiner begreiflichen Nervosität in die Wasserrausch

fiel. Dort gelang es der Jungfrau, dem Mörder den Dolch zu entwinden und ihm den Todesstoß beizubringen.

Der Tod vereinte so die beiden Nebenbuhler. Doch das Mädchen fand nie mehr Ruhe. Heute noch geht es um als weiße Frau. Sonntagskindern ist es schon mehrmals um die Mittagsstunde erschienen.

## 476 Lästige Mahner

Ein Bauer aus *Miesenbach* war ein richtiger Geizkragen. Kein Knecht und keine Magd hielten lange bei ihm aus. Sie mußten arbeiten von morgens früh bis abends spät und konnten doch nie genug schaffen. Die Magd mußte jeden Morgen Feuer unter den Kessel machen. Einmal wollte und wollte es einfach nicht brennen. Da bemerkte sie hinter dem Haus im Kleegarten einen Haufen Glut. Dreimal ging sie hin und holte eine Schaufel voll, doch das Feuer ging nicht an. Als sie das vierte Mal hinausging, da bedeuteten ihr drei Männer, die plötzlich um das Feuer lagen, daß sie nun nichts mehr bekäme. Es kam der Magd nicht ganz geheuer vor, weshalb sie die Herrschaft weckte. Die Frau des Hauses wußte sofort um die rätselhafte Glut. Die Magd durfte wieder ins Bett gehen, während Bauer und Bäuerin schaufelweise das Gold vom Rost unter dem Kessel nahmen. Die drei Männer waren aber mit dieser Lösung nicht einverstanden. Dreimal klopften sie an den Laden, hinter dem der Bauer schlief und forderten, daß er das Gold der Magd übergeben solle. Doch der dachte gar nicht daran. Er glaubte, die lästigen Mahner dadurch vom Hals zu bekommen, daß er die Magd nach Amerika schickte.

Sie kamen tatsächlich nicht mehr. Doch nach einigen Jahren hob das Klopfen mitten in der Nacht wieder an. Die Männer verlangten vom Bauern, daß er der Magd das Geld nach Amerika schicken solle, andernfalls würde seine Familie untergehen. Der Bauer aber behielt den Schatz trotzdem. Alle seine Enkel gingen zugrunde, und so war die Familie ausgelöscht.

## 477 Das Flämmchen am Hungerbrunnen

Jäger wissen, wo das Wild steht. Sie kennen den Wechsel und gehen am richtigen Ort in den Anstand. Auch jene beiden Jäger von *Miesenbach* wußten, daß in der Stückelbach und im Hebenhübelwald ein ganzes Rudel Rehe war, und daß das Wild gern hinüberwechselte in die Nachbarjagd im *Kottweilerer* Bann. Dem Nachbarn aber gönnten sie die Tiere nicht, weshalb sie sich stets an der Grenze postierten und auch zwei Rehe erlegen konnten.

Um die Mitternachtsstunde befanden sie sich einmal auf dem Heimweg. Als sie am Hungerbrunnen vorbeikamen, bemerkten sie ein Flämmchen, das dicht am Boden schwebte. Der ältere Jäger hieß den Jüngeren, darauf zu schießen. Der traute sich aber nicht, weil der Friedhof in der Nähe war. Auf der Straße, die nach *Mackenbach* führt, wollten sie die Erscheinung genauer beobachten. Da kam einer des Weges und lachte die beiden aus: „Wer weiß, wer euch da einen Spuk vorgegaukelt hat!" Er nahm das Gewehr des jungen Jägers und rief dreimal: „Bist du ein Mensch, dann gebe Antwort oder ich schieße!" Nichts regte sich. Da legte er an und schoß. Das Flämmchen stieg in die Höhe, ein Prasseln war zu hören, und das Gewehr entfiel dem Schützen und konnte nicht mehr gefunden werden, so sehr auch die drei danach suchten.

Auch am nächsten Morgen fanden sie die Waffe nicht mehr. An der Stelle, an der das Flämmchen gesehen wurde, wuchs junger, grüner Rasen. Auf die Jagd gingen sie wieder, doch nie mehr um Mitternacht am Hungerbrunnen vorüber.

## 478  Unsichtbar ist die wilde Jagd

Die wilde Jagd tobt im Walde bei *Miesenbach*. Erst ist nur ein Grollen zu vernehmen, vergleichbar mit dem fernen Donnern eines aufziehenden Gewitters. Doch es kommt näher, rascher als die Winde eilen, und die Luft ist erfüllt von großem Lärm. Da hört man, wie die Kugeln sausen, wie die Hunde anschlagen, wie die Treiber rufen und die Jäger, wie das getroffene Wild aufschreit in argem Weh. Hoch oben in der Luft spielt sich das alles ab. Man hört sie, die wilde Jagd, sehen aber kann man sie nicht.

## 479  Die ertappte Hexe

*Miesenbach* stand kopf. Ein Dieb mußte sich im Dorf aufhalten, denn Korn wurde gestohlen und Latwerg, und morgens waren die Kühe gemolken. Also paßte man dem Einbrecher auf. Der eine Bauer bemerkte, wie eine Taube durch das Dachfenster flog, obwohl es keine einzige Taube im ganzen Dorf gab. Ein anderer sah, wie ein Schmetterling den Kamin heruntertrudelte, und ein dritter verfolgte eine Katze, wie sie durch das halboffene Stalltor hin zu den Kühen schlich. Tatsächlich ging die Katze von Kuh zu Kuh und molk die Tiere. Darüber geriet der Lauscher in Zorn und gab der Katze Hiebe auf die Vorderpfoten.

Nächsten Tages sollte sich der Verdacht, den alle hegten, bestätigen. Der Bauer ging nämlich zum Glaserhöfchen und fand dort die Frau mit verbundenen Händen im Bett liegen. Er bat darum, daß sie ihm helfen möge bei der Arbeit auf dem Felde. Sie sprach: „Ich würde dir gern helfen, wenn meine Arme und Hände nicht plötzlich angeschwollen wären. Ich weiß gar nicht, woher das kommt." „So, so", meint der Bauer „ich kann es dir genau sagen. Du bist die Diebin, die unsere Kühe gemolken, unseren Latwerg gestohlen und unser Korn genommen hat. Du bist die Hexe, die einmal als Taube, dann als Schmetterling und als Katze zur Nachtzeit in unsere Häuser kommt." Von diesem Tage an hatte niemand mehr über gestohlene Sachen zu klagen.

## 480   Nur ein Goldstück

Ein Bauer ging einst nach *Erzenhausen* auf den Kuhhandel. Über *Schwedelbach* und den Hebenhübelwald kehrte er um Mitternacht heim. Er hätte gern ein Pfeifchen geraucht, doch in keiner Tasche war mehr ein Feuerzeug. Da sah er am Wegesrand ein Feuerchen, an dem drei Männer saßen. Freudig eilte er darauf zu und bat um Feuer. Er nahm eine Kohle, doch der Tabak fing kein Feuer. Als er nach einem zweiten Köhlchen greifen wollte, wurde ihm dies verwehrt.

Am Morgen erst entdeckte der Bauer, daß die Kohle zu einem Goldstück geworden war. Seine Freude währte aber nicht lange, denn seine Frau fuhr ihn recht unsanft an: „Du bist ein dummer Kerl! Hättest du die Glut ausgeschlagen, dann wäre alles Gold dir gewesen!"

## 481   Der Jäger unter der Eiche

Südlich des Dorfes *Eulenbis* standen auf den Wiesen und Äckern mehrere alte, knorrige Eichen mit riesigem Blätterdach. Eine davon fiel besonders durch ihre Größe auf. Sie wurde zur Nachtzeit gemieden, weil dort schon des öfteren ein Jäger im grünen Rock und mit grünem Hut gesehen wurde. Er tauchte schon vor der Geisterstunde auf und verschwand erst wieder, nachdem die Glocke längst die zwölfte Stunde geschlagen hatte. Es ist nicht bekannt, woher er kam, und wohin er geht. Sinnend steht er unter der mächtigen Krone, so, als erinnere er sich vergangener Zeiten. Seiner Brust entflieht ein Seufzer, und sein Blick schweift in die Ferne, als wollte er sagen: So war die Menschheit, und sie hat auch heute nichts dazugelernt. Sie wird auch so bleiben, solange die Welt besteht.

## 482   Der tiefe Brunnen in der Eckwiese

In der Nähe von *Eulenbis* stand früher ein Kloster, das sehr reich war. Da kamen eines Tages Feinde gezogen, und die Mönche vergruben schnell alles, was von Wert war. Sie füllten einen ganzen Kessel mit purem Golde und versenkten ihn in den „tiefen Brunnen in der Eckwiese".

Ein wilder Haufe beute- und mordgieriger Soldaten fiel über das Kloster her, raubte und plünderte, quälte und mordete, aß und trank und steckte schließlich den roten Hahn auf das Dach. Lärmend und gröhlend verließen die Kriegsknechte die entweihte Stätte.

Niemand fand seit der Zeit die vergrabenen Schätze, auch nicht den mit Gold gefüllten Kessel. Er versank, weil er so schwer war, im weichen Untergrund, im „tiefen Brunnen", wie die Leute sagen.

Eine andere Sage weiß vom tiefen Brunnen folgendes zu erzählen: Mittagsruhe lag über dem Dorf Eulenbis. Plötzlich vernahm man rasende Hufschläge und derbe Soldatenflüche. Ein Reiter kam das Oberdorf herab, verfolgt von einer Horde von Feinden. In seiner Not setzte der Verfolgte über eine Hecke hinweg und sprang, weil er auf den Weg nicht mehr achten konnte, in den tiefen Brunnen und versank vor den Augen seiner Feinde.

## 483  Die weiße Frau an der Hexeneiche

In der Nähe von *Hirschhorn* liegt der Schenkrech, ein Bergkegel, auf dem die Hexeneiche steht. Sie stand einst in der Mitte eines Schloßhofes. In der prachtvollen Burg lebte der Schenk mit seiner bildhübschen Tochter. Das ganze Lautertal kannte und liebte sie. Freier stellten sich genug ein, doch das Fräulein lehnte jedesmal ab. Der Vater schalt sie eine dumme Gans und wurde recht wütend, als sie ein Kind gebar, ohne sich im Ehestand zu befinden. Die junge Mutter nahm alles mit stoischer Ruhe entgegen. Des Nachts kleidete sie sich in das Hochzeitskleid, das lange bereitlag, aber nie benutzt wurde und ging, mit einem Bündel im Arm, den Berg hinunter. Drunten auf der Brücke vertraute die Unglückliche das Bündel den kühlen Fluten der Lauter an und eilte zum nahen Wald, wo man sie am Morgen entseelt wiederfand. Der Schenk pflanzte zum Andenken an seine einzige Tocher, die so tragisch ums Leben kam, mitten in den Schloßhof ein Eichbäumchen, das nach und nach größer ward. Dort soll die Tochter des Nachts umgehen als weiße Frau, ihr Kind beweinend.

## 484  Philp Wullewu

Kennen ihn alle, den Sickingischen Schweinehirten Philp Wullewu? O nein, und trotzdem sollte man ihn kennen, denn er hat Großes vollbracht. In *Schallodenbach,* das damals dem Sickinger gehörte, da hütete er die Säue. Das Dorf war durch einen unterirdischen Gang mit der Burg Nanstein bei Landstuhl verbunden. Und dieser Gang hatte es auf sich. Als nämlich *Nanstein* belagert war, da trieb der Sauhirte von Schallodenbach seine Schweine hinüber zur Burg, und ein zünftiges Schlachtfest nach dem anderen wurde gebührend gefeiert.

Durch Zufall erfuhr Philp davon, daß der Ritter Franz nach Ebernburg müsse, obwohl Nanstein von einem grimmigen Feinde belagert war. Nun schlug die große Stunde des Schweinehirten. Er näherte sich dem Burgvogt und sprach: „Seht, Herr Burgvogt, ich bin von der Größe unseres Ritters. Ich kann meine Stimme verstellen, daß sie wie die unseres Herrn klingt. Gebt mir eine Rüstung, und ich will auf den Wällen umherspazieren wie unser Herr. Auch unsere Soldaten sollen nicht erkennen, daß ich in Wirklichkeit der Sauhirt von Schallodenbach Philp Wullewu bin!" Es geschah so.

Der Ritter verschwand ungesehen durch den Gang, Richtung Schallodenbach. Philp aber übernahm das Kommando. Gleich in der Nacht fing man im Burggraben einen Spion, der, als ihm die Daumenschrauben angesetzt wurden, gestand, daß am nächsten Tag ein Angriff auf die Burg geplant sei. Hei, nun war der Sauhirt in seinem Element. Schon lange wünschte er sich, daß er einmal wie einer der großen Herren befehlen könnte. Er sprach: „Man gebe der Mannschaft doppelte Portionen und jedem noch zwei Liter Wein vor dem Kampf!" Es ging ja nicht von seinem.

Und die Feinde kamen. Der Doppelgänger des Sickingers stand in vorderster Linie und wirkte mit beiden Händen, sehr zum Vorteil für die Mannen rechts und links. Der Angriff wurde abgewiesen. Zur Siegesfeier ließ der Sauhirt seine hundert Schallodenbacher Schweine durch den Gang heranmarschieren und veranstaltete zusammen mit den Reisigen eine ergötzliche Parade: ein Schwein — ein Soldat, ein Schwein — ein Soldat, und so fort. Auf den Wällen fand der Vorbeimarsch statt. Den Feinden sträubten sich die Haare, als sie diese Menge Viehzeug sahen. Sie brachen die Belagerung ab, weil die Burg doch nicht ausgehungert werden konnte.

Der Sauhirt erkannte beizeiten, was der Feind beabsichtigte. Er befahl den Ausfall und die Verfolgung der Belagerer. Das war ein gar gut geglückter Schachzug. Eine Menge Verpflegung und die wertvollen Belagerungsgeschütze fielen in die Hände der Angreifer.

Hinter *Hütschenhausen* kam den Fliehenden ein Trupp Reiter entgegen, an ihrer Spitze — Franz von Sickingen. Kein Wunder, daß die, die davonkamen, überall erzählten, daß es der Ebernburger mit dem Teufel zu tun hätte, denn er sei allgegenwärtig. Der Burgvogt wurde belobigt und erhielt von dem Tag ab 100 Taler Sold mehr. Für den Sauhirt Philp Wullewu blieb nur ein Taler übrig. „Er kann vorläufig wieder zu seinen Säuen gehen!" meinte der Ritter.


# 485  Neid, Mißgunst und Gier


Im Eichenwäldchen zwischen *Dörnbach* und *Dörrmoschel* steht der Mordstein. Dort geht der Geist des Mörders um, der erst dann erlöst sein wird, wenn Neid und Mißgunst und Gier aus Menschenherzen getilgt sind. Denn Neid und Mißgunst und Gier ließen den Mann zum Mörder werden. Ein Handelsmann mit gefülltem Beutel war sein Opfer.

## 486 Auf eigenem Grund und Boden

Die stimmberechtigten Bewohner von *Waldgrehweiler* leisteten sich einmal einen Meineid, obwohl die dem Wort gemäß nicht gelogen hatten. Sie waren so schlau, daß sie die Frage des Gerichtes nach ihrem Gutdünken auslegten. Es ging um den sogenannten Bauwald, der durch den falschen Eid an Waldgrehweiler fiel. Er liegt nahe jener Stelle, an der sich die Gemarkungsgrenzen von *Finkenbach, Waldgrehweiler, Ransweiler* und *Schiersfeld* fast berühren. Der Wald gehörte lange Zeit zu Finkenbach, die benachbarte Gemeinde machte aber auch Besitzrechte geltend. Bei der Verhandlung an Ort und Stelle schwörten die von Waldgrehweiler, daß der Wald ihnen gehöre. Was wollten da die Finkenbacher machen, nachdem auf die Frage des Gerichtes: „Stehen die Waldgrehweilerer auf eigenem Grund und Boden?" diese die Hand zum Schwure hoben. Tatsächlich traf dies zu, denn die Meineidigen hatten von ihren Äckern Grund in ihre Schuhe geschüttet.

So erhielt Waldgrehweiler den Wald zugesprochen. Doch die Meineidigen fanden nach dem Tode keine Ruhe. Am Bauwald taucht zu bestimmten Zeiten ein Wagen mit Pferden ohne Köpfe auf; er hält an der Ecke des Forstes, Gestalten steigen ein, und los geht die Fahrt mit unbestimmtem Ziel. Niemand weiß, wohin.

## 487 „Nun bin ich erlöst"

Mitten in der Nacht holperte einmal ein Wagen *Ransweiler* zu, müde die Pferde und müde der Fuhrmann. Plötzlich krachte es am Wagen. Das „Reihscheit" war gebrochen. Was nun? Dunkelheit herrschte, eine Laterne stand nicht zur Verfügung, und weit war der Weg zur nächsten Hütte. Da bemerkte der Mann in der Ferne ein Licht. Gott sei Dank, das bedeutete Hilfe! Ein Irrlicht war's, das nun dem Manne bei der Reparatur leuchtete.

Weiter ging die Fahrt, doch das Licht wich nicht vom Wagen. Dem Fuhrmann wurde es Angst, er faßte sich ein Herz, nahm die Peitsche und schlug zu. Das Licht aber rührte sich nicht. Es war einfach nicht vom Wagen zu bringen. Bis in den Stall folgte es. Der Vater des Fuhrmanns aber wußte in diesen Dingen Bescheid. Er griff zur Stallaterne und schwenkte sie hin und her, dabei rufend: „Irrlicht, du hast mir geleuchtet. Nun leuchte dir der Herrgott heim ins Himmelreich!" Siehe da, das Licht verließ den Stall mit dem frohen Ruf: „Nun bin ich erlöst!"

## 488 Die überführte Hexe

In *Waldgrehweiler* verdächtigte man vor vielen Jahren eine alte Frau, daß sie sich auf allerlei Hexenkunststücke verstünde. Niemand konnte ihr aber etwas nachweisen, bis sie der Metzger des Ortes, bei dem lange Zeit hindurch Fleisch gestohlen wurde, überführte. Er lauerte in tiefer Nacht auf den Dieb, sein größtes Messer in der Hand.

Gerade war es Mitternacht, da wurde die Tür leise aufgestoßen, und herein schlich eine große, schwarze Katze. Mit einem Sprunge riß sie ein ansehnliches Stück Fleisch an sich und wollte wieder davoneilen. Der Metzger stieß ihr aber das Messer ins Bein. Am nächsten Tage wurde im Dorf bekannt, daß die alte Frau mit einer Stichwunde am Bein zu Bett liege.

## 489   Auf dem Stolzenberg hinter dem Hollerstock

„Auf der Mannheimer Brück' sollst du suchen dein Glück", wurde dreimal hintereinander einem armen Manne aus *Stahlberg* im Traum befohlen. So machte er sich auf den Weg dorthin, marschierte einen ganzen Tag lang auf der Brück hin und her, und die Sonne versank schon hinter den Bergen, ohne daß sich etwas getan hätte.

Ein kurpfälzischer Soldat, dem das sonderbare Benehmen des Mannes auffiel, trat auf ihn zu und fragte, was er suche. Der Mann erzählte seinen Traum und wurde von dem Soldaten ausgelacht: „Für Träume geb' ich nichts. Träume sind Schäume. Erst gestern träumte ich, und das nicht zum ersten Male, daß auf dem Stolzenberg hinter dem Hollerstock viel Geld vergraben liege. Ich mache mir nichts daraus, zumal ich ja gar nicht weiß, wo der *Stolzenberg* zu finden ist." Der Stahlberger aber ging hin zu besagter Ruine bei *Bayerfeld-Cölln* und fand, was er suchte. Und alle Not hatte ein Ende.

## 490   Am gläsernen Kreuz

Zwei Ritter warben um die Gunst des Burgfräuleins von *Randeck.* Den einen hatte das Mädchen aufrichtig lieb. Die beiden Rivalen trafen sich eines Tages auf der Burg, es kam zum Kampf, bei dem der Auserwählte sein Leben lassen mußte. Zum Andenken daran ließ das Fräulein an der Stelle, an der der Geliebte fiel, einen Gedenkstein errichten, der in einer Nische ein gläsernes Kreuz trug. Deswegen heißt der Bann zwischen Schiersfeld und Mannweiler „Am gläsernen Kreuz".

Mit einem tüchtigen Wagen voll gestohlenem Holz vom *Stahlberg* waren einmal einige Männer in dunkler Nacht auf dem Heinweg. Als sie am gläsernen Kreuz vorbeikamen, erhob sich in der Luft ein unheimliches Brausen, zwei Ritter kamen herangejagt und warfen das Holz vom Wagen. Die Frevler liefen, so schnell sie konnten, nach Hause und unterließen es künftig zu unrechtem Gut zu gelangen.

# 491 Nur alle hundert Jahre leuchtet die blaue Flamme

In einem kleinen Talkessel in der Gemarkung von *Finkenbach*, Hollerbach geheißen, soll früher ein Kloster gestanden haben. Seine Schätze liegen bis heute verborgen, und auch von dem Wein, der in seiner eigenen Haut in den Kellergewölben ruht, hat noch keiner gekostet. Einem Sonntagskind wäre es vergönnt, die Schätze zu heben, aber nur dann, wenn es zu gewisser Stunde nach dem Reichtum fahnden würde. Diese Stunde aber kehrt nur alle hundert Jahre wieder, wenn die blaue Flamme an jenem Platz hin- und herschwebt.

In der Nähe lag einst ein einsames Haus, in dem sich die Jugend gern traf, weil dort die traditionellen Spinnstuben abgehalten wurden. Einmal rief ein Mädchen alle Anwesenden an die Fenster, denn draußen an der Pappel, da geisterte die blaue Flamme, hüpfte den Baum hinauf ohne ihn zum Brennen zu bringen. Die Erscheinung war im Nu wieder verschwunden. Selbst die Herren der Schöpfung fanden nicht den Mut, sofort nach dem Reichtum in der Erde zu forschen. So ruht er heute noch.

# 492 Ein Bauer kräht

„Wenn Du mir Deine Seele versprichst, will ich Dir bis zum ersten Hahnenschrei eine neues Haus bauen", so sprach der Teufel zu einem tiefverschuldeten Bauern aus *Finkenbach*. „Was geschieht aber, wenn Du nicht fertig wirst?" „Dann magst Du die letzte Hand an den Bau legen", meinte der Satan, und der Bauer schlug ein. Der Teufel ging sofort ans Werk, und er hätte es auch geschafft, wenn er es nicht mit einem Pfälzer zu tun gehabt hätte. Als der Bauer nämlich sah, daß die Arbeit gelingen würde, hub er an so trefflich zu krähen, daß die Hähne im Dorf erwachten und vielstimmig einfielen.

Der Schwarze stieß einen gräßlichen Fluch aus und verschwand. Am Haus aber fehlten nur einige Ziegel.

# 493 „So, jetzt hemmer' ne!"

Ein Bauer aus *Finkenbach* wäre beinahe, zusammen mit seiner ganzen Verwandtschaft, ein steinreicher Mann geworden, wenn er den Mund hätte halten können. Eines Nachts entdeckte er nämlich hinter seinem Haus eine Grube im Boden, in der ein helles Feuer flackerte. Ein Kessel voller Gold wurde von kleinen Männlein in weißen Gewändern über der Flamme hin und her bewegt. Der Bauer traute sich gar nicht, näher zu treten. Da kam eines der Männlein auf ihn zu: „Du brauchst dich nicht zu fürchten, Bauer! Geh und hole deine Verwandten! Zieht den Kessel aus dem Loch, achtet aber gut darauf, daß kein Wort gesprochen wird, und auch kein Goldkörnchen zu Boden fällt! Die ganze Menge Gold soll dann euch gehören." Mit großer Mühe gelang es den Leuten, den Kessel auf den Rand des Loches zu bringen. Da vergaß der Bauer das Verbot des Männchens und sagte voller Genugtuung: „So, jetzt hemmer' ne!" Mit einem Schlage verschwand die Herrlichkeit. Verdutzt und verärgert über sich selbst hielt der Bauer nur die eine verrostete Habe des Kessels in der Hand.


## 494   Die Schätze auf dem Escherhof

Bei *Schmittweiler* befand sich einst ein großer Hof, der den Herzögen von Zweibrücken gehörte. *Escherhof* nannten ihn die Leute. Jedes Jahr brachten die Bauern am Dienstag nach Katherinentag den fälligen Pachtzins in Form von Naturalien. Da füllten sich Keller und Scheunen und Speicher und Ställe mit einem Teil der Ernte derer von *Schmittweiler, Reiffelbach, Gangloff* und *Callbach.*

Nach der Sage liegen heute noch die Keller voller Wein und Geld, obwohl der Hof schon lange untergegangen ist. Ein armer Tagelöhner aus Schmittweiler machte sich in dunkler Nacht daran, die Schätze zu heben. Es war ein hartes Stück Arbeit, doch die Geldkiste lockte. Er fand sie auch und konnte sie unter unsäglichen Mühen ans Tageslicht bringen. In dem Augenblick näherten sich zwei Männer und fragten nach dem Weg nach Schmittweiler. Gern gab der Schatzgräber Auskunft, doch er hatte vergessen, daß man bei der Schatzsuche den Mund halten muß. Die Kiste versank und mit ihr auch der Traum von Reichtum und bequemem Leben.


## 495   Er bannte den Geist

Im Glockenturm der Kirche zu *Medard* spukte es. Das Gespenst sei gefährlich, behauptete der Glöckner und weigerte sich, nach der Dämmerung das Glockenhaus zu betreten. Ein fremder Bursche, der auf seiner Wanderschaft durch den Ort kam, erklärte sich bereit, den Geist zu bannen. Zur Geisterstunde betrat er den zu der Zeit unheimlichen Turm mit einer schwarzen Katze im Arm, einem Wetzstein und einem Stückchen Brot in der Tasche. Das Gespenst trat auf den Unerschrockenen zu und rief: „Hättest du nit die Witze-Watze, hättest du nit die schwarze Katze, hättest du nit das groß' Stück Brot, so wär' es dir dein sicherer Tod!" Mit einem Wutgeheul entfernte sich der Geist und ward seitdem nicht mehr gesehen.

## 496 Menschenscheue Wildfrauen

Bei *Schweinschied* findet man die Wildfraukirche. Sie ist ein Stein, von allerlei Figuren geschmückt, auch von einem Reiter, der seinen Gegner mit der Lanze durchbohrt. Das Wildfrauloch, eine Mithrasgrotte, liegt in der Nähe. Früher sollen hier Wildfrauen gelebt haben. Sie waren menschenscheu und ernährten sich hauptsächlich von Wurzeln und Kräutern, aßen aber auch sehr gern ein Stückchen Brot. Sie gingen ohne jede Kleidung. Besonders auffallend waren ihre langen Haare. Jeden Tag wanderten sie hinunter zum Bach. Sie badeten und kämmten sich die Haare. Der Sonntag war dem Gebet an der Wildfrauenkirche vorbehalten. Mit den kleinen Kindern spielten sie am liebsten. Weil sie so freundlich und auch so harmlos waren, taten die Menschen alles, um sie zu schützen. Die Holzarbeiter zeichneten jeden Baumstumpfen mit einem Kreuz, damit sich die Wildfrauen jederzeit vor dem wilden Jäger in Sicherheit bringen konnten.

## 497 „Do kann der Deiwel Trumm schlahn ..."

Der Landgraf Friedrich Joseph von Hessen-Homburg weilte in *Meisenheim* samt seiner Gattin, einer englischen Prinzessin, die besonders durch ihren großen Körperumfang auffiel. Die Miliz zu Pferde und zu Fuß war angetreten, als die Herrschaften vom Schloß in Meisenheim aus die Rückfahrt nach *Homburg* antraten. Es klappte alles wie am Schnürchen, bis auf den Präsentiermarsch.
Als das hochwohllöbliche Paar einstieg, ertönte er. Aber um Himmels willen, warum schlug einer der Musiker nicht die Trommel. Der Leutnant sauste am ersten Glied entlang mit hochrotem Kopfe und fuhr den Soldaten an: „Kerl, warum trommelt Er nicht?" Der Trommler sah seine Strafe sowieso kommen und antwortete deshalb auch in aller Gemütsruhe: „Herr Leutnant, do kann der Deiwel Trumm schlahn, wann so e Maschin insteiht."

## 498 Ein hundertprozentiger Jakobiner

In der Französischen Revolution besaß *Meisenheim* einen Maire, der ein hundertprozentiger Jakobiner war. Mit Gewalt erzwang er einen Gesinnungswandel der Meisenheimer, wenigstens nach außen hin. In der Johanniskirche umritt er den Altar, um zu zeigen, was für ein Kerl er sei. Jeder mußte die Nationalkokarde recht sichtbar tragen, sonst bekam er es mit dem Maire zu tun, der in diesen Dingen keinen Spaß verstand. Die Feier des Sonntags konnte er begreiflicherweise nicht leiden, ihm lag daran, Althergebrachtes und alles, was sich auf den Glauben stützte, zu beseitigen, und zwar rigoros.

Wehe dem, der am decadi arbeitete, und wehe der Frau, die ihre Wäsche auf der Bleiche liegen hatte! Er ritt darüber und zerstörte die Leinwand. Jetzt aber geht er um, besonders unten an der Bleiche am Glanufer.

## 499 Der Stein mit dem seltsam hohlen Klang

Galgen standen in alten Zeiten auf den Fluren in der Nähe der Ortschaften. Flurnamen deuten heute noch auf sie hin. Auch zwischen *Meisenheim* und dem Dorf *Roth* war eine solche Richtstätte. Dabei stand ein großer Grenzstein, der stets einen eigentümlichen, hohlen Klang hören ließ, wenn mit einem Hammer auf ihn losgeschlagen wurde.
Da träumte einmal eine Frau, daß sie aufstehen und an dem Stein eine Menge Goldes holen solle. Als sie am nächsten Tag an den Stein kam, sah sie, daß drei schwarze Hunde ihn bewachten.
So erging es ihr noch ein zweites Mal. In der dritten Nacht, es war kurz vor zwölf Uhr, kam sie an der Stelle an und wartete auf das Gold. In Meisenheim schlug eben die Mitternachtsstunde, als die Frau ein lautes Gerassel vernahm, und ein großer, schwarzer Hund auftauchte, der ihr zurief: „Wenn du noch einmal kommst, so wird es dein sicherer Tod sein!" Die Frau lief, was sie konnte, zurückgekehrt ist sie nie.

## 500 Das Grab Attilas

Attila war ein grausamer Herrscher. Allüberall wo seine Hunnen auftauchten, verbreiteten sie Angst und Schrecken. Doch bei Chalons, da bekamen sie einige auf die Finger. Beim Rückzug streiften sie auch die Gegend an Glan und Alsenz. Überall brannten Dörfer, Felder waren zusammengeritten.
Da starb völlig unerwartet der König. Tagelang klagten die Hunnen, tagelang suchten sie eine würdige Ruhestätte für ihren toten Fürsten. Zwischen *Callbach* und *Unkenbach* fanden sie einen geeigneten Platz. Ein tiefer Weiher lag damals auf der Höhe zwischen den Dörfern. Die Hunnen gruben ihn ab, leiteten das Wasser ins Moscheltal und setzten ihren König im leeren Teichbett bei. Sein Roß, seine Rüstung, viel Gold, auch Essen und Trinken, das alles gaben sie dem Toten mit. Dann stauten sie den Weiher und rückten ab. Trotzdem der Teich heute nicht mehr besteht, hat noch niemand das Grab Attilas gefunden. Der Ort heißt „Rotes Meer" und der Berg „Heidensteil".

## 501 Sieht ersch? — Sitters

Als Jesus auf Erden weilte, unternahm er einmal eine Reise durch die Pfalz, begleitet von den zwölf Aposteln. Von *Moschel-Landsberg* aus genossen sie den herrlichen Ausblick über das Glan- und Nahegebiet, über den Hunsrück und den Donnersberg. Petrus zeigte dem Herrn die einzelnen Ortschaften, darunter auch eine, die nicht ohne weiteres zu finden war, weil sie ziemlich versteckt lag. Petrus nahm den Stock und deutete in die Richtung: „Sieht ersch? Sieht ersch?" So bekam *Sitters* seinen Namen. Die Leute sagen heute noch Siehtersch.

## 502    Ein durchtriebener Kerl

Spitzbuben gibt es schon, solange die Welt besteht. Sie kommen auf die tollsten Schliche, um ihren Nachbarn zu betrügen, so wie einer der Ritter von *Burg Löwenstein* bei *Obermoschel.* Die Löwensteiner waren arm geworden, verstanden es aber immer wieder durch unsaubere Geschäfte ein Leben ohne Sorgen zu führen. Einer von ihnen, ein gar gewiefter Kerl, riet einmal dem Kommandanten der *Burg Landsberg,* er solle schleunigst seine Schätze vergraben und er, der Löwensteiner, wolle sie wieder finden, weil er sich auf das Metallfühlen verstünde. So geschah es.

Eines Tages gingen die beiden durch den Burggarten spazieren. Da trat der von Löwenstein plötzlich mit dem Fuß fest auf und sprach: „Hier liegt das Geld begraben. Es ist aber kein sicherer Platz. Verbergt es besser!" Und der Kommandant tat's. Der Metallfühler erschien wieder, und fand das Geld zum zweiten Male unter einer Platte in der Burg. „Ihr seid mit dem Teufel im Bunde", meinte der Kommandant. Doch der Löwensteiner antwortete: „Das glaubt Ihr ja selbst nicht. Ich bin lediglich ein Sonntagskind, das manchmal mehr sieht und hört und fühlt als andere Menschen. Ich rate Euch, die Truhe unter der großen Linde neben dem Heiligenhäuschen vor dem Burgtor zu vergraben. Dort liegt sie sicher, denn selbst ein Fronsonntagskind wird sie nie entdecken!"

Der Kommandant akzeptierte diesen plumpen Vorschlag und wurde so die Schätze los, denn in der Nacht hob der Löwensteiner die Kiste ohne jede Schwierigkeit und lebte künftig in Saus und Braus. Doch unrechtes Gut bringt kein Glück. Bald war vom Inhalt der Kiste nichts mehr da, und der Löwensteiner war wieder so arm wie eine Kirchenmaus.

## 503    Afra und Bruward

Bruward hieß der Schäfer vom *Löwenstein* über *Niedermoschel.* Sein Herr konnte sich auf ihn stets verlassen, nur im letzten Vierteljahr, da war irgend etwas mit dem Hirten los. Ihm entlief ein Lamm, was ihm bislang noch nicht passierte. Warum hatte er nicht genügend aufgepaßt? Hatte er seine Augen gar irgendwo anders gehabt? Er machte sich auf die Suche und kam um Mitternacht an eine zerfallene Mauer, aus deren Ritzen der Rote Steinbrech wucherte. Es rauschte gar wunderlich in den Blättchen und ein feines Stimmlein redete den Müden an: „Du bist gerade zur rechten Zeit gekommen. Wir helfen dir." Und da fing es an zu rieseln, ganz fein und zart und leise. Der Rote Steinbrech hatte den begehrten Wünschelsamen geschenkt. Freudig erhob sich der Bursche und wünschte sich nur, daß er recht bald das Schaf finden möge. Da blökte es auch schon unter einem Wacholderbusch. Er nahm es auf die Arme und trug es von dannen. Die Nacht war mondhell, und trotzdem sah er von seiner Gestalt keinen Schatten. Ihm fiel ein, daß der Wünschelsamen unsichtbar macht. Welche Möglichkeiten! Doch der einfache Schäfer dachte gar nicht daran, die ihm verliehene Macht voll auszunützen. Er verstaute den Samen sorgsam in seinem Schäferkarren und schlief befriedigt ein, denn das verlorene Schaf war gefunden.

Tage danach geriet der Ritter Lymelzun von Löwenstein in Fehde mit dem Herrn von *Montfort.* Sie kam dem zu Löwenstein recht ungelegen, denn seine beiden Söhne waren gerade mit den besten Knechten nach Heidelberg geritten. Die Bauern wurden zu den Waffen gerufen, auch Bruward mußte mit seiner Herde in die Burg einrücken. Er freute sich darauf, denn nun war er der Geliebten, die ihm in letzter Zeit den Kopf verdreht hatte, nahe. Afra hieß sie und war des Burgschmiedes Töchterlein. Der Montforter rückte heran mit einer Streitmacht, die ohne viel Mühe die Burg einnehmen konnte. Der Schloßherr teilte seine Befürchtungen dem Schmied mit, und der Schäfer wurde zufällig Zeuge ihres Gespräches. Er trat vor: „Ihr wart mit stets ein guter Herr. Nun Ihr in Not seid, will ich Euch gern helfen. Vertraut auf mich, ich werde Eure Feinde vertreiben!" Da machte der Löwensteiner große Augen. Weil er aber wie ein Ertrinkender bereit war, nach dem letzten Strohhalm zu greifen, gab er, ohne nach dem Plan des Schäfers gefragt zu haben, Anweisungen, dem Hirten beizustehen. Doch das war nicht notwendig, denn Bruward verließ sofort die Burg ohne Waffe. Was hatte er vor? Wollte er mit seinem Leben spielen?

Sie sahen ihn den Burgweg hinuntergehen und sich unter einer Hecke verkriechen. Dort schüttete er den Samen in seine Schuhe und ging nun völlig unsichtbar ins Lager der Feinde. Da ging es drunter und drüber. Im großen Zelt aber saßen die Herren und tranken bereits auf den sicheren Sieg. Bruward stellte sich hinter Hermann von der Porten und gab ihm eine Ohrfeige, daß ihm Hören und Sehen verging. Der packte den Dalsheimer am Kragen, und nur mit Mühe konnten die beiden beruhigt werden. Die unsichtbare Hand schlug weiter zu. Sie traf Kuno von Montfort, dann Heinrich Fust von Stromberg und Johann von Bassenheim. Das genügte. Die Herren gerieten sich in die Haare und die Knappen dazu und der ganze Heerhaufen. Es war eine wüste Keilerei. Der Schäfer aber saß abseits und sah zu, wie sie sich „vermöbelten", und noch bevor es Abend wurde, abzogen, jeder Haufen für sich auf eigenem Wege.

Der Schäfer hatte gesiegt, und sein Herr ward einer großen Sorge ledig. Er befreite Bruward von der Leibeigenschaft und wurde sogar Brautwerber. Er schenkte Afra und Bruward ein großes Stück Land zu einem stattlichen Bauernhof, der „Schafhof" genannt wurde.

## 504   Ein guter Vermittler

Der Ritter von *Böckelheim* war einmal in einer mißlichen Lage. Bei ihm verkehrten sowohl die Herren von *Montfort,* als auch die *Rheingrafen vom Stein.*
Die Montforter lagen mit dem Erzbischof von Mainz in Fehde, und die Rheingrafen waren des Mainzers Verbündete. Der von Böckelheim aber fühlte aufrichtige Freundschaft zu beiden.
Eines Tages hatte er die Tochter des Rheingrafen und den jungen Montforter zu Gast. Die beiden bekamen sich lieb. Der Vater des Mädchens hatte aber schon die Hochzeit seiner Tochter mit dem Rheingrafen von Grehweiler bestimmt. Tag und Ort lagen fest. Der Böckelheimer versprach, den beiden Liebenden zu helfen. Zur Vermählung wurde auch er nach Schloß Grehweiler eingeladen. Unbemerkt gab er dem Pferd der Braut ein Pülverlein ein, daß es krank wurde. Ein Ersatzpferd stand nicht zur Verfügung. Der Böckelheimer sagte: „Schickt jemand nach meiner Burg! Er soll das Pferd meiner Schwester herbeischaffen!" Er lachte sich im geheimen ins Fäustchen, denn sein Plan war bis dahin ohne Schwierigkeiten gelungen. Die Knechte aber brachten nicht der Schwester Pferd, sondern das des Ritters von Montfort.
Der Zug setzte sich in Bewegung. Die Braut ritt mit einigem Abstand vor den anderen. Plötzlich fiel ihr Roß in einen scharfen Galopp und nahm — der Rheingraf traute seinen Augen nicht — einen falschen Weg. Nach Montfort ging der Ritt, und alle folgten. Als sie vor der Burg ankamen, war die Braut schon verschwunden. Der Rheingraf war aus dem Häuschen. Ausgerechnet ihm mußte so etwas passieren! Mit zorniger Stimme verlangte er die Herausgabe seines geraubten Kindes. Da erschien der von Montfort und rief: „Ich habe Euer Kind nicht geraubt. Es kam freiwillig zu mir und wird auch meine Frau werden!" Empört über diese Antwort wendete der Rheingraf sein Pferd und jagte davon, Rache im Sinn.
Mit großem Heerhaufen belagerte er den Montforter, der aber sprach: „Gegen den Vater meiner Frau kämpfe ich nicht!" Auch hier griff der Böckelheimer zu. Er riet dem Rheingrafen, von seinem Vorhaben zurückzustehen. Und so geschah es auch. Der von *Grehweiler* allerdings ging mit leeren Händen aus.

## 505   Gott läßt seiner nicht spotten

Die Bewohner des *Montforter* Hofes hörten schon des öfteren in dunklen und stürmischen Nächten ein Klagen, Seufzen und Weinen. Ein Geist geht um, den noch niemand erlösen konnte, und der für schwere Schuld heute noch büßt. Es ist der Geist jenes Montforters, der um Geldes willen einen Meineid leistete. Er war zu Lebzeiten ein arger Raubritter, der einmal dem Abt von *Sponheim* eine goldene Monstranz raubte. Es war ein sehr kostbares Stück, mit dem er in Mainz eine Menge Geld löste. Nun war der Graf von Sponheim zum Schirmvogt des Klosters eingesetzt. Er mußte den Räuber dingfest machen und bestrafen. Es gelang ihm, den Montforter zu fangen, als dieser in *Boos* an der Nahe auf Plünderung ausging. Der Gefangene gab vor, von dem Raub nichts zu wissen. Er leistete sogar den Eid auf die Monstranz. So kam er auf freien Fuß. In einem Brief an den Abt und den Ritter von Sponheim gab er den Raub zu.

Beide Schwurfinger starben ihm ab, sein schlechtes Gewissen jagte ihn durch die Welt, bis er schließlich im Kloster in Trier Ruhe fand.

## 506   Den eigenen Sohn umgebracht

Eines Tages fand man in *Odernheim am Glan* ein Ehepaar oben im Speicher am Dachsparren erhängt auf. Was war geschehen? Tags zuvor kehrten zwei Soldaten nach einem langen Kriege heim. Im Vaterhaus des einen kehrten sie ein und wurden nicht erkannt, denn die Jahre auf den Landstraßen und auf den Schlachtfeldern waren am Sohn nicht spurlos vorübergegangen. Er zeigte seinen Eltern einen wohlgefüllten Geldbeutel, sah aber nicht, wie die beiden Alten sich dabei vielsagend ansahen.

Nach dem Abendessen ging gleich alles zur Ruhe. Am frühen Morgen schon kam der eine Soldat die Treppe herunter und erkundigte sich nach seinem Kameraden. Die Eltern erzählten etwas von frühem Aufstehen und Fortgehen. Dabei waren sie auffallend unsicher, so daß der Krieger Verdacht schöpfte und sprach: „Wenn ihr dem Reiter etwas zuleide getan habt, so habt ihr eurem eigenen Sohn etwas zuleide getan!" Jetzt gestanden und bereuten sie die furchtbare Tat. Im Keller lag der eigene Sohn, erschlagen von seinen geldgierigen Eltern. So nahmen sie den Strick.

## 507   Die Geißkammer

Die Kroaten rückten nach *Bingert* vor, plünderten und brandschatzten. Eine arme, alte Frau hütete zu der Zeit ihre drei Geißen im Wald am *Lemberg*. Sie war in der ganzen Gegend als Hexe verschrien. Ihre hübsche Tochter liebte den Sohn des Schulzen, doch der Vater wollte davon nichts wissen. Nachdem im Dorf kein Stein mehr auf dem anderen geblieben war, richteten sich Mutter und Tochter in einer Höhle häuslich ein. Sie pflegten lange Zeit hindurch den Schulzen, der von den Kroaten übel zugerichtet worden war. Nach seiner Genesung zog auch er, wie viele Bingerter, hinüber nach Feil.

Den Dank für die Pflege vergaß er. Der Winter stand vor der Tür, und die beiden Frauen machten sich ernstlich Sorgen, wie sie ihn in der Höhle überstehen sollten. Der Sohn des Schulzen mußte auf Anweisung des Vaters eine andere freien. Doch bevor es zur Hochzeit kam, griff das Bergmännlein ein. Es stand plötzlich vor den beiden Frauen, schlug gegen die Bergwand und redete sie an: „Ihr braucht euch keinen Kummer zu machen. Es wird sich alles zum Guten wenden, denn hinter dieser Wand, da liegt euer Reichtum. Geht hin und sagt dem Pfalzgrafen, daß ihr eine wertvolle Mine entdeckt hättet und daß ihr bereit wäret, die Stelle zu zeigen, wenn er euch mit fünfzig Prozent an der Ausbeute beteiligen würde."

Der Amtmann des Pfalzgrafen sagte zu. Schon bald stellte es sich heraus, daß tatsächlich ein ergiebiges Lager entdeckt worden war. Der Pfalzgraf ließ sich nicht lumpen und baute den Frauen ein herrliches Haus, so daß sogar der Schulze nichts mehr gegen eine Verbindung seines Sohnes mit der schönen Tochter einzuwenden hatte. Der Kurfürst kaufte gegen viel Geld den Anteil der beiden Frauen an der Grube ab, die fortan den Namen „Geißkammer" führte.

## 508 Ernesti Glück

Der Bergmann Ernst aus *Bingert* war ein rechtschaffener und frommer Mann. Er war fleißig, doch der Verdienst entsprach nicht der geleisteten Arbeit. Zur Mittagsstunde saß er stets allein in der Grube, denn seine Kameraden gingen zum Essen nach Hause. Für ihn richtete niemand etwas. Einmal schlief er nach der mageren Mahlzeit ein. Als er erwachte, gewahrte er neben sich einen ganzen Haufen Erz, den er nicht herbeigebracht hatte. Das verwunderte ihn. Die Kumpels, die nach und nach wieder zur Arbeitsstelle kamen, nannten ihn einen Nimmersatt, weil er sich nicht einmal eine Stunde Ruhe gönne. Ernst sagte nichts dazu.

Am nächsten Mittag tat er nur so, als ob er schliefe. Da kam aus einer Ritze im Gestein ein Männlein gekrochen, das sich sogleich an die Arbeit machte. „Glück auf!" rief Ernst dem Kleinen zu. Der wollte entfliehen, überlegte es sich dann aber und trat näher: „Ich arbeite für dich, weil du mir immer so nette Lieder singst!" Der Ernst war nämlich auch ein fröhlicher Mann, der sehr gern und auch gut sang.

Eines Tages, da verletzte sich ein Bergmann derart, daß er entlassen werden sollte. Ernst erbot sich, in der Mittagspause für den armen Mann, der eine zahlreiche Familie hatte, zu arbeiten. So durfte der Verunglückte bleiben und konnte weiterhin für Frau und Kinder sorgen. Das Männlein hatte großen Anteil auch an dieser Arbeitsleistung. Sozusagen über Nacht änderte sich der Ernst. Er sang nicht mehr, Sorgenfalten standen ihm auf der Stirne. Er war verliebt in das schönste Mädchen von Hallgarten, völlig aussichtslos, denn der Vater des Mädchens hatte schon sein Nein gesprochen und würde auch

in Zukunft seine Haltung dem armen Bergmann gegenüber nicht ändern. Das wußte Ernst. Das Männlein fragte ihn nach seiner Traurigkeit. Da sprudelte es aus dem Mann heraus, all die Not, all der Kummer: „Hast du kein Fleckchen Land, kein einziges Stückchen, das dir gehört?" fragte das Männlein. „Doch ein winziges, kleines Eckchen erbte ich von meiner Mutter." „So komme heute nacht, wenn der Mond scheint, und zeige es mir!"
Beide trafen sich pünktlich zu verabredeter Zeit. Das Männlein schaute sich lange das bißchen Land an, fing dann plötzlich an zu tanzen und in die Hände zu klatschen. „Das ist Ernesti Glück!" rief es ein über das andere Mal. Ernst glaubte im Moment fest daran, daß es im Hirnstübchen des Männchens nicht ganz recht sein müsse. Doch er revidierte seine Ansicht schon bald, dann schon, als das Bergmännlein sprach: „Du bist nun reicher als der reichste Bauer von *Hallgarten*. Hier schürfe, und dann gehe freien!" So tat es Ernst. Er fand Erz, das viel besser war als jenes, das er in den „Drei Zügen" bislang förderte.
Der Vater gab nun seine Zustimmung, und Ernst und seine Frau lebten glücklich lange Zeit. Das Bergmännlein war auch künftig stets zur Stelle, wenn Ernst seiner bedurfte. Heute geht es um mit traurigem Gesicht, da die Arbeiten in der Grube „Ernesti Glück" ruhen.


## 509   Die drei Züge

Auf der *Ebernburg* lebte einst ein Ritter, der es nicht verstand, mit seinem Vermögen hauszuhalten. Ihm floß das Geld allzuleicht durch die Finger. Als die Not so groß wurde, daß selbst seine Familie Hunger leiden mußte, da besann er sich erst. Was nützte die Reue?
Eines Tages kam er auf den *Lemberg* mit sorgenvollem Gesicht und den Tränen nahe. Da saß auf einem Baumstrunk ein merkwürdiger Mann, der den Ebernburger wegen seiner Sorgen auslachte und in Weißglut brachte. Das Geschoß, das den Fremden treffen sollte, prallte ab. Er nahm eine rote Hahnenfeder vom Hut, bat um den Bogen und schoß geradewegs in den Wald hinein. Und siehe da, ein Rehbock stürzte getroffen nieder. Jetzt wurde es dem Ebernburger doch unheimlich zumute. „Füttert Eure Familie damit", schrie der Fremde. „Soll ich Euch sonst noch helfen?" fragte er den Ritter. „Ja, helft mir. Ich bin in arger Not." „Gut denn, ich will es tun. Ich weiß eine ergiebige Quecksilberader, die dich im Nu zu einem reichen Mann machen wird. Ich verlange von dir sonst nichts als dies: Hier betrachte die drei Halme, die ich in der Hand halte. Sie sind verschieden groß. Ziehst du den längsten, so gehörst du mir, ziehst du den mittleren, so habe ich Anspruch auf deine Frau, ziehst du aber den kürzesten, so mußt du mir deine Kinder geben."
Nun wußte der Ritter, mit wem er es zu tun hatte. Es kribbelte in seinen Fingern, er wollte zugreifen und rief dazu den Beistand des Himmels herab:

„Heiliger Gott, erbarme dich!" Da erdröhnte die Erde und erzitterte. Der Ritter verspürte eine Ohrfeige, daß er den Berg hinunterrollte. Drunten in *Feil* kam er wieder zu sich. Gleich stieg er den Berg hinan, fand auch die Stelle wieder, doch der Fremde und der Rehbock blieben verschwunden. Einige Tage später ging er mit Bergleuten aus *Bingert* wieder an jenen Ort. Sie gruben und fanden die Ader. Der Ritter verkaufte die Grube an den Rheingrafen von Stein für viel, viel Geld. Sie heißt heute noch „Die drei Züge".

## 510 Er liebte den Verrat — haßte aber den Verräter

Das Kloster *Disibodenberg* wurde nicht von Kriegswirren verschont. Während der Fehde zwischen Alexander von Zweibrücken und dem Pfalzgrafen Ludwig V. im Jahre 1504 mußten die Baulichkeiten stark leiden. Was nicht niet- und nagelfest war und nur einigen Wert versprach, wurde von den Plünderern mitgenommen. Der Abt soll aber in weiser Voraussicht den Klosterschatz im Keller vergraben haben. Er wäre auch wahrscheinlich nie entdeckt worden, wenn nicht der Bruder Pförtner zum Verräter geworden wäre. Er lag, als die Mönche im Keller mit Pickeln und Schaufeln arbeiteten, hinter einem Faß und schlief, wachte aber auf und verfolgte mit lüsternen Augen das Vergraben des Schatzes. Davon mußte er sein Teil haben, das schwor er sich.

Das Koster wurde eingenommen. Bruder Pförtner machte sich an die Hauptleute heran und bot sich an, gegen entsprechende Beteiligung selbstverständlich, den Schatzort zu verraten. Man wurde handelseinig, doch die zweideutige Rede des Verhandlungspartners fiel dem Mönch nicht auf. Der sagte nämlich, daß er seinen Teil bekommen werde. Der Schatz wurde gehoben, ehrlich verteilt, nur der Mönch ging leer aus. Er beschwerte sich, doch der Ritter sprach verächtlich: „Pförtner warst du, darum sollst du unter der Pforte hängen! Das ist dein Teil, du schlimmer Verräter!" Und die Knechte führten aus, was der Herr befahl. Seitdem spukt es in den Gewölben auf dem Disibodenberg.

## 511 Beinahe steinreich

Eine andere Sage erzählt von jenem armen Juden aus *Odernheim*, dem es in die Hand gegeben war, mit einem Schlage ein steinreicher Mann zu werden. Sein Nachtlager hatte er sich im ehemaligen Klosterkeller auf dem Disibodenberg zurechtgemacht. Gehört hatte er auch schon davon, daß hier ungeheure Schätze ruhen sollten.

In der Nacht vor dem Gedenktag des heiligen Benedikt träumte ihm, er säße in einem hellen Saal. Vor ihm auf einem steinernen Tisch seien blitzende

Goldstücke aufgehäuft. Die zwölf Apostel hätten um den Tisch herum Platz genommen, und Petrus habe gesprochen: „Wenn du dreimal um den Tisch läufst, ohne das Geld anzusehen oder zu berühren, dann ist alles dein!" Das war die Chance seines Lebens, jetzt galt es, sich zusammenzunehmen. Hei, wie rannte der Jude um den Tisch, krampfhaft bemüht, ja nicht den Kopf zu drehen, hin zum Gold. Die dritte Runde war fast zu Ende, als der listige Judas ganz unauffällig ein Goldstück vom Tisch schob. Es rollte vor die Füße des Laufenden. „Was man hat, das hat man", dachte der Jude. Er hätte diesen Gedanken nicht denken sollen, denn er bückte sich und hob das Gold auf. Kaum fühlte er das Metall zwischen den Fingern, da setzte es eine gewaltige Ohrfeige, alles wurde dunkel, und von den Aposteln war nichts mehr zu sehen.

Ein kleiner Trost war ihm jedoch geblieben: das Goldstück lag in seiner Hand. Ist es einem anderen gelungen, den Schatz zu heben? Keineswegs, denn der Glückliche hätte in seinem Leben noch nie einen Betrug verübt haben dürfen, wäre ohne Absicht in den Klosterkeller gekommen und hätte in einer bestimmten Nacht an einem bestimmten Platz schlafen müssen. Doch ein solcher hat sich noch nicht gefunden.

## 512 Vergiß nicht, die Blume zu brechen!

Ein junger Eselstreiber fuhr einst am Kloster *Disibodenberg* vorbei. Da winkte ihm einer, und als der Knabe näher trat, hieß ihn der mitgehen. Im Zimmer solle er ja nicht vergessen die Blume zu brechen. Darauf verschwand der Mann wieder. Der Knabe trat ein ins Kloster und gewahrte viele Kisten, die alle bis obenauf mit Geld gefüllt waren. Ein großer, schwarzer Hund mit großen Augen bewachte den Schatz. Der Treiber vergaß vor Schreck die Blume, und als er in wilder Hast nach der Tür strebte, fuhr diese gleich hinter ihm zu, ihm beinahe die Fersen abschlagend.

## 513 Vorboten eines schrecklichen Krieges

In der Nacht nach Allerheiligen saß der Schaffner vom *Disibodenberg* in seiner Kammer, damit beschäftigt, die Pachten aus dem Klosterbesitz zu errechnen, denn es war nicht mehr weit bis Martini. Er war ein gewissenhafter und furchtloser Mann, der Johann Philipp Söltzer wie auch Balthasar Faust, der Bestänter des Klostergutes, der am Abend herüberkam, um dem Schaffner eine gar merkwürdige Entdeckung zu berichten. Im Osten, wahrscheinlich im Schlader Hof, scheint es zu brennen, sagte der Ankömmling. „Wir wollen hinaufsteigen zum Kloster. Von dort aus können wir weit sehen", meinte der Schaffner. Sie erstiegen den Turm und waren überrascht von dem, was sie da sahen. Das war keine gewöhnliche Feuersbrunst. Der ganze

Horizont war in glutrotes Licht getaucht. Eine Erklärung für diese seltsame Naturerscheinung fand keiner der beiden.

Tief beunruhigt stiegen sie die Treppen hinunter, vorbei am leeren Glockenstuhl. Die Glocken waren vor Jahren an die Kirchen umliegender Dörfer verteilt worden. Gerade verließen sie den Turm, als die Glocken von *Staudernheim* die zwölfte Stunde kündeten. Da vernahmen sie über sich erst ein Schwingen und dann ein Dröhnen, daß ihnen die Ohren zufielen. Die Glocken läuteten, obwohl der Turm keine mehr trug. Schnell verließen sie die unheimliche Stätte. Was sollte das Geistergeläute verkünden, was wollte es den Menschen sagen? Es gab keine Antwort auf ihre Fragen. Draußen aber vor der Klosterpforte bemerkten sie, daß der Brand im Osten erloschen, und dafür ein riesiger Stern mit langem Schweif am nächtlichen Himmel stand.

Und die Glocken läuteten eine ganze Stunde lang. In *Glan-Odernheim* hörten die Wächter das Geläute und sahen den Schein im Osten. Sie stürmten zur Kirche, um Sturm zu läuten, doch so sehr sie sich auch bemühten, die Glocken gaben keinen Ton von sich. In *Duchroth* war es genauso. Wann erschienen diese Zeichen des Himmels? In der Nacht von Allerheiligen auf Allerseelen des Jahres 1618, als der furchtbare Dreißigjährige Krieg begann. Der Komet war noch viele Tage lang des Nachts am Himmel zu sehen.

## 514   Kuno und Schön-Helmtrud

*Oberhausen* an der Nahe, in der Nähe des *Lemberges,* hieß früher *Husen.* Vor vielen Jahren versah dort der alte Wentz das Fähramt. Seine Tochter, Schön-Helmtrud, wies einen Freier nach dem anderen ab, obwohl es der Alte nicht immer gern sah, denn seine Kräfte ließen nach, und das Amt des Fergen brauchte eine junge Kraft.

Am gegenüberliegenden Ufer kam es eines Tages zu einem hitzigen Treffen zwischen dem Herzog von Zweibrücken und dem Wild- und Rheingrafen Gottfried von Dhaun. Der Kampfplatz war vom Fährhaus gut einzusehen. Die Fährmannstochter verfolgte mit Entsetzen, was drüben geschah. Ein dhaunischer Edelknecht kämpfte dort um sein Leben. Der Reisige schwankte im Sattel, er riß den Rappen herum und zwang ihn hinein in die Fluten der Nahe. Wird er das Ufer erreichen? Sie weiß es längst, daß ihm das nicht gelingen wird, denn sie kennt die Nahe an dieser Stelle. Abgetrieben wird der Edelknecht, samt seinem verwundeten Rosse.

Helmtrud griff zum Ruder, sie stieß den Nachen vom Ufer und konnte im letzten Augenblick den Ertrinkenden ins Boot ziehen. Die Feinde verfolgten sie am Ufer, doch der Lemberg schob sich ihnen vor. In einer versteckt liegenden Höhle einer Schlucht verbarg sie den Verwundeten. Sie sorgte für ihn Tag für Tag, bis er wieder zu Kräften gekommen und genesen war.

Kuno von Nah-Bollenbach hatte sein Herz an die schöne Pflegerin verloren. Ihn gelüstete nicht mehr nach dem Schlachtfeld. Er opferte freudig den Edelknecht und wurde glücklicher Fährmann von Husen.

## 515  Weissagung Heinrichs IV.

Im Schloß zu *Böckelheim* saß ein alter, von schwerem Leben gezeichneter Mann. Er saß nicht an der Tafel im Rittersaal, seine Bleibe war das Verlies, tief unten, wo kein Sonnenstrahl vom Leben draußen erzählte.
Weihnachten stand bevor, eine trübe Weihnacht für den Gefangenen. Die Tür öffnete sich, und herein trat die Tochter eines Burgmannes, Hildegard mit Namen. In der Hand trug sie ein kleines, zierliches Christbäumchen, das sie nach vielem Betteln dem Greis im Verlies bringen durfte. Dem Alten rannen die Tränen über die faltigen Wangen. Er legte die müden Hände auf den Kopf des Mädchens und weissagte, daß es noch vielen, vielen Menschen Segen bringen wird, so wie es heute Segen brachte in die enge Gefängniszelle.
Der Gefangene war niemand anderes als Heinrich IV., der von seinem treulosen Sohne gedemütigt worden war. Hildegard griff später zum Schleier und wurde die Äbtissin des Klosters *Ruppertsberg* bei *Bingen.* Die Weissagung erfüllte sich. Sie wurde eine Heilige.

## 516  Der Hirte folgte seiner Herde

Gegenüber der *Ebernburg* auf dem anderen Naheufer liegt der *Rotenfels.* Hier hütete einmal ein Schäferknabe die Herde. Es war ein schwüler Tag; der Knabe ließ sich in der Nähe der steilen Felswand nieder und schlief ein. Er lag keineswegs bequem, denn im Schafe nickte er mit dem Kopfe, mal ab, mal auf. Das sah der Leithammel. Er glaubte, durch das stete Nicken des Kopfes zum Kampf herausgefordert zu werden. So rannte er gegen den Knaben an, traf ihn mit den Hörnern am Kopf, so daß der Schläfer laut aufschrie, noch im Halbschlaf den Widder packte und ihn von sich schleuderte, hinunter in den Abgrund. Die ganze Herde folgte dem Leithammel; ein Tier nach dem anderen stürzte in die Tiefe.
Und der Knabe? Er wußte nicht mehr ein noch aus und fand wie seine Herde den gleichen Tod.

## 517  Der Geist ohne Füße

Den Leuten der Gegend um die *Ebernburg* ist noch jener Feld- und Wildschütze aus der Sickingischen Zeit bekannt, der Karl hieß, und dem es eine

Freude bereitete, wenn er das Weidevieh der Bauern abknallen konnte. Auch Menschen soll er getötet haben. So fand sein Geist keine Ruhe. Er muß stetig wandern, einmal am hellichten Tag ohne Füße, ein anderes Mal ohne Kopf auf einem Schimmel reitend.

## 518 Die gescheiterte Kugeltaufe

Die Burg *Nanstein* war eingenommen. Franz von Sickingen hatte sein Leben ausgehaucht. Die Feinde zogen gegen die *Ebernburg*. Der Erzbischof beschoß bereits vom Geiersfels her die Feste. Bevor die Verteidiger den ersten Schuß abfeuerten, trat einer der Landsknechte an den Burgkaplan heran und bat ihn, die erste Kugel zu taufen, denn nach dem Glauben der Landsknechte war dann die Burg uneinnehmbar. Der Priester weigerte sich, dies zu tun. Da ergriff den wortführenden Landsknecht eine solche Wut, daß er zusammen mit einem Kameraden den Priester ergriff und ihn in die Mündung des Mörsers steckte.
Gott sei Dank wollte das Zündkraut nicht brennen. Ein Hauptmann, der gerade vorbeikam, sah die beiden Beine aus der Mündung baumeln. Er zog den Kaplan heraus, der schnell auf die Beine sprang und ganz lässig sagte: „Und ich will sie dennoch nit täfen!"'

## 519 Eberkopf — Ebernburg

Der Kopf am Tor zur Herberge der Gerechtigkeit, der *Ebernburg*, hat seine eigene Sage: Einst wohnte auf der Burg einer von *Altenbaumberg*, ein tapferer, aber jähzorniger Ritter. Auf der Burg *Montfort* lernte er eines Tages die bildhübsche Tochter des Burgherren kennen. Er wollte sie zur Frau haben, koste es was es wolle. Er machte aber die Rechnung ohne den Wirt, das heißt, ohne den Montforter. Der hatte nämlich seine Tochter schon dem *Rheingrafen vom Stein* versprochen. In grimmigem Zorn schwor er bei allem, was ihm hoch und heilig war, daß er Rache nehmen wolle, blutige Rache. Der Rheingraf sollte es büßen, daß er ihm in den Weg kam.
Eines Tages jagte er im Walde, nicht weit von seiner Burg entfernt. Einen Eber hatte er aufgetrieben. Der hätte ihm beinahe das Lebenslicht ausgeblasen, denn die Waffe brach entzwei. Doch in dem Augenblick, in dem der Eber zum entscheidenden Anlauf ansetzen wollte, da blitzte eine Klinge auf, und der Kopf des Ebers rollte vor die Füße des Ritters. Wer aber tat den rettenden, kraftvollen Hieb? Sein Feind, der Rheingraf, trat aus dem Dickicht; der Zorn verflog. Sie wurden die besten Freunde. Und der von der Ebernburg ließ es sich nicht nehmen, die Braut des Rheingrafen zur Kirche zu führen.

Zum Andenken an die rettende Tat ließ der Rauhgraf über dem Tor seiner Burg einen Eberkopf in den Stein meißeln und nannte seine Feste von nun an Ebernburg.

## 520 Die getäuschten Feinde

Nach einer anderen Sage war die Burg einmal von zahlreichen Feinden eingeschlossen. Sie war einfach nicht einzunehmen, und so sollte sie ausgehungert werden. Ein Eber war das letzte Tier, das noch geschlachtet werden konnte. Wenn sein Fleisch aufgezehrt war, dann mußte die Burg übergeben werden. Da kam einer auf eine gute Idee. Am Morgen holte er den Eber aus dem Stall und traktierte das Tier derart, daß es jämmerlich schrie. Die draußen hörten es und meinten, ein Schwein würde geschlachtet werden. Jeden Morgen schrie er, der Eber, bis die Feinde entmutigt abzogen.

Zum Andenken daran schuf man den Eberkopf und gab der Feste den Namen *Ebernburg*.

## 521 Der Geist vom Rotenfelsen

Der Geist vom *Rotenfelsen* verstand sich gut mit Franz von Sickingen. Noch heute trauert er um ihn, weil er nicht seinem Rat folgte und deshalb auf Nanstein sein Leben lassen mußte. Die beiden lernten sich schon frühzeitig kennen. Der kleine Franz hatte einmal einen ausgedehnten Streifzug rund um die *Ebernburg* unternommen. Er erstieg zuletzt einen steilen Felsen und schlief hart am Abgrund vor Ermüdung ein. In dunkler Nacht trug ihn der Berggeist in seine herrliche Wohnung. Als Franz erwachte, traute er seinen Augen nicht, denn der Raum, in dem er sich befand, war voller Schätze. Der Bube stand auf und verlangte zu erfahren, wo er sei und wie er hierher gekommen sei. Der Geist erzählte die Geschichte, und Franz dankte, forderte aber, sofort zur Burg zurückgebracht zu werden. Der Geist freute sich über das selbstbewußte Verhalten des Knaben und zeigte ihm alle seine Schätze. Er dürfe mitnehmen, soviel er wolle, meinte der Geist, doch Franz lehnte ab. Nur wiederkommen wollte er. Der Geist gab Franz ein goldenes Kettlein mit einem Edelstein und sprach : „Wenn du zur Dämmerstunde zu mir kommen willst, dann nimm den Stein in die Hand, und das Tor wird sich öffnen!" Dann wurde Franz heimgebracht und mußte zu Hause eine gesalzene Predigt über sich ergehen lassen. Den ganzen Abend waren die Mannen der Ebernburg und die vom Dorf auf der Suche nach ihm.

Franz besuchte den Geist oft, besonders als er zum Ritter geworden war und für seine Kriegszüge viel Geld gebrauchte. Als Franz gegen Trier ziehen wollte, riet ihm der Geist ab. Der Ritter wagte den Zug trotzdem. Von dem

Tage ab wollte der Geist nichts mehr von ihm wissen, und das Glück verließ den letzten Ritter, Franz von Sickingen. In Nanstein war dann alles zu Ende. Der Geist ist gern in mondhellen Nächten im Herbst unterwegs und besucht auch ab und zu die Ebernburg. Er ist ein guter Geist, wenn er nicht gereizt wird.

## 522  Er tat den dritten Zug nicht

Der Herr der *Ebernburg* war verarmt. Eine Quecksilberader brachte ihm und seiner Familie wieder einigen Wohlstand. Der Teufel hatte dabei die Hand im Spiel.

Derselbe Ebernburger soll nach einer anderen Variation den Teufel auf einem zweiten Wege hereingelegt haben. Das war so.

Der Herr der Ebernburg sollte also wiederum drei Züge tun, dieses Mal aber mit drei Teilen eines Lanzenschaftes. Zweimal zog er das kürzere Stück, und der Teufel freute sich schon auf seinen neuen Fang. Der Ebernburger aber muß wohl ein schlaues Kerlchen gewesen sein, denn er weigerte sich den dritten, für ihn verhängnisvollen Zug zu tun und bat den Teufel, den letzten Zug auf dem Sterbebett tun zu dürfen. Der Satan war damit einverstanden, denn er konnte ja seiner Sache sicher sein. „Du findest die Quecksilberader im *Lemberg*. Grabe danach, und es wird dir an nichts mehr fehlen!" schrie der Teufel und verschwand.

Bergleute fanden die Ader, und die Sorgen entflohen der Ebernburg. Jahre zogen ins Land, der Burgherr sah sein Ende kommen. Er ließ sein Streitroß satteln und stürzte sich in eine Schlacht, die ganz in der Nähe ausgefochten wurde. Dort traf es ihn, mitten ins Herz. Seinen dritten Zug hatte er nicht getan; der Teufel war der Verlierer.

## 523  Wie die Ebernburg ihren Namen erhalten hat

„Zur Wehr! Auf die Zinnen, ihr Mannen!
Die Feinde gelüstet nach Blut!
Noch können den Bogen wir spannen,
noch siedet Öl in den Pfannen
und unsere Mauern sind gut!

Sie kommen, sie stürmen in Haufen!
Sie schleudern den Feuerbrand!
Nun rasch nach Wasser gelaufen!
Gießt kochendes Öl von den Traufen,
schießt, werfet — und haltet mir stand!—

So recht! Sie stutzen, sie weichen! —
Was schreit der trompetende Wicht? —
Sie konnten die Burg nicht erreichen,
nun soll uns der Hunger beschleichen?
In Wochen, in Monden noch nicht!" —

Laut hat es der Burgherr gerufen,
doch wird es ums Herze ihm bang;
denn leer sind Fässer und Kufen,
der Hunger sitzt auf den Stufen
und Wochen und Monde sind lang.

Nicht schallet bei Rittern und Knechten
wie sonst ein freudig „Juchhe". —
Schön ist es mit Ehren zu fechten,
um Freiheit und Leben zu rechten;
doch der Hunger, der Hunger tut weh.

Und wie sie noch stehen in Sorgen,
ein Knappe mit Lächeln meint:
„Noch steht uns ein Eber geborgen.
Auf, reizet ihn einige Morgen
und täuscht durch sein Schreien den Feind!"

Nun gibt es ein lustiges Springen,
sie zerren das Tier aus dem Stall.
Und wie sie zu Boden es zwingen,
erhebt es ein greuliches Singen.
Auf horchte der Feind bei dem Schall.

Dann wieder im Stall ward geborgen
das scheinbar getötete Tier.
Doch jeden künftigen Morgen
macht neu die Feinde man horchen
bei vierzehn Tagen schier.

Die wähnten, vom Scheine betrogen:
Da drinnen muß Überfluß sein!
Still sind sie davongezogen. —
Tags drauf hing am Fensterbogen
geschlachtet ein köstliches Schwein.

## 524  Das Kehrebacher Knüppchen

An der *Kehrebach* in der Nähe des *Rheingrafensteines* haust ein kleiner, unheimlicher Geist. Er sitzt am Wegesrand als schönes Buchenknüppchen. Die

Holzleser nehmen es mit sich. Es wird aber von Schritt zu Schritt schwerer. Das macht dem Träger aber nichts aus, denn aus dem Kehrebacher Knüppchen wird zu Hause ein ansehnliches Goldstück. Noch niemand hat das Knüppchen bis heim gebracht, denn plötzlich raschelt es ganz unheimlich im Sack, und der Geist springt in die Kehrebach, läuft wie von Furien gehetzt über die Oberfläche des Wassers, daß dieses hoch aufspritzt. Ein höhnisches Lachen ist zu hören, das tausendmal von den Bergen zurückhallt.

## 525   Der überlistete Satan

Einer der *Rheingrafen* spielte einmal auf Anraten seiner Gattin dem Teufel einen schlimmen Streich. Fehde drohte dem Rheingrafen, Fehde mit dem Erzbischof von Mainz. Der *Kauzenberg* war leicht einzunehmen, und der Rheingraf machte sich deswegen große Sorgen. Die geliebte Jagd versäumte er trotzdem nicht.

An einem Tage jagte er auf der „Gans" und dachte so bei sich: Wenn dort oben auf den beiden Felsen des Steins eine Burg stünde, die wäre nicht einzunehmen. Eine solche Feste könnte ich jetzt gebrauchen. „Deinen Wunsch kann ich dir erfüllen", rief da plötzlich ein Jäger vor ihm. Der Rheingraf war zu Tode erschrocken. Woher kam nur der Waidmann, der so merkwürdig hinkte? „Morgen soll oben auf dem Berg eine Burg stehen, eine Burg, wie es keine zweite landauf, landab gibt. Du mußt mir nur versprechen, daß derjenige, der erstmalig aus dem Fenster der Burg schaut, ganz mir gehören soll!"
Der Graf bat um Bedenkzeit. Spornstreichs ritt er heim und erzählte seiner Frau von diesem Angebot. Die riet ihm, ruhig auf den Vorschlag des Satans einzugehen, sie wolle schon sehen, daß nichts passierte.

Teufel und Graf einigten sich. Die Abmachung wurde mit einem Tropfen Blut, den der Teufel dabei hatte, unterschrieben. Am Morgen stand die stattliche Burg. Da gab's ein großes Rätselraten, und erst recht dann, als die gräfliche Familie mit all ihren Dienern und Mägden in das neue Haus einzog. Der Graf verbot bei Todesstrafe aus dem Fenster zu blicken. Was meinte da die Gräfin? Den alten Esel sollen wir in den Rittersaal führen? Was will sie denn damit? Oh, sie wußte etwas mit dem Tier anzufangen! Sie setzte ihm das Barett des Burgkaplans auf den Kopf, öffnete ein Fenster und schob den Esel bis ans Fensterbrett. Der Teufel kam in Windeseile herangebraust und griff nach dem Tier in der Meinung, einen besonders guten Fang getan zu haben. Er riß den Esel mit sich fort und merkte erst unterwegs, daß man ihn geneckt hatte. Voll blinder Wut warf er das Tier in den Abgrund, fuhr noch einige Male fluchend und heulend um die Burg und verschwand dann auf Nimmerwiedersehen.

# 526  Der Rechte bat, und der Linke trieb an

Es war ein sehr leidenschaftlicher Jäger, der Graf Walram von *Sponheim*. In jeder freien Minute durchstreifte er den Wald, auch am höchsten Feiertag. Er war rücksichtlos den armen Leuten gegenüber, ritt ihnen erbarmungslos ihr bißchen Getreide zusammen und lachte noch, wenn er ihre Tränen sah.

An einem Sonntag befand er sich wieder einmal auf dem Weg in den Soon, als gerade von allen Türmen der Umgegend die Glocken zum Gottesdienst riefen. Da kamen zwei Reiter herangesprengt, der eine auf einem Schimmel, der andere auf feuerfarbenem Rosse. Die hielten mit bei dem Ritt quer über die Saaten. Der Reiter zur rechten Seite des Grafen bat ihn, doch am heutigen Feiertag umzukehren und auf den Äckern der armen Bauern keinen Schaden anzurichten. Der zur linken Seite aber lachte nur und trieb den Grafen zu noch tollerem Jagen an.

Eine Hindin kreuzte ihren Weg. Sie suchte Schutz bei der Herde eines Hirten. Der Graf ritt mitten unter die Tiere, schoß eines nach dem anderen ab und züchtigte den Hirten. Und der rechte bat, und der linke trieb an. Die Hindin jagte in tollen Sprüngen zwischen den Bäumen des Waldes dahin und rettete sich in eine Einsiedelei. Vor dem einhaltgebietenden Blick und den erhobenen Händen wich der Graf zurück. Ein schweres Wetter zog im Augenblick heran, Blitze zuckten und Donner krachten. Der Graf wurde erschlagen.

Seit der Zeit durchstreift er als wilder Jäger die Wälder, schreckt die Bewohner mit seinem Rufen und dem Gebell seiner Hunde.


# 527  Spanheim oder Sponheim

Die schöne Tochter des Nahegrafen wußte Bedingungen zu stellen. Graf Berthold von Vianden warb um sie. Sie aber sagte: „Zieht mit dem Kreuzzug ins Heilige Land! Bringt mir einen Nagel oder einen Span vom Heilandkreuz mit, damit ich daraus ersehen kann, ober der Himmel gegen unsere Verbindung etwas einzuwenden hat!" Warum sie das tat? Sie liebte den Grafen, mußte aber immer wieder an jenen Zweikampf denken, bei dem der Graf einen ihrer Blutsverwandten erschlug.

Er zog davon, war einer der Tapfersten und konnte auch den Span des Kreuzes erstehen. In einer Schatulle aus Zedernholz, auf deren Deckel der Name der Geliebten eingeritzt stand, bewahrte er ihn sorgfältig auf. Per Schiff trat er die Heimreise an. Doch es kam ein arger Sturm auf, der das Schiff in der Mitte entzweibrach. Mit knapper Not konnte sich der Ritter retten, das Kästchen aber trieb draußen auf dem Meer. Traurig setzte er die Reise fort.

Zu Hause erzählte er der Geliebten von seinem Mißgeschick, und die Tränen rannen ihm über die Wangen. Die Gräfin hörte gelassen zu. Als er geendet, stand sie auf und schritt in ein anschließendes Gemach. Sie kehrte zurück, die Schatulle in den Händen. Ein unbekannter Jüngling habe sie beim Pförtner abgegeben.

So kam es doch noch zur Hochzeit. Aus Dankbarkeit ließ der Graf eine Kirche bauen, in der die Reliquie aufbewahrt wurde. Sein herrliches Schloß und auch sein Geschlecht trug fürderhin den Namen Spanheim oder *Sponheim.*

## 528   Das Dorf auf der Insel

Auf einer Insel in der Nahe lag zur Zeit, als das Frankenreich noch heidnisch war, ein Fischerdorf. Die Bewohner hatten jahraus, jahrein mit der verderbenbringenden Macht des Wasser zu kämpfen. Ihre schwachen Hütten wurden fast jedes Jahr von den reißenden Wassern fortgeschwemmt.

Eines Tages kam ein Glaubensbote in diese Gegend und errichtete auf der Insel ein steinernes Kreuz. Ihm konnte die Flut nichts anhaben. So baten die Bewohner des Dorfes, daß der irische Gottesmann sie doch im Häuserbau aus Stein unterrichten möge. Gern tat es der Mann, und gern verkündete er auch diesen Heiden das Evangelium. So gab das steinerne Kreuz dem neuaufgebauten Dorf den Namen *Kreuznach.*

## 529   „Do hocke se unn honn die Hiedcher uff!"

„Do hocke se unn honn die Hiedcher uff!" pflegt man in *Kreuznach* zu demjenigen zu sagen, der eine Aufgabe stellt, die nie zu lösen ist. Wie kommen die Kreuznacher zu diesem Ausspruch?

Zur Zeit der Französischen Revolution sollte der Metzger Groß von Kreuznach für die französische Armee in den Ortschaften Vieh beschaffen. Heiß war der Tag und umsonst der Gang. Die Bauern hatten schon hergegeben, mehr, als es gut war. Doch der Befehl des Rates, der eigentlich ein Befehl der Franzosen war, mußte ausgeführt werden. Wie aber? Wo doch nichts ist, da kann doch auch nichts geholt werden!

So kam unser Metzger am Abend todmüde und ratlos zum Bürgermeisteramt. Dort saß der Rat versammelt. Der Metzger berichtete von seinem Metzgergang, doch die Herren schnitten ihm die Rede ab, und einer rief: „Was kann das alles helfen? Die Ochsen müssen herbei!" Das hätte man dem Metzger nicht sagen sollen. Er ärgerte sich über die Herren, die da vor ihm saßen im kühlen Zimmer, mit den bei Sitzungen vorgeschriebenen Hüten auf den Köpfen. Er kam so in Wut, daß er sich selbst nicht mehr kannte, zeigte auf die Ratsherren und schrie ihnen ins Gesicht: „Do hocke die Ochse unn honn die Hiedcher uff!"

## 530 Schäferplacken

In der Nähe von *Altenbaumburg* liegt mitten im Wald eine Lichtung, die das Volk Schäferplacken nennt. Hier trafen sich in alter Zeit die Grenzen der Kurpfalz, der Rheingrafschaft und der Herrschaft von Sickingen. Niemand dachte je daran, diese Lichtung aufzuforsten, denn dort lag einst der Hexenplatz. Niemals würde, nach des Volkes Meinung, an diesem Ort ein Baum gedeihen, weil die Hexen hier ihre Feste abhielten.

## 531 Treuenfels

Zum Schloß *Altenbaumburg* zählte auch das Vorwerk *Treuenfels*. Warum es gebaut wurde, und warum es diesen Namen bekam, weiß die Sage zu berichten.
Fehde herrschte zwischen dem Erzbischof von Mainz und dem Raugrafen Konrad II. von Altenbaumberg. In seiner Not tat sich der von Altenbaumberg mit seinem Vetter, dem Raugrafen Heinrich I. von *Neuenbaumberg* zusammen. Sieben lange Wochen lagen die Soldaten des Erzbischofs vor der Feste. Die Lage war für den Altenbaumberger sehr kritisch geworden, denn das Essen reichte nicht mehr, und die Mauern wiesen schon große Schäden auf. Hinzu kam, daß der Vetter nicht helfen konnte, weil er selbst belagert war. In einer mondhellen Nacht erkannten die Posten, daß der Feind an der steilsten Stelle der Burg abzog. Lag eine List vor? Heinrich I. wurde geweckt. In aller Eile wurden Stricke aneinander geknotet, und an ihnen ließ sich die Hälfte der Soldaten hinunter, voran Heinrich. Auf Schleichwegen näherte sich die kleine Streitmacht dem bischöflichen Lager. Als sich die Mainzer gerade den Schlaf aus den Augen rieben, gab der Neuenbaumberger das verabredete Zeichen. In wildem Ungestüm griffen die Soldaten an, überwältigten die Troßknechte, zündeten das Lager an und fielen den Bischöflichen in den Rücken. Konrad erkannte rechtzeitig, daß es sein Vetter war, der da vor seiner Burg den Kampf leitete. Mit aller Kraft machte er einen Ausfall, und nun war's um die Feinde geschehen.
Konrad und Heinrich lagen sich in den Armen und beschlossen, eine Vorburg zu bauen, die zum Andenken an die Treue Heinrichs Treuenfels benannt wurde.

## 532 Ein Graf läuft Amok

Am Hofe des Pfalzgrafen Ludwig hielt sich einmal längere Zeit der Raugraf von *Altenbaumberg* auf. Als Ludwig verreisen mußte, sah man die Gräfin des öfteren mit dem Raugrafen zusammen. Doch auch ihn riefen seine Geschäfte eines Tages fort. Die Gräfin war allein und sehnte sich nach ihrem Gemahl. Sie verfaßte deshalb ein Schreiben an ihn und siegelte es mit rotem Wachs. Der gleiche Bote mußte noch einen zweiten Brief überbringen, und zwar an den Raugrafen, in dem die Gräfin in nicht ganz eindeutigen Worten von der Erfüllung einer früheren Bitte sprach, wenn der Raugraf ihren Gatten zur Heimkehr bewegen könne. Dieser Brief wurde mit schwarzem Wachs versiegelt, damit der Kurier die beiden Schreiben nicht verwechsle. Der Fürst gelangte aber auch in den Besitz des mit schwarzem Wachse versiegelten Briefes, erbrach ihn und las die zweideutigen Worte. Er glaubte, die Gräfin der Untreue bezichtigen zu müssen, stach in seinem Zorn den Boten nieder, verlangte nach dem schnellsten Pferd, und los ging's nach Hause. Am Burgtor mußte der Schloßvogt als zweiter sein Leben lassen, auf der Treppe war es ein Edelfräulein. Vier weitere Jungfrauen ließ er in seiner Wut von der Burg stürzen. Auch die Gräfin starb durch die blinde Eifersucht ihres Gatten. Nachdem er sich wieder beruhigt hatte und zu sachlichem Erwägen der Vorgänge fähig war, erkannte er, daß alle von ihm Getöteten unschuldig waren, auch die Gräfin.

Über Nacht wurde aus ihm ein Greis mit schneeweißem Haar. Schmerz und Reue waren von nun an seine getreuen Begleiter. Der Raugraf aber beklagte sich bei den Reichsfürsten, wollte sich dann selbst Genugtuung verschaffen, doch umsonst. Ziellos irrte er umher und verschwand schließlich spurlos. Einige Jahre nach diesen unglücklichen Ereignissen kam ein Mönch zum Schloß und bat, in der Kapelle beten zu dürfen für die unschuldig Gemordeten. Am Morgen fand man ihn tot auf den Stufen des Altares, den Siegelring des Raugrafen tragend.

## 533 Das Fräulein mit dem harten Herzen

„An ihr ist ein Bube verlorengegangen", wird wohl der Raugraf von *Altenbaumberg* oft gedacht haben, wenn er seine hübsche Tochter bei wildem Spiele beobachtete. Allgemein nannte man sie das Fräulein mit dem steinernen Herzen, da sie von Liebe nichts wissen wollte. Einst kam eine Zigeunerin mit sieben hungrigen Kindern zur Burg und bat um etwas Brot. Das Fräulein aber wies sie ab. Als die Zigeunerin weiterflehte, rief die Hartherzige nach den Hunden, daß sie den lästigen Besuch verscheuchen. Die Zigeunerin drohte: „Warte nur! Du wirst genauso wie ich sieben Kinder haben! Sieben Knaben werden der Fluch deines Lebens sein!"

Tatsächlich erfüllte sich die Weissagung. Das Fräulein heiratete den Sohn des Ritters von *Montfort* und gebar sieben Söhne. Es war der Gräfin nicht einerlei, als ihr bewußt wurde, daß die Zigeunerin recht behalten hatte. Wie aber sollte sie den Fluch abwenden? Lange überlegte sie, und als ihr Gemahl einmal in eine Fehde verwickelt außer Hause war, scheute sie vor grausamer Tat nicht einen Augenblick zurück. Eine alte Dienerin mußte in ihrer Schürze sechs der sieben Knäblein zu den „drei Weihern" tragen.

Unterwegs begegnete ihr der Ritter von Montfort, der wider Erwarten heimkehrte. Auf seine Frage, was sie in ihrer Schürze trage, antwortete die alte Frau: „Junge Hunde." Das kam aber nur zögernd heraus, weshalb der Ritter die Schürze öffnen ließ und so alles erfuhr. Er brachte die sechs Kinder nach *Hallgarten* in Pflege, die Dienerin aber starb an Ort und Stelle. Er machte zu Hause keine Szene, nur sein Benehmen der Gattin gegenüber wurde kalt. Sie mochte einiges geahnt haben, wagte aber nicht zu fragen. Bevor der Ritter nach dem Heiligen Grabe zog, brachte er heimlich auch das siebente Knäblein in Sicherheit.

Fünf Jahre blieb der Graf fort, und als er schließlich wieder heimfand, erfuhr er, daß sich der Sinn seiner Gemahlin geändert habe, daß sie schon fünf Jahre lang im Büßergewand einhergehe und die Absicht habe, in ein Kloster einzutreten. Da vergaß der Ritter seinen Zorn, verkleidete sich als Pilger und fand die Gattin in beklagenswertem Zustande. Sie hatte gebüßt für ihren Frevel. Dem Ritter wurde warm ums Herz. Er gab sich zu erkennen und erfuhr die Geschichte, die beinahe zur Tragödie geworden wäre, Stück um Stück. Dann eilte er davon und brachte der Büßerin ihre sieben Buben, die mittlerweile schon groß geworden waren. Nun konnte sie wieder lachen und sich an ihren Kindern erfreuen.

Der Fluch der Zigeunerin war gelöst. Aus dem Fräulein mit dem steinernen Herzen war die Gattin mit einem Herzen voller Liebe geworden.

## 534  Die Lilie im Burghof

Auf *Altenbaumburg* saß einst das stolze Geschlecht der Rau- und Wildgrafen von Boymeburg. Auch sie waren nicht frei von menschlicher Schwäche, nicht frei von schwerer Schuld. Warum wuchs denn die Lilie mit den zwei Blüten alljährlich aus dem harten Steinpflaster des Burghofes? Warum war sie nie auszurotten, obwohl man sie immer abriß? Wollte sie an eine böse Tat erinnern? Wußte der Greis, dem alle Burgbewohner ehrfurchtsvoll begegneten, um das Geheimnis der blühenden Lilie? Warum nur sank er täglich an jener Stelle in die Knie? Niemand wußte, wie alt der Mann war. Er mußte schon Generationen überstanden haben. Vielleicht durfte er nicht sterben, weil seine Schuld zu groß war.

Ein Pilger kam zur Burg und wurde von dem jungen Ritter und seiner Gemahlin willkommen geheißen. Als der Greis in den Saal trat, redete ihn der Pilger an: „Ihr habt nun lange genug gebüßt. Die Erlösung ist Euch sicher." Erstaunt fragte der Schloßherr, ob er das Geheimnis des Alten kenne. Und der Fremde erzählte: „Vor zweihundert Jahren war es. Da lernte ein Raugraf bei einem Turnier ein Edelfräulein kennen, das er kurze Zeit später als seine Gemahlin zur Altenbaumburg führte. Es war eine glückliche Ehe. Als man zum Kreuzzug rief, zog auch der Altenbaumburger mit. Ein Ritter aus der Nachbarschaft wollte die junge Raugräfin mit allen Mitteln für sich gewinnen. Er hatte keinen Erfolg. Der Abgewiesene schwor Rache. Er zog ins Heilige Land und kämpfte fortan Seite an Seite mit dem Raugrafen. Immer wieder lenkte er das Gespräch auf die Heimat und ließ einmal nur so nebenbei einige Andeutungen über die Untreue der Gräfin fallen. Nach und nach erfuhr der Graf von diesem Verleumder, daß ein Edelknabe die Gunst seiner Gemahlin errungen hätte.

Als Pilger kehrte der Altenbaumburger heim, drang in das Gemach seiner Frau ein und fand sie tatsächlich zusammen mit dem Edelknaben vor dem Kaminfeuer sitzend. In jäh aufflammendem Zorn stach er den Jungen nieder und dann seine Frau. Im Burghof ließ er die beiden verscharren. Am nächsten Morgen schon blühte eine Lilie auf dem Grab. Wütend riß sie der Graf ab, doch sie blühte immer wieder. Das stimmte ihn nachdenklich. Ihm wurde nach und nach klar, daß er Unschuldige gemordet hatte. Deshalb kann der Greis nicht sterben. Er muß am Ort seiner Tat verbleiben, bis ihm Erlösung wird. Schloßherr! So du eine glückliche Ehe führst, grabe nach den Gebeinen und setze sie in geweihter Erde bei! Damit nimmst du den Fluch von diesem Alten!" Dann verschwand der Pilger.

Die Gebeine wurden ausgegraben, und am offenen Grab stimmte der Greis ein Loblied auf die Gerechtigkeit und ein Danklied an den Herrgott im Himmel an. Dann brach er tot zusammen. Er ruht seitdem neben seiner Gattin. Die Lilie aber ist verblüht für alle Zeiten.

## 535 Schicksale

Donner rollten über den Himmel. Regenmassen stürzten hernieder. Blitze ließen einen völlig durchnäßten Reitersmann am Tor zur *Altenbaumburg* erkennen. Ohne Wehr und Waffen bat der Fremde um Unterschlupf, der ihm auch gewährt wurde. Nur eine Nacht blieb der vom Schloßherrn nicht gerne gesehene Gast. Am nächsten Abend verließ der Fremde die Burg, als sei der Leibhaftige hinter ihm. Was war geschehen? Gar nichts; der Hausherr vermutete, daß eine heimliche Buhlschaft zwischen seiner Frau und dem Fremden bestehen müsse. Deshalb wies er ihm die Tür.

Weil aber Eifersucht, auch unbegründet, den Verstand verbrennt, schlich der Altenbaumburger des Nachts in das Gemach seiner Frau und tötete sie. Die Bedauernswerte war unschuldig, wie sich hinterher zeigte, denn auf ihrem Grab blühte eine herrliche Lilie, die immer wieder hochwuchs, auch wenn sie der Burgherr unzählige Male abriß. Eines Tages fand man ihn: erhängt.

Der Fremde folgte, als er die Burg verlassen hatte, seinem Auftrag: Er sollte Erde aus dem Heiligen Land holen und damit die Seele seiner Schwester erlösen. Doch bevor er die weite Reise antrat, beauftragte er Handwerker, gegenüber Altenbaumburg eine neue Feste zu errichten. Sie wuchs rasch empor.

Wieder stand ein schweres Gewitter über der Nordpfalz. Wieder bat ein Reiter um Einlaß auf Altenbaumburg. Ihm wurde geöffnet, doch kein Schloßherr begrüßte den Zurückgekehrten. Der Kastellan mußte im Turmzimmer dem Fremdling von Vergangenem berichten. Da verließ der Gast wortlos die Stube. Er kehrte nicht wieder, weshalb der Alte einige Knechte mit Fackeln zusammentrommelte und mit ihnen den Hof und den Graben eilends absuchte, denn es war kurz vor Mitternacht, und zu der Zeit wollte man wieder an sicherem Ort sein, weil der eifersüchtige Graf umging.

Sie mußten lange suchen, und gerade als die Glocke die mitternächtliche Stunde verkündete, fanden sie den Fremden. Er lag über dem Grab der Burgherrin, das mit fremder Erde überstreut war, ... tot. Die neue Burg erhielt vom Volke den Namen *Treuenfels*.

## 536   Jetzt bin ich erlöst

In frostklirrender Winternacht bricht einem alten Fuhrmann auf dem steinigen Weg nach *Münsterappel* das Reihscheid. „Wenn ich nur ein Licht hätte, dann wäre der Schaden bald behoben", sagte er zu sich. Sein Wunsch war noch nicht ausgesprochen, als das Tal herauf ein helleuchtendes Licht herangeschwebt kam. Dem Fuhrmann entfuhr es: „Holla, hopp!" und „Holla, hopp!" rief es zurück. Die züngelnde Flamme kam ganz nahe am zitternden Fuhrmann vorbei. Die Gänsehaut lief ihm über den gebückten Rücken. Das muß wohl ein Irrlicht sein, durchzuckte es den alten Mann, als das Licht vorne auf dem Kopfbrett Platz nahm. Eine nicht erlöste menschliche Seele! In Windeseile repariert der Fuhrmann den Schaden, und weiter geht die Fahrt, doch das Licht weicht nicht. Da wird es ihm erst recht unheimlich. Er greift zur Peitsche und drischt blindlings drauflos, auf die sich aufbäumenden Pferde, auf das wild flackernde Licht. Im Galopp jagen die schweißbedeckten Pferde durch die stillen Dorfstraßen zum Hofe des Fuhrmanns. Die Mitternachtsglocke kündet den neuen Tag.

Wie unter Zwang spannt er die Gäule aus, führt sie zum warmen Stall und bindet sie an. Das Licht aber folgt ihm auf Schritt und Tritt und setzt sich schließlich auf die gefüllte Raufe.

Des Fuhrmanns uralter Vater hastet über den Hof, und als er die schweißbedeckten Pferde sieht, die unruhig an den schweren Ketten zerren, da weiß er Rat. Er greift zur Stallaterne und schwingt sie hin und her. Dabei ruft er: „Irrlicht, hast du mir geleuchtet, so leuchte Gott dir ins Himmelreich!"

Das Irrlicht erhebt sich, sein blasser Schimmer wird kräftig, es fliegt zur offenen Stalltür, und die beiden im Stall vernehmen die frohe Stimme: „Jetzt bin ich erlöst!"

## 537  Reiter ohne Kopf

Zwischen *Kriegsfeld* und *Münsterappel* am Buchrech wollen Wanderer einen Reiter ohne Kopf gesehen haben, desgleichen am Brünnchen zwischen *Rokkenhausen* und *Marienthal.* Ein aus dem großen Krieg zurückgekommener Soldat soll einen Juden umgebracht, geköpft haben, weil er bei ihm Geld vermutet hatte.
Ein Reiter ohne Kopf wurde auch schon am Spannagel bei *Münsterappel* gesehen. Er kommt von der Schlacht am *Moschellandsberg.* Warum er umgehen muß, ist nicht bekannt.
Ohne Kopf, aber auch ohne Pferd, läßt sich ein Männchen an der Gerbacher Brücke zwischen *Würzweiler* und *Gerbach* sehen. Es reagiert auf Neugierde recht unwillig, weshalb die Leute jene Brücke zur Nachtzeit meiden.


## 538  Sie hatte die Stinknatur gerochen

Unweit der rheinhessisch-pfälzischen Grenze liegen die Orte *Wendelsheim* und *Niederwiesen.* Ganz in ihrer Nähe erhebt sich eine Bergkuppe, die den Namen Teufelsrutsch trägt. Wie die Erhebung diesen Namen bekam, erzählt die Sage:
Eines Tages kam der Teufel zum Schloß des Freiherrn Vogt von Hunolstein in Niederwiesen, um dessen schöne Tochter Berta zu freien. Er hatte sich nobel ausstaffiert, so daß die Leute sich umdrehten, als er über die Straße ging. Am Tor zur Burg ließ er sich dem Hunolsteiner als Junker Schwarz von Flammersfelden melden. Er wurde sofort vorgelassen. Jungfer Berta betrachtete sich den Gast genauer und verschwand darauf fluchtartig in ihre Kammer. Sie hatte die Stinknatur gerochen und wußte nun, mit wem sie es alle im Schloß zu tun hatten. Dem alten Hunolsteiner war das Benehmen seiner Tochter natürlich aufgefallen. Er sann nach, wie er den ungebetenen Gast los werden könnte. Zunächst aber entschuldigte sich der Freiherr für das ungebührliche Verhalten seiner Tochter.
Sie saßen lange beisammen. Doch kaum krähte am nächsten Morgen der erste Hahn, als beide auch schon auf den Füßen waren. Der Freiherr bat seinen Gast, doch mit ihm einen Ausflug zur Bergkuppe zu machen. Der Teufel war einverstanden. Droben angelangt sprach der Hunolsteiner:
„Herr Gast, so ihr ohne Kamisol und Hos' den Berg hinab hier rutschet, bloß auf Eures Körpers Hinterteil, und wieder klimmet dann in Eil' hierher zu uns mit heiler Haut, soll Berta werden Eure Braut!" Der Teufel ließ es natürlich nicht auf eine Probe ankommen. Er verdrückte sich in die Büsche, einen fürchterlichen Gestank hinterlassend.

## 539  Den Stock in der linken Hand

Mit einem Korb voll süßer Trauben ging ein Mann von *Zotzenheim* nach *Niederhausen* an der Appel. Es war ein heißer Tag, und der Korb war schwer. Als er an die Brücke kam, die über die Appel führte, legte er eine kleine Pause ein.

Auf einem nahen Apfelbaum saß ein Rabe, der gar schrecklich krächzte. Mit einem Steinwurf wollte ihn der Mann verscheuchen. Der Rabe fiel auch vom Baum, und der Mann dachte, er sei tot. Aus dem Raben war aber eine Katze geworden, die den Mann nun auf seinem weiteren Weg verfolgte. Immer größer wurde das Tier, bis die Augen so groß waren wie zwei Mühlräder. Auf der rechten Schulter trug der Mann den Korb und den Stock in der linken Hand. So sind Hexen machtlos, dachte sich der Wanderer. In *Freilaubersheim* weckte er den Nachtwächter und erzählte ihm sein Erlebnis. Der sagte: „Schaue nach jenem Häuschen dort vorne. Gleich wirst du eine Katze unter der Tür hineinschlüpfen sehen!" Eine Katze kam zwar nicht, dafür aber eine Frau. Und der Nachtwächter fügte noch an: „Wer diesem Katzenvieh etwas zuleide tut, den straft sie an seinem Vieh."

## 540  Der Blutgraben

In grauer Vorzeit führten in der Nähe von *Kriegsfeld* gleich drei Könige einen Kampf auf Leben und Tod. Alle drei blieben auf dem Schlachtfeld. Es soll ein männermordendes Ringen gewesen sein, so schlimm, daß sich von dem abfließenden Blut ein Graben bildete. Mitten durch das Dorf floß das Blut. Der Graben wurde Blut- oder Flutgraben genannt.

Ein Stein, der heute im Historischen Museum in Speyer aufbewahrt ist und früher ein Teil einer Gartenmauer im Dorf Kriegsfeld war, zeigt drei Gestalten, die angeblich die drei Könige darstellen sollen.

## 541  „Wacht auf zum letzten Gerichte!"

Der krumme Hans aus *Gaugrehweiler* stand als Reitknecht in Diensten des Rheingrafen Magnus. Er war ein mutiger Mann, der seinem Herrn schon einmal das Leben gerettet hatte. Deswegen sah ihm auch der Rheingraf manchen Streich nach. Der Hannes hatte das Beten schon lange verlernt und hielt nicht viel vom Herrgott.

Eines Abends saßen sie auf der Wachtstube des Schlosses beisammen. Der Becher ging von Hand zu Hand und löste die Zungen. Der Hans stand auf, nicht mehr ganz sicher, und sprach: „Ihr Männer! Damit ihr mir glaubt, daß ich vor nichts zurückschrecke, werde ich heute nacht noch zur Geisterstunde auf den Kirchhof gehen und den Toten den Befehl erteilen, daß sie aufstehen sollen aus ihren Gräbern. Wer kein Hasenfuß ist, der folge mir!" Keiner wollte ein Angsthase sein, und so folgten sie ihm in gemessenem Abstand. Über die Schwelle des Friedhofes aber trat keiner. Gerade schlug die Glocke die zwölfte Stunde, da setzte Hans das Horn an und schmetterte einige Takte. Dann schrie er mit lauter Stimme: „Ihr Toten! Wacht auf zum letzten Gerichte!" Kein Grab öffnete sich, kein Blitzstrahl traf den Frevler, den Hans aber sah keiner mehr. Was war geschehen?

Nach einer Weile traten sie ängstlich in den Kirchhof ein und fanden ihn zwischen den Gräbern liegend. Sie griffen zu und trugen ihn zur Wachtstube. Er mußte wohl tot sein, denn seine Glieder waren ganz steif. Wie waren sie aber überrascht, als Hans tatsächlich noch einmal die Augen öffnete und sprach: „Täuschet euch nicht! Gott läßt seiner nicht spotten!"

## 542   Die Pforten der Hölle

Viel Seltsames wird über zugewachsene Teiche und Tümpel, über Sumpflöcher und kleine Weiher erzählt. Die Irrlichter sind dort zu Hause. Sie waren schon manchem „Spätheimkehrer" zum Verhängnis geworden, und manche frohgestimmte Festgesellschaft verschwand dort auf Nimmerwiedersehen. Von den „Löchern bei *Niefernheim*" ist ein solcher Unglücksfall bekannt. Eine Kutsche war unterwegs, als schon der Abend hereinbrach. Das für diesen Tag festgelegte Ziel wollten die Mitfahrenden unbedingt erreichen, weshalb der Kutscher den Pferden die Peitsche gab. Im Galopp ging's über ausgefahrene Wege, bis plötzlich voraus helle Lichter zu tanzen begannen. Was hatte das zu bedeuten? Man ratschlagte hin und her, während die Pferde wohlverdiente Rast hielten. Zu einem Ergebnis kam man nicht. Weil aber der Kutscher versicherte, daß er den Weg wie seine Hosentasche kenne, mußten die Pferde anziehen. Langsam und auf alles gefaßt näherte man sich den seltsamen Erscheinungen. Immer heller zuckten die Flämmchen, immer näher kamen sie. Der Kutscher, geblendet von gleißendem Licht, verlor die Nerven und hieb auf die Pferde ein. Sich aufbäumend stürzten sie mitsamt der Kutsche in eines der Niefernheimer Löcher. Keiner kam davon, der von diesem Unglück hätte berichten können.

„Wieder sind Menschen zur Hölle gefahren", meinten die Bewohner des *Zellertales* und bekreuzigten sich. Sie waren davon überzeugt, daß die Löcher Eingänge zur Hölle waren. Also lag die Gefahr ganz nahe, in das Reich des Teufels zu kommen! Dagegen wollte man sich wehren, und so fuhren schon bald die Steinfuhrwerke zu den Löchern. Man füllte sie auf bis obenhin und feierte dann ein großes Fest, denn die Pforten der Hölle waren nunmehr für alle Zeiten verstopft. Wie staunten sie aber, die Niefernheimer, als am nächsten Morgen die Steine verschwunden waren, und die Hölle sozusagen wieder den Rachen aufsperrte. Ja, Himmel und Hölle bleiben, Gut und Böse bleiben, so lange die Welt besteht . . .

## 543  Jeden Morgen stand die Tür offen

Tiefe, einsame Wälder waren schon von jeher Zufluchtsorte für Räuberbanden. Sie kannten jeden Schlupfwinkel, und die Obrigkeit wurde bei ihren Nachstellungen mehr als einmal genarrt. Einen, dem der Wald zur zweiten Heimat geworden war, nannten sie den Schinderhannes. Sein Name geisterte durch die Dörfer, und seine Taten waren in aller Munde. Eines seiner Verstecke lag bei *Göllheim*, im sogenannten Göllheimer Häuschen. Dort endeten seine Spuren, und obwohl die Häscher das Häuschen auf den Kopf stellten, ja selbst im Brunnen nachsahen, konnten sie den Räuberhauptmann nicht erwischen. Er war wie vom Erdboden verschluckt, verschwunden. Unverrichteter Dinge und mit dem festen Glauben, daß es der Schinderhannes mit Hexerei zu tun hätte, zogen sie wieder ab, auf eine nächste, vielleicht günstigere Gelegenheit wartend.

Der Räuberhauptmann hatte es aber keineswegs mit Hexerei zu tun. Während sie drunten in der Wirtsstube, im Stall und in der Scheune nach ihm suchten, saß er seelenruhig in einem Verschlag auf dem Speicher. Wie er dorthin gelangte? Nun, die rückwärtige Tür am Häuschen wurde nie verschlossen, das war ausgemacht, damit der Schinderhannes immer kommen konnte, wann er nur wollte. Dort schlich er hinein, stieg die Leiter hinauf, zog sie nach sich und verschloß das Loch in der Decke sorgsam. So blieb er unentdeckt, lange Zeit hindurch. Der Krug aber geht nur so lange zum Brunnen bis er bricht, und so schlug auch für den Schinderhannes und seine Bande die Stunde, in der sie ihren letzten Weg nach Mainz antraten. Bei den Vernehmungen wurde nun endlich auch das Versteck im Göllheimer Häuschen bekannt.

Ein neuer Wirt übernahm die Wirtschaft. Er schloß jede Nacht, wenn der letzte Gast draußen war, die Türen ab, auch jene, durch die damals der Schinderhannes gekommen war. Auch wenn er den Schlüssel zweimal im Schloß gedreht und zwei stabile Riegel vorgeschoben hatte, am nächsten Morgen stand die Hintertür offen. Das ging wochenlang so. Also entschloß sich der Wirt die Tür zu vermauern. Nun konnte er beruhigt schlafen.

## 544  Die Nonne sammelte irdische Schätze

Es ist schon lange her, daß der *Rothenkircher Hof* nach der Sage ein Nonnenkloster war. Die Klosterinsassen hielten sich streng an die Ordensregeln, nur eine davon hielt ihr Gelübde der Armut nicht. Sie sammelte Gold und Silber und vergrub die Schätze in einem eisernen Topf im nahen Acker.

Feinde kamen und überzogen das Land mit Krieg. Diejenigen Nonnen, die nicht zeitig flohen, starben eines schmachvollen Todes, unter ihnen auch die Schätzesammlerin. Das Geld ließ ihr auch nach dem Tode keine Ruhe. Als Geist in weißen, langen Gewändern wurde sie oft gesehen.

Viele Jahre später, als aus dem Kloster längst ein Bauernhof geworden war, pflügte einmal ein Knecht auf dem Schatzacker. Plötzlich blieben die Pferde stehen, und eine weiße Frau saß auf dem Pflug, die den Knecht mit hohler Grabesstimme anredete: „Grabe nach! In der Erde liegt das Geld. Erlöse mich, es wird nicht zu deinem Nachteil sein!" Dem Knecht war das Herz in die Hosen gefallen. Eilig entfernte er sich und erzählte zu Hause seinem Herrn, was er erlebt hatte. Der Bauer erkannte seine Chance und ließ sich vom Knecht hinausführen. Die Gestalt war verschwunden, doch als man die Pflugschar freigelegt hatte, da sah der Rothenkircher, daß sich ihre Spitze im Henkel eines Topfes verfangen hatte. Der Bauer war ein reicher Mann, der Knecht aber blieb, der er war.

## 545  Er fand den Schatz

Die Frau des Bauern vom *Rothenkircher Hof* sah immer, wenn sie im Garten arbeitete, einen Mönch auf einem alten Gewölbe stehen. Sie erstattete Anzeige bei der fürstlich Nassau-Weilburgischen Regierung in Kirchheim und erklärte, daß sie den Hof verlassen werde, falls sich nicht sofort jemand mit der Aufklärung der Angelegenheit befassen würde. Die Herren lachten sich eins, und der Fürst tat dies nicht minder, ließ sich dann aber doch herbei und schickte einen Italiener. Falls er einen Schatz finden sollte, meinte lächelnd der Fürst, stehe ihm der Zehnte zu. Tag für Tag suchte der Italiener. Jeden Abend — nichts, kein Schatz, kein Anzeichen davon. Eines Tages aber fielen ihm an einer Mauer, zwei, drei Steine auf, die etwas verschoben waren. Er entfernte sie, und siehe da, dahinter standen eine Menge irdene Töpfe, angefüllt mit blinkendem Gold. Gern zahlte er den Zehnten, der Fürst aber lächelte nicht mehr. Ob er sich ärgerte?

Auf jeden Fall war der Italiener ein steinreicher Mann und die Frau vom Rothenkircher Hof von der Erscheinung des Mönches erlöst worden.

## 546  Die fünfte Spitze fehlt

Der Tulpenbaum im Schloßgarten zu *Kirchheimbolanden* wurde einst von einem Indianerstamm inmitten seines Dorfes angepflanzt, weil er so erquickenden Schatten zu spenden imstande war. Von weit her kam der Stamm, Neuland suchte er. Die mitgebrachten Schätze vergruben die Indianer unter dem Tulpenbaum. Der Teufel wurde neidisch, weil dieses Volk keinen Streit und keinen Kampf kannte.

Drei Männern aus dem Dorf verriet er den Goldschatz. Heimlich wollten die drei in der folgenden Nacht das Gold an sich bringen. Doch sie hatten die Rechnung ohne den Wirt gemacht. Der Geist, der den Baum beschützte und auch den Schatz, ließ starken Wind aufkommen, der das ganze Dorf auf die Beine brachte. Man faßte die Diebe und bestrafte sie. Dem Teufel war ein Strich durch die Rechnung gemacht worden. Doch er gab nicht auf. In der nächsten Nacht erschien er mit einer großen Zahl seiner Helfershelfer und gab ihnen den Befehl, aus allen Blättern des Baumes die Spitzen herauszureißen. Der Tulpenbaum trug nämlich in jenen Tagen fünfzackige Blätter.

Am nächsten Morgen sah er arg mitgenommen aus. Der ganze Schatz der Sippe wurde nun dem Baum geweiht. Und siehe da, durch den Goldfluß blühte der Baum auf, wie er noch nie geblüht hatte. Die fünfte Spitze seiner Blätter fehlt ihm bis heute. Trotzdem hatten ihn die Indianer lieb und feierten alljährlich, wenn der Baum in Blüte stand, ihr Sommerfest.

## 547  Heiseres Seufzen und Klagen hinter dem Schloß

Nur derjenige, der in der Mitternachtsstunde am 1. Mai oder am Tage des heiligen Andreas hinter dem Schloß zu *Gauersheim* ein heiseres Seufzen und Klagen vernimmt, nur derjenige ist nahe dem verborgenen Schatz. Er kann ihn aber nur heben, wenn er als Sonntagskind mit einem noch nie gebrauchten Leinenstück, das von einer reinen Jungfrau gesponnen und gewebt wurde die blaue Flamme bedeckt, die den Schatzort anzeigt. Daß dies alles ohne Wort und Geräusch zu geschehen hat, ist schon manchem Schatzsucher aufgestoßen. Keinem ist es bisher gelungen, den Reichtum an sich zu bringen.

Aber woher stammt denn der Schatz? Das ist gleich erzählt: Im Dreißigjährigen Krieg näherten sich die Feinde der Ortschaft Gauersheim. Der damalige Schloßherr versenkte in aller Eile sein Gold und Silber im nahen Weiher, ohne jemand etwas davon zu sagen. Der alte Herr starb bald darauf und niemand wußte, wo die Schätze lagen. Erst nachdem sich die blaue Flamme zeigte, kannte man den Ort.

## 548  Das Bruch nimmt eine ganze Familie

Der Nachtwächter des kurpfälzischen Dorfes *Bolanden* hatte eben seine Runde beendet und wollte sich noch ein bißchen aufs Ohr legen. Da vernahm er Schritte und Pferdegetrappel aus dem Nachbarhaus. Weil er ein guter Nachtwächter war, ging er hinüber, um nachzuschauen, was sich da mitten in der Nacht ereignete. Es waren der Besitzer des Hofes und seine Frau, die die Kutsche anspannten zur Fahrt nach *Göllheim*. Der Frau war im Traum geraten worden, sofort zu ihrer Mutter zu kommen, denn es ginge mit ihr zu Ende. Der Mann war nur ungern aufgestanden, weil er von Träu-

men nichts hielt. Die Kinder wollten sie mitnehmen, sie konnten ja auf der Fahrt schlafen. Der Nachtwächter warnte vor dem Nebel. Der Bauer aber lachte ihn aus und bemerkte, daß er die Fahrt nicht das erste Mal tue.
Also ging's los, ohne Schwierigkeiten. Doch langsam verließ den Bauern das sichere Gefühl, auf dem richtigen Wege zu sein. So sehr er sich auch anstrengte, er konnte mit dem besten Willen nicht sagen, wo er sich befand. Da tauchte vor ihm ein Licht auf, das gar sonderbar tanzte. Das wird auch ein Mensch sein, dachte der Bauer, von ihm kann ich wohl Auskunft über den richtigen Weg erhalten. Das Fuhrwerk hielt auf die Flamme zu, die ganz plötzlich stillstand.
Er fuhr mit der ganzen Familie ins Verderben. Im Bruch sank das Fahrzeug ein, und mit ihm Vater und Mutter und Kinder. Mehr als einmal vernahm man seitdem am Bruch ein Seufzen und Wehklagen.

## 549 „Dein Alter ist gemarixelt worr!"

Das Kloster *Münster-Dreisen* zwischen *Standenbühl* und *Dreisen* kam einst in den Besitz derer von Nassau-Weilburg. Sie benützten die Gebäude als Sommerresidenz. Die Gräfin weilte einmal im ehemaligen Kloster, während ihr Gemahl in Kirchheimbolanden plötzlich von schwerer Krankheit befallen wurde. Die Kuriere brachten immer schlimmere Nachrichten. Die Gräfin war ganz aus dem Häuschen und schloß sich schließlich in ihr Zimmer ein. Sie drohte der Dienerschaft, ihr ja nicht den Tod des Grafen zu melden. Wer dies trotzdem tue, der habe sein Leben verspielt.
Die gefürchtete Nachricht traf bald ein. Niemand traute sich, der Gräfin davon zu berichten. Man überlegte hin und her, wie man es anstellen könne, daß die Gräfin davon erfuhr. Da kam der Hofnarr auf einen guten Gedanken. Er ließ sich bei der Witwe melden und sagte: „Dein Alter ist gemarixelt worr." Dies stand nicht unter Todesstrafe. Die Herrin wußte nun Bescheid.

## 550 Die Ulme beim Königskreuz

„Stand in diesem unglückseligen Kampf das Recht auf meines Mannes Seite, dann mögest du fröhlich gedeihen, verdorren jedoch, wenn er im Unrecht handelte!" So sprach Imagina und pflanzte eine Ulme nahe dem Königskreuz bei *Göllheim*. Sie wuchs und wuchs und ward zum Zeugen für den Edelsinn eines deutschen Königs.
Eine andere Sage weiß zu berichten, daß nach der Schlacht niemand den Platz wußte, wo Adolf von Nassau gefallen war. Eine alte Frau folgte dem Haufen hinaus aufs Feld. Die Leute suchten und suchten. Da sprach die Frau: „Hier fiel der mächtige Fürst!" Sofort wuchs ein Baum in die Höhe, die Göllheimer Ulme.

## 551 Der Himmel senkte sich herab

Der Wirt des „*Göllheimer Häuschens*" war zum Mörder geworden, schon mehr als einmal. Einen Mitwisser hatte er, der genau wie er um schnöden Geldes willen Menschen tötete. Es war der Knecht des Hauses. Er hatte aber noch ein Gewissen, das ihn Tag und Nacht nicht in Ruhe ließ, bis er schließlich dem Wahnsinn verfiel. Das war seine Strafe.

Ihm träumte einmal, er war noch im Besitz aller seiner Sinne, daß der Geist des zuletzt Gemordeten wiederkehren werde. In einer stürmischen Nacht war's. Da brach das Rad der Postkutsche kurz vor Göllheim, und der einzige Fahrgast mußte in der Wirtschaft übernachten. Es war der Bruder des Mannes, der erst kürzlich, aus Amerika kommend, in eben dieser Wirtschaft den Tod fand. Die beiden glichen sich wie ein Ei dem anderen, so daß es nicht verwunderte, wenn der Knecht beim Eintritt des Fremden in die Gaststube laut ausrief: „Das ist er, der Geist!" Der Reisende war unangenehm berührt von diesem Empfang, war aber so müde, daß er nach einem kurzen Imbiß seine Schlafkammer aufsuchte. Der Wirt führte ihn persönlich in jenes Zimmer, in dem es nicht geheuer war. Nachts waren schlurfende Schritte zu hören, und die Dielen knarrten. Im Zimmer stand ein großes Himmelbett.

Der Gast legte sich nieder, aber trotz großer Müdigkeit konnte er lange Zeit keinen Schlaf finden. Was war nur vorhin, als er am Fenster stand und in den Regen hinausschaute? Draußen stand doch sein Bruder, und als er ihn rief, da verwandelte sich sein Gesicht in das des Knechtes. Was hatte dieses Bild zu bedeuten? Er grübelte und grübelte, und die Augen fielen ihm zu. Doch kurze Zeit darauf wachte er auf von einem sonderbaren Gepolter, von lautem Stöhnen und dem Wirrwarr vieler Stimmen. Er machte Licht. Ein eisiger Schreck fuhr ihm in die Glieder, denn der Himmel seines Bettes bewegte sich langsam aber stetig von oben auf ihn herab. Mit einem Satz war er aus dem Bett und sah wie gelähmt zu, wie der Himmel sich ganz auf's Bett senkte. Das wäre sein Tod gewesen. Der Fremde warf den Mantel über, zog die Pistole und ging vorsichtig die Treppe hinunter. Aus der Gaststube drang ein Röcheln und wildes Schreien. Behutsam öffnete er die Tür und sah, wie der Knecht mit wildflackernden Augen über dem Wirt kniete und ihn würgte. Die Hilfe kam zu spät. Der Mörder war tot, und der andere war wahnsinnig. Nun erst erfuhr der Fremde, daß sein Bruder hier sein Leben lassen mußte und im tiefen Brunnen ruhe, wie viele, viele andere. Seitdem aber ist es an jenem Ort nicht ganz geheuer.

## 552 „So wahr der Schöpfer über mir ist!"

Um Besitz, hauptsächlich auch um Waldbesitz, gab es schon von jeher Streit. Der eine will dabei den anderen übervorteilen und schreckt auch vor einem Meineid oder vor Bestechung nicht zurück. So gab auch einmal ein Graf einem Förster einen Beutel Geldes, daß der in seinem Sinne aussage. Der tat's auch: „So wahr ich auf meines Herrn Boden stehe, und so wahr der Schöpfer über mir ist, gehört dieser Wald dem Grafen!" Der Beutel voll Geld hatte sich rentiert. Dabei wollte sich der Förster wenigstens in etwa rechtfertigen, indem er in seinen Stiefeln Grund vom Besitze des Grafen und unter dem Hut einen Schöpflöffel mit sich führte.

Doch Meineid bleibt Meineid. Auf Erden wurde der Förster zwar nicht mehr angeklagt und überführt, doch als er starb, da sprengte es den Sarg, als er gerade in die Grube gesenkt worden war. Das war schon einmal das erste, recht merkwürdige Zeichen. Das zweite ließ nicht lange auf sich warten: Der Boden öffnete sich, und die Schwurhand fuhr aus dem Grabe. Nachdem alle Bemühungen, die Hand wieder hinunterzubringen, fehlschlugen, war jedem klar, welches Verbrechen sich der Förster zu Lebzeiten hatte zuschulden kommen lassen.

Man nahm die Hand vom Arm. In einem Kästchen wurde sie in der Kirche zu *Eisenberg* aufbewahrt. Unverweslich blieb die Schwurhand.

## 553  „Der Himmel strafe deine meineidige Hand!"

Nach einer anderen Variation wurde ein Mord wegen eines Mädchens verübt. Der Mörder ließ es bei der Gerichtsverhandlung auf einen Meineid ankommen. „Der Himmel strafe deine meineidige Hand!" rief das Mädchen vor Gericht. Nach und nach wurde der Mord vergessen. Der Mörder starb. Als man nach vierzig Jahren die Toten umbettete, fand man in seinem Sarg eine unverweste Hand. Der Fluch der Jungfrau war in Erfüllung gegangen. In der Kirche in *Eisenberg* erinnerte die Hand an den Meineidigen und Mörder.

## 554  Helinchen und der Oberjäger

Als die Grafen von Ebernstein noch auf der Burg Stauf saßen, lebte in Kerzenheim ein reicher Bauer mit seiner einzigen Tochter Helene. „Helinchen" riefen sie die Leute. Der Bauer verstand sein Fach ausgezeichnet, und es war ihm stets eine Ehre, wenn der Herr Graf sich zur Besichtigung anmeldete. Oberjäger Anselm begleitete seinen Herrn. Er hatte ein Auge auf die schöne Tochter des reichen Bauern geworfen, und die beiden trafen sich mehr als einmal unter der alten Eiche, die an der Wegekreuzung *Eisenberg-Rosenthaler Hof* und *Kerzenheim-Stauf* steht und heute noch „Helinches-Eiche" oder „Helinches-Baum" genannt wird.

Nur im Verschwiegenen konnten sich die beiden treffen, denn weder der Vater, noch der Graf hätten je zu diesem Bunde ihren Segen gegeben. Der Bauer überraschte sie und wurde fuchsteufelswild. Die Tochter aber leistete ihm

Widerstand und wurde von den tobenden Eltern im Speicher eingeschlossen, nachdem man zuvor das zur Straße führende Fensterchen vergittert hatte. Dort erhielt sie die traurige Nachricht, daß Anselm bei einer Fehde gefallen war. Nach und nach verließen sie die Kräfte, und als sie endlich freigelassen wurde, war es schon zu spät.

Bald folgte Helinchen ihrem Geliebten in die Ewigkeit. Eine große Menschenmenge gab dem beliebten Mädchen die letzte Ehre. Droben am Dachfenster waren die Gitter weggenommen worden. Wie erstaunt waren die Menschen, als sich das Dachfensterchen öffnete, und Helinchens Kopf zum Vorschein kam. Die Kunde hiervon erfuhr ein Trauergast nach dem anderen, und einer nach dem anderen „verdrückte" sich. Am Grab standen nur noch die Eltern und der Priester. Helinchen wurde nicht vergessen, schon deshalb nicht, weil sie sich unter der alten Eiche mit ihrem Geliebten ab und zu sehen läßt, aber nur Sonntagskindern.

## 555 Geldgier — Betrug — Mord — Strafe

Drei Jungfrauen wohnten vor vielen, vielen Jahren auf der Burg *Stauf.* Die eine hatte feuerrotes Haar, die zweite war pechschwarz, während die dritte, die schönste von allen, mit ihrem hellblonden Haar seit frühester Jugend blind war. Die drei besaßen großen Reichtum, den sie so rasch zu mehren verstanden, daß sie nicht mehr wußten, wohin mit all den Schätzen. Freier kamen und gingen, denn die Bedingungen, die von den drei Mädchen gestellt wurden, waren nicht erfüllbar.

Eines Tages einigten sie sich, daß jede ihren Teil vom Gold und von den Edelsteinen erhalten sollte. Die Blinde wurde dabei übervorteilt. In Eimern maßen sie die Teile. Wenn die Blinde an die Reihe kam, stülpten die beiden anderen den Eimer um und füllten nur den kleinen Raum zwischen Boden und Rand mit Gold aus. Das war offensichtlicher Betrug, die Blinde kam aber nicht dahinter, denn ihre Hände fühlten stets ein gefülltes Maß.

Tags darauf ritt ein Freier den Burgweg hinan, ein hübscher, starker und tapferer Ritter aus dem Geschlecht derer von Winzingen, Berthold mit Namen. Er hatte von einem Bergmann, den er vor dem Ertrinken rettete, erfahren, daß die jüngste, wenn auch blinde Jungfrau auf der Burg eines Ritters Herz erfreuen könne. Mit großem Wohlwollen wurde er von den beiden älteren Schwestern empfangen. Sie zeigten ihm ihre Schätze, damit andeutend, daß sie sehr wohl eines tüchtigen Mannes würdig wären. Der Gast fragte aber nach der Blinden, und das hätte er gescheiter unterlassen, denn von Hunden gehetzt, verließ er fluchtartig die Burg.

Doch so schnell konnte man einen von Winzingen nicht einschüchtern und nicht vertreiben. Tagelang hielt sich der Ritter in der Nähe der Burg auf. Als die beiden älteren Burgbewohnerinnen einen Ritt in die Umgebung unternahmen, sah er seine Stunde gekommen. Er bestach einen Burgknecht und traf mit der Jüngsten zusammen. Er war überrascht von ihrer Schönheit und Anmut und beschloß, sie nach Winzingen mitzunehmen. Was wollten die beiden anderen dagegen tun? Was nützte all ihr Fluchen und ihr Gezeter? Der Ritter verabschiedete sich von allen Burgbewohnern, und die Blinde tat ein Gleiches. Den Fluch, den ihr beide Schwestern ins Ohr flüsterten, vergaß sie nie mehr.

Ängstlich behüteten die beiden von dem Tage an ihre Schätze und suchten immer neue Verstecke und sichere Plätze. Zuletzt ließen sie von einem Knecht ihre Reichtümer in der Nähe von Stauf vergraben. Damit der aber nichts verraten könne, nahmen sie ihm das Augenlicht und ertränkten ihn anschließend im Tal der Eis.

Doch es dauerte nicht lange, da ereilte auch sie ihr Schicksal. Bei einer Entenjagd versanken sie in den Sümpfen. Jede Hilfe kam zu spät. „Der Knecht zieht uns in den Sumpf", schrien sie aus Leibeskräften. Und als ihnen das Wasser bis zum Munde stand, da ward ein unheimliches Lachen aus der Tiefe gehört. Als Ritter Berthold und seine blinde Frau von diesem Unglück hörten, zogen sie schleunigst nach Stauf.

Eines Abends ging die junge Frau noch einmal den altvertrauten Weg an der Burgmauer entlang. Jemand zog sie am Kleid, sie konnte nicht sehen, wer es war und raunte ihr zu: „Ich bin derjenige den deine Schwestern töteten. Ich bin auch derjenige, der sie hinabzog in die Tiefe. Ich weiß, wo die Schätze vergraben liegen. Ich will sie dir und deinem Gemahl gerne zeigen, wenn du, die Betrogene, das Geld dazu verwendest ein Gotteshaus zu bauen und die Armen zu unterstützen. Einen Teil des Geldes sollst du zum Ausgleich des Schadens, den dir deine Schwestern zugefügt haben, für dich behalten. Du mußt mir dies versprechen. Komme in der nächsten Nacht zur hohen Buche über dem Tale am Rosenberg, und nimm deinen Mann mit! Verrate aber niemanden sonst dieses Geheimnis!"

Die Burgfrau tat, wie ihr befohlen. Als sie mit dem Ritter an der bezeichneten Stelle ankam, wurden sie von einem freundlichen Bergmännlein zu den Schätzen geführt. Getreu dem gegebenen Versprechen entstand am Fundort eine Kirche. Damit war der Grundstein gelegt für das spätere Kloster *Ramsen*. Als das Gotteshaus eingeweiht wurde, widerfuhr der Gründerin eine große Freude. Sie wurde sehend. Ritter Berthold aber konnte die Schlechtigkeit der beiden Schwestern nicht vergessen. Er ließ keine Messe lesen und hätte heute noch das erste Gebet für ihr Seelenheil zu sprechen. So fanden die beiden in ihrem nassen Grab keine Ruhe. Lange Zeit hindurch sah man sie in mondhellen Nächten durch das Tal irren. Alte Leute haben sie gesehen, die beiden Gestalten mit feuerrotem und pechschwarzem Haar und langen, wallenden Gewändern. Lieder sollen sie gesungen haben, recht wehmütig. Erst als die Uhr vom Kloster das Ende der Geisterstunde kündete, griff nach ihnen ein graugrünes Ungeheuer und zog sie wieder hinab zum Ort ihrer Bleibe. Dabei war jedesmal ein fürchterliches Lachen zu hören, wie damals, als sie den Tod des Ertrinkens erleiden mußten.

## 556 Rosenthal

Das Kloster *Rosenthal* erhielt seinen Namen schon recht früh. Es wurde mitten im Winter erbaut. Als die Arbeiten begannen, grünten über Nacht in der ganzen Umgebung die Bäume und Sträucher. Die Rosen waren die ersten, die ihre Blüten entfalteten. Deswegen nannte man das Kloster Rosenthal.


## 557 Glück und Glas

Adolf von Nassau bezog vor Straßburg eine empfindliche Niederlage und hätte beinahe sein Leben eingebüßt. Auf der Flucht vor den Feinden verließen ihn die Kräfte, und er sank völlig ermattet vor der Klosterpforte nieder. Wilde Träume von stürzenden Pferden im Kampfgetümmel, von mutigen und sterbenden Reitern brachten ihm unruhigen Schlaf. Als er erwachte, fand er sich in einem sauberen Bett wieder und eine hübsche Nonne, Imagina mit Namen, pflegte ihn. Ihre Schönheit machte tiefen Eindruck auf den Verfolgten. „Fliehe, wenn dir dein Leben lieb ist", sagte Imagina, „der Bischof sucht dich!" Sie führte ihn auf verschwiegenen Pfaden durch den Klostergarten hinunter zum Rhein, wo schon ein Nachen bereit lag. „Komm mit", bat der Ritter. Sie stand überlegend, stieg aber dann in jähem Entschlusse ein. Zwei Menschen hatten sich gefunden, leider nur für ein kurzes Glück.

Auf Burg *Adolfseck* zog das Paar ein, mitten im Winter. Als die ersten Strahlen der Frühlingssonne vom blauen Firmament leuchteten, da hielt es den Gatten nicht länger. Er ritt hinaus in den Kampf, der ihm den Sieg bringen sollte. Ob dieser Wunsch Erfüllung fand?

Imagina litt um ihren Gatten. Sie verließ erstmalig ihre Kemenate, als sie zum Kloster *Rosenthal* zu kommen trachtete. Dunkles Ahnen erfüllte ihr Herz. Sie suchte Zuflucht im Gebet, und erst tief in der Nacht verließ sie das Gotteshaus. Draußen stand ein reiterloses Pferd, Imagina brauchte nicht zu fragen; sie wußte, wem es gehörte. Sie fand auch ihn, mitten auf dem Schlachtfeld, entseelt von einem furchtbaren Hieb, der den Helm des Geliebten gespalten hatte. Eine ganze Nacht verbrachte sie draußen in stiller Totenklage.

Knechte kamen in der Morgenfrühe und hoben den Leichnam auf ihre Schilde und trugen ihn hin zum Kloster. Sie begruben ihn vor dem Altar. In der folgenden Nacht gebar Imagina einen toten Knaben. Fieber überkam die Wöchnerin. Als es zum zweiten Male dunkelte, stand Imagina auf, nahm ihr totes Kind auf die Arme und schritt hinüber zur Kirche. Vor dem Altar legte sie behutsam die kleine Leiche nieder auf den Stein, unter dem der Gemahl ruhte. Morgens fand man sie neben ihrem Kinde — tot.

## 558 Ein Blitzstrahl streckte die Schuldige nieder

Bei den Zisterzienserinnen des Klosters *Rosenthal* lebte einst eine Nonne, die eine schwere Schuld auf sich geladen hatte. Eines Tages verfinsterte sich der Himmel, dunkle Wolken kamen von Westen gezogen, es donnerte und blitze. Das Gewitter blieb über dem Kloster stehen, und zwar so lange, bis die schuldig gewordene Zisterzienserin vor die Tür trat. Dort traf sie der Blitz, und das Unwetter zog weiter.

## 559 Rettung aus höchster Not

In der Nähe von *Winnweiler* jagte einmal ein Reitersmann. Er war so sehr bei der Sache, daß er nicht bemerkte, wie langsam die Dämmerung niedersank. Dunkel wurde es um ihn. Er sah keinen Weg mehr und mußte sich auf sein Pferd verlassen. Plötzlich stand dieses still und war nicht mehr vorwärts zu bringen. So stieg der Reiter ab und übernachtete mitten im Wald, wie er meinte.

Als die Sonne über die Berge gekrochen kam, gewahrte er zu seinem Schreck, daß er an einem Abgrund die Nacht zugebracht hatte. Wenn sein Pferd nur noch einen Schritt gegangen wäre, läge er mit zerschmetterten Gliedern in der Tiefe. Er kniete nieder und dankte Gott für seine Rettung. An dieser Stelle ließ er ein Kreuz errichten.

## 560 Ein rotbrauner Klumpen

Recht und schlecht schlug sich der Köhler auf dem *Donnersberg* mit seiner Familie durch. Er fand sich ab mit seinem Los und war zufrieden, wenn er nur jeden Tag für die Seinen arbeiten durfte. Sein größter Meiler lag neben seiner Hütte; eine alte knorrige Eiche spannte ihre Äste über die Arbeitsstätte. Nicht im Traum dachte jemals der Köhler daran, daß diese Eiche einmal umbrechen und stürzen würde.

Nacht war's. Draußen heulte der Sturm, Blitze zuckten, und Donner krachten. „Der wilde Jäger ist unterwegs", meinte die Köhlersfrau. Immer wütender heulte der Sturm, da ... ein Blitzstrahl sauste hernieder, taghell war es in der Hütte, und ein Donnerschlag folgte, so schrecklich, wie er nur selten gehört. Dann verzog sich das Wetter. Die Tochter des Köhlers huschte aus der Hütte, und als sie zurückkehrte, verkündete sie die Unglücksbotschaft: „Die alte Eiche ist gestürzt. Sie hat den ganzen Meiler zusammengeschlagen." Die Arbeit vieler Tage war umsonst getan. Draußen fanden sie nur noch Trümmer. Der älteste Sohn aber hatte unter der Wurzel der Eiche einen rotbraunen Klumpen gefunden, der so schwer wie Blei wog. Der Vater betrachtete den Fund lange und eingehend, dann stieg er hinab in die Grube, rumorte einige Zeit dort herum und kam schließlich wieder heraufgeklettert mit strahlendem Gesicht und mit der Gewißheit, daß alle Not nun ein Ende haben werde. Unter der Wurzel hatte er ein umfangreiches Erzlager entdeckt. Schon bald erstand an der Stelle, an der einst der Meiler rauchte, ein stattliches Haus, in dem der Herr des neuen Bergwerkes wohnte.

## 561  Koboldgrube

Tag für Tag ging ein Bergmann vom *Donnersberg* den gleichen Weg. Tag für Tag kroch er in einen Stollen und suchte nach Silber. Arm war er wie eine Kirchenmaus. Kaum reichte das bißchen Erz, das er fand, für seinen Unterhalt und für das Öl in seiner Lampe aus. Ja, Geld müßte man haben, dann bräuchte die Lisbeth nicht noch länger zu warten, dann würde morgen schon geheiratet werden. So aber zerschlug die Armut alle Pläne.
An einem Tage, als die Ausbeute wiederum sehr gering war, saß der Bergmann mutlos neben seiner Laterne und verzehrte sein einziges Stück Schwarzbrot. Da huschte ein Erdmännlein herbei. Es war arg mager und trug einen erbärmlich verschlissenen Rock. Der Bergmann lud es ein, mit seinem kargen Mahl vorliebzunehmen, was das Männlein nicht abschlug. Nach der kurzen Mahlzeit stampfte der Erdgeist dreimal mit dem Fuß auf, die Laterne erlosch, und mit viel Mühe erreichte der Bergmann den Ausgang der Höhle.
Am nächsten Tag ging er wieder seinen Weg. Als er in den Stollen trat, hörte er laute Hammerschläge. Wer sollte da vor ihm angekommen sein, und was sollten die Schläge? Da mußte doch einmal nachgeschaut werden. Je weiter der Bergmann in den Stollen eindrang, desto lauter wurden die Schläge. Sie dröhnten aus einem Seitenschacht, den er noch nie nach Silbervorkommen untersucht hatte, weil er schon ausgebeutet war. Sollten dort doch noch Schätze liegen? Da verstummten die Hammerschläge, eine unwirkliche Helle blendete den Suchenden, und als er die Augen wieder öffnete, da lag vor ihm eine Silberader, die ihm so viel bringen würde, daß er ohne Bedenken seine Lisbeth heiraten konnte.
„Die Koboldgrube" nannten der Bergmann und Lisbeth von nun an den Stollen.

## 562  Eine Riesenkröte zeigt eine neue Silberader

„Der *Donnersberg* weigert sich sein Erz preiszugeben. Wir müssen uns einen anderen Beruf suchen!" sprach einer der Kumpels am Feuer in einem Stollen im Wolferstal. Die Ausbeute war täglich abgesunken, keiner der Bergleute konnte mehr seine Familie ernähren, so wie es sich gehörte. Da — was war das? War da nicht ein Geräusch? Es hörte sich an, wie wenn große Regentropfen niederfielen. Das Geräusch kam näher. Das Blut stockte in den Adern. Keiner wagte den Kopf zu drehen. Machtlos waren sie dem ausgeliefert, was da kam. Eine riesige Kröte hüpfte zum Feuer, wärmte sich und verschwand dann wieder, langsam und stetig.

Sie folgten ihr und sahen, wie sie sich in ein mit Wasser gefülltes Gesenke stürzte. Gleich darauf dröhnte der Berg, als würden alle Schächte und Stollen einstürzen. Schleunigst suchten die Bergleute den Stolleneingang zu erreichen. Am nächsten Morgen krochen die Beherztesten unter ihnen in den Stollen, stießen vor bis zum Gesenke und entdeckten dort — eine Silberader.

## 563 Die Quelle nahe der Klausnerhütte

Einst gingen zwei Kinder des *Hahnweilerhofes* hinaus in den Wald zum Erdbeerensuchen. Die Sonne brannte vom Himmel, so daß selbst die saftigsten Früchte nicht vermochten, ihren Durst zu löschen. Nahe der verfallenen Klausnerhütte wollten sie aus dem dort sprudelnden Quell schöpfen. Als sie sich über das Wasser beugten, sahen sie wie in einem Spiegel eine gar sonderbare Gestalt. Gleich richteten sie sich auf, und richtig, vor ihnen stand ein altes Männlein mit einer Kutte angetan und einem langen, mächtigen Pilgerstab in der Hand. Er sagte zu den erschreckten Kindern: „Wenn euch das Wasser gut schmeckt, so trinkt euch satt. Schmeckt es euch aber nicht, so lauft so schnell ihr könnt von hier fort!"

Es mag sein, daß das Wasser schmeckte, die Kinder liefen aber trotzdem los, denn die Angst saß ihnen im Nacken. Noch einmal drehten sie sich um, und da sahen sie, wie das Männlein, es war der Klausner, den dürren Stab in das Wasser stieß. Bald schon schlug er aus, und aus dem abgestorbenen Stock wuchs eine mächtige Buche, die fürderhin die Quelle wie eine schützende Hand überspannte.

## 564 Zwei weiße Rehe

Wenn dir die weiße Frau begegnet, dann bist du vom Tode gezeichnet. Das ist eine Weisheit des Volkes. Sie war auch dem alten Oberförster von *Dannenfels* und seinen Waldschützen bekannt. Beide fürchteten sich nicht vor dem listigsten Wilderer und hatten schon manchen harten Strauß hinter sich. Aber vor der weißen Frau . . .?

Nun, eines Tages, da waren sie wieder einmal unterwegs in den herrlichen Wäldern des Donnersberges. Gerade kamen sie an der Klausnerhütte vorbei, als ihnen zwei weiße Rehe in den Weg sprangen, gar nicht scheu wie ihre Artgenossen. Der Oberförster hatte sich zuerst gefaßt. Er hob die Flinte, doch als er abdrücken wollte, da war aus einem der Rehe die weiße Frau geworden.

## 565  Schätze im Schloß

Zuerst waren es die Grafen von Sponheim, die im Schlosse zu *Dannenfels* wohnten. Später ließen sich dort Mönche nieder. Als der letzte von dieser Welt Abschied nahm, stand an der Mauer eine große Kiste voller Gold und Edelsteinen. Daneben leuchtete tagaus, tagein ein kleines, blaues Flämmchen. Viele schon wollten die Hand nach dem Reichtum ausstrecken, doch keinem war es geglückt.

Vier Männer waren des Nachts schon beinahe soweit. Die Kiste war schwer, und es wundert uns deshalb nicht, daß der eine der Männer mitten in der Arbeit einen kräftigen Fluch ausstieß. Da entfiel ihnen die Kiste und stürzte in die Tiefe. Auch das blaue Flämmchen wurde von der Nacht an nicht mehr gesehen.

## 566  Herr Hauptmann wagte sich zu weit vor

Eines Tages wurde ein kaiserlicher Hauptmann in die Nähe der Burg *Hohenfels* bei *Imsbach* verschlagen. Er hörte von dem Berggeist und gedachte, ihm seine Schätze zu entreißen. Doch seine Seele wollte er ihm nicht verschreiben, da dünkte er sich denn doch zu schlau dazu. Der Berggeist brachte ihm aber eine Lehre bei, indem er ihm allerhand Schätze vorgaukelte, ihn in die Irre führte und ihn dort in einen Rehbock verwandelte.

Lange Jahre mußte er in den Wäldern um Imsbach umherirren. Jede Kugel ging fehl oder prallte an ihm ab. Erst als ein Imsbacher Förster mit einer Silberkugel, die er am Hohenfels gefunden hatte, nach ihm schoß, erst dann sank der Rehbock tot zusammen, und der Hauptmann war erlöst.

## 567  Nur die Silberkugel erlöste ihn

Von jenem irregeführten kaiserlichen Hauptmann, der in einen Rehbock verwandelt wurde, existiert noch eine zweite Sage. Sie erzählt von einem kroatischen Hauptmann, der die Besatzung der Burg *Falkenstein* befehligte, und dem nichts höher galt als die Jagd im wilden Forst. Auf seinen Pirschgängen mußte ihn stets der alte Falkensteiner Jagdknecht Jost begleiten, weil der alle Wege und Stege und auch die Wildwechsel kannte. Überall führte er seinen Herrn hin, nur nicht zu den Ruinen des Schlosses *Hohenfels,* weil dort Geister umhergingen, die sein Vater schon mit eigenen Augen gesehen hatte. Der Hauptmann lachte ihn aus: „Ich will doch einmal sehen, ob ich dich nicht eines Besseren belehren kann." Er gab dem Knecht den Befehl, ihn in der kommenden Nacht zum Hohenfels zu begleiten. Der Entschluß war gefaßt, da half auch alles Flehen des Knechtes nichts.

Am Abend zogen sie los. Bis zur Geisterstunde harrten sie am Fuße der Burg. Dann gab der Hauptmann den Befehl, an dieser Stelle auf ihn zu warten. Ein lustiges Liedchen auf den Lippen, erklomm er den Berg und verschwand hinter den Mauern der Ruine. Totenstille ringsum. Plötzlich ertönte ein markerschütternder Schrei, Schüsse und Peitschenknall waren zu hören, Hunde kläfften. Dem Jost fiel das Herz in die Hosen, und am liebsten wäre er auf und davon, doch Befehl war für ihn Befehl. Da brach aus dem Dickicht vor der ersten Mauer ein kapitaler Hirsch hervor, stürzte gerade auf den Platz zu, an dem der Jagdknecht wartete. Keine zehn Pferde konnten nun den Jost mehr halten. Er jagte davon und kam erst am Morgen völlig erschöpft auf Falkenstein an. Vom Hauptmann aber hat keiner mehr etwas gesehen. Der Hirsch wurde öfter bewundert, und mancher Jäger hätte ihn gern erlegt, wenn er ihn hätte erwischen und treffen können.

Da kamen die Schweden auf die Burg Falkenstein. Auch bei ihnen war ein Hauptmann, der leidenschaftlich jagte. Er hörte von dem herrlichen Hirsch, goß sich aus einem silbernen Kelch Kugeln und lauerte dem Wild auf. Schon der erste Schuß streckte den Hirsch nieder. Wie groß war aber sein Erstaunen, als er anstatt des Hirsches einen kaiserlichen Hauptmann fand, der noch mit letzter Stimme röcheln konnte: „Habt Dank, nun bin ich erlöst."


## 568   Ich bin Wode

Der Schmied am *Donnersberg* begab sich zur Ruhe, konnte aber nicht einschlafen, weil ihm Schlimmes ahnte. Unruhig wälzte er sich auf seinem Lager. Durch den schmalen Spalt über der Tür konnte er die Sichel des Mondes sehen. Wie gehetzt jagten Wolkenfetzen vorbei und verdunkelten in immer geringeren Abständen sein mildes Licht. Da, plötzlich hob es an, ein fürchterliches Heulen und Brausen, ein Gejammere und Geschelte, ein Pfeifen und Rufen, ein Getrampel und Geschrei. Die Hölle war los, da oben in den Lüften, und der Schmied bebte am ganzen Körper. Er traute sich keinen Schritt vor den anderen zu tun. Angstschweiß brach aus. Das Getöse schwoll immer noch mehr an. Der Schmied verlegte sich auf's Beten .., noch nie hatte er davon etwas gehalten. Mit einem Schlage hörte der Lärm auf, und draußen klopfte jemand ans Tor, gebieterisch dröhnte eine Stimme: „Mach' auf! Mach' auf!" Der Schmied eilte zum Tor und öffnete es. Vor ihm stand ein Riese mit breitem Schlapphut und weitem Mantel und neben ihm ein großer Schimmel. „Spute dich, Schmied! Mein Roß mußt du beschlagen!" Er packte den Gaul an der Mähne und führte ihn in den Hof vor der Schmiede. Der Meister rannte geschäftig hin und her. Alle Hufeisen auf dem Lager waren für den Huf dieses Riesenrosses zu klein. „Los, Alter, schmiede ein Eisen! Es wird dir gelingen." So war es auch, das Hufeisen saß wie angemessen. „Wohin geht denn eure Reise?" fragte der Schmied von unten herauf, als er den letzten Hufnagel einschlug. „Mein Weg ist noch weit. Ich will nach Böhmen." „Wer seid Ihr, Herr, daß ihr mit solchem Gebrause nahet?" „Ich bin Wode. Ich reite bei Sturm und Wetter über Meer und Land, gefolgt von einem riesigen Geisterheer. Nun frage nicht mehr! Nimm deinen Lohn!" Er warf dem Schmied das alte Hufeisen zu und war verschwunden. Zur gleichen Zeit erhob sich wieder der gewaltige Lärm. Der Schmied glaubte eine Unmenge von geisterhaften Reitern auf schemenhaften Gäulen zu erkennen. Ihnen folgten Frauen, bleiche Soldaten, die aus ihren Wunden bluteten, geifernde Hunde und tiefschwarze Raben. Der Schmied sah, wie sich der Berg gegenüber öffnete und wilde Rotten von Kriegern aus ihm herausquollen, die ihre Waffen drohend schwangen. Da bekam es der Schmied mit der Angst zu tun. Schnell schloß er das Hoftor und brach dann bewußtlos zusammen. Das war zu viel für einen einfachen Menschen . . .

Am nächsten Morgen leuchtete schon die Sonne, als der Meister aufwachte. Neben ihm lag das zerbrochene Hufeisen. Nun wußte er ganz sicher, daß er nicht geträumt, daß Wode von ihm eine Dienstleistung gefordert hatte. Er nahm das Eisen, um es zum Abfall zu werfen. Da sah er, daß es aus purem Golde bestand. Seit jenem Tage war die Armut aus der Schmiede verbannt, und wenn in späteren Nächten Wode wieder unterwegs war, fürchtete sich der Schmied nie mehr, denn er hatte den Führer des Geisterheeres kennengelernt, und ihm vertraute er fürderhin.


## 569   Alles würde ich dafür geben

Ja, die Pfälzer sind pfiffig! Sie nehmen es mit jedem auf, selbst mit dem Teufel. Sie überlisten ihn, daß es eine helle Freude ist, so wie jener Tagelöhner in *Imsbach,* von dem diese Sage erzählt.

Auf dem Lande seines Herrn mußte er nach Erz schürfen, eine harte, mühselige und kaum rentable Arbeit. Aber es war Winter, und was sollte er sonst tun? Pflug und Egge, Geschirr und Wagen waren für den kommenden Frühling gerichtet. Zu Hause gab es nichts mehr zu tun, also grub man nach Erz in der Hoffnung, das Glück zu finden. Eine Schufterei war das schon! Aber die paar „Kröten", die dabei verdient wurden, hatte man unbedingt nötig, denn zu Hause warteten hungrige Mäuler.

Eines Morgens lief unserem Tagelöhner die Arbeit nicht so recht von der Hand. Fluchend und schwitzend, trotz starker Kälte, mühte er sich ab. Wie gut hatte es doch sein Herr! Der saß nun daheim in der warmen Stube und zählte vielleicht gerade die Taler in der Truhe. „Warum kann ich nicht so reich werden wie mein Herr?" so gingen die Gedanken, „alles würde ich dafür geben!" „Alles?" fragte der Teufel, der plötzlich vor ihm stand. „Ja, alles." „Ich kann dich reich machen, reicher noch als dein Herr, wenn du mir deine Seele verschreibst."

Der Vertrag wurde unterschrieben. Der Knecht hatte 30 Jahre Zeit in Saus und Braus, oder auch nicht, zu leben, dann wollte der Satan ihn holen.

In der Dorfwirtschaft „schmiß" er mehr als eine Runde. Man wurde hellhörig und machte sich so seine Gedanken. Dieser plötzliche Reichtum, wo kam er her? Der Knecht rückte nicht mehr heraus. Er war auch nur ein-, zweimal freigebig, dann aber erstand er einen Hof, kaufte Grundstücke, die feil waren, stellte nun selbst Tagelöhner ein, die genau wie er, nach Erz graben mußten. Das Geschäft lief, der Reichtum kam wie von selbst, denn alles, was er anrührte, schlug zu seinem Nutzen aus.

Die Jahre vergingen. Der letzte Tag im dreißigsten Jahr brach an. Heute Nacht also sollte der Bauer vom Höllenfürsten abgeholt werden. Gab es keinen Ausweg?

Um Mitternacht stand ein Gehilfe des Teufels am Bett und forderte den Bauern auf, ihm zu folgen. „Du könntest mir wenigstens den morgigen Tag noch gönnen, ich muß mich doch noch von meiner Familie verabschieden." „Diese kurze Frist sei dir zugestanden, doch morgen um Mitternacht erwarte ich dich vor dem Stollen, an dem du einst deine Unterschrift gabst!" Der Bauer versprach's. Er war pünktlich. Drinnen im Stollen erwartete er den Teufel. Der traute sich aber nicht hinein, sondern rief von außen: „Bauer, bist du da?" „Ja, ich warte schon eine ganze Weile auf dich", schrie der Bauer, „hast du den Sack schon geöffnet?" „Natürlich, komm' schnell, ich muß noch mehr Erdenbürger zur letzten Fahrt abholen!" Mit einem Mordstempo sauste etwas in den Sack. Der Teufel freute sich seiner Beute, und los ging die Reise.

Schließlich gelangte das Teufelchen, vollbeladen mit Säcken, in der Hölle an. Da herrschte große Freude über den Zuwachs, doch als der letzte Sack geöffnet war, siehe, da kroch kein armes Menschlein heraus, sondern ein Eber, der im Nu die ganze Höllenbrut durcheinander brachte. Selbst als der Fürst der Hölle erschien und gebieterisch Ruhe verlangte, dauerte das Angstgeschrei an. Ehe er noch die Ursache des Lärms erkennen konnte, saß er auf dem Rücken des Borstentiers, das wie wild dem Höllentor zuraste und dort den Teufel abwarf, daß ihm Hören und Sehen verging. Neugierige kamen herbeigelaufen und stellten ihren Herrn wieder auf die Beine. „Wer war dieser tolle Kerl?" fragte er sie. „Der Bauer von Imsbach, dessen Vertrag heute ablief", antworteten sie ihm. „Jagt ihn aus der Hölle! Er soll sich erst einmal auf der Erde austoben!" befahl der Teufel und zerriß den Vertrag.

## 570  Der Raben fürchterliche Rache

In der Katharinengrube bei *Imsbach* ging es noch hoch her. Die Knappen arbeiteten in Schichten. Sie waren ihres Lebens zufrieden. Es brachte ihnen zwar eine harte, mühevolle Arbeit, aber auch ein einigermaßen gutes Auskommen. Die Kameradschaft, unter Tage gegründet, galt auch im dörflichen Zusammenleben.

So sah der Betrachter ein stets zufriedenes Völkchen, das auch für die kleinen Dinge im Alltag Zeit hatte und sich daran ergötzen konnte. Wenn die Bergleute von der Nachtschicht kamen, begegneten sie auf ihrem Wege einem kleinen Mädchen aus dem Dorfe, das unter einer Tanne saß und mit gar sonderbaren Steinen spielte. Sie hatten die Farben des Regenbogens und so mancher zeigte den Abdruck einer Pflanze oder eines Insektes. Das kleine Kathchen grüßte wohl recht artig und der zahme Rabe, der bei der Kleinen saß, krächzte und spreizte die Flügel. Die Knappen hatten wieder einige sonderbare Steine mitgebracht, und wie konnte es anders sein: für „Jakob" gab's die Reste der Brotzeit. Jakob war schon länger im Dorf; er kannte alle Bewohner. Wenn ein Fremder sich näherte, fing er laut zu krächzen an. Er kannte auch alle anderen Artgenossen im Ort und auch die zahmen Eichhörnchen.

Eines Tages kam er durch das offene Küchenfenster geflogen, setzte sich auf den Tisch vor seine Herrin und fing wild an zu schelten, seine Federn sträubten sich. Die Frau erkannte sofort, daß mit Kathchen etwas geschehen sein mußte, putzte im Hinauslaufen die Hände an der Schürze ab und folgte dem schreienden Raben, der durch sein Gezeter das ganze Dorf mobilisierte, auch seine Artgenossen, die nunmehr mit ihm dem Ausgang des Dorfes zuflogen. Kathchen war verschwunden. Die Raben flogen wild umher und stimmten alle in den Klagegesang ein, als man das Kind am Fuße eines Felsen tot auffand.

Am nächsten Tage saß Jakob unter der Tanne, den Kopf eingezogen und die Flügel hängend. Er trauerte um seine junge Herrin. Doch dann war der Rabe verschwunden. Es fiel zunächst nicht auf, denn über die Trauer um Kathchen vergaß man alles andere.

Einer behauptete, an dem Tage, als das Kind umkam, einen verlotterten rothaarigen Burschen gesehen zu haben. Also machten sich alle auf, Forstleute, Bergleute und Waldarbeiter, das ganze Dorf. Doch die Suche blieb erfolglos.

Eine Woche war vergangen. Der neue Tag brach gerade an, und das ganze Dorf lag noch in tiefem Schlummer. Da flatterten sie heran, geführt von Jakob. Kein Laut war zu hören. Jeder fand sein Haus, setzte sich auf das Fensterbrett und hackte mit dem Schnabel gegen den Laden oder die Fensterscheibe. Von dem Getrommel erwachten die Leute und kamen vor die Türen. Wie auf Befehl erhoben sich die schwarzen Vögel und flogen dem Walde zu, und weil die Menschen nicht so schnell folgen konnten, flogen sie immer wieder hin und zurück, bis das ganze Dorf am Waldrand angekommen war. Weiter ging der Marsch den Berg hinan bis über den Falkenstein. Dort fanden sie in dichtem Tannengestrüpp — die Raben umkreisten den Ort — den Rothaarigen. Er war übel zugerichtet. In seinem Gesicht fehlten die Augen, und das Fleisch auf den Knochen hing in Fetzen herunter.

Die Raben hatten fürchterliche Rache genommen.

## 571 Im Bergwald haust ein Riese

Der kleine Peter, der zusammen mit seiner Großmutter mitten im Wald am Ostabhang des *Donnersberges* in einer armseligen Hütte wohnte, mußte die Ziegen zu den Wiesen, die heute noch am *Bastenhaus* liegen, treiben. Die Großmutter schärfte ihm ein, ja nicht zu weit fortzugehen und nicht um alles in der Welt den Bergwald zu betreten. Es sei bald mit einem schweren Wetter zu rechnen. Der Junge wollte dem Wunsch schon nachkommen, doch draußen auf der Wiese stach die Sonne so erbarmungslos, daß der Peter einschlief und erst erwachte, als der Sturm die Baumriesen brach, und schon ein prasselnder Regen niederging.
Die Ziegen waren verschwunden. Nirgends konnte er sie entdecken. All sein Locken und Schreien halfen nichts. Konnte er ohne die Tier zu Hause ankommen? Unmöglich! Also ging er auf die Suche. Vor dem Bergwald hielt er nochmals an, eingedenk der Warnung der Großmutter. Doch er mußte die Ziegen haben. So ging er einige Schritte hinein in den Wald. Da stand plötzlich ein Riese vor ihm mit langem Bart und langen Armen. Der packte ihn und schrie ihn an: „Was hast du in meinem Bergwald zu suchen?" Weinend entgegnete der Knabe: „Ich wollte doch nur meine Ziegen suchen, die mir fortgelaufen sind!" „Hättest du nicht geschlafen, hättest du gehütet, dann stündest du jetzt nicht hier. So aber mußt du mit mir kommen!" Sprach's, packte den Peter unter seinen Arm und trug ihn in eine der wilden Schluchten des Donnersberges. „Hier wirst du schlafen", rief der Riese, „und zu essen bekommst du gleich etwas." Er schob einen mächtigen Felsblock zur Seite, ergriff eine Riesenschlange und zerteilte sie. Davon mußte Peter essen. Bald schlief der Berggeist ein. Weithin war sein Schnarchen zu hören. Da entfloh der Junge der Gefangenschaft und kam morgens erst bei seiner Großmutter an, die sich um ihn schon sehr gesorgt hatte. Die Ziegen aber hatten den Weg zum Stall allein gefunden.

## 572 Der Graf und das Küchenmädchen

Es ist schon sehr, sehr lange her. Da lebte auf einer der zahlreichen Burgen des *Donnersberges* ein hübscher Grafensohn, der einzige Sproß der Familie. Er war ihr Augapfel, er wurde gepflegt und verwöhnt, denn sollte ihm je etwas zustoßen, so war die Familie ausgestorben. Doch das Unglück kam. Der junge Graf wurde schwer krank. Niemand fand die Wurzel des Übels, kein Tränklein und kein Sälblein halfen. Sterben mußte der Junker, wenn nicht ein Wunder eintrat.
Da, mitten in der Nacht fühlte der Schwerkranke, wie eine zarte Hand ihm den Schweiß von der Stirn wischte, wie ihm eine Arznei eingeflößt wurde, die gar sonderbar mundete. Am Morgen erging es dem Kranken schon viel besser. Mehrere Nächte hindurch hatte er das gleiche Erlebnis, und schließ-

lich konnte er aufstehen, reiten und war guter Dinge. Aber die nächtliche Begegnung ging ihm nicht aus dem Kopf.

Er wurde von Tag zu Tag schwermütiger, weshalb sich seine Eltern entschlossen, ihn auf die Reise zu schicken. Mit zwei seiner Getreuen machte sich der junge Ritter auf den Weg von Burg zu Burg, nur ein Ziel im Auge: Ich muß jene finden, die ich in der letzten Nacht meines Krankseins zu sehen geglaubt habe. Doch nirgends fand er sie. Enttäuscht kehrte er zur väterlichen Burg zurück. Er wurde erneut krank, und erneut wurde ihm nachts unbekannte Hilfe. Nun war er aber gewillt, das Rätsel zu lösen. Als er wieder das Streicheln bemerkte, da packte er zu und hielt ein Mädchen in den Armen, wunderhübsch anzusehen. „Auf welchem Schlosse wohnst du, Schöne? Warum darf ich dich nur des Nachts sehen?" Das Mädchen errötete und gab ihm dies zur Antwort: „Ich komme gar nicht von weit her. Wenn Ihr jemals die Augen in Euerer eigenen Burg offen gehabt hättet, dann wäre ich Euch keine Unbekannte mehr. Ich bin keine Prinzessin, sondern nur ein armseliges Küchenmädchen." Und der Graf entgegnete: „Dir habe ich es zu verdanken, daß ich heute noch am Leben bin. Ich habe dich gesucht, und nun endlich gefunden. Du wirst meine Frau werden!"

Auch die Eltern waren voll des Dankes und gaben gern die Einwilligung zur Hochzeit. Es soll nie ein glücklicheres Paar und nie glücklichere Eltern auf irgendeiner Burg am Donnersberg gegeben haben.


## 573  Melchior, wie du willt

Dort, wo der Donnersberg sich neiget
hernieder in ein freundlich' Tal,
auf einem Hügel aufwärts steiget
ein altes Schloß zum Sonnenstrahl.
Es trotzte einst mit vielen Türmen
und hohem Mute jeden Stürmen;
als edel war der Stamm gekannt,
und *Falkenstein* die Burg genannt.

Es war an einem heiter'n Tage,
nur Friede sang der Morgenhauch,
und wie zum festlichsten Gelage
geschmückt war Flur und Baum und Strauch,
als eine Wolke, wetterschwanger,
durchzog im Tal den grünen Anger:
Die Blitze zuckten drohend wild
aus ihr, von manchem Speer und Schild.

Sie toste dumpf dem Schloß entgegen;

bald nahm man wilde Reiter wahr.
Doch stäubte nur ein Blütenregen
zum Widerstande der Gefahr:
Obschon gemeldet schlimme Gäste,
doch zeigte sorglos sich die Feste,
und Ruhe rings ergossen lag
als wär's der Gottheit Feiertag.

Stets näher stürmt der Haufen Knechte
nach Falkenstein, und sonder Rast
ein Ritter führt ihn zum Gefechte
mit seinem Bruder, den er haßt.
Gering ist nur des Streites Sache,
doch groß sein Durst nach blut'ger Rache,
so daß er jede Schranke bricht,
nicht achtet weder Recht noch Pflicht.

Er hatte ihn zum Kampf gefordert,
verderben will ihn seine Hand;
drum höher noch sein Grimm auflodert,
weil er nicht findet Widerstand.
Wie auch er schnaubt — so rein die Lüfte:
Er atmet bloß des Frühlings Düfte.
Die Feste prangt im Morgenschein:
Als Schatten sieht er sich allein.

Er bäumt sich wild auf schwarzem Rosse,
sein Hiefhorn schallt mit Macht empor.
Doch wie er ruft — es schweigt im Schlosse;
da rast er schimpfend vor das Tor:
„Ein Falke wärst du, sollt' ich glauben —
du bist verzagter als die Tauben.
Ist das dein Ruhm der Tapferkeit,
daß du dich feig entziehst dem Streit?

Neckt wenigstens mich als Gespenster,
wenn euch der Schrecken schon erstickt!"
So höhnt er. — Da erklirrt das Fenster
und sieh, heraus sein Bruder blickt.
Kein Eisen deckt die kräft'gen Glieder,
nur liebreich schaut der zu ihm nieder
und spricht: „Gott grüß dich, Bruder mein,
was könnte dein Begehren sein?

Es steh'n dir Tor und Türen offen

wie sonsten, wenn du mich besuchst,
vergebens aber magst du hoffen,
daß ich verüb', was Pflicht verflucht.
In Frieden soll die Fehde enden,
was du verlangst, ich will es spenden;
nur Wunden nicht, kein feindlich' Wort —
ich ehr' den Bruder fort und fort."

So spricht er voll erhab'ner Milde;
der and're ruft nur mehr empört:
„Oft dienten Worte dir zum Schilde,
doch dieser Spuk hat aufgehört!
Und willst du nicht zu streiten kommen,
wird dir die Weisheit wenig frommen:
Verwüstet muß die Feste sein;
ein Eulennest sei Falkenstein!"

Mit solcher Rachbegier erwidert
er das versöhnliche Gefühl.
Die Knappen harren, festgegliedert,
des Winks zu Sturm und Kampfgewühl;
doch ruhig sieht der Falkenritter
in das ihm drohende Gewitter,
und spricht nur noch, von Gram erfüllt:
„Nun, Melchior, so wie du willt!"

Und dieses Wort — wie Gottes Stimme
durchzuckt es rasch des Wilden Brust:
Er steht beschämt! Von seinem Grimme
ist ihm der Grund nicht mehr bewußt.
Der Zauberton der Bruderliebe
anhaucht des Hasses eis'ge Triebe,
und rings empor im Lenzgefild
nur taucht der Kindheit freundlich' Bild.

„Du hast gesiegt; ich muß erzittern!
Wie bist du", stöhnt er, „Philipp, gut!
Ich will dies Schwert sogleich zersplittern,
weil es gelechzt nach Bruderblut;
und wirst du mir die Tat verzeihen,
will ich die fernern dir nur weihen."
So fleht er nun — doch längst zuvor
war offen Philipps Herz und Tor.

Und in des treuen Bruders Armen

erbebt beglückt des Herzens Schlag.
Die wilden Knechte all' erwarmen;
zum Freudenfeste wird der Tag.
Und diese sanften Bruderworte,
sie mußten prangen ob der Pforte;
dort steht, was Bruderzwist gestillt,
noch heute: „Melchior, wie du willt."

## 574  Bessern wollte er sich nicht

Der letzte Ritter einer mächtigen Burg, die mitten im *Donnersberggebiet*
stand und von der heute nicht mehr die Spur vorhanden ist, war ein grausamer, rücksichtsloser Herr. Er war unermeßlich reich, doch seine Schätze waren geraubt, es war unrechtes Gut, und unrechtes Gut sollte auch bei ihm
nicht gedeihen. Die Bauern stöhnten unter seiner harten Hand. Drei Frauen
soll der Graf hintereinander besessen haben, lauter blutjunge Dinger, die alle
drei schon recht früh unter mysteriösen Umständen das Zeitliche segneten.
Einmal hatte der Graf seine Gesinnungsgenossen — edeldenkende Menschen
mieden ihn — zu seinem Geburtstag eingeladen. Da ging es toll her, der
Wein floß in Strömen, die Unterhaltung bewegte sich auf einem Niveau, das
den Beteiligten angemessen war. Um die Mitternachtsstunde wurde der Gastgeber plötzlich leichenblaß, ihm schwindelte, er mußte, geführt von dem
treuen Diener Konrad, seine Kammer aufsuchen. Unruhig wälzte er sich auf
seiner Liegestatt. War da nicht ein Stöhnen zu hören? Ging da eben nicht die
Tür auf, und kamen da nicht drei in lange Gewänder gehüllte Gestalten herein? Es war kein Traum, es war Wirklichkeit. Wehren konnte sich der Graf
nicht, denn die Schwerthand versagte sich ihm. Noch blässer war er geworden, weil er die Angekommenen zu erkennen glaubte. Die erste Gestalt trat
an ihn heran, legte die Hand auf das Herz des Grafen; ihn durchfuhr ein
fürchterlicher Schmerz. Und sie sprach: „Du kennst mich doch noch. Ich bin
Katharina, deine erste Frau, die du so grausam getötet hast." Die zweite Gestalt näherte sich. Wieder meinte der Graf, der Schmerz müßte ihn zerreißen.
Und sie sprach: „Auch mich wirst du noch erkennen. In jungen Jahren mußte ich von deiner Hand sterben." Die dritte trat vor, legte ebenso die Hand
auf das Herz des Grafen und redete ihn an: „Wir müssen in der anderen
Welt grausam leiden, weil du uns zur Sünde verführt und dann getötet hast.
Bereue, Graf, wende dich ab von deinem gottlosen Leben! Tust du es nicht,
wird einer deiner Diener die Hand wider dich erheben!"
Lautlos, so wie sie gekommen, verschwanden die drei Gestalten wieder. Von
dieser nächtlichen Erscheinung merkte sich der Graf nur das eine, daß er
nämlich durch einen seiner Untergebenen fallen sollte. Seinen Lebenswandel
aber änderte er nicht. Ein Diener nach dem anderen verschwand im Burgverlies, um nie wieder das Licht der Sonne zu erblicken. Doch die Prophezeiung

erfüllte sich trotzdem. Der Diener Konrad erwischte seinen Herrn, wie er seine junge Frau belästigte. Er zückte den Dolch und stach zu. Entseelt sank der Graf zusammen. Lange Zeit soll er um Mitternacht in den Ruinen umgegangen sein, und eine lodernde Flamme soll zu der Zeit über der Burg geleuchtet haben.

## 575  Der schwerste Orden

Da geht die Sage von jenen zwei Seelen, die auf großen Umwegen zum Himmelstor kamen. Ihr Gewissen war nicht ganz rein, denn beide hatten zu Lebzeiten gern ins Weinglas geschaut. Sie trauten sich deswegen nicht so recht, vor dem Angesicht des heiligen Petrus zu erscheinen. Der Wein, der früher in größeren Mengen am *Donnersberg* geerntet wurde, er hatte es ihnen angetan. Sonst mußten sie sich nichts vorwerfen. Die Frage war nur, wie Petrus ihren Hang zum Wein auffassen würde.
Der stand unter dem Tor und fragte die eine Seele, was sie zu bekennen habe. „Ich habe nichts Böses getan", schluchzte die Seele, „ich habe mich des Lebens gefreut und habe nie einen guten Tropfen ausgeschlagen. Ich war verheiratet und . . ." Da fiel ihr Petrus ins Wort: „Was, du warst verheiratet? Du armes Ding! Tritt ein in den Himmel, denn du hast im schwersten Orden gebüßt, den die Welt überhaupt aufzuweisen hat."
Da näherte sich die zweite Seele, überzeugt, daß auch sie in den Himmel kommen werde, denn sie war gleich dreimal verheiratet. Als Petrus dies vernahm, machte er ein gar sorgenvolles Gesicht und sprach: „Dreimal warst du verheiratet! Du kannst unmöglich in den Himmel kommen, denn dein Platz ist im Narrenhaus." Sprach's und schloß die Himmelstür.

## 576  Der Pfälzer Durst

Ja, wenn der Wein nicht wäre! Was würden denn dann die Pfälzer anfangen? Es gab aber Jahrgänge, die vor langer Zeit nur einen „Raddegaggel" brachten, weil die Sonne sich stets hinter Wolken hielt, und von der „Frankenthaler Sonne" noch nicht viel bekannt war. Da zog es einem den Mund zusammen, wenn man nur einen Schluck nahm.
So erging es auch dem Kaspar in einem Ort der Gegend um den *Donnersberg*. Die Fässer lagen zwar voll bis oben hin, doch der Inhalt war kaum zu genießen. Dabei war der Kaspar gar kein Kostverächter, aber was da an Säuregraden aufgehäuft war, das ging ihm denn doch über die Hutschnur! So sorgte der Kaspar an einem Samstagnachmittag für eine gehörige Unterlage und begab sich dann in den Keller, um das Geräucherte genügend zu begießen. Erst schmeckte ihm sein Erzeugnis gar nicht einmal so übel, doch dann fluchte er darauf los: „Verfluchter Sauerampfer! Den kann jo noch nit emol

nit de Deifel saufe!'' Der Satan ließ es aber auf die Probe ankommen, denn plötzlich stand er vor dem verdutzten Kaspar und überredete ihn zu einer Wette. Wer den meisten Wein von dieser Sorte trinken könne, der habe gewonnen, meinte der Teufel. Wäre es der Kaspar, so wolle er, der Teufel, ihm den ganzen Wein in eine Trockenbeerauslese verwandeln. Andernfalls solle ihm die Seele des Kaspars gehören. Nun, der Kaspar konnte etwas vertragen, und so schlug er ein. Doch der Teufel kannte scheinbar den Pfälzer Durst nicht, und erst recht nicht den des Kaspars vom Donnersberg. Krug auf Krug wurde geleert, es schlug zwölf, und es schlug ein Uhr. Da verschwand der Teufel wieder mit einem gräßlichen Fluch. Er hatte die Wette verloren, und der Kaspar freute sich seines herrlich mundenden Weines. Er verschaffte ihm großen Reichtum.

## 577  Ritt zum Melibokus

In stürmischen Nächten ist der wilde Jäger des *Donnersberges* unterwegs. Da erdröhnt die Luft von Pferdewiehern, von Hundegebell und lauten Jagdrufen. Er ist dann stets unterwegs hinüber zum Melibokus im Odenwald. Rechts des Rheines muß er durch einen Hof, der an der West- und an der Ostseite durch ein Tor abgeschlossen ist. Ist das eine verschlossen, dann schlägt er so lange dagegen, bis es in Trümmer fällt, und so der Weg frei ist zum Ziel seines Rittes.
Auch dem Dorf *Würzweiler* stattete er immer einen Besuch ab. Auch da mußte er durch einen Hof mit zwei Toren. Dabei hört man ihn rufen: ,,Ein Paar bleierne Schuh hab' ich schon, ein Paar bleierne Schuh' krieg ich noch!''

## 578  Eine unerfüllbare Bedingung

Nach der Sage lagern in den Gewölben der ehemaligen Burg *Hohenfels* bei *Imsbach* riesige Reichtümer. Silberne Treppen sollen einst hinaufgeführt haben in die Feste und hinunter in den Keller, wo noch der Wein in seiner eigenen Haut lagern soll, nachdem die Fässer längst auseinandergefallen waren. Es versteht sich, daß immer einige unterwegs waren, um den Hohenfelser Schatz an sich zu bringen.
So versuchten es auch einmal einige Männer, die sich in tiefer Nacht aufmachten und plötzlich vor einem in phantastisches Licht getauchten Gewölbe standen, das sie bei Tag noch nie entdeckt hatten. In der Mitte des Riesenraumes lag ein Stein, auf dem ein Haufen Geldes, silberne Blumen und ein Schlüssel funkelten. Doch davor stand der Berggeist, der Hüter des Schatzes. Der sprach zu den Männern: ,,Ich gebe euch den gesamten Schatz, verlange aber dafür einen von euch, der bei mir bleiben soll!'' Das war allerdings eine

sehr harte und wie es erst schien unerfüllbare Bedingung. Doch schließlich einigte man sich, daß ein Jude, der zu der Schar zählte, dem Geist zum Pfand angeboten werden sollte. Der aber machte sich auf die Beine, und die anderen versuchten ihn zu fangen. Erst draußen vor dem Eingang holten sie den Juden ein. Sie zerrten ihn vorwärts, konnten aber nirgends mehr den Eingang ins Gewölbe und damit den Zugang zu den Schätzen finden. Nur ein schreckliches Geheul war aus der Tiefe zu hören. So blieb der Schatz bis heute verborgen.

## 579 Unwetter im Langental

Das waldige Langental am *Donnersberg* war vor langer, langer Zeit ein einsames, kaum begangenes Gebiet. Einmal brach ein fürchterlicher Sturm durch das Tal, der den Wald arg zurichtete. Den Stolz der Gegend, eine mächtige, uralte, knorrige Eiche, riß der Orkan samt dem Wurzelwerk aus. Wanderer entdeckten unter ihrer Wurzel Erz. Ein Schacht wurde gegraben, und lange Zeit förderte man ein ganz vortreffliches Eisen.

## 580 Selten solche Treue erfahren

Von der ehemals stolzen Feste *Ruppertsecken* im Gebiet des Donnersberges wären wohl noch größere Reste zu sehen, wenn nicht die Bewohner des Dorfes Ruppertsecken die Steine zum Hausbau abgefahren hätten.
Einst zog der Kaiser Rupertus (Ruprecht von der Pfalz) mit staatlicher Streitmacht vor die Mauern der Burg. Er glaubte, das Felsennest bald eingenommen zu haben, sah sich aber getäuscht, denn der Graf und seine Mannen verstanden sich auf Verteidigung ganz ausgezeichnet. Darüber wurde der Kaiser sehr zornig und schwor dem Gegner, sich fürchterlich zu rächen. Nur die Gräfin wolle er verschonen. Sie dürfe unbeschadet ziehen und mit sich nehmen, war ihr am liebsten sei.
Die Waffen schwiegen, das Burgtor öffnete sich und heraus trat die Gräfin, ihren Mann auf dem Rücken. Der Kaiser hielt Wort, und schenkte darüber hinaus allen Verteidigern das Leben, weil er noch selten solche Treue erfahren hatte.

## 581 Vom Huf eines Hirsches

Wer durch das Spendeltal zwischen *Steinbach* und *Marienthal* wandert, entdeckt einen Felsblock, der in der Mitte eine kleine Vertiefung aufweist, die nach der Meinung des Volkes vom Huf eines Hirsches herrührt. Er wurde

einst vom wilden Jäger verfolgt und sprang in seiner Not den Abhang hinab.
Er war von solchem Gewicht, daß sich der Huf in den Felsen eindrückte. Es
tat ihm nichts, er konnte davonjagen und so sein Leben noch einmal retten.

## 582   Der Schlauberger und der Teufel

Ein Schmied vom *Donnersberg* kam durch Trunk und Spiel in eine arge Not-
lage. Er wußte nicht mehr ein noch aus. Der Teufel sollte ihm beistehen und
ihn aus seiner Misere befreien. Dem war die schwarze Seele des Schmiedes
gut genug. Die beiden verfertigten einen Vertrag, der mit Blut geschrieben
und von beiden unterzeichnet wurde. Drei Jahre waren dem Schmied noch
gegönnt, drei Jahre, in denen es ihm an nichts mangeln sollte.
So war es auch. Er lebte in Saus und Braus, denn seine stets gefüllte Geldkatze ließ dies zu. Als die Frist verstrichen war, meldete sich der Satan wieder.
Er fand aber nur die Frau des Schmiedes. Der Schmied holte sich gerade Rat
bei einer alten Frau im Dorf, der man allerlei Hexereien nachsagte. Als er
zurückkehrte, nahm ihn der Teufel beim Halswickel und schleppte ihn davon. Im Garten bat der Schmied, daß ihm sein Begleiter sozusagen als Hen-
kersmahlzeit noch einige Äpfel vom Baum hole. Während der Satan diesem
Wunsch willfahrte, zog der Schmied um den Baum einen Kreis mit einer weißen Kreide, die ihm die Hexe für alle Fälle mitgegeben hatte. So ward der
Böse gebannt. Er konnte den Baum nicht verlassen. Die Geisterstunde war
schon bald vorbei und damit die Zeit, während der der Höllenfürst Macht
über die Erde besaß. „Gib mir den Vertrag, und du kannst sofort vom Baume
steigen!" meinte der Schlauberger. Dem Teufel blieb keine andere Wahl. In
tausend Fetzen zerriß der Schmied das Schriftstück und zeichnete dann mit
schwarzer Kreide den Zauberkreis nach. Mit einem schrecklichen Fluch fuhr
der Satan in den Boden. Für dieses Mal hatte der Schmied gewonnen.
Doch wer einmal mit dem Teufel angebändelt hat, der kann es auch in Zukunft nicht lassen. Ein neuer Vertrag kam zustande, und die Zeit war schneller zu Ende, als der Schmied gewünscht. Dieses Mal aber wollte sich der
Teufel nicht wieder hereinlegen lassen. Erst war er nicht gewillt, auf irgend-
welche letzte Wünsche einzugehen. Doch als die Frau und die drei Töchter
des Schmiedes inständig flehten, da gab er doch drei Wünsche zu.
Am nächsten Morgen stand wunschgemäß eine zehn Schuh hohe und fünf
Schuh dicke Mauer um das ganze Besitztum des Schmiedes. Er schwang sich
auf seinen Renner, gab ihm die Sporen und ritt davon wie der Wind. Doch
der Teufel kam seinen Arbeiten ohne viel Anstrengung nach. Er riß hinten
die Steine aus und setzte sie vor den Hufen des Pferdes wieder so schnell ein,
wie das Roß lief. Damit schien das Schicksal des Schmiedes besiegelt zu sein.
Er nahm seine letzte Zuflucht zur Hexe. Die riet ihm, den Teufel aufzufor-
dern, eine Locke gerade zu schmieden. Flugs riß der Schmied ein Haarbü-
schel aus und übergab es dem Bösen, der auch gleich munter darauf los-

schlug. Doch schon bald sah er ein, daß es ihm nicht gelingen würde, das gewellte Haar gerade zu schlagen. Der Satan hatte ein zweites Mal verloren. Er verschwand, einen beißenden Schwefelgeruch hinterlassend.

Als der Schmied es ein drittes Mal versuchte, da zog er den kürzeren. Er mußte hinunter in die Hölle fahren, dorthin, wo schon viele seiner Sorte saßen. Mit glühenden Zangen wurden sie von den Teufeln gequält, der Schmied erst recht, weil er den Oberteufel zweimal an der Nase herumgeführt hatte. Den übermannte der Zorn. Er ergriff den schweren Zuschlaghammer und gab den Teufeln dermaßen Hiebe, daß sie um Gnade flehten. Er steckte einen nach dem anderen in seinen Werkzeugsack und zwickte sie noch obendrein mit der Zange. So wurde er wegen gröblichen Ungehorsams aus der Hölle entlassen. Der Schmied machte sich also auf den Weg zum Himmel. Dort mußte er die Tür eindrücken, weil ihm niemand öffnete. Der Herrgott aber verwies ihn aus dem Reich der seligen Geister: „Weiche von mir, Verruchter! Ewig sollt du keine Ruhe finden!" Darum geht der Schmied heute noch am Donnersberg um.

# 583  Mordloch

Wenn man den Sagen glauben darf, dann trägt die *Mordkammer* auf dem *Donnersberg* zu Recht diesen Namen. An der Nordwestseite des Bergmassives hat ein enges Waldtal diesen Namen. Hier soll der Schwede im Dreißigjährigen Krieg fürchterlich gehaust haben. Das Blut floß in Strömen.

Nach einer anderen Deutung der Bezeichnung Mordloch war es der Herzog von Lothringen, der in diesem Waldtal einen Haufen aufrührerischer Bauern, die vorher die Burg Falkenstein gestürmt und ausgeraubt hatten, bis zum letzten Mann niedermachen ließ.

Böse Zungen behaupten, daß die Hunnen hier ein Blutbad anrichteten, und daß die Bewohner eines nahen Dorfes von ihnen abstammen.

Auch der Schinderhannes wird mit dem Mordloch in Verbindung gebracht. Er soll hier gewütet haben.

# 584  Am Streiteck

Grenzstreitigkeiten sind nichts Neues. Wegen einiger Quadratmeter hat man sich schon die Dickschädel eingeschlagen.

Einstmals gab es Krach zwischen den Bewohnern von *Sembach* und denen von *Münchweiler*. Es ging um das auf dem Heuberg von Sembacher Bürgern gefällte Holz. Die aus Sembach behaupteten, das umstrittene Holz in ihrem Wald geschlagen zu haben, die Münchweilerer aber waren entgegengesetzter Meinung. Eine Rede gab die andere, Handgreiflichkeiten folgten, und erst

als der Förster Nunz von Sembach einen der Streitenden erschossen hatte, kamen die Streithähne zur Besinnung.
Dem Förster hängt diese Tat schwer an. Er muß auch noch nach seinem Tode büßen. Am „Streiteck" auf dem Heuberg haben ihn schon viele als Reiter ohne Kopf gesehen.

# Nummern der Sagen-Schauplätze

# Quellennachweis mit Angabe der Sagennummern

*F. W. Hebel:* Pfälzisches Sagenbuch, Kaiserslautern 1912. Sagen Nr. 2, 3, 5, 6, 7, 9, 62, 91, 92, 102, 104, 107, 122, 124, 145, 228, 229, 259, 292, 341, 342, 350, 351, 352, 415, 435, 442, 446, 447, 479, 481, 482, 497, 498, 499, 500, 507, 508, 517, 528, 530, 533, 541, 547, 551

*H. Lorch:* Heimatborn, Landau 1911. Sage Nr. 201

*P. Münch:* Die Pälzisch Weltgeschicht, Kaiserslautern 1916. Sage Nr. 174

*Fr. Claus:* Fröhlich Palz, Gott erhalt's, Zweibrücken 1901. Sage Nr. 378

*Sagenhefte:* Zweibrücken, Verlag Oldenburg, München 1929. Sagen Nr. 383, 393, 394, 395, 396, 397, 402, 404, 405, 436

*NSZ:* 11. 1. 1940. Sage Nr. 245

*Palatina:* 16. 6. 1922. Sage Nr. 309

*Palatina:* 1870. Sage Nr. 29

*Die Rheinpfalz:* 25. 4. 1950 + 17. 9. 1949 + 21. 7. 1949 + 16. 7. 1949 + 30. 3. 1950. Sagen Nr. 290, 401, 450, 503, 505, 541, 543

*Speyerer Tagespost:* 11. 4. 1953. Sage Nr. 536

*Memorabile:* 1876. Sage Nr. 580

*Bayerland:* 1903. Sagen Nr. 200, 306

*Leininger Geschichtsblätter:* 1905. Sage Nr. 178

*Nordpfälzer Geschichtsblätter:* 1905. Sage Nr. 495

*Heimatkalender:* 1908. Sage Nr. 325

*Lichtenberger Amtsbeschreibung:* 1585. Sage Nr. 423

*Pälzer Sunndag:* 15. 11. 1953. Sagen Nr. 100, 527

*H. Gleßgen:* Pfälzer Heimat 1936. Sagen Nr. 199, 213, 214, 215, 216, 217, 222, 242

*H. Westrich:* NSZ, 7. 3. 1936. Sagen Nr. 445, 448

*E. Schmid:* Palatina 1931, Christl. Pilger 4. 12. 1927, Stimmen d. Heimat Febr. 1926. Sagen Nr. 243, 257, 377

*Th. Geiger:* Pälzer Feierowend 23. 7. 1950, Wasgaubote 8. 10. 1965. Sagen Nr. 252, 253, 255, 256

*Hermann:* Geschichte der Burg Lichtenberg, Kusel 1901. Sage Nr. 430

*W. Gutting:* Pälzer Feierowend 8. 10. 1949. Sage Nr. 376

*A. Trauth:* Pfälzer Land 10. 7. 1925. Sage Nr. 21

*W. v. Schack:* Bei uns daheim 1926. Sage Nr. 400

*E. Noeldechen:* Heimat und Welt, 31. 1. 1925. Sage Nr. 353

*Ph. Cuntz:* Pfälzer Land 11. 8. 1923. Sage Nr. 223

*K. Rauchdrescher:* Pfälz. Kurier 27. 7. 1935. Sage Nr. 313

*E. Einöder:* Pälzer Feierowend 31. 12. 1949. Sage Nr. 406

*K. Kaul:* Pälzer Feierowend 13. 12. 1952. Sage Nr. 569

*M. v. F.:* Neue Pfälzische Landeszeitung 12. 6. 1931. Sage Nr. 568

*Th. Zink:* Der Trifels 3. 4. 1932. Sagen Nr. 492, 514, 566, 567, 582

*H. König:* Pälzer Feierowend 10. 6. 1950. Sage Nr. 553

*E. Löwenberg:* Pälzer Feierowend 11. 8. 1951. Sage Nr. 550

*E. Christmann:* Pälzer Feierowend 7. 8. 1950. Sage Nr. 548

*Lothar:* Die Rheinpfalz 12. 11. 1949. Sage Nr. 546

*R.:* Die Rheinpfalz 12. 5. 1949. Sage Nr. 486

*K. Schmauch:* Pfälzische Volkszeitung 11. 3. 1956. Sage Nr. 473

*F. W.:* Die Rheinpfalz 25. 2. 1950. Sage Nr. 475

*E. Blauth:* Pälzer Feierowend 29. 4. 1950. Sagen Nr. 130, 314

*H. Fröhlich:* Pälzer Feierowend 24. 12. 1949, Die Rheinpfalz 30. 8. 1949. Sagen Nr. 472, 564, 576, Die Rheinpfalz 4. 10. 1949, Die Rheinpfalz 15. 10. 1949, Sagen Nr. 577, 578, 573, 574

*H. Nida:* Pfälzer Land 30. 7. 1927, Pfälzer Land 13. 8. 1927. Sagen Nr. 63, 64, Landauer Anzeiger 27. 8. 1925. Sage Nr. 65

*A. Brunk:* Pfälzischer Merkur 19. 6. 1954. Sage Nr. 101

*L. Staab:* Pfälzer Heimatkalender 1922. Sage Nr. 83

*A. F.:* NSZ 21. 9. 1940. Sage Nr. 71

*M. E. Kirchhoft-Werle:* Pälzer Feierowend 12. 11. 1955, Pfälzer Land 22. 11. 1958. Sagen Nr. 36, 47, Pälzer Sunndag 1964, Nr. 9, Pälzer Feierowend 27. 1. 1968. Sagen Nr. 48, 49, 53, 94

*K. Hoffmann:* Pfälzer Land 16. 12. 1933. Sage Nr. 34

*V. Carl:* Vorderpfälzer Tageblatt 27. 2. 1954. Sage Nr. 11

*H. Laudien:* Pälzer Feierowend 22. 10. 1955. Sage Nr. 141

*H. Laudien:* Wo es geistert und raunt, Verlag Arbogast, Otterbach 1959. Sagen Nr. 108, 109, 112, 132, 133, 134, 135, 136, 137, 138, 153, 154, 155, 156, 157, 159, 160, 161

*Aug. Becker:* Jungfriedel der Spielmann, Nachdruck 1978. Sage Nr. 46

*J. Kerner:* Sage Nr. 89

*Chr. Böhmer:* Sagen Nr. 219, 441

*R. Seffrin:* Sagen Nr. 272, 273

*K. Herzog:* Sage Nr. 278

*Unbekannt:* Sage Nr. 344

*H. A. Ulrich:* Wo es immer noch umgeht, Verlag Arbogast, Otterbach, 1962. Sagen Nr. 296, 297, 298, 299, 300, 333, 334, 335, 336, 337, 338, 339, 356, 357, 359, 373, 385, 386, 387

*K. Neuberger:* Sagen des Zweibrücker Landes, Zweibr. Druckerei 1958. Sage Nr. 391

*H. J. Fried:* Epheuranken, Selbstverlag, Landau 1840. Sage Nr. 575

*R. Jossé:* 1200 Jahre Edenkoben, Peter-Druck, Edenkoben 1969. Sagen Nr. 79, 81

*J. S. Endres:* Edenkobener Wald-Lehrpfad, Peter-Druck, Edenkoben 1963. Sage Nr. 80

*A. Eisenbarth:* Pälzer Feierowend, 20. Jg. Nr. 28, 15. Jg. Nr. 10, 13. Jg. Nr. 4. Sagen Nr. 164, 166, 167, 187, 20. Jg. Nr. 12, 15. Jg. Nr. 17, 14. Jg. Nr. 7, Manuskripte. Sagen Nr. 315, 316, 317, 318, 319

*O. Anna:* Manuskripte. Sagen Nr. 458, 459

*H. Rasimus:* Pälzer Feierowend 17. Jg. Nr. 27. Sagen Nr. 16, 22, 23, 24

*L. Wingerter:* Palatina 1922, Nr. 42. Sage Nr. 148
*Schläfer:* Der junge Geschichtsfreund 1955. Sage Nr. 586
*K. Storch:* Der junge Geschichtsfreund 1955. Sage Nr. 538
*C. A. Herzog:* Pfälzer Land 4. 11. 1950. Sage Nr. 261
*J. Hahn:* Neuhofener Nachrichten, 5. Jg. Nr. 9. Sage Nr. 111
*K. Schworm:* Manuskripte. Sagen Nr. 469, 470
*V. Kuhn:* Pfälzer Tageblatt 1933, Nr. 75 + 1933, Nr. 88. Sagen Nr. 360, 361, 362, 363, 364, 365, 366, 367, 368, 370, 372
*R. Müller:* Pfälzer Heimat 1935, Nr. 8. Sage Nr. 264
*J. Böshenz:* Sage Nr. 525
*Züllig:* Sage Nr. 304

# Pfalzbibliothek.
## Die anspruchsvolle Reihe für jeden Pfalzfreund.

Hermann Sinsheimer
Schriftsteller und Theaterkritiker
zwischen Heimat und Exil
Eine Auswahl aus dem
Gesamtwerk
Herausgegeben von Gert Weber
und Rolf Paulus
176 Seiten
Leinen mit Schutzumschlag
DM 24,80

**August Becker – Lesebuch**
Herausgegeben von Rolf Paulus
168 Seiten
Leinen mit Schutzumschlag
DM 24,80

**Anna Croissant-Rust**
**Geschichten**
Eine Werkauswahl
Herausgeber R. Paulus/B. Hain
280 Seiten
Leinen mit Schutzumschlag
DM 28,80

**„Wie Arme breiten sich**
**die Hügel aus**
**Das Westrich-Lesebuch**
von Karlheinz Schauder
280 Seiten
Leinen mit Schutzumschlag
DM 32,80

**Konrad Krez**
**Freiheitskämpfer und Dichter**
**in Deutschland und Amerika**
Ein Auswahl aus seinem Werk
von Wolfgang Diehl
238 Seiten
Leinen mit Schutzumschlag
DM 32,80

**Erich Schneider (Hrsg.)**
**„Triumph, die Freiheitsfahne weht . . .“**
Die Pfalz im Banne
der Französischen Revolution
Eine Sammlung
zeitgenössischer Stimmen
280 Seiten
Leinen mit Schutzumschlag
DM 32,80

Über Neuerscheinungen informieren wir Sie gern.
Schreiben Sie an die Pfälzische Verlagsanstalt Landau.
Wir schicken Ihnen unseren Prospekt.